caçando a realidade
a luta pelo realismo

Coleção Big Bang
Dirigida por Gita K. Guinsburg

Edição de texto: Denilson Lopes
Revisão de provas: Daniel Guinsburg Mendes
Capa e projeto gráfico: Sergio Kon
Produção: Ricardo Neves, Sergio Kon e Raquel Fernandes Abranches
Impressão e acabamento: Cherma Indústria da Arte Gráfica Ltda.

mario bunge

CAÇANDO A REALIDADE

a luta pelo realismo

tradução de gita k. guinsburg

PERSPECTIVA

Título original em inglês:
Chasing Reality: Strife over Realism

© University of Toronto Press, 2006;
original edition published by University of Toronto Press, Toronto, Canada

CIP-BRASIL. CATALOGAÇÃO-NA-FONTE
SINDICATO NACIONAL DOS EDITORES DE LIVROS, RJ

B959C

Bunge, Mario Augusto, 1919-
  Caçando a realidade : a luta pelo realismo / Mario Bunge; tradução de Gita K. Guinsburg. – São Paulo: Perspectiva, 2010. (Big Bang)

  Tradução de: Chasing reality : strife over realism
  Apêndice
  Inclui bibliografia
  ISBN 978-85-273-0896-0

  1. Realismo. I. Título. II. Série.

10-4244.   CDD: 149.2
                 CDU: 141.312

25.08.10   10.09.10   021328

Direitos reservados em língua portuguesa à

EDITORA PERSPECTIVA S.A.

Av. Brigadeiro Luís Antônio, 3025
01401-000 São Paulo SP Brasil
Telefax: (011) 3885-8388
www.editoraperspectiva.com.br

2010

Com gratidão,
em memória de meus professores
Guido Beck (1903-1988),
que me iniciou na pesquisa científica,
e
Kanenas T. Pota (1890-1957),
que me ensinou como filosofar.

sumário

13		nota à edição brasileira [*gita k. guinsburg*]
17		prefácio
23		introdução

I realidade e hilorrealismo

32	1	coisa
40	2	fato
46	3	o mundo: a totalidade dos fatos ou a coisa maximal?
48	4	a entrada do conhecedor
51	5	separabilidade do sujeito/objeto
54	6	materialismo
56	7	realidade
58	8	realismo
60	9	objetividade e imparcialidade
63	10	observações conclusivas

II fenômenos, fenomenalismo e ciência

67	1	phaenómenon e noumenon
69	2	propriedades primárias e secundárias
71	3	fenomenalismos: ontológico e epistemológico
72	4	os *qualia* no materialismo
73	5	da revolução científica até locke
76	6	a contrarrevolução, fase 1: berkeley
82	7	a contrarrevolução, fase 2: hume
86	8	a contrarrevolução, fase 3: kant
87	9	kant concluiu: nem natureza, nem deus
90	10	observações conclusivas

antirrealismo hoje: III
positivismo, fenomenologia, construtivismo

positivismo lógico	1	98
construindo o mundo	2	102
fenomenalismo e quanta	3	107
redux ptolomeu	4	114
aos fenômenos por meio dos números	5	115
interlúdio: redução	6	121
aparências psicológicas e sociais	7	123
cientistas no berço?	8	126
a ciência e a tecnologia são realistas	9	131
observações conclusivas	10	134

causação e chance: IV
aparente ou real?

causação	1	138
chance: tipos	2	144
probabilidade objetiva	3	151
probabilidade em ciência e tecnologia	4	156
a chance como ignorância	5	158
incerteza	6	163
o bayesianismo é confuso	7	165
crenças não são bayesianas	8	166
o bayesianismo é arriscado	9	170
observações conclusivas	10	174

v   atrás das telas: mecanismos

178	1	um punhado de exemplos
185	2	sistema e sistemismo
191	3	mecanismo
194	4	mecanismos causais e estocásticos
196	5	mecanismo e função
198	6	mecanismo e lei
201	7	supondo mecanismos
204	8	explanação: subsunção e mecanísmica
208	9	realismo versus descritivismo
210	10	observações conclusivas

vi   de z até a: problemas inversos

216	1	amostra preliminar
218	2	a relação direta-inversa: generalidades
221	3	lógica e matemática
222	4	interlúdio: indução
224	5	problemas matemáticos para descobrir e problemas para provar
227	6	astronomia e microfísica
229	7	lendo padrões de difração
232	8	inversibilidade
236	9	probabilidades inversas
237	10	observações conclusivas

estabelecendo uma ponte entre o fato e a teoria — VII

indução novamente	1	240
abdução, novamente	2	242
biologia: evolução	3	244
medicina: dos sintomas aos diagnósticos	4	246
psicologia: por trás do comportamento	5	247
estudos sociais: do indivíduo à sociedade e da sociedade ao indivíduo	6	250
imaginando mecanismos sociais	7	254
engenharia reversa	8	257
fazendo a ponte entre a teoria e o fato	9	261
observações conclusivas	10	264

rumo à realidade através da ficção — VIII

a necessidade da abstração	1	271
ficcionismo	2	273
quatro espécies de verdade	3	276
a matemática é ontologicamente neutra	4	279
matemática, cérebros e sociedade	5	283
como efetivar compromissos ontológicos	6	285
respondendo a algumas objeções	7	289
convencionalismo e fisicalismo	8	292
ficções metafísicas: mundos paralelos	9	297
observações conclusivas	10	304

IX os transcendentais são deste mundo

310	1	universal
317	2	tipo
321	3	possibilidade
323	4	um excesso de mundos
328	5	a metafísica dos multimundos é inexata
334	6	os contrafactuais
337	7	disposição
343	8	espaço e tempo
347	9	livre-arbítrio e liberdade
350	10	observações conclusivas

X da caverna de platão à colina de galileu: o realismo vindicado

353	1	realismo ontológico: cérebro e história
357	2	realismo epistemológico: chutando e explorando
361	3	realismo semântico: referência e correspondência
369	4	realismo metodológico: checagem de realidade e cientismo
372	5	o realismo axiológico: valores objetivos
374	6	realismo ético i: fatos morais e verdades morais
381	7	o realismo ético ii: a testabilidade das normas morais
387	8	o realismo prático: eficiência e responsabilidade
390	9	o hilorrealismo científico
392	10	observações conclusivas

apêndice:
fato e padrão

coisa, propriedade e predicado	1	397
estado e função de estado	2	400
espaço de estado e evento	3	405
processo	4	409
padrão objetivo e enunciado de lei	5	411
espaço de estado submetido a leis	6	414
observações conclusivas	7	419

bibliografia	421
índice onomástico	443
índice remissivo	451

nota à edição
brasileira

A vasta produção de Mario Bunge e o reconhecimento de seu trabalho acadêmico e humanístico dispensam quaisquer outras observações sobre a importância desse homem que publicou mais de 400 artigos e 40 livros, os quais abrangem o amplo universo de seus interesses científicos, sociais, políticos, literários e artísticos, sem falar das lógicas, das axiomáticas, da tecnologia e da mente. Esse professor de lógica e metafísica da Mc Gill University, Montreal, Canadá, passou, segundo suas próprias palavras, "mais de sessenta anos tentando compreender a física quântica" e crê que isso só foi possível quando "começou a entendê-la por meio do *fog* filosófico".

Seria esse físico teórico, doutor pela Universidade de Buenos Aires, aluno de Werner Heisenberg, que trabalhou com Guido Beck em física nuclear e atômica, que foi um dos primeiros a apresentar um novo modelo em camadas do núcleo atômico, que propôs novas variáveis para representar a posição e a velocidade de um életron, esse nó da já clássica questão da indeterminação de Heisenberg, um filósofo-físico ou um físico-filósofo? É muito difícil optar por qualquer desses dois predicados. Neste caso, há uma "real" indeterminação...

Bunge é, de fato, um perscrutador dessa galáxia onde orbitam o conhecimento e os seus produtos. Observa e avalia criticamente os avanços da ciência e a queda das fronteiras artificiais que as separam ou já as separaram, propugnando por sistemas teóricos que se articulam em outros mais amplos. Mas com tudo isso ele não descarta o papel essencial do "espírito", no seu poder de imaginar, inventar, formular hipóteses e teorias com respeito à ciência, mas acentua que seus objetos estão estritamente vinculados à realidade, como algo que existe fora de nós e de modo irrefutável. Trata-se de uma realidade que exige elucidação, a qual, por sua vez, estabelece uma ciência factual, social ou natural, cujas proposições, hipóteses e teorias devem ser checadas, provadas, garantidas como verdade, pois a realidade não é aquela que se nos apresenta diretamente aos nossos órgãos do sentido, por exemplo. É preciso caçá-la, ir ao seu encalço. E como fazê-lo, é o que nos ensina esse mestre em *Caçando a Realidade: A Luta pelo Realismo*. Esse exímio transmissor – um pedagogo – perpassa todo o âmbito ontológico do sema "realidade", apresentando-nos os pontos capitais daquilo que ele denominou de hilor-realismo*. Daí resulta uma obra imprescindível não só da filosofia em geral, como, particularmente para o cientista e professor preocupado em propiciar uma formação que habilite ao entendimento e à descoberta das interdependências do conhecimento e da tecnologia, tanto quanto ao enfrentamento crítico e criativo da produção cultural em gestação no processo geracional, seja na ciência, seja nos saberes ligados à vida cotidiana, na ética e na política. Na verdade, o nosso autor ultrapassa os limites de um físico ou de um filósofo. Essa indeterminação poderá ser resolvida se lembrarmos de uma palavra muito usada nos séculos anteriores ao dos Iluministas. Mario Bunge é um polímata desse mundo globalizado. Porém, afora o seu reconhecido saber nos diferentes domínios do conhecimento a que se dedica, a sua contribuição para o pensamento moderno distingue-se pela atualidade e originalidade de suas abordagens. Cabe ainda acrescentar ao cientista o cidadão do mundo. Ao longo de seus 90 anos de vida, sua atuação se salienta pelo engajamento nas causas da liberdade, dos direitos humanos e da luta por uma sociedade mais justa.

GITA K. GUINSBURG

prefácio

**oje, bilhões** de pessoas despendem longas horas com os olhos pregados em telas de várias espécies. Mas, sem dúvida, todos nós sabemos que os fatos mais importantes e interessantes, bem como as ideias mesmas estão atrás das telas. Daí por que procuramos o fato objetivo atrás da aparência, a causa ou a chance atrás do evento, ou buscamos o mecanismo atrás do comportamento e o sistema e o padrão sob os particulares. Todas essas tarefas requerem imaginação rigorosa – em especial, ficção disciplinada mais do que produção de mito. Embora estejamos imersos nela, o nosso conhecimento da realidade não é imediato.

Os antigos atomistas e fundadores da filosofia e ciência modernas, em particular Galileu e Descartes, sabiam que os sentidos proporcionam aparências superficiais mais do que profundas realidades. Eles foram atrás de coisas reais com propriedades primárias ou independentes da mente; e alguns deles usaram ficções matemáticas, tais como funções e equações, para dar conta dos fatos.

Não que as propriedades secundárias ou os *qualia*, tais como cor, gosto e cheiro, não sejam importantes para os organismos: bem pelo contrário. Mas os *qualia* residem nos sistemas nervosos, não no mundo físico ou ao seu redor: o universo não tem cor, não tem som, é insípido e inodoro. Ademais, a investigação científica dos *qualia*, em particular a explanação deles em termos de propriedades primárias, tem de esperar pela emergência da neurociência cognitiva do século XXI. Por exemplo, só recentemente se soube que as ilusões ópticas e auditivas são disfunções dos correspondentes subsistemas cerebrais.

E, no entanto, alguns dos mais influentes dentre os primeiros filósofos da modernidade, a saber, Berkeley, Hume e Kant, bem como seus herdeiros neokantianos, positivistas, neopositivistas, fenomenólogos, hermeneutas, convencionalistas e relativistas construtivistas, têm ensinado exatamente o oposto. Assim, os fenomenalistas vindicam que apenas as aparências contam, e os hermeneutas ou textualistas (ou os semioticistas em geral) pretendem que somente os símbolos importam. Sem dúvida, os primeiros repetem a asserção de Ptolomeu, segundo a qual o objetivo da ciência é "salvar o fenômeno"; os textualistas proclamam que "a palavra é a residência do Ser" (Heidegger), razão pela qual "nada há fora do texto" (Derrida); e que os fatos ou, no mínimo, os fatos sociais, "são textos ou similares a textos" (Charles Taylor). Nem os fenomenalistas, nem os textualistas sabem onde colocar os objetos matemáticos – que para eles, de qualquer modo, não têm uso. Diante de tão sérias lacunas na filosofia contemporânea, é claro que a natureza dos fatos, das aparências e das ficções merece investigações ulteriores.

> *Espécie de "paraíso" terrestre onde a abundância é tal que leva os homens à preguiça, à lascívia e a uma total inversão dos valores (mito de origem europeia) (N. da T.).

Este livro aborda fatos intricados, aparências superficiais e ficções, tanto as domadas, como o número Π, quanto as selvagens, como o País de Cocanha*. Os conceitos de fato, aparência e ficção constituem uma família, visto que nenhum deles tem sentido pleno, isolado de outros membros da tríade. Sem dúvida, aparências são fatos tais como percebidos por seres sencientes; e ficções são ou grandes distorções de fatos, ou invenções não relacionadas a fatos. Fatos, por sua vez, ocorrem ou não quando alguém os percebe ou constrói uma fantasia a seu respeito. Este é um postulado realista, que toda pessoa pressupõe, mas que poucos filósofos adotam explícita e consistentemente. Argumentarei que esse postulado subjaz, embora tacitamente na maioria dos casos, à exploração e à alteração deliberada do mundo real. Defendo também que, paradoxalmente, tal exploração não é bem-sucedida sem o apoio de ficções, particularmente as da matemática.

A tríade fato-aparência-ficção ocorre em todos os passos da vida. Realmente, quando se tenta compreender ou controlar um pedaço do mundo, deve-se distinguir e inter-relacionar três camadas: a do fato, da aparência e da ficção. Por exemplo, alguns políticos e a mídia inventam ficções acerca da vida pública, elas contribuem para modelar as nossas percepções da sociedade. Entrementes, as correntes políticas e econômicas continuam a fluir sob ficções e aparências, em grande parte não afetadas nem detectadas e, portanto, além de nosso controle. O cidadão incauto pode tornar-se vítima não intencional daquilo que tem sido chamado de armas de fraude em massa. Em contraposição, os cidadãos alertas e responsáveis são céticos construtivos: eles começam por descascar camadas superficiais da realidade, de modo a descobrir os ocultos mecanismos sociais, tornando-se assim aptos a atuar sobre eles. Eles são realistas filosóficos.

Não é de surpreender, pois, que a tríade fato-aparência-ficção esteja no centro de alguns dos mais velhos e árduos problemas filosóficos. Por exemplo, como podemos saber que há coisas fora de nossas mentes? Como devemos ir do fato observável para a causa conjeturada? Como resolveu Newton o assim chamado problema da indução, pulando dos dados para a hipótese – um problema comumente atribuído a Hume? Difere a aparência da realidade e, assim sendo, como? São as "sensações grosseiras" (ou *qualia*), tais como cheiros e gostos, irredutíveis a processos descritíveis em termos de propriedades primárias, tais como as moléculas do odor e os receptores olfativos? A possibilidade e a disposição podem ser reais? Qual é o status ontológico, se houver algum, dos objetos matemáticos? Como diferem eles dos caracteres míticos e artísticos? Serão reais a causação, a possibilidade e a chance, apesar de serem inobserváveis? É a probabilidade uma medida da força da fé ou então uma medida de possibilidade real? E há leis objetivas ou apenas pacotes de dados?

Além dos problemas ontológicos e epistemológicos acima mencionados, tentaremos resolver os de caráter metodológico. Como poderemos descobrir o modo como as coisas funcionam efetivamente atrás das aparências? Qual é a utilidade de se especular acerca de mundos alternativos? Por que se surpreender com o valor-verdade de proposições que contrariam os fatos? Como poderemos lidar melhor com problemas inversos, tal como ir do *output* desejado tanto para o requisitado *input* como para o mecanismo? Há mais para explicar do que subsumir particulares sob generalidades? Podem as teorias científicas ser diretamente confrontadas com os fatos? Qual é a condição dos indicadores de leitura, tais como sinais vitais e ponteiros? E por que ainda é respeitável que os filósofos questionem a realidade independentemente do mundo externo, ao mesmo tempo em que os cientistas estão descobrindo camadas cada vez mais profundas dele, e o homem da prática o altera para o bem ou para o mal?

Devemos perguntar também se faz qualquer sentido estender o realismo para abarcar valores e princípios morais. Em outras palavras, cumpre perguntar se há valores objetivos, fatos morais e verdades morais. Além disso, cabe indagar quão longe o realismo pode avançar sem formular certas assunções sobre a natureza das coisas. Em geral, é a epistemologia independente da ontologia? Em particular, pode o realismo científico florescer independentemente do materialismo? E pode a sua síntese – que denomino *hilorrealismo** – dar conta da matemática e de outros objetos culturais imperceptíveis? Finalmente, no curso de nossa investigação, haveremos de nos deparar com alguns poucos problemas históricos. Em particular, devemos indagar se é verdade, como tem assegurado a maioria dos historiadores da filosofia, que Hume e Kant foram os filósofos da revolução newtoniana. E depois: terão os subjetivistas atuais adicionado algo aos ensinamentos de Berkeley? E foram bem sucedidos os sócio-construtivistas na tentativa de construir algo que se parecesse à vida real? Outra questão similar é se os positivistas lógicos que professam seu amor à ciência foram correspondidos e se resolveram alguns dos problemas filosóficos levantados pela ciência e tecnologia contemporâneas? Com respeito a essa caça à realidade, teriam quaisquer outras escolas filosóficas contemporâneas, em particular o materialismo dialético, a fenomenologia e a filosofia linguística, aperfeiçoado os meios de apreendê-la? Se não o fizeram, por que não reapreender as lições que os atomistas da Grécia antiga e da Índia ensinaram, há dois milênios e meio, que o familiar é mais bem explicado pelo não familiar, os dados pelos construtos e os fatos pelas *ficta***, mais do que por qualquer outro desvio. Em resumo, por que não ir à caça da realidade, em vez de tomá-la como algo dado ou tentar eludi-la?

Este livro é parte do esforço realizada ao longo de uma vida para atualizar a filosofia com a ajuda da ciência, e para desmascarar uma filosofia malsã que faz pose de ciência. O que me lançou nesse caminho, quando estava terminando o curso médio, foi a leitura de alguns dos *best-sellers* de ciência popular dos anos de 1930 – os dos famosos astrofísicos Sir Arthur Eddington e Sir James Jeans. Eddington, o primeiro a confirmar a teoria da gravitação de Einstein, era um idealista subjetivista: ele sustentava que nós só descobrimos aquilo que já está em nossas mentes. E Jeans era um idealista objetivista: ele pensava que o universo era um texto matemático escrito por Deus. Eu desejava refutá-los, mas não estava apto a fazê-lo por falta do necessário conhecimento: foi por isso que decidi estudar física. Entretanto, no início de meu trabalho como pesquisador em física quântica, nos princípios de 1940, eu aceitava a interpretação padrão, ou seja,

* Do grego *hylo*, "matéria"
+ realismo (N. da T.).

** Plural latino de *ficta*, "fingido, falso, ilusório, presumido" (N. da T.)

a de Copenhague, que é operacionista e, portanto, semissubjetivista. Minha epifania realista sobreveio apenas uma década depois, na hora do café de um encontro da Sociedade Argentina de Física: repentinamente dei-me conta que, quando se descreve um elétron livre ou se calcula os níveis de energia de um átomo, empregam-se exclusivamente variáveis que descrevem propriedades de uma coisa que não está sendo observada por ninguém – isto é, uma coisa em si. Tal experiência me sugeriu que muito do que passa por *output* filosófico da ciência é, efetivamente, filosofia antiquada que desempenha apenas um papel decorativo na pesquisa científica.

Agradeço a Joseph Agassi, Carlos F. Bunge, Eric R. Bunge, Silvia A. Bunge, Marta C. Bunge, Carmen Dragonetti, Bernard Dubrovsky, Michael Kary, Richard L. Hall, Martin Mahner, Michael Matthews, o falecido Robert K. Merton, Greg Mikkelson, Martin Morgenstern, Storrs McCall, Andreas Pickel, Héctor Vucetich, Sérgio B. Volchan e Per-Olof Wikström pelas questões interessantes, pelas observações penetrantes, pela crítica aguda ou pelas informações pertinentes. Sou particularmente grato a Martin Mahner que leu toda a primeira versão e apresentou numerosas críticas, a muitas das quais eu dei ouvidos. Sou igualmente grato a John St. James por sua paciência no preparo do texto para a edição e a Lennart Husband e Frances Mundy pela diligente editoração.

introdução

[1] J. L. Heilbron, *The Dilemmas of an Upright Man*.

tema central deste livro, a busca da realidade, pode ser introduzido por meio de três pequenas histórias. A primeira é a seguinte: o Sol afunda atrás do horizonte, e toda a vida animal parece estar morta. A garotinha perguntou: será que o Sol afunda de verdade e todos os animais morrem? Professor: não, apenas parece que é assim. O que realmente acontece é que a Terra girou em torno de seu eixo para Leste até deixarmos de ver o Sol à nossa frente. Também aconteceu que, devido à escuridão que se seguiu, os animais diurnos foram dormir. Em suma, tanto o pôr-do-sol como o nascer do sol estão apenas nos olhos do observador: o Sol não toma conhecimento do giro da Terra em torno de seu próprio eixo. Por acaso, você sabia que os astecas acreditavam que deviam matar algumas pessoas para assegurar que os deuses fariam o Sol nascer no dia seguinte? E você pensa que eles abandonariam esse costume se tivessem aprendido a verdade? Espere. Antes de responder, deixe-me adverti-la de que muita gente famosa ainda crê que tudo o que podemos saber é como as coisas se parecem, nunca como elas realmente são.

A segunda história refere-se a um garoto que, numa noite de verão, tentou capturar um pirilampo entre duas cintilações. Poder-se-ia conjeturar que, não tendo ouvido falar de Berkeley, Kant, Bohr ou dos positivistas lógicos, a criança supôs que o inseto continuava se movendo entre as cintilações. E, sendo não só um realista espontâneo, mas também curioso, o menino, a fim de apanhar o vaga-lume, usou uma lanterna para procurá-lo e localizá-lo entre as cintilações. Finalmente, ele o capturou e o levou para a escola. O professor lhe disse que a emissão intermitente de luz está ligada ao ritual de acasalamento do pirilampo. E seu tio, um químico, tentou explicar-lhe a reação química envolvida na enzima que emite luz. Porém, sem dúvida, nem mesmo um aluno brilhante de uma série mais avançada conhece suficientemente química orgânica para entender essa reação.

A terceira e última é uma história real que se refere às ambiguidades e aos enganos da vida social. Quando os nazistas tomaram o poder, Max Planck, o avô da mecânica quântica, manteve seu cargo como o mais alto administrador da ciência alemã. Uma vez, no decorrer de uma cerimônia oficial, o viram erguer timidamente seu braço direito na saudação nazista[1]. Na verdade, Planck nunca se filiou ao partido nazista e nunca denunciou a "ciência judaica".

Ademais, ele protegeu qualquer pedacinho de boa ciência que tivesse sobrado e defendeu tanto a racionalidade quanto o realismo. No entanto, Planck repreendeu Einstein por ter se demitido da condição de membro da Academia Prussiana de Ciências; e durante a guerra, fez conferências pelo país e nos territórios ocupados. Assim, ele legitimou o regime com sua simples presença em lugares visíveis. Em suma, Planck, juntamente com milhões de compatriotas alemães, parecia quase preto por fora, mas tudo indica que parecia ter sido quase branco por dentro. Que cor ele tinha então realmente? Ou será esta uma questão mal concebida, uma vez que a cor, longe de ser uma propriedade primária, está no olho de quem a observa? Em todos os eventos, todos nós sabemos que a aparência, a simulação e a dissimulação, bem como a percepção errônea e o autoengano, são partes da realidade social.

As histórias precedentes envolvem não apenas conceitos ontológicos de aparência e realidade, mas igualmente uma preferência mal disfarçada pelo realismo científico sobre o fenomenalismo. As duas primeiras histórias também envolvem conceitos metodológicos de observação, de formulação de hipóteses, de checagem da realidade e de explanação por meio de mecanismos reveladores. Tudo isso é inteiramente normal para crianças inteligentes, para técnicos, cientistas e tecnólogos. É preciso um filósofo com a cabeça nas nuvens para defender que a observação é desnecessária (Platão, Leibniz, Hegel); que não há nada por detrás dos fenômenos (Berkeley, Hume, Kant, Renouvier); que nenhuma hipótese deveria jamais ser armada (Bacon, Comte, Mach); que suposições não carecem de checagem (Bergson, Husserl, Goodman); ou que explicar é tão somente subsumir particulares sob generalidades (Mill, Popper, Hempel).

Pode-se objetar que estou bem posicionado para espancar um cavalo morto, visto que a maioria dos filósofos é, no mínimo, tão inteligente quanto o garoto que caçava vaga-lumes. Entretanto, tal otimismo não é injustificado, pois o antirrealismo continua vivo e bem instalado na academia. Os seguintes exemplos aleatórios de visões contemporâneas altamente consideradas mostrarão por que:

1. Em um livro muito citado, Bas van Fraassen[2] afirma que o objetivo da ciência é "salvar os fenômenos [aparências]" mais do que responder por uma realidade existente de modo indepen-

3 *On the Plurality of Worlds.*
4 *Ways of Worldmaking.*
5 *A la recherche du réel,* p. 22.
6 The Mathematization of Economic Theory, *American Economic Review,* n. 81, p. 1-7.

dente – algo que ele coloca numa "bagagem metafísica" para ser jogada fora. Da mesma forma, David Lewis[3], um influente filósofo, famoso por supor uma pluralidade de mundos reais, adotou o ponto de vista de Hume de que não há nem conexões objetivas, nem leis propriamente ditas: de que o universo é um vasto mosaico de fenômenos disjuntos.

2. As fantasias de Nelson Goodman[4] sobre a "feitura do mundo" e, em particular, sobre a "feitura de estrelas", têm sido objeto de comentários respeitosos e profusos, embora às vezes críticos, como se elas fossem importantes contribuições ao conhecimento – e como se Berkeley tivesse escrito em vão.

3. A maior parte dos compêndios de mecânica quântica ainda se desmancha em louvores à interpretação de Bohr-Heisenberg ou a de Copenhaguen, na medida em que essa teoria se refere apenas a fatos sob controle experimental, em particular fenômenos. Como disse o físico d'Espagnat[5] aprobatoriamente, uma das consequências dessa concepção é que ela destruiu o que Copérnico havia conseguido: "Ele pôs o homem de volta no centro de sua própria representação do universo, do qual Copérnico o havia expelido".

4. Grande parte dos biólogos, psicólogos e cientistas sociais ensina que todo projeto científico começa com alguma observação isenta de teoria, que os dados sozinhos impulsionam pesquisas e esvaziam hipóteses, e que a especulação teórica é perigosa.

5. O prêmio Nobel Gerard Debreu[6] sustentou que no momento em que ele axiomatizou a teoria do equilíbrio econômico geral, essa teoria tornou-se parte da matemática, sendo, portanto, inexpugnável aos dados empíricos. É óbvia a moral prática: deve-se confiar nos economistas tanto quanto em Euclides, independentemente da realidade econômica.

6. Os estatísticos e os filósofos bayesianos acreditam que todas as alegações probabilísticas devem ser subjetivas, de modo que não se pode dizer que nenhuma delas seja verdadeira ou falsa. Na realidade, eles sustentam que um valor de probabilidade é uma medida da força da crença de alguém em alguma coisa, mais do que um número puro ou a medida de uma real possibilidade, tal como a probabilidade de um átomo saltar entre dados estados no minuto seguinte, quer esteja ou não sendo observado.

7. Muitos matemáticos acreditam na tese de Platão, segundo a qual os objetos matemáticos, como os números, os conjuntos, as funções e as proposições acerca deles, existem por si e são antes descobertos mais do que inventados.

8. Os relativistas-construtivistas e sociais negam a diferença entre coisa e ideia, fato e ficção, lei e convenção, pesquisa e conversação, teste empírico e comércio de cavalos com colegas. Do mesmo modo, os hermeneutas vindicam que tudo o que é social é um texto ou "como um texto" a ser interpretado, mais do que um fato a ser observado, descrito, explicado ou alterado. Obviamente, nenhuma escola faz qualquer uso dos conceitos duais de verdade e erro – sem o que a pesquisa científica não teria escopo.

9. "Influenciado pelas ideias de Ludwig Wittgenstein, o Círculo de Viena rejeitou tanto a tese da realidade do mundo externo quanto a tese de sua irrealidade como sendo pseudoproposições"[7]. No entanto, Wittgenstein continua influente como sempre.

10. Os relativistas radicais, ficcionistas e convencionalistas negam a existência de verdades objetivas e, portanto, transculturais, tais como as da matemática, da química e da genética. A própria ideia de um teste objetivo lhes é alheia. Fato que lhes permite declarar aquilo que lhes convém.

Os exemplos precedentes convencerão qualquer pessoa que a ontologia e a epistemologia atravessam uma crise[8]. O que se pode fazer numa crise senão fugir ou lutar? Acerca da desesperança na possibilidade de resolver certos problemas filosóficos cruciais, o famoso filósofo de Harvard, Hilary Putnam, escreveu: "Chegou o tempo de uma moratória para a ontologia e de uma moratória para a epistemologia"[9]. Dewey, Wittgenstein e Heidegger concorreram para tanto[10]. Prefiro continuar trabalhando com a ontologia e a epistemologia, porque acredito que uma filosofia sem elas é como um corpo sem tronco nem cabeça.

A filosofia pode e deve ser criticada e reconstruída incessantemente. A crítica nunca é suficiente, pois precisamos adicionar ideias construtivas para extirpar falsidades, se nos preocupamos com a verdade. Eis algumas proposições que serão expandidas e defendidas neste livro:

[7] R. Carnap, Empiricism, Semantics, and Ontology, Revue Internationale de Philosofie, n. 10, p. 32-33.

[8] M. Bunge, Philosophy in Crisis.

[9] Realism with a Human Face, p. 118.

[10] R. Rorty, Philosophy and the Mirror of Nature, p. 6.

11 I. Kant, *Kritik der reinen Vernunft*, p. B724. [N. da E.: a notação "B" se refere à 2. ed. original da obra, de 1787; a 1. ed. de 1781 é normalmente referida como "A"; ambas foram editadas pelo próprio Kant.]

12 *Neues Organon.*

1. Realismo científico – a tese de que o universo existe por si, de que pode ser explorado e de que é melhor que seja explorado cientificamente – não é apenas uma epistemologia entre muitas outras: é a única pressuposta e confirmada por pesquisa científica e tecnológica. Por oposição, o fenomenalismo, isto é, a concepção de que "o mundo é uma soma de aparências"[11] ou, ao menos, que só as aparências podem ser conhecidas, é superficial e falsa. Na realidade, a emissão de luz, as reações químicas, as infecções, a evolução biológica, as intenções, os truques políticos e quase tudo o mais ocorrem mesmo que sejam imperceptíveis. Portanto, não é por acidente que Galileu e Descartes, dois dos fundadores da ciência moderna, enfatizaram a diferença entre propriedades primárias e secundárias e propuseram que a ciência deveria focar as primeiras. Ironicamente, os fenomenalistas – em especial, Hume, Kant, os positivistas e os positivistas lógicos – na sua ânsia de refutar o supernaturalismo e a metafísica especulativa, teriam também matado a ciência se as tivessem tomado a sério.

2. Embora as aparências sejam apenas epidérmicas, elas constituem parte da realidade mais do que seu oposto, porque ocorrem no cérebro do sujeito, que é parte do mundo como um todo. Experiências interiores (*qualia*), tais como sentir frio, ver o azul, ouvir um rangido ou cheirar hortelã não são básicas, mas derivadas: são processos do sistema nervoso central e não do mundo externo. No entanto, elas não devem ser descartadas, uma vez que são reais e, além do mais, indispensáveis à vida animal.

3. Uma fenomenologia útil, inteligível, científica, como a esboçada pela geração anterior à de Kant pelo polímata Johann Heinrich Lambert[12], explicaria as propriedades secundárias (sensoriais) em termos das propriedades primárias. Na realidade, essa é uma das tarefas que a neurociência cognitiva está atualmente empreendendo: ela começou a explicar as aparências de um modo científico e como processos cerebrais.

4. Explicar um fato é exibir mecanismo(s) obediente(s) a leis que são sua causa, como o enrubescer é explicado pelo último elo da cadeia Estímulo → Percepção → Concepção → Ativação de um órgão ligado à emoção, tal como a amídala → Estimulação da faixa motora no córtex cerebral → Relaxamento

dos músculos da face → Dilatação dos capilares que irrigam as bochechas. Por contemplar os mecanismos por cima, o assim chamado modelo de cobertura de lei de explanação científica, embora não seja incorreto, é apenas parcial: dá conta tão-somente do aspecto lógico da explanação.

5. Causação e chance, embora não manifestas, são modos objetivos de vir a ser. E, ainda que nenhuma delas seja redutível à outra, elas estão relacionadas entre si, do mesmo modo como um aumento na pressão de um gás é explicado pelo aumento da frequência dos impactos moleculares aleatórios sobre as paredes do recipiente que contém o gás.

6. As ciências e as tecnologias usam a interpretação realista de probabilidade (amiúde chamada impropriamente de "propensividade"), ou seja, como uma medida de possibilidade real. Em oposição, o bayesianismo, que interpreta a probabilidade como crendice, é conceitualmente vago e não tem suporte empírico na psicologia. E a interpretação realista da probabilidade requer uma ampliação do determinismo, para incluir leis probabilísticas.

7. Os problemas inversos, tais como "inferir" (ou supor) axiomas a partir de teoremas, causas a partir de efeitos e mecanismos a partir de funções, têm sido lamentavelmente negligenciados na literatura filosófica, com a única exceção do assim chamado problema de Hume (Dados → Hipóteses). No entanto, eles são muito mais desafiadores e compensadores do que os correspondentes problemas diretos. A estratégia mais promissora para atacar problemas inversos é tentar transformá-los em problemas diretos, do mesmo modo como Newton postulou suas leis do movimento a fim de deduzir as órbitas dos corpos celestes.

8. A indução não é nem tudo, nem nada. Ela ocorre em generalizações (empíricas) de baixo nível, bem como na confrontação de previsões teóricas com dados relevantes. Tal confronto envolve algum processamento estatístico. Mas não existe algo como lógica indutiva probabilística (ou epistemologia probabilística), porque não se pode atribuir às proposições, que não são itens aleatórios, probabilidades, salvo arbitrariamente: e também porque formular hipóteses não é uma atividade submetida a regras, porém uma arte.

FIGURA I.I
(a) Perspectiva ontológica: Fenômenos (aparências) constituem apenas uma pequena parte da realidade. Os teóricos são parte da realidade, mas as teorias que constroem não estão no mundo externo se concebidas em si mesmas, isto é, à parte dos processos de pensamento e de sua aplicação. (b) Perspectiva epistemológica: a realidade pode ser entendida e eficientemente alterada tão somente por teorias estimuladas e checadas por fenômenos.

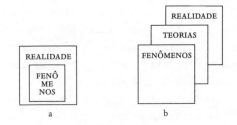

9. As teorias científicas são raramente, se não algumas vezes, contrastadas diretamente com dados empíricos relevantes: primeiro se deve enriquecê-las com indicadores, tais como a febre enquanto indicador de infecção, e o PIB, como indicador de atividade econômica. Indicadores são hipóteses checadas independentemente, que relacionam variáveis hipotéticas a observáveis. Para que sejam confiáveis, os mecanismos subjacentes devem ser desvelados. Daí por que os amperímetros e os dispositivos que produzem imagem cerebral são confiáveis, ao passo que as bolas de cristal e os almanaques de interpretação dos sonhos não o são. No entanto, os indicadores são raramente examinados na literatura filosófica.

10. Embora a ficção não seja um fato, paradoxalmente necessitamos de algumas ficções, em particular de ideias matemáticas e modelos altamente idealizados, a fim de descrever, explicar e predizer fatos. Isto, não porque o universo é matemático, mas porque o nosso cérebro inventa ou usa ficções refinadas e sujeitas a leis, não apenas por prazer intelectual, mas também para construir modelos conceituais da realidade: trata-se, portanto, de um moderado ficcionismo matemático – a concepção segundo a qual, embora os objetos matemáticos não tenham existência independente, é possível fingir que eles a possuem. Esta versão restrita de ficcionismo, não relacionada ao instrumentalismo, é inconsistente com o realismo ingênuo, porém compatível com o realismo científico.

As teses precedentes podem ser comprimidas na figura 1.1, ao menos como aperitivo.

I

realidade e
hilorrealismo

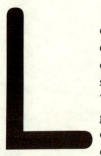

[1] *Tractatus Logico-Philosophicus*, 1.13.
[2] Mais sobre ontologia e semântica em M. Bunge, *Treatise on Basic Philosophy*, v. 1, 2, 3 e 4.
[3] *Les Règles de La Méthode Sociologique*, p. 78.

idamos com fatos o tempo todo, todavia não há consenso quanto ao sentido próprio do termo 'fato', considerando-se que, em particular, na linguagem comum, ele é amiúde confundido com 'dado' ou 'verdade'. Essa confusão deriva provavelmente do sânscrito, cujo vocábulo *satya* significa tanto "existente" como "verdade". Assim, há espaço para confusão. São as leis e as regras fatos? Há fatos gerais? São as construções sociais, como os códigos legais, fatos? É um fato que $2 + 2 = 4$? Como se relacionam proposições a fatos no mundo externo? O que pensou Wittgenstein quando escreveu que "os fatos no espaço lógico [?] são o mundo"?[1]

Tais quebra-cabeças acerca do significado do termo 'fato' não são apenas jogos lexicográficos, porque o modo correto de se lidar com um item X depende crucialmente da natureza de X. Se X estiver no mundo externo, talvez tenhamos de atuar sobre X, enquanto que, se X for um construto, talvez tenhamos de submeter X à análise conceitual. Neste capítulo, iremos lidar apenas com alguns poucos dos muitos problemas centrados na forma de conceituar um fato, a saber, alguns daqueles que se relacionam ao tema central deste livro[2]. Mais precisamente, examinaremos brevemente os conceitos de coisa, propriedade, estado, mudança de estado, lei e aparência, bem como as doutrinas realista e materialista e suas contrárias.

1. coisa

Ao lidar com fatos, devemos começar examinando o conceito de coisa, porque um fato é algo que envolve uma coisa. Isto porque, como o grande sociólogo Durkheim afirmou, "todo objeto científico é uma coisa, salvo, talvez, os objetos matemáticos"[3]. Em uma visão científica do mundo, então, o mundo é constituído por coisas. Essa também foi a visão dos antigos atomistas gregos e hindus, dos nominalistas medievais e dos materialistas do Iluminismo.

A proposição segundo a qual o mundo é a coleção de coisas será dificilmente sujeita a controvérsia. Entretanto, nenhuma palavra é tão vaga quanto 'coisa'. É, pois, aconselhável investigá-la e elucidá-la. Comecemos com o mais amplo de todos os substantivos, o termo em acepção neutra, *objeto*. Admite-se, em geral, que os objetos podem ser materiais (concretos), como pássaros e escolas, ou imateriais (abstratos), como conceitos e teorias.

Objetos concretos são também chamados de 'coisas' ou 'existentes', e objetos abstratos, de 'ideais' ou 'construtos'. Correspondentemente, as propriedades dos objetos concretos, tais como viscosidade e produtividade, podem ser chamadas de *substantivas*, enquanto que as dos objetos ideais, tais como consistência e transitividade, podem se chamadas de *formais*.

Entretanto, as distinções entre coisa / construto e substantiva / formal podem ser tomadas mais como metodológicas do que ontológicas. Isto porque, numa filosofia não platônica, construtos são criações humanas, portanto dependentes de coisas concretas chamadas 'pensadores'. Além disso, enquanto alguns construtos, tais como deidade, cavaleiro diabólico e universo paralelo, são ficções selvagens, outras, como os conceitos de conjunto e função, são ficções domesticadas e, além do mais, indispensáveis para entender coisas concretas e lidar com elas. Por exemplo, as espécies naturais, tais como as espécies químicas e biológicas, podem ser consideradas como conjuntos; e muitas propriedades das coisas concretas, tais como velocidade e população, podem ser analisadas como funções. Assim, enfrentamos o paradoxo segundo o qual precisamos de ficções (de tipo domesticado) para explicar as coisas reais, do mesmo modo que podemos utilizar ficções selvagens a fim de criar a ilusão de escapar da realidade. Em resumo, a ficção é o caminho para e da realidade. (Mais sobre ficção, cf. cap. 8).

Até agora usamos a palavra 'coisa' como se ela designasse uma ideia clara e distinta, mas não é assim, pois ela é amiúde confundida com 'objeto'. Portanto, devemos tentar defini-la com alguma precisão. A concepção tradicional é, sem dúvida, a de Descartes: uma coisa concreta, diferentemente de uma abstrata, é uma *res extensa*. Porém, enquanto a extensão espacial se aplica aos corpos sólidos, ela não se aplica a elétrons, campos, biopopulações, famílias, corporações e muitas outras coisas. Nenhum desses termos tem posição precisa, volume e forma precisos. Além disso, numa teoria relacional do espaço físico, o espaço é uma estrutura da totalidade das coisas; do mesmo modo, a caracterização vulgar de "material" em termos de forma, massa e solidez é ainda menos adequada, porque os sólidos são excepcionais no universo.

Aceito que Platão tinha razão nesse caso. Segundo ele, enquanto as ideias são imutáveis (se consideradas em si próprias), as entidades materiais são "corruptíveis" (mutáveis). Mas, por certo, ele estava enganado ao restringir a mutabilidade ao mundo sublunar: a mudança é universal. Em outras palavras, concordo que a mutabilidade é uma propriedade partilhada por todas as coisas concretas, sejam elas naturais ou artificiais, físicas ou químicas, biológicas ou sociais, perceptíveis ou imperceptíveis. Em outros termos, eu assumo que:

Postulado 1.1: Para todo x: (x é material = x é mutável).

Observe que a materialidade não está predicada exclusivamente a coisas ou entidades: as propriedades também qualificam. Por exemplo, posição no espaço-tempo, densidade e produtividade podem ser consideradas propriedades materiais porque são propriedades de objetos concretos. Igualmente, as relações, sejam elas de ligação, como a "atração", ou de não ligação, como "acima", podem ser consideradas como materiais se vigem entre objetos materiais. Todavia, propriedades e relações podem ser materiais apenas derivativamente, isto é, em virtude da materialidade das coisas envolvidas: não existem nem propriedades, nem relações em si próprias, exceto por abstração.

O mesmo vale para eventos e processos: as mudanças dessas espécies podem ser tidas como materiais, se ocorrerem em coisas materiais. Assim, a propagação do calor, o metabolismo e a ideação se qualificam como materiais, desde que sejam processos em coisas materiais. Em contraste, consistência lógica, comutatividade e diferenciabilidade só podem ser predicadas a objetos matemáticos; do mesmo modo que a onipotência, a onipresença e a onisciência se aplicam exclusivamente a certos deuses.

Entretanto, enquanto uma entidade é ou material ou ideal, algumas propriedades são possuídas por entidades de ambos os tipos. Assim, a finitude e a enumerabilidade se aplicam tanto a conjuntos abstratos como a coleção de seixos; e a continuidade é uma propriedade quer de certas funções, quer de trajetórias de corpos. Em outras palavras, o conjunto das propriedades materiais se sobrepõe parcialmente ao das propriedades formais. Equivalentemente: enquanto os domínios de certos predicados são homogêneos, os de outros predicados consistem em uniões de conjuntos de objetos materiais e ideais.

Incidentalmente, Joseph Dietzgen[4], o curtidor e filósofo autodidata, muito prezado por Marx, sustentou que o pensamento é material. Lênin[5] criticou essa proposição, argumentando que, se isso fosse verdade, não haveria, então, diferença entre materialismo e idealismo. Esse argumento deve ter-se originado no amálgama que Lênin faz de materialidade com realidade: desde que ele definiu como "material" tudo aquilo que existe, independentemente de qualquer sujeito, Lênin não poderia aceitar que o pensamento, que é privado, fosse também material.

A crítica de Lênin a Dietzgen parece ter sido a raiz da filosofia dualista da mente, que foi oficial enquanto durou o império soviético. Esse espantoso desvio da tradição materialista somou-se à posterior divisão dualista de toda a sociedade em sua infraestrutura material e sua superestrutura ideal, previamente postulada por Marx e Engels[6]. Esse duplo dualismo poderia ter sido evitado se os marxistas tivessem se dado ao trabalho de pensar com clareza, em vez de imitar a enrolada prosa de Hegel. Eles poderiam então ter percebido que seria possível distinguir processos de pensamento e processos culturais de outros sem desmaterializá-los. Entretanto, voltemos à peculiaridade compartilhada por todas as entidades materiais.

Como todos os universais, a mutabilidade (ou a materialidade) pode ser concebida de um modo extensivo. Ou seja, é possível definir "matéria" como o conjunto de todos os objetos materiais presentes, passados e futuros:

Definição 1.1: Matéria=$\{x \in \Omega \mid x$ é material$\}=\{x \in \Omega \mid x$ é mutável$\}$, em que Ω denota a coleção de objetos de todas as espécies.

Sendo uma coleção, a matéria (o conceito) é imaterial. É o caso do hidrogênio, da coleção de todas as moléculas de hidrogênio e o da espécie humana, o do conjunto de todos os humanos. (Mais informações sobre espécies ver o cap. 9).

Uma vez que a palavra técnica para o termo 'mutabilidade' é *energia*, a fórmula (1) pode ser reescrita como:

Postulado 1.2: Para todo x: (x é material = x tem energia).

Dependendo da escala, que é convencional, um valor de energia pode ser positivo, negativo ou nulo. Além disso, há vários tipos de energia: mecânica e térmica, cinética e potencial, elétrica e magnética, nuclear e atômica, gravitacional, química, elástica e assim por diante. Essa variedade é tal que extravasa os limites de

[4] Excursions of a Socialist into the Domain of Epistemology, *Philosophical Essays*, p. 300 e s.

[5] *Materialism and Empirio-Criticism*, p. 251.

[6] F. Engels, *Anti-Dühring*.

[7] M. Bunge, Energy: Between Physics and Metaphisics, *Science and Education*, n. 9, p. 457-461.

qualquer capítulo singular da física. É certo que a física não define o conceito geral de energia. Por isso Richard Feynman sustentava que a física não sabe o que é energia. Esse fato sugere que o conceito geral de energia, como os conceitos gerais de coisa, fato e lei, é ontológico[7].

Repetindo, a energia não é exatamente uma propriedade entre muitas outras. A energia é *a* propriedade universal, universal *por excelência*. Ademais, a energia é um universal *in re*: inseparável das coisas, em vez de ser ou *ante rem* (anterior a elas) ou *post rem* (depois delas). Minha concepção não é nem idealista (em particular, platônica), nem nominalista (do materialismo vulgar). Na Idade Média, ela seria caracterizada como realismo imanentista. (Mais acerca do assunto ver cap. 9.)

Parenteticamente, a energia, a propriedade de todas as coisas, não deve ser confundida com os vários conceitos (predicados) usados na ciência e na tecnologia para representá-la no plano conceitual. Voltaremos à distinção propriedade-predicado na seção 4.

Como a energia é um universal, ela é igualmente insuficiente para caracterizar qualquer coisa particular como são os termos "ser" (*being*), "existente" ou "coisa". Para tal finalidade, fazem-se necessárias propriedades ulteriores. Na verdade, toda vez que descrevemos uma coisa particular, listamos algumas de suas propriedades, tal como quando caracterizamos certa fruta como arredondada, suculenta ou cor de laranja quando iluminada pela luz branca.

Além disso, propriedades não se associam ao acaso. Assim, no exemplo anterior, a redondeza e a suculência são concomitantes com a solidez: frutas líquidas e gasosas são impossíveis. Do mesmo modo, a democracia funciona melhor com equidade e liberdade e de nenhum modo com extrema desigualdade e tirania. Em suma, propriedades se aglomeram. Mais precisamente: toda propriedade une-se a algumas outras propriedades. Em outros termos, as propriedades vêm em feixes ou sistemas.

Entretanto, as propriedades em um conglomerado de propriedades não estão todas no mesmo nível: enquanto algumas delas são essenciais, outras são acidentais; enquanto algumas são básicas, outras são derivadas (ou dependentes das propriedades básicas); e, enquanto algumas propriedades são primárias (ou inerentes às coisas), outras são secundárias (ou dependentes de algum ser senciente). Por exemplo, dispor de cilindros e de uma transmissão são essenciais para um carro padrão, enquanto sua cor e preço são ambos acidentais e secundários, visto que podem ser alterados sem que a coisa deixe de ser um carro. Em outras palavras, as propriedades acidentais de uma coisa são passíveis de ser, ao contrário de suas propriedades essenciais, adicionadas ou subtraídas uma a uma. De novo: as propriedades essenciais de uma coisa constituem um sistema: elas vêm em feixes. Equivalentemente: cada uma delas está relacionada, no mínimo, a uma outra propriedade dessa espécie. Portanto, qualquer mudança em uma delas irá alterar, com certeza, alguma das outras.

Outra distinção filosófica interessante é a que existe entre propriedades invariantes (ou absolutas) e não-invariantes (ou relativas). As primeiras são as mesmas em todos os referenciais (ou em relação a eles), tais como laboratórios e constelações de estrelas. Por conseguinte, tais propriedades são também as mesmas para todos os observadores que se movem uns em relação aos outros. A existência real, a carga elétrica e a entropia de uma coisa física, a composição e a estrutura de um sistema são exemplos paradigmáticos.

Outras propriedades, como a massa e a frequência, bem como a posição e a velocidade, dependem do sistema de referência. Por exemplo, a massa de um corpo aumenta com sua velocidade; e a frequência da luz decresce à medida que a fonte emitente se afasta do sistema de referência (efeito Doppler). A dependência do referencial é objetiva: ela ocorre independentemente do referencial em questão ser ou não habitado por um ser senciente.

Além do mais, embora algumas propriedades quantitativas sejam dependentes do referencial, suas correspondentes qualidades não o são. Assim, estar localizado, estar em movimento, ser massivo ou possuir uma idade são propriedades absolutas. Ter apenas algumas coordenadas, mover-se com uma dada velocidade, possuir certa massa, ter alguns anos de idade são propriedades relativas – mas a relação em questão é com um sistema de referência físico e não com um observador. Em resumo, relatividade não envolve subjetividade.

Possuir velocidades diferentes em relação a diferentes sistemas de referência considera muitos fatos ou um único fato? Se nos decidirmos pela primeira opção, seremos levados a levantar

[8] M. Bunge, *Emergence and Convergence*.

uma desnecessária multiplicação de fatos. Parece mais razoável relativizar o fato com respeito ao sistema de referência e dizer, por exemplo, que meu passeio em volta do quarteirão é um fato único, com tantas projeções quantos forem os sistemas de referência – por analogia com as sombras projetadas por um corpo em diferentes superfícies por diferentes feixes de luz.

Por outro lado, as propriedades secundárias, como gosto, cheiro, cor e calor, dependem do sujeito: o mundo em si não é nem colorido, nem quente, ele não saboreia nem cheira. Outro exemplo óbvio é o de ordem social, que é "percebido" diferentemente por diferentes pessoas, inclusive em algumas de suas feições, tais como a distribuição de riqueza e o grau de participação dos cidadãos, fatos que são perfeitamente objetivos. Do mesmo modo, valores dependem do sujeito, ainda que alguns tenham raízes objetivas. Por exemplo, a beleza está no olho do observador, mas o poder nutricional e a paz não estão.

O que acontece com as propriedades acontece também com as suas mudanças. Enquanto algumas mudanças, tais como o deslocamento e a mistura, são quantitativas, outras, como a combinação química e a formação de novas organizações, são qualitativas. Equivalentemente: tais mudanças envolvem a emergência (ganho) ou a submersão (perda) de certas propriedades. Infelizmente, a maioria dos dicionários nos informa inadequadamente que "emergência" significa impossibilidade de explicar novidades qualitativas em termos dos constituintes do todo em questão e de suas ligações. Na verdade, trata-se apenas da versão irracionalista (em particular, holística e intuicionista) da doutrina da emergência.

Este pessimismo epistêmico não é certamente apoiado pelos físicos que investigam transições de fase (tais como a do líquido para o sólido e a do magnético para o não magnético); o químico que estuda a formação ou a dissociação de moléculas; o neurocientista que deseja entender a gênese e a morte dos neurônios; ou o historiador que intenta explicar a emergência ou a dissolução de sistemas sociais e as normas a eles inerentes. Todos esses casos apontam para uma promessa de emergentismo como um corretivo e complemento (não necessariamente o inimigo) do reducionismo[8].

Agora, as leis da natureza e as normas sociais são relações invariantes em meio a propriedades e suas mudanças. No caso, "invariante" significa tanto constante no tempo como independente de qualquer escolha particular do sistema de referência[9]. Portanto, afirmar que as propriedades essenciais de qualquer coisa vêm em feixes ou constituem sistemas, significa afirmar que cada uma delas é legitimamente relacionada às outras propriedades. E, como as leis partilham propriedades, elas próprias são propriedades (complexas). É, pois, de se esperar que sejam formalizadas por proposições mais ou menos complexas, tais como os postulados da eletrodinâmica que relacionam propriedades do campo eletromagnético, como suas intensidades elétrica e magnética e a intensidade das cargas elétricas e correntes que acompanham o dito campo.

Devido ao fato de as propriedades formarem aglomerados, houve quem por vezes sugerisse que as coisas são apenas feixes de propriedades. Essa concepção, uma reminiscência da Teoria das Ideias (ou Formas) de Platão, é errônea por duas razões. A primeira é que, como Aristóteles argumentou contra seu professor, não há propriedades sem substratos: cada propriedade é uma feição, um traço ou um aspecto de um ou outro objeto. Daí por que medimos ou calculamos a taxa metabólica *de* organismos, a densidade de populações *de* cidades e assim por diante. E é por essa razão que o energismo, a doutrina de que tudo é energia não é nada material, é falsa.

O mesmo vale para o informacionismo ou a tese segundo a qual o mundo é um computador máximo em que toda coisa concreta é feita de bits[10]. Na verdade, todos os sistemas de processamento de informação, tais como computadores, são materiais. Por oposição, os bits – a quantidade de conteúdo informacional – são propriedades de sinais ou símbolos, não entidades. Esta é a razão pela qual o *hardware* do computador é projetado com a ajuda de físicos, e não com a teoria da informação. Daí a bela máxima de Wheeler – "*it from bit*" – ser tão equivocada quanto o tradicional subjetivismo (individualista) ("*it from me*") e o construtivismo social ("*it from us*")[11].

Uma segunda razão pela qual a teoria do feixe de coisas é falsa reside no fato de ela sugerir a escritura de fórmulas do tipo $P\{P, Q\}$, em que P e Q estão no lugar das propriedades (substantivas), tais como preço e quantidade. Essa fórmula não é bem construída, pois o conjunto $\{P, Q\}$ possui apenas propriedades

[9] Em termos estritos, somente as leis básicas são as mesmas no tocante a todos os sistemas de referência de algum tipo: ver M. Bunge, *Foundations of Physics.*

[10] J. A. Wheeler, *At Home in the Universe.*

[11] Mais em D. Deutsch, It from Qubit, em J. D. Barrow et al., *Science and Ultimate Reality*, p. 90-102.

realidade e hilorrealismo

39

matemáticas, como a de ter dois elementos. Conjuntos podem não ter propriedades substantivas, como a de estar apto a mover-se.

O modo usual de caracterizar uma coisa particular é listar as suas propriedades salientes, como sexo, idade e ocupação, no caso de pessoas. (Efetivamente, o que arrolamos ao individualizar ou identificar um indivíduo são exemplos inerentes ou "tropos", tais como trinta anos de idade.) Esse procedimento está em desacordo com a célebre fórmula de Quine: "Nenhuma entidade sem identidade". Tal fórmula é adequada para conjuntos e objetos matemáticos construídos com conjuntos, em virtude do axioma da extencionalidade: "Dois conjuntos são idênticos se e somente se possuírem os mesmos membros". Mas a fórmula de Quine é irrelevante para o estudo e a manipulação de objetos materiais. Porquanto, duas coisas não podem ser exatamente idênticas, embora as partículas elementares possam ser permutáveis. Tal resultado não deveria surpreender porque a lógica, mesmo quando enriquecida com a teoria dos conjuntos, é insuficiente para edificar ontologias, uma vez que ela não descreve o mundo.

Em suma, uma ontologia racional deve partir de conceitos de coisa e de suas propriedades. E se tiver de ser compatível com a ciência e a tecnologia modernas, essa ontologia conceberá coisas concretas como coisas mutantes. Consequentemente, ela estará apta a dar conta de modo racional dos fatos, tais como uma coisa que está em certo estado ou que está indo para um estado diferente.

2. fato

Na linguagem comum, a palavra "fato" denota perfeitamente bem qualquer coisa. Mesmo alguns filósofos famosos usaram-na cuidadosamente. O idealista Husserl, por exemplo, propôs o slogan *"Zurück zu den Sachen"*, que significa "De volta aos fatos". Mas, desde que Husserl[12] pôs "entre parênteses" o mundo externo e considerou o realismo como um absurdo, presumivelmente o que ele entendia por 'fatos' eram fenômenos como vistas e cheiros mais do que objetos físicos, tais como os átomos ou objetos sociais, como famílias. Em todo caso, devido à ambiguidade da palavra "fato", será conveniente tentar elucidar o seu significado.

Suponha que este gato está de fato (efetivamente, realmente) sobre aquele capacho. Que este gato sobre aquele capacho é um fato que envolve no mínimo três coisas concretas (ou materiais): o gato, seu capacho e o assoalho embaixo. (Se o ambiente não mudar de modo apreciável durante o tempo de interesse ou se suas mudanças não produzirem consequências significativas para o gato, ou para o capacho, ou para o assoalho, não haverá necessidade de nos referirmos a elas explicitamente.) Um momento depois, o gato se levanta e vai embora. O primeiro fato, de que o gato está sobre o capacho, gira em torno do estado em que o gato se encontra, enquanto o segundo fato gira em volta do movimento do animal, que constitui uma mudança particular de estado. Denominamos tais mudanças de *eventos* se forem rápidos, *processos,* se prolongados.

Em suma, comumente distinguimos fatos de duas espécies:

Fato estático = Coisa(s) em um dado estado.

Fato cinético = Mudança(s) de estado de coisa(s).

Observe que, em ambos os casos, os fatos em questão consistem de estados ou de mudanças de estados de *coisas concretas.* Se não são tais coisas, não são fatos. Assim, a análise de qualquer fato deveria partir da identificação de coisa(s) envolvida(s), tais como reagentes, no caso de uma reação química, e cérebros, no caso de um processo mental.

O que vale para as análises empíricas também vale para as conceituais, em particular para as semânticas. Tais análises partem da identificação dos referentes dos construtos em questão. Isto é, começamos por estabelecer sobre o que se está falando. Por exemplo, os referentes da proposição, "os edifícios são mais altos do que as pessoas", são edifícios e pessoas. E a proposição descreve um fato, ou antes, uma coleção inteira de fatos, ainda que não seja obrigatória a relação: "mais alto do que".

Em geral, a sentença segundo a qual uma coisa b está numa relação R (R-relacionada) com uma coisa c, ou Rbc para abreviar, descreve um fato se a proposição for verdadeira. Nem a relação, nem a *relata* correspondente são independentemente reais: o que é real é o fato Rbc. Parafraseando Hegel, em casos como esse, *das wirkliche is das Ganze*: o todo é real. Isto não é para ser

[13] *The Construction of Social Reality*, p. 27.

tomado como uma profissão de fé holística, porém como um cuidado contra a tentação de reificar relações e indivíduos não relacionados; estes são apenas dispositivos analíticos.

Entretanto, a distinção fato-coisa é apenas um dispositivo analítico, porque, como afirmamos acima, não há, na realidade, estados nem mudanças de estados em si mesmos. Nem há coisas que deixam de estar em algum estado ou outro, ou que não sofram mudanças. (O fato de muitas coisas – tais como uma corda tangida de uma guitarra ou um elétron – estarem numa superposição de estados elementares, tais como harmônicos e autoestados, respectivamente, não constitui contraexemplo. Se simples ou complexos, todos os estados são estados de coisas concretas.)

Do mesmo modo, a distinção entre fatos estáticos e cinéticos é antes de tudo grosseira, porque nada permanece para sempre no mesmo estado. Por exemplo, o gato acima mencionado sofre centenas de processos químicos e fisiológicos enquanto dorme sobre seu capacho, e o mesmo acontece com as mudanças posteriores, quando o assoalho e o ar interagem com o gato – como verificamos ao realizar a limpeza.

Outra distinção que não deveria ser confundida com a dicotomia é que entre fatos naturais e sociais – ou entre o "bruto" e o "institucional", segundo Searle[13]. Na verdade, há fatos puramente naturais, como os abalos sísmicos, que acontecem independentemente do estado da sociedade, quer os percebamos ou não. Do mesmo modo, há fatos puramente sociais, como as reviravoltas econômicas e as cruzadas. Todos esses fatos são macrossociais; ademais, são "brutos" no sentido de que estão além do controle dos indivíduos envolvidos. Porém, no nível individual, há apenas (a) fatos naturais, tais como respirar e comer, e (b) fatos biossociais, tais como andar numa via pública e comprar um jornal. Podemos distinguir os aspectos biológicos dos sociais de uma ação individual, mas não devemos separá-los, porque eles vêm juntos, pela simples razão de que tudo que é social é trabalho de animais.

Finalmente, a distinção evento/processo, embora clara no conhecimento comum, não é óbvia na ciência. Nela, procura-se analisar eventos dentro de um processo. Em princípio, mesmo os saltos quânticos podem ser considerados como processos rápidos.

Em suma, um fato é o ser de uma coisa concreta em certo estado ou a mudança de um estado para outro. Não há nem estados, nem eventos em si próprios, pela simples razão de que, por definição, todo estado (ou estado em que se encontra um assunto) é o estado de uma coisa ou outra, e cada evento é uma mudança no estado de um individual concreto. Portanto, apesar de Armstrong[14], o conceito de um estado em que se encontra um assunto não é uma categoria independente. Sabemos disso desde quando Aristóteles criticou Platão por escrever acerca do movimento em si mais do que acerca dos corpos em movimento.

Tudo o que precedeu pode bastar para a vida cotidiana e para o conhecimento ontológico comum, porém é muito impreciso para a ciência, a tecnologia e a metafísica científica. Nesses domínios necessitamos de conceitos mais precisos de estado, evento e processo. Ora, a análise mais geral e exata desses conceitos é aquela inerente à abordagem no espaço de estados (ou fases), familiar aos cientistas da natureza e engenheiros[15]. É a mais geral porque, sendo de caráter totalmente independente, pode ser usada em qualquer disciplina que lide com fatos, da física à ecologia, da sociologia à ontologia. No entanto, o leitor desinteressado pelos assuntos formais pode pular o balanço da presente seção, ao passo que o leitor interessado em aprender mais acerca disso talvez queira consultar o apêndice.

Para introduzir a abordagem do espaço de estados, considere o mais simples possível dos casos: o de uma coisa com duas propriedades importantes, como a posição e o momento, a pressão arterial e as batidas do coração, a população e o PIB ou a quantidade e o preço. Chame-as de P_1 e P_2 e represente-as por funções matemáticas F_1 e F_2 respectivamente, denominadas 'funções de estado'. Por motivos de definição, elas podem ser consideradas dependentes apenas de uma variável de tempo t. A seguir, forme o par ordenado $F(t) = <F_1(t), F_2(t)>$. Este ponto pode ser desenhado como a extremidade de um vetor em um espaço cartesiano bidimensional, ou seja, como o produto cartesiano dos codomínios de F_1 e F_2. À medida que o tempo passa, $F(t)$ se move nesse espaço, gerando uma trajetória que resume a história da coisa representada. Esse movimento é constrangido por lei (ou por leis) que relaciona(m) F_1 a F_2.

14 D. M. Armstrong, *A World of States of Affair*.

15 M. Bunge, *Treatise on Basic Philosophy*, v. 3.

FIGURA I.I
(a) O espaço de estados (ou fases) de um oscilador linear clássico com posição q e momento p. Cada elipse representa um possível movimento com energia constante. (b) Os possíveis estados de um sistema composto de um número N_1 de presas e um número N_2 de predadores.

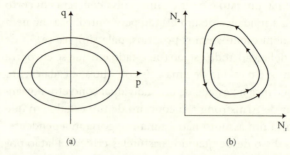

(a)　　　　　(b)

Por exemplo, se uma coisa for um oscilador linear como a extremidade de um pêndulo, o ponto abstrato <posição, momento> no espaço de estados representa um possível estado. O espaço de estados é $S = \{F(t) \mid t \in \mathbb{R}\}$, onde $\mathbb{R}$ designa a reta real. O correspondente espaço de estados regidos por lei é o subconjunto próprio S_L de S de todos os pontos que satisfazem à restrição "Energia = constante". Para cada valor da energia, S_L é uma elipse. Isto é, $S_L = \{<q(t), p(t)> \mid E(q, p) = \text{const.}\}$. Ver figura 1.1(a). A figura 1.1(b) representa os possíveis estados de um ecossistema constituído por duas populações de organismos, uma das quais depreda a outra. Atenção: como o espaço de estados é abstrato, toda trajetória nele definida também o é; ela representa um processo, mas não uma trajetória no espaço físico.

A generalização do acima dito para coisas com n propriedades, em que n > 2, é imediata: $S_L = \{< F_1(t), F_2(t), ..., F_n(t) \mid \in \mathbb{R}\}$. Na física, existem tantos espaços de estados quantos sistemas de referência. Por exemplo, dado o fato de as coisas em queda livre serem desprovidas de peso, o peso não pode ser tomado como uma variável de estado relativa e esse tipo de sistema de referência. Os espaços de estado na teoria quântica são aqueles abarcados pelas funções de estado Ψ, que não são construídas de propriedade em propriedade, mas de uma única peça. Cada um desses espaços abstratos (de Hilbert) é de dimensão infinita. Entretanto, a ideia básica é a mesma: um espaço de estados é o conjunto de todos os estados *realmente possíveis* (isto é, regidos por leis) de uma entidade material (partícula, campo, ecossistema, negócios, economia nacional ou o que quer que tenhamos). A descrição de fatos realmente possíveis (estados, eventos e processos), em termos de espaços de estados, torna redundantes tanto a lógica modal como a ontologia dos mundos possíveis. A razão é que nenhuma delas envolve a noção central de uma lei[16]. A tabela seguinte sumaria a análise precedente.

[16] Ver pormenores em M. Bunge, *Treatise on Basic Philosophy*, v. 3; *Emergence and Convergence*.

ITEM ONTOLÓGICO	CONTRAPARTE CONCEITUAL
Coisa	Coisa modelo
Propriedade	Atributo: predicado n-ário, espaço de estado
Estado	Ponto no espaço de estado
Evento	Par ordenado de pontos no espaço de estado
Processo	Trajetória no estado de espaços regidos por lei
Lei, regra ou norma	Restrição no estado de espaços

Observe a ordem lógica: começamos com as coisas porque elas são as portadoras das propriedades; depois fomos aos estados e suas mudanças, e terminamos nos padrões de ser e de vir a ser (leis). Essa é a ordem da análise, mas o que encontramos, na realidade, são coisas com todas as suas propriedades, e mudanças segundo leis. E as modelamos em termos de atributos (predicados), tais como funções ou variáveis de estado, que definem um espaço de estado.

Observe, também, que evitamos a costumeira confusão entre fato e dado – uma confusão encorajada pela linguagem comum. Um dado empírico não é um fato, porém uma proposição que informa acerca de algum fato – por exemplo, que a sua idade é tal e tal.

Outra diferença entre fatos e dados é a seguinte: enquanto os fatos 'obedecem' a leis da natureza ou a normas sociais, os dados, sendo proposições, conformam-se à lógica. Há proposições negativas, disjuntivas e gerais, mas não fatos negativos, disjuntivos ou gerais. Por exemplo, que o cão de Baskervilles não tenha latido naquela noite fatídica não constitui um fato negativo, porém uma proposição. O que quer que deixe de ocorrer, não é um fato; do mesmo modo, um buraco em um pedaço de queijo não é um pedaço de queijo negativo. E que todos os cachorros adultos latem é uma generalização empírica, não um fato geral. Todos os fatos são singulares e "positivos".

Uma vez que os dados são proposições, eles podem envolver conceitos teóricos – isto é, podem ser "pejados de teoria". É o caso de todos os dados que ocorrem nos relatórios científicos,

17 Physics and Reality, *Out of my Later Years*, p. 62.
18 *Tractatus Logico-Philosophicus.*, 1.1.
19 Idem, 2.01.
20 Idem, 2.011.

tais como os referentes a pesos específicos, sequências de DNA e desigualdades de rendimento. (Um rápido indicador da dependência de teoria é a ocorrência de substantivos abstratos.) Porém, os fatos reportados não estão, sem dúvida, carregados de teoria. Ademais, mesmo os dados científicos mais sofisticados resultam não só de procedimentos esboçados com a ajuda de teorias, mas também de observações isentas de teoria, tais como um brilho amarelo, um instrumento pontiagudo e um risco em uma chapa fotográfica.

O esclarecimento precedente tem por objetivo refutar o que se considerava antes como uma tese popular, segundo a qual não há distinção entre termos observacionais e teóricos, porque todas as observações seriam coloridas pelas teorias. De fato, apenas algumas observações científicas estão carregadas de teoria, e até essas devem ser completadas com observações isentas de teoria, tais como a da posição de um ponteiro de leitura. Inclusive Einstein[17], o arquiteórico e antipositivista, enfatizou a necessidade de conectar conceitos teóricos com "conceitos primários", isto é, aqueles que "são direta e intuitivamente ligados a complexos típicos de experiência sensorial".

3. o mundo: a totalidade dos fatos ou a coisa maximal?

Os astrônomos equiparam o universo com o sistema de todas as coisas. Por oposição, na parte inicial de seu *Tractatus,* Wittgenstein escreveu uma célebre frase: "O mundo é a totalidade dos fatos e não das coisas"[18]. Infelizmente, ele não se preocupou em aclarar os termos-chave 'fato' e 'totalidade' e, como consequência disso, caiu logo em circularidade. Assim, ele nos diz que "um [simples] fato atômico é uma combinação de objetos (entidades, coisas)"[19], apenas para adicionar: "Para uma coisa é essencial que ela seja uma parte constituinte de um fato atômico"[20]. Assim, um fato é uma combinação de coisas, mas, por sua vez, uma coisa é uma parte de um fato. E em parte alguma Wittgenstein oferece ilustrações a fim de facilitar a compreensão e mostrar que suas cogitações são úteis para a análise de problemas científicos.

Embora ainda amplamente discutida na literatura filosófica e recentemente atualizada por D. M. Armstrong[21], a miniontologia de Wittgenstein está errada pelas seguintes razões:

1. Não fica claro por que a palavra ambígua 'totalidade' (*Gesamtheit*) deve ser lida na expressão como 'totalidade dos fatos': quer como um todo (sistema) ou como uma coleção (conjunto). A primeira interpretação não soa correta, porque fatos não se juntam; apenas coisas o fazem. E se a segunda interpretação (conjunto) for adotada, resulta que o universo vira um item conceitual, não uma coisa concreta. Isto pode ser bom para uma ontologia idealista, mas é errônea de qualquer modo, se não por outro motivo pelo menos se a cosmologia física tratar o mundo (o universo) como uma coisa concreta e, portanto, mutável, e não como uma ideia. O mesmo vale, sem dúvida, para qualquer ontologia materialista.

2. Coisas podem interagir, mas fatos não. Por exemplo, o fato de seu computador estar sobre sua mesa não interage com você. Mas você, seu computador e sua mesa (todas as coisas) interagem de vários modos. Outro exemplo: o fato de seu relógio mostrar que já é meio-dia não interage com nada. Mas sua percepção da hora pode estimulá-lo a ir almoçar. Todos esses processos passam por você, seu relógio, seu escritório, sua rua, sua vontade de comer e as vizinhanças de tudo isso – tudo isso são coisas, não fatos.

3. Todos os enunciados de leis e normas sociais concernem (ou se referem) a coisas, tais como cachorros e nações, não fatos, tais como o latir e o comerciar. Por exemplo, a cosmologia trata das estrelas e outros objetos "celestiais". Porém, sem dúvida, cada coisa está em algum estado (um fato) e pode saltar para outro estado (outro fato). Não havendo coisas, não há fatos. Se as leis do movimento de Newton não se referissem a corpos, não poderíamos usá-las para descrever um fato tal como o de a Terra encontrar-se a cada momento a tal e tal distância do Sol ou o processo segundo o qual certo meteorito está se aproximando perigosamente de nosso planeta.

4. O mundo é um sistema de coisas porque cada uma de suas coisas componentes interage com algumas outras coisas. Se o mundo fosse um amontoado de fatos ou estados de negócios

21 *A World of States of Affair.*

(*states of affairs*), não constituiria um sistema, porque as interações não o manteriam unido. Entretanto, não se trata de uma questão de optar entre duas ontologias, uma de coisas e outra de fatos: necessitamos apenas de uma única ontologia de coisas envolvidas em fatos (ou coisas *factantes*); ou, o que é o mesmo, uma ontologia de fatos envolvendo coisas (ou fatos *coisantes*). Entretanto, por amor à lógica, devemos começar pelas coisas: necessitamos do conceito de uma coisa antes de formar a ideia de um estado de uma coisa. Esta é a razão pela qual a mereologia, que trata das coisas, é básica para a ontologia. (A mereologia é a teoria da relação parte-todo e da operação de adição física, como em "A população do território A mais a do território B é igual à soma das populações parciais").

5. A concepção de que o mundo é um amontoado de fatos poderia ter sido aceita por Berkeley, Hume e Kant, uma vez que o 'fato' estava restrito ao 'fenômeno' ou à 'aparência'. Porém, como as aparências não se juntam por meio de conexões objetivas e sujeitas a leis, semelhante amontoado não constituiria um mundo ou sistema. Todavia, as aparências merecem uma seção à parte.

Em suma, o mundo não é a totalidade dos fatos, mas a das coisas. E todas as coisas são mutáveis e cada coisa está relacionada a algumas outras coisas.

4. a entrada do conhecedor

Até agora o ser senciente, ou sujeito que aprende ou atua, ainda não apareceu. O momento em que se decidir incluir interesses e pontos de vista em nossas considerações, teremos de acrescentar outras três categorias às das coisas e dos fatos. São os conceitos de fenômeno (aparecimento), construto (tais como conceitos e proposições) e intenção.

O sujeito teve de ser incluído numa ontologia abrangente, no mínimo numa ontologia objetivista e materialista. Isto porque enquanto alguns fatos são perceptíveis, outros não são. Assim, colisões de carros, diferentemente de colisões atômicas, podem ser experienciadas. E, um fato, se perceptível, pode parecer diferente para diferentes observadores, porque a percepção depende não apenas de estímulo externo, mas também do conhecimento, da atenção e das expectativas do sujeito. Isto é, um e mesmo fato externo pode trazer à tona diferentes aparências ou fenômenos – ou não trazer nada.

Muito do que foi dito tem validade, *mutatis mutandis,* para nossos modelos conceituais ou fatos e para nossos planos de ação. Não se trata de endossar o relativismo, pois ele vem acompanhado de uma importante cláusula: aparências podem ser enganadoras, modelos conceituais, incorretos, e planos, não factíveis ou desonestos. Portanto, todas as considerações e decisões subjetivas (centradas no sujeito) devem ser vistas, no melhor dos casos, como esquetes preliminares a serem aperfeiçoados ou rejeitados.

Em todos os eventos, nossos quadros do mundo podem ter componentes de todos os três tipos: perceptivos, conceituais e praxiológicos (ações de tipo teórico). Isto porque existem três portais para o mundo externo: percepção, concepção e ação. Entretanto, comumente apenas um ou dois deles precisam ser abertos: combinações de todos os três – como na construção de uma casa segundo uma planta – constituem exceção. Podemos contemplar uma paisagem sem formar nem um modelo conceitual dela, nem tampouco um plano para agir sobre ela. E podemos construir um modelo teórico de uma coisa imperceptível, tal como o de um planeta extrassolar invisível, sobre o qual não podemos atuar.

Em outras palavras, coisas perceptíveis trazem à tona aparências; coisas interessantes, perceptíveis ou não, são compreendidas por meio de modelos conceituais; coisas úteis demandam planos de ação. Cabe observar no exposto acima os conceitos relacionados ao sujeito: "perceptível", "interessante" e "valioso". Eles estabelecem uma ponte entre o sujeito e o objeto, entre o conhecedor e o conhecido, o ator e a coisa sobre a qual ele deseja atuar – em resumo, entre o mundo interno e o externo. Para continuar neste veio metafórico, adicionamos que a ação – em particular, trabalho, ciência, tecnologia, arte e política – constrói tais pontes.

Destarte, uma única coisa pode trazer à tona várias aparências, vários modelos conceituais dela ou muitos planos de ação para ela, dependendo das habilidades e dos interesses do sujeito. Isto é, distinguimos, de acordo com Kant, a *coisa em si* das várias *coisas para nós* concomitantes – mas não seguiremos Kant na vindicação de que a *coisa em si* é, para nós, incognoscível, para não dizer inexistente. Ver figura 1.2.

FIGURA I.2
(a) Várias aparências φ_i de uma coisa θ. (b) Muitas coisas θ_j parecem ser a mesma coisa ao observador não treinado. (c) Muitos fenômenos, mas nenhuma coisa subjacente discernível, como nas ilusões. (d) Modelos alternativos μ_k de uma e mesma coisa θ. (e) Coisa desconhecida: nem aparências, nem modelos dela, tal como o Incognoscível de Spencer. (f) Ficção: um construto sem contrapartes reais ou fenomenais, tal como o gato de Cheshire ou a reta "real" na matemática.

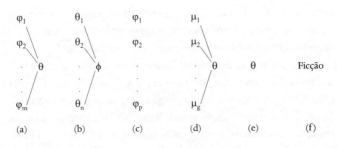

(a)   (b)   (c)   (d)   (e)   (f)

Isso não é tudo: o observador ingênuo pode ser apoiado ou substituído pelo intento do cientista, tecnólogo ou filósofo em analisar ou avaliar as coisas para nós que acompanhamos algumas coisas em si mesmas. Ver figura 1.3.

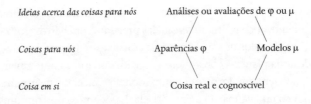

FIGURA I.3
As coisas para nós (aparências ou modelos) podem ser analisadas ou avaliadas (pela verdade, utilidade, beleza, etc.)

[22] Cf. R. L. Gregory; E. H. Gombrich, *Illusion in Nature and Art*.
[23] Cf. Blanke et. al., Simulating Illusory own-body Perceptions, *Nature*, n. 419, p. 269.

As ilusões constituem, de fato, um caso particularmente interessante, que atraiu o interesse de psicólogos, neurocientistas e artistas[22]. São fatos; porém, elas ocorrem mais no cérebro do que no mundo externo. Considere, por exemplo, as experiências extracorpóreas que os espiritualistas invocam como evidência da separabilidade entre mente e corpo. Essas ilusões podem ser induzidas à vontade por estímulos elétricos no giro angular direito do cérebro. A pessoa informa que ela vê a si própria, de cima, ou com as pernas, encurtando-se cada vez mais ou movendo-se rapidamente[23]. As "viagens" dos viciados em droga são similares: são apenas truques cerebrais.

Um caso mais sofisticado da distinção em pauta é o que ocorre entre propriedade e predicado. Em princípio, cada propriedade de uma coisa pode ser conceituada de maneiras alternativas. Por exemplo: um campo eletromagnético no vácuo pode ser representado quer por um tensor-intensidade com seis componentes ou por um vetor potencial com quatro componentes. Nenhuma representação é mais correta ou realista do que a outra, mas cada uma tem suas vantagens: a primeira é mais próxima da medida e a segunda é mais fácil para cálculos.

Qual é a representação correta ou a formalização de um predicado que representa uma propriedade de uma coisa concreta? Aceito que predicados poderiam ser construídos como funções, operadores ou elementos de uma álgebra, dependendo da teoria. Assim, na física clássica, energias são construídas como funções e como operadores na física quântica; e spins são formalizados como elementos de uma álgebra (ou como matrizes).

Consideremos, por exemplo, a idade: é uma propriedade das estrelas, das rochas, das células, dos artistas de rock, dos sistemas sociais e de muito mais. Depois de medir, calcular, estimar ou supor a idade de uma coisa θ, nós escrevemos: "A idade de θ é de tantas unidades de tempo" ou "A $(\theta, u) = t$" para resumir. Isso prova que A é uma função da forma A: $\Theta \times U \to \mathbb{Q}^+$, em que Θ representa o conjunto das coisas às quais se pode atribuir uma idade, U, o conjunto das unidades de tempo, e $\mathbb{Q}^+$, o conjunto das frações positivas.

O foco do exercício precedente é o de enfatizar que, embora as coisas possuam propriedades, os predicados são correta ou erroneamente atribuídos a elas. Isso não significa que os atributos sejam necessariamente subjetivos; ao contrário, na ciência e na tecnologia a expectativa é que sejam objetivos, mas pode acontecer que alguns venham a ser equivocados. Por exemplo, podemos interpretar mal o escore da medida de um teste de inteligência ou um índice da bolsa como uma medida de saúde econômica.

5. separabilidade do sujeito/objeto

O conhecimento de coisas triviais tem sido tradicionalmente encarado como um caso particular da relação sujeito-objeto: isto é, a relação entre explorador e explorado. Em outros termos, a cognição empírica envolve um ser senciente capaz de detectar sinais de um objeto de conhecimento. Por exemplo, alguém pode ver um livro desde que este reflita alguma luz que termine na retina dessa pessoa. Assim, a aquisição de conhecimento depende das possibilidades de: (a) distinguir o conhecedor ou o sujeito de um cognoscível ou de um objeto; ou b) usando ou estabelecendo uma interação entre sujeito e objeto e, preferivelmente, alterando essa interação à vontade, como em um experimento.

A primeira condição, a capacidade de distinguir, depende da separabilidade, pois, se os dois termos da interação não forem separáveis, então não será possível assegurar qual foi a contribuição de cada um deles. De fato, se os constituintes do sistema sujeito/objeto estiverem fortemente unidos, o sujeito poderia pensar que ele é um criador (idealismo) ou uma criatura impotente (empirismo). No primeiro caso, ele não se daria ao trabalho de checar as suas ideias, ao passo que, no segundo, não se atreveria a ter quaisquer ideias além das sugeridas por sua experiência sensorial.

O problema da separabilidade, à primeira vista trivial, é, na realidade, muito complexo. A teoria de Newton da gravitação universal provou que o universo é um sistema maximal: que cada uma de suas componentes interage com qualquer outro constituinte. O surgimento da teoria do campo eletromagnético de Faraday-Maxwell nos meados do século XIX reforçou essa concepção. Isso por duas razões: porque introduziu um outro tipo de argamassa entre as coisas; e porque um campo atua como uma unidade, uma perturbação em qualquer de seus pontos propaga-se pelo campo inteiro.

Entretanto, é coisa também sabida, ou melhor, assumida, que todas as ligações se enfraquecem com a distância. Isso torna possível estudar sistemas quase isolados, tais como o sistema solar, os feixes de luz no vácuo e os átomos em temperaturas extremamente baixas. Em suma, embora o universo seja um sistema, ele pode ser analisado em partes aproximadamente autocontidas. E, mesmo quando tal parcelamento é impossível, como no caso de um ecossistema, é comumente possível isolar alguns poucos fatores salientes, como a umidade e a temperatura, e considerar os outros como *backgrounds* grosseiramente constantes.

A existência de sistemas concretos fortemente amarrados ("emaranhados") coloca o problema da realidade de seus constituintes, particularmente quando a força de suas ligações não decresce com suas distâncias mútuas. Antes da refutação experimental das desigualdades de Bell, nos inícios dos anos de

1980, pressupunha-se que, se as componentes de um sistema estão distanciadas umas das outras, então elas seriam separáveis em sistemas mutuamente independentes. Em consequência, sabemos que isso não é assim: "uma vez um sistema, sempre um sistema".

Diz-se amiúde que tal emaranhado refuta o postulado de "realidade local". O que efetivamente acontece é que os constituintes de um sistema real são reais, mas não tão *independentes*: o que ocorre em um dos constituintes ou a um deles afeta o estado do(s) outro(s), mesmo que ele(s) se encontre(m) em lugar remoto. Isso vale em todas as escalas, não apenas para átomos e fótons. Assim, os filhotes são reais, ainda que sejam inseparáveis dos que cuidam deles. Em resumo, a não-localidade não implica irrealidade; a única implicação é que a realidade não satisfaz a física clássica[24].

O surgimento da mecânica quântica aparentemente mudou tudo isso, ao mostrar que os constituintes de um sistema microfísico estão emaranhados, portanto são inseparáveis – a menos que estejam fortemente perturbados pelo meio ambiente. Felizmente, para nós, entretanto, tal emaranhado não vale para seres sencientes, seja porque as coisas em questão são macrofísicas, como porque interagem fortemente com seu entorno. Assim, a alegação popular de que o sujeito cognoscente e os objetos da microfísica que ele estuda constituem uma unidade selada, é falsa. Consequentemente, a física quântica não ameaça a objetividade. Continua sendo verdade que o mundo é feito de prótons, fótons e similares, quer atuemos ou não sobre eles.

Não obstante, deparamo-nos com esse dilema: sem a interação sujeito-objeto, não há conhecimento; mas a interação não pode ser tão forte a ponto de levar à confusão dos dois termos da interação. De um modo mais preciso, essa interação deve ser tal que o sujeito receba um claro sinal, do mesmo modo que a ação Sinal → Objeto é muito mais fraca que a reação Objeto → Sujeito. O cumprimento dessa condição depende criticamente da competência e da ingenuidade do experimentador. Seu equipamento pode envolver placas blindadas, instalações a vácuo, micromanipuladores e outros dispositivos destinados a evitar a perturbação do objeto sem bloquear os sinais do último.

[24] M. Bunge, *Treatise on Basic Philosophy*, v. 4.

6. materialismo

[25] *Dreams of a Final Theory*, p. 3.
[26] Cf. J. Barrow et al., *Science and Ultimate Reality*.

Por mais de dois milênios, materialistas filosóficos e idealistas têm lutado uns com os outros. Enquanto idealistas como Platão afirmam a existência independente das ideias, materialistas e aristotélicos negam-na. Além disso, os idealistas também negam a existência independente de coisas fora da mente (é o caso de Berkeley); ou, como Platão e Hegel, que admitem a existência de coisas concretas, mas que todas elas derivam das ideias ou são por elas reguladas.

A briga tem sido tão renhida que o materialismo filosófico tem sido ignorado e difamado como "estúpido" ou até imoral, mesmo no ensino universitário. Consequentemente, essa ontologia vem sendo geralmente ignorada, mal compreendida ou demonizada. Em particular, o materialismo é ainda amplamente identificado com o fisicalismo dos atomistas gregos; o amoralismo de alguns de seus contemporâneos hindus; a desconfiança de ideias inerentes ao nominalismo medieval; o materialismo vulgar (e brutal) de Nietzsche; ou a genética reducionista dos sociobiólogos. Em suma, reconhece-se, às vezes, que existe uma vasta família de doutrinas materialistas. Porém, sem dúvida, todas elas partilham princípios segundo os quais o mundo é constituído exclusivamente de entidades concretas ou materiais, e que os pensamentos são processos cerebrais.

Entretanto, a celeuma materialismo/idealismo é em parte um problema de definição, pois não há consenso quanto aos significados dos termos 'material' e 'ideal' ou seus respectivos sinônimos, 'concreto' e 'conceitual'. Por exemplo, alguns materialistas, como Steven Weinberg[25], argumentam que a matéria perdeu seu papel central na física, porque estão aferrados à definição tradicional do termo "material" como algo caracterizado pela massa (ou inércia) – como se fótons que não possuem massa fossem imateriais. E outros, especialmente aqueles que apoiam a filosofia computacionista (ou do processamento de informação) da mente e a ontologia, vindicam que a matéria não importa: que tudo ali são bits e algoritmos para processá-los[26].

Como se lê na seção 1, aceito que tudo quanto seja capaz de mudar obedecendo a leis, desde o elétron e o campo gravitacional até a pessoa e a sociedade, é material. E, uma vez que ser mutável é o mesmo que possuir energia, o predicado "é material" acaba sendo coextensivo (embora não cointensivo) com "ter energia". Por oposição, itens imutáveis, como os conjuntos, os números e as funções são ideais, pois não possuem energia. Assim, visto que os campos eletromagnéticos têm energia e "obedecem" a leis físicas, eles são materiais, embora não tenham massa e sejam rarefeitos mais do que sólidos. Ao contrário, uma teoria de tais campos, ou seja, uma eletrodinâmica, é imaterial porque não possui energia, muito embora possa até ser alterada pelos físicos. A teoria, como qualquer outro construto, é um objeto conceitual (ou ideal).

A tese materialista não é exatamente aquela segundo a qual há objetos materiais, mas a de que o mundo contém apenas coisas materiais. Mais precisamente, uma ontologia materialista inclui as duas seguintes assunções básicas.

Postulado 1.2: Todo objeto é ou material ou conceitual, e não ambos ao mesmo tempo.

Postulado 1.3: Todos os constituintes do mundo (ou do universo) são materiais.

Um corolário do primeiro postulado é que, ao contrário do hilomorfismo atribuído a Tomás de Aquino, não há compostos de matéria e "formas" (ideias). A partir de nosso amplo conceito de matéria, o segundo postulado não é fisicalista: não exclui coisas materiais suprafísicas, como organismos e sistemas sociais, todos eles caracterizados por propriedades emergentes. Em outros termos, essa teoria evita um reducionismo radical. É por essa razão que pode ser denominada de *materialismo emergentista*[27].

Essa versão do materialismo não elimina o mental; nega exatamente a existência autônoma das ideias. Nem proscreve todas as ficções. Apenas localiza a mente no cérebro e tenta mostrar por que algumas vezes necessitamos de ficções, particularmente ideias matemáticas, para entender os fatos. (Mais sobre ficções no cap. 8.) Ademais, o materialismo emergentista mistura-se facilmente com o realismo para constituir aquilo que podemos chamar de *hilorrealismo*. Entretanto, antes de louvar o realismo devemos caracterizar a realidade.

27 Cf. M. Bunge, *Treatise on Basic Knowledge*, v. 3; *Emergence and Convergence*.

7. realidade

Não definimos o termo "material" como tudo o que existe independentemente de quaisquer mentes, porque isto é o que o termo "real" significa. Mais precisamente, o que propomos é o seguinte: Definição 1.1: Coisas reais são aquelas que existem independentemente de qualquer sujeito.

Sem dúvida, os idealistas objetivos como Platão, Leibniz, Hegel, Bolzano e Dilthey defenderam o ponto de vista de que as ideias existem objetivamente, não apenas na privacidade das mentes humanas. Mas eles não se preocuparam em substanciar essa hipótese. Ademais, ela é empiricamente não testável, porque o único modo de verificar se um objeto existe realmente é olhando as suas ações físicas – porém, de fato, objetos ideais não podem exercer tais ações.

Em compensação, a "realidade" pode ser definida quer como o conjunto de todas as coisas reais, caso em que a realidade é irreal; quer como a coisa real maximal – aquela que é constituída por todas as coisas. No primeiro caso, resulta que a realidade, sendo um conjunto, é irreal. Como este não constitui o emprego usual da palavra, optaremos por igualar a realidade com a soma física (ou mereológica) de todas as coisas – isto é, o universo.

O termo "existe" que ocorre na definição acima é ambíguo, porque a existência pode ser ou concreta (material), ou abstrata (ideal). Lógicos modernos, desde Russell até Quine e os pósteros, têm sustentado que esta imprecisão é remediada pelo uso do assim chamado quantificador existencial $\exists$. Por exemplo, "Existem números primos" seria simbolizado por "$\exists x$ (x é um número primo)". Esse dispositivo certamente funciona na matemática, que lida exclusivamente com objetos ideais (ou abstratos, ou conceituais). No entanto, ele falha onde quer que objetos materiais e ideais sejam apresentados lado a lado, como é tão frequente no caso do conhecimento comum, da ciência e da religião.

Por exemplo, um ateísta não tem problema com a proposição segundo a qual alguns anjos são anjos da guarda, contanto que a existência real de tais seres sobrenaturais não seja enunciada separadamente. Prefere adicionar a negação explícita de sua existência real. Isto é, ele escolhe declarar algo parecido com isto: "Alguns anjos são anjos da guarda, mas, na realidade, não há anjos". Essa proposição contém o quantificador "algum", formalizado por ∃, ao lado do predicado E "existe". Ou seja, o ateísta afirmaria que ∃x (Ax & ¬E_Rx), em que R indica o conjunto de todas as coisas reais. O predicado existência já foi definido em outra parte[28].

(A existência do predicado E pode ser definido como segue: seja Ω o universo do discurso e S um subconjunto próprio de Ω. Além disso, considere a função característica χ_s de S, isto é, a função χ_s: Ω → S tal que $\chi_s(x) = 1$, se x estiver em S, e igual 0 se não estiver em S. Agora definimos o predicado existência E_S como segue: $E_Sx=(\chi_s(x)=1)$. Se S = R, há existência real, enquanto que se S = C, temos existência conceitual (ou ideal). Os cientistas utilizam vários critérios de existência real, como a observabilidade e a reatividade ("chutar de volta"). Na matemática pura, são utilizados critérios de existência completamente diferentes, tais como a definibilidade, a construtividade e a ausência de contradição.)

Uma vez que as coisas vêm com suas propriedades e suas mudanças, essas também são reais. Assim, as expressões "Propriedade X é real" e "Processo Y é real" devem ser compreendidas como a afirmação da realidade da coisa ou das coisas subjacente(s) à propriedade ou ao processo.

Os materialistas identificam realidade com materialidade. Isto é, a assunção fundamental do realismo materialista é:

Postulado 1.4: Só e somente coisas materiais, completas com suas propriedades e mudanças, são reais.

Em outras palavras, os conceitos de existência real, de materialidade e de possuir energia são postulados para serem coextensivos, ainda que tenham diferentes sentidos ou conotações, como se evidencia por suas definições. Postulados 1.1 e 1.3 juntos acarretam esse fato.

Teorema 1.1: Todos os itens mutáveis são materiais e inversamente.

Para colocar isso em termos um tanto paradoxais: *Ser* (material, real) *é vir a ser*. Essa identificação de realidade com materialidade não é uma extravagância filosófica, porém normal, na ciência factual. Por exemplo, ao criticar o subjetivismo de Mach, Ludwig Boltzmann[29] igualou o realismo com a peça central do materialismo, ou seja, com a assim chamada teoria da identidade

[28] M. Bunge, *Treatise on Basic Philosophy*, v. 3, p. 155-156.

[29] *Populäre Schriften*, p. 112.

da mente: "Os processos mentais são idênticos a certos processos materiais no cérebro (realismo)". Os atuais neurocientistas cognitivistas provavelmente concordarão. Entretanto, alguém, como Platão e Leibniz, pode abraçar simultaneamente realismo e imaterialismo. Ou seja, é possível sustentar que as coisas concretas são apenas sombras, cópias ou corruptelas de ideias existentes por si. Que semelhante tese não é, no melhor dos casos, testável e, no pior deles, falsa, não vem ao caso. O ponto que defendo é que o realismo independe logicamente do materialismo – mas que é vulnerável, a menos que esteja unido a ele. Entretanto, o caso do realismo merece uma seção à parte.

8. realismo

O realismo é a tese segundo a qual há coisas reais. Contudo, como qualquer outro sistema filosófico compreensivo, o realismo possui sete componentes: a ontológica, a epistemológica, a semântica, a metodológica, a axiológica (valor teórico), a moral e a praxiológico (ação teórica). Além disso, cada um desses constituintes aparecem em vários matizes: ingênuo, crítico e científico. Portanto, é possível distinguir ao todo 21 possíveis tipos de realismo.

Um meio para se distinguir essas várias doutrinas é estabelecer e analisar os princípios do realismo científico, a mais restritiva e, portanto, a mais complexa forma de realismo. Essa doutrina pode ser sumariada em sete princípios ligados ao que se segue:

Postulado 1.4: Realismo é o sistema filosófico constituído pelas sete seguintes teses:

1. *Realismo ontológico*: o mundo externo existe independentemente do sujeito cognoscente.
2. *Realismo epistemológico*:
   (a) o mundo pode ser conhecido;
   (b) todo conhecimento dos fatos é incompleto e falível, e boa parte dele é indireto.
3. *Realismo semântico*:
   (a) algumas proposições se referem aos fatos (ou versam sobre os fatos);

(b) algumas de tais proposições (factuais) são aproximadamente verdadeiras; [30]

(c) em princípio, todas as aproximações são perfectíveis.

4. *Realismo metodológico*: a melhor estratégia para explorar o mundo é o método científico (*cientismo*).

5. *Realismo axiológico*: existem valores objetivos, como saúde, conhecimento, segurança, paz, proteção ambiental e beleza.

6. *Realismo moral*: existem (a) fatos morais, como ações generosas, e outras egoístas; e (b) verdadeiros princípios morais, tais como "Direitos, para serem legitimados e respeitados, devem ser equilibrados pelos deveres" e "Solidariedade e democracia favorecem a coexistência".

7. *Realismo prático*: há objetivos <metas-médias> pares, tais como <trabalho, bem-estar>, <conhecimento, eficiência> e <participação, democracia>.

Focalizemos agora o realismo ontológico, epistemológico e o semântico. Os componentes remanescentes do sistema serão examinados posteriormente no capítulo 10. O realismo ingênuo tem como base as teses (1), (2a) e (3a). O realismo crítico estriba-se nas três primeiras teses completas.

A tese (4), também chamada "cientificismo", é peculiar ao realismo científico. Planck enfatizava a cláusula (2b), que ele enunciava do seguinte modo: "O mundo real exterior não é diretamente cognoscível"[30]. Esta foi sua resposta à tese positivista segundo a qual as impressões sensoriais suprem o conhecimento direto e constituem a única fonte do conhecimento. Um contraexemplo familiar à tese positivista é o seguinte: a luz emitida por uma fonte luminosa, tal como o Sol, não indica diretamente a composição e a estrutura da fonte; ela apenas propõe o problema de se conjeturar tais feições – por exemplo, que nossa estrela é constituída em boa parte por hidrogênio, que o átomo de hidrogênio possui um único elétron, que este pode estar em um de um número infinitamente grande de estados e que cada transição entre estados é acompanhada pela emissão ou absorção de um fóton, cuja frequência é proporcional à diferença entre as energias características desses estados.

Contrariamente a uma opinião difundida, o realismo científico não vindica que o nosso conhecimento do mundo externo

[30] *Where is Science Going?*, p. 82.

31 *Scientific Realism: A Critical Reappraisal.*

32 M. Bunge, *Scientific Research.*

33 Idem, New Dialogues between Hylas and Philonous, *Philosophy and Phenomenological Research*, n. 15, p. 192-199.

34 Ver N. Rescher, *Objectivity: The Obligations of Impersonal Reason.*

seja acurado: basta que tal conhecimento seja parcialmente verdadeiro e que algumas das falsidades no nosso conhecimento possam finalmente ser detectadas e corrigidas, como corrigimos a nossa rota quando navegamos em novo domínio. Assim, o falibilismo da tese (2b) é contrabalançado pelo melhorismo (aperfeiçoamento) da tese (3a). Testes de realidade (testes empíricos) mostrarão repetidamente que mesmo as mais acuradas teorias são, no melhor dos casos, mais ou menos aproximações que chegam cada vez mais perto e podem ser aperfeiçoadas. Rescher[31] chama essa tese de *aproximacionismo*; eu o encaro como um constituinte do realismo científico[32].

A frequente ocorrência de erro, talvez melhor do que o encontrar ocasional da verdade, prova a existência do mundo real[33]. De fato, enquanto um subjetivista poderia argumentar que os cientistas constroem o mundo tal como o percebem ou concebem, ele poderia não estar apto a dar conta das discrepâncias da verdade, considerando, particularmente, que falsidades e verdades aproximadas ocorrem mais frequentemente do que verdades completamente corretas. Em particular, os intuicionistas, como Bergson e Husserl, não conseguem dar conta do erro porque pretendem ter acesso instantâneo às verdades plenas.

Finalmente, o antirrealismo é, sem dúvida, o oposto do realismo. Como este último, consiste de sete ramos, cada um deles acompanhado de várias sombras. A versão mais popular do antirrealismo é o subjetivismo de tipo fenomenalista – de Kant ao positivismo lógico. Ele será examinado no próximo capítulo.

9. objetividade e imparcialidade

Até agora enfatizamos algumas noções ontológicas, em especial a de objetividade ontológica ou de existência independente. Voltemos à objetividade epistemológica e seus aparentados. Uma proposição factual é dita *objetiva* se ela se refere a existentes reais de uma maneira não pessoal, e os descreve como sendo o melhor, pelo conhecimento de seu autor[34]. Idealmente, proposições objetivas são verdadeiras; na prática, a maioria das proposições, em particular as quantitativas, é, no melhor dos casos, aproximadamente verdadeira.

A imparcialidade, embora relacionada à objetividade, é diferente dela: um julgamento imparcial é aquele que não toma partido em um conflito. Nele, não há conflito de interesses nem parcialidade, nem o seu contrário. Ainda assim, a parcialidade é compatível com a objetividade. Por exemplo, a assistência médica universal pode ser proporcionada não só em bases morais, mas também porque uma população saudável é algo do interesse de cada um: basta pensar nas moléstias infecciosas e nos enormes recursos desperdiçados devido às doenças.

Max Weber[35] fez a famosa exigência de que as ciências sociais e políticas fossem objetivas. Queria expurgar dessas disciplinas os juízos de valor, todos eles (erroneamente) considerados por ele de inevitável caráter subjetivo. Weber desejava, em particular, prevenir a contaminação ideológica dos estudos sociais. Trata-se de um objetivo louvável, pois a pesquisa científica é, por definição, uma busca por verdades objetivas, enquanto as ideologias possuem vieses e amiúde falsidades. Mas a neutralidade do valor e a imparcialidade serão possíveis? Os pós-modernos negam esse fato: eles sustentam que, como o conhecimento é poder e a pesquisa é comumente subvencionada pelos poderes que se encontram pelo menos no campo dos estudos sociais, o poder espreita por trás de cada projeto de pesquisa.

Em particular, Habermas[36] e outros membros da Escola de Frankfurt (ou da "teoria crítica"), ao lado de certo número de estudantes ativistas nos anos 1960, incorreram em duas identificações igualmente falsas. Eram "Ciência = Tecnologia" e "Ciência (ou Tecnologia) = Ideologia do capitalismo tardio". Esses autores não entenderam que, enquanto a ciência básica constitui uma busca desinteressada da verdade, os tecnólogos planejam artefatos, e a ideologia é a componente intelectual de um movimento social. Todavia, voltemos a Weber.

Aceito que Weber mistura três conceitos diferentes: objetividade, imparcialidade e desinteresse. Pior ainda, ele deixa de ser objetivo sempre que põe em prática o dogma neokantiano segundo o qual a meta da ciência social é "entender" ou "interpretar" a vida íntima ou subjetiva mais do que descrever as assim chamadas condições materiais de existência, tais como os meios de vida, a segurança no trabalho, a liberdade de filiar-se a sindicatos que lutam por uma norma de justiça social.

[35] Die "Objektivität" sozialwissenschaflicher und sozialpolitischer Erkenntnis, *Gesammelte Aufsätze sur Wiseenschaftslehre.*

[36] *Toward a Rational Society.*

37 P. F Lazarsfeld e A. R. Oberschall, Max Weber and Empirical Social Research, *American Sociological Review*, n. 30, p. 185.

38 Idem, p. 186.

Sem dúvida, um pesquisador objetivo da sociedade deverá estar atento a atitudes e avaliações subjetivas. Mas, ênfase na "área subjetiva", sem levar em conta as condições objetivas de existência, não constitui apenas um lapso metodológico, mas também uma expressão de partidarismo ideológico. Não é mera coincidência que o primeiro trabalho empírico de Weber, de 1892, foi a sua participação no levantamento das condições dos trabalhadores rurais, promovido pelo *Verein für Sozialpolitik*. "Seu núcleo era composto por um grupo de professores universitários que estava preocupado com o crescente antagonismo dos trabalhadores alemães, organizados em sindicatos socialistas, em face do Estado Alemão"[37].

Outro fato que alarmou Weber foi que, importando trabalhadores poloneses, os proprietários das terras da Prússia Oriental punham em perigo o "caráter germânico e a segurança nacional" da fronteira Leste do Reich alemão[38]. Assim, nessa ocasião, Weber pôs a sua ciência a serviço de sua ideologia liberal e nacionalista. Resta ainda ser explicado, objetivamente, por que Weber é em geral considerado como mais científico do que Marx e seu colaborador, Engels, que descreveram de modo objetivo as condições materiais da classe operária inglesa com base em pesquisa de primeira mão, bem como de informes de inspetores industriais nomeados pelo governo de Sua Majestade.

De qualquer modo, a objetividade das teses de Weber dificilmente pode ser tida como original. Na realidade, foi o que Tucídides e Aristóteles haviam praticado na Antiguidade, Ibn Khaldûn, na Idade Média, Niccolò Machiavelli, na Renascença, e Leopold von Ranke no começo do século XIX. Adam Smith, David Ricardo, Alexis de Tocqueville, Karl Marx e Emile Durkheim mostraram-se não menos empenhados na busca da verdade em assuntos sociais, ainda que cada um deles tivesse também seu campo pessoal de interesse – como teve Weber o seu.

Em suma, a objetividade, embora muitas vezes difícil de ser alcançada, particularmente nos temas ligados às matérias sociais, é não só possível, como desejável. Ademais, ela é obrigatória em termos de cognição. Entretanto, a objetividade não pode ser confundida com neutralidade de valor, pois a busca de certos valores, tais como o bem-estar, a paz e a segurança, é objetivamente preferível à busca de outros valores, como o prazer derivado de inebriar-se ou de assistir a uma execução pública. A objetividade é também desejável nos domínios da tecnologia, das políticas públicas e da luta pelo poder, uma vez que nesses casos um falso retrato da realidade está fadado a resultar em fracasso prático. Em resumo, a objetividade é desejável e pode ser atingida em toda parte, exceto na arte. Em outros termos, o realismo é a filosofia do conhecimento inerente à ciência, à tecnologia e à práxis bem-sucedidas.

10. observações conclusivas

Tentamos elucidar as noções de coisa e fato, porque elas estão longe de serem claras na literatura filosófica. E, ao contrário de certa tradição, não confundimos nunca realismo com materialismo nem os mantivemos à parte. Após distingui-los, nós os reunimos em uma doutrina que pode ser cognominada *hilorrealismo*.

Uma razão para casar realismo com materialismo é que a ideia do materialismo irrealista constitui um oxímoro, uma vez que a proposição de que o universo é material equivale a sustentar que o não conceitual é conhecido mais como material do que, digamos, como fantasmagórico. Outra razão é que o materialismo sem realismo não tem nem garras, nem dentes. Sem dúvida, o que significaria explorar um universo material totalmente desconhecido ou puramente imaginário? E quão firme seria o realismo sem a assunção de que todas as coisas reais, embora efêmeras ou artificiais, são suportadas por leis que são ou físicas ou enraizadas, mesmo remotamente, em leis físicas?

Em geral, a epistemologia e a ontologia, embora distinguíveis, são inseparáveis. Por exemplo, o racionalismo radical (ou dogmático) requer uma ontologia idealista, porque somente ideias abstratas podem ser conhecidas (inventadas ou aprendidas) sem o auxílio da experiência. E o empirismo radical (ou dogmático) exige uma ontologia fenomenalista, porque a experiência lida com os *qualia*, não com as qualidades primárias, que são as únicas a caracterizarem as coisas em si mesmas.

Quem quer que admita a existência das coisas em si próprias, rejeita tanto o racionalismo dogmático quanto o empirismo dogmático e adota, em vez disso, o racioempirismo (ou o empirismo racional), uma síntese segundo a qual a cognição humana faz uso tanto da razão como da experiência. Isso é assim por duas razões. A primeira é que a esmagadora maioria dos fatos é imperceptível e, portanto, acessível apenas pela concepção que se tem deles. A segunda é que o cérebro humano normal é ativo e inventivo, bem como reflexivo; em particular, ele procura ideias ou realidades atrás das palavras, razões atrás das asserções e mecanismos atrás das aparências. Entretanto, o conceito de aparência ou fenômeno é muito escorregadio e, no entanto, tão central a muitas filosofias influentes, que o tema exige um capítulo inteiro – que será o próximo.

II   fenômenos, fenomenalismo e ciência

[1] H. Putnam, *Realism with a Human Face*, p. 122.
[2] Idem, The Dewey Lectures, *Journal of Philosophy*, n. 91, p. 445-517.

A **distinção entre** sujeito e objeto, ou explorador e território, é do senso comum. Essa distinção está no relicário do realismo ingênuo, a tácita epistemologia de quase todo mundo. Além disso, tal distinção pareceria essencial à vida animal: basta pensar nas chances que teria uma gazela parada se não reconhecesse instintivamente a existência efetiva de leões no mundo externo. No entanto, um famoso filósofo de Harvard anunciou uma vez que "a ideia de objetos que independem do discurso... se esmigalhou sob a crítica filosófica"[1] – em particular a de Wittgenstein, Carnap e Quine. Portanto, gazela, não se preocupe, o leão está apenas na sua cabeça; vá consultar um psiquiatra. (Para seu crédito, pouco tempo depois, Putnam[2] abandonou o antirrealismo.)

A mais antiga filosofia irrealista é encontrada nos *Upanishads* (cerca de 800 a.C.). De acordo com esses textos filosófico-teológicos, o mundo é ilusório: apenas Brama, o deus, seria real. Três séculos depois, o Buda pensou que há uma realidade incognoscível escondida atrás da aparência, mas não deus. Por volta da mesma época, a concepção foi atribuída a Protágoras – falsamente, para o nosso pesar – segundo a qual não há coisas independentes do sujeito, portanto não há verdades objetivas. O ilusionismo permaneceu popular na Índia até os nossos dias, mas não prosperou no Ocidente. Na realidade, a grande maioria dos pensadores da antiga Grécia, do medievo e do início do período moderno do Ocidente foram objetivistas (realistas). O subjetivismo tornou-se importante apenas no começo do século dezoito, em parte como expressão do individualismo ascendente e como uma reação contra a ciência moderna. Basta lembrar de Berkeley e seus seguidores até os socioconstrutivistas. Apenas Hamlet, o indolente príncipe, poderia dar-se ao luxo de se distrair com a possibilidade de a vida ser um sonho: Shakespeare e seus contemporâneos europeus estavam atarefados na construção da modernidade.

As antigas questões – se todas as coisas são tais como nos parecem ser, e se podemos conhecer todas as coisas atrás das aparências – reapareceram, intermitentemente, à superfície na filosofia e na ciência modernas: testemunham-no as discussões epistemológicas de Galileu, Descartes e Locke; Berkeley, Hume e Kant; Comte, Mill e Mach; e seus seguidores no século xx, desde Russell, Bridgman, Carnap e Reichenbach até Nelson Goodman,

Thomas Kuhn, Paul Feyerabend e David Lewis. As mesmas questões, com respostas similares, reapareceram já nos meados dos anos de 1920 nas controvérsias sobre a interpretação da mecânica quântica. Elas ainda ocorrem na famosa peça *Copenhagen*, de Michael Frayn. Todas essas ideias estão envolvidas em uma das mais velhas disputas filosóficas: aquela que se dá entre o fenomenalismo e o realismo. Que razões foram aduzidas em favor de qualquer dessas concepções, e qual a importância de optar por uma delas no dilema fenomenalismo/realismo? Estes são alguns dos tópicos a serem discutidos neste capítulo.

1. phaenómenon e noumenon

Na linguagem comum, os termos "phaenómenon" e "fato" são sinônimos. Não ocorre o mesmo na filosofia, na qual a palavra grega "phaenómenon" (aparência) significa "um fato ou um evento observável..., um objeto ou um aspecto conhecido por meio dos sentidos mais do que pelo pensamento ou pela intuição não sensível" (*Webster's New Collegiate Dictionary*). Assim, cores, sons, sabores, cheiros e texturas são propriedades sensoriais ou fenomenais, enquanto comprimentos de onda, pesos atômicos, composições químicas, órbitas planetárias, pensamentos de outras pessoas e crises políticas são propriedades não sensoriais ou não fenomenais.

Propriedades fenomenais ou "sentimentos grosseiros", tais como o cheiro de menta ou a sensação de uma pele amada são feições da experiência sensorial. São também chamados de *qualia*. Todos os organismos sencientes experienciam alguns *qualia*, ao passo que nenhuma máquina nem sequer os robôs conseguem fazê-lo. Tampouco os feiticeiros, se existirem. Coisas não sencientes possuem e detectam apenas propriedades físicas (ou químicas, ou biológicas, ou sociais).

Aprendemos tais distinções no início de nossas vidas e as esquecemos quando nos expomos a uma filosofia irrealista. De fato, começamos a nossa vida, presumivelmente, como fenomenalistas espontâneos: o mundo em torno de um recém-nascido humano é como se ele o olhasse e sentisse uma massa caótica

3 Cf. R. W. Sellars, *Evolutionary Naturalism;* M. Bunge, *Treatise on Basic Philosophy,* v. 4; D. Blitz, *Emergent Evolution.*

4 M. Bunge, *Emergence and Convergence.*

de aparências – sensações táteis, imagens visuais, sons, gostos e cheiros. Em outros termos, os bebês, presumivelmente, descrevem o mundo e a si próprios em termos de propriedades secundárias, tais como "macio", "molhado", "quente", "pegajoso", "cheiroso", "apertado", "luminoso", "barulhento" e "amedrontador". À medida que nos afastamos do "chiqueirinho" e estudamos, adicionamos propriedades primárias ao nosso repertório: "comprido", "redondo", "pesado", "rápido" e assim por diante. Isto é, finalmente tornamo-nos realistas – primeiro de modo ingênuo, depois, após reflexões, realistas críticos. Muito mais tarde, com sorte e estudo posterior, e excluindo encontros com filosofias subjetivistas, poderemos acabar como realistas científicos.

Kant, brilhantemente, denominou as coisas não fenomenais de *noumena,* ou coisas em si próprias, em oposição às coisas-para-nós, *phaenómena,* ou coisas como são percebidas. Entretanto, como veremos, ele não pôde decidir-se se os *phaenómena* podem existir sem quaisquer *noumena* subjacentes. Muitos filósofos contemporâneos ainda debatem o status dos *qualia.* Fisicalistas (ou materialistas vulgares) negam a sua existência, enquanto os empiristas radicais vindicam que os *qualia* são a fonte e a origem de tudo o mais. Entrementes, biólogos e neurocientistas cognitivos tomam como pressuposto que os *phaenómena* são feitos a partir dos númenos, e tentam descobrir como os *qualia* emergem dos processos na interface organismo/meio ambiente. Na medida em que são bem-sucedidos nessa empreitada, confirmam o materialismo emergentista[3]. Trata-se da variante do materialismo que abraça a tese central de Spinoza: *Uma substância, muitas propriedades.* Essa doutrina combina um monismo de substância com pluralismo de propriedade. Portanto, ela admite a limitação do reducionismo radical[4]. Justamente por isso, o materialismo emergentista rejeita o fisicalismo ou o materialismo eliminativo, que nega a novidade qualitativa e, portanto, empobrece tanto a experiência humana quanto a sua ciência, ou seja, a psicologia.

Os calouros enfrentam o mesmo problema quando escarnecidos pela piada velha e sem graça: será que uma árvore, ao tombar numa floresta distante, fará barulho se não houver ninguém em volta para ouvi-lo? Se forem espertos responderão que houve som (de fato, uma onda de choque), sem ruído: um *noumenon* sem *phenomenon.* A interpretação padrão ou a de Copenhagen da mecânica quântica faz uma vindicação oposta: estabelece que elétrons e similares perdem por si próprios propriedades, mas adquirem não importa que propriedades o experimentador decida dotá-los. O nosso argumento é que essa extraordinária vindicação deriva da confusão entre realidade e testes de realidade – a fonte do operacionalismo.

Esse problema, como a maioria das indagações ontológicas, possui raízes antigas. Por exemplo, o Buda era um fenomenalista. Os primeiros fenomenalistas ocidentais parecem ter sido Protágoras de Abdera e o mais antigo tratado sobre o tema é de Sexto Empírico, *Hipotiposes*. Este é famoso por ter estabelecido o princípio segundo o qual o "Homem é a medida de todas as coisas". E ele é bem conhecido por haver confiado consistentemente nos dados dos sentidos, e por ter argumentado de maneira pormenorizada, infelizmente de modo amiúde sofisticado, contra todos os sábios que conheceu. Eminentes filósofos posteriores, como Hume e Kant, e alguns cientistas, como Mach e Bohr, embora com ânimo filosófico, têm pretendido que só as aparências contam. Uma tese similar é a seguinte: as propriedades secundárias ou os *qualia* – tais como a luminosidade, o barulho, a quentura, a maciez, a umidade, a doçura, a aspereza e o colorido – são ontológica ou epistemologicamente básicos. Entretanto, a distinção entre as duas espécies de propriedades merece uma nova secção.

2. propriedades primárias e secundárias

Os realistas sustentam que as propriedades aparecem em duas espécies: a primária ou independente do sujeito e a secundária ou dependente do sujeito. Por exemplo, o comprimento de onda da luz é uma propriedade primária, enquanto a cor é secundária, pois ela emerge no cérebro. Em contraste, de acordo com o fenomenalismo, todas as propriedades primárias ou objetivas, tais como a velocidade, a energia, a entropia, a ligação química, a energia de dissociação, a taxa metabólica, a densidade populacional, o PIB e a ordem social, todas elas seriam derivadas, ou até imaginárias, por não serem apreendidas pelos órgãos dos sentidos. Ver Tabela 2.1.

Tabela 2.1	PROPRIEDADES PRIMÁRIAS	PROPRIEDADES SECUNDÁRIAS
Exemplos de propriedades primárias (ou objetivas) e secundárias (ou subjetivas). Enquanto algumas das primárias estão no mundo externo, todas as secundárias estão no cérebro.	Posição	Lugar
	Tempo	Sucessão percebida
	Tamanho	Massivo
	Velocidade	Rapidez
	Comprimento de onda	Cor
	Intensidade sonora	Ruído
	Frequência sonora	Tom
	Temperatura	Sensação térmica
	Viscosidade	"Porosidade"
	Engrama	Recordação
	Ativação da amídala	Medo
	Privação	Insatisfação
	Massa atômica	–
	Spin	–
	Carga elétrica	–
	Entropia	–
	Valência	–
	Energia de dissociação	–

[5] E.g., E. Kaila, *Reality and Experience.*

Um modo equivalente de traçar a mesma distinção é falar de proposições ou sentenças fenomenalistas e realistas (ou fisicalistas)[5]. O fenomenalista pretende que as proposições fenomenalistas são primárias e as realistas são secundárias, no sentido de elas serem, de algum modo, deriváveis das primárias. Sem dúvida, tal derivação não pode ser direta: as proposições fenomenalistas e fisicalistas estão separadas por um hiato tão profundo quanto os predicados que nelas ocorrem permanecem autocontidos. Entretanto, esse hiato pode ser transposto por assunções ou definições que contenham conceitos dos dois tipos. Um claro exemplo de tal ponte é a definição kantiana de coisa (que também é de Mill, Mach, Carnap e Husserl) como uma possibilidade de experiências e sensações. Uma preocupação com esta alegada redução é, sem dúvida, o fato de a psicologia ser a única ciência que estuda as sensações – ademais, ela tenta explicá-las como processos cerebrais que, por sua vez, são descritos em termos de propriedades primárias. Outro problema é que a física é demonstravelmente irredutível à psicologia: tente explicar o eletromagnetismo e a física nuclear, digamos, em termos de percepção, memória, emoção e similares.

3. fenomenalismos:
ontológico e epistemológico

A doutrina filosófica que admite apenas os fenômenos, isto é, aparências para alguns, é denominada *fenomenalismo*. Os fenomenalistas não fazem uso dos númenos, como as coisas ou eventos que trazem à tona as nossas sensações ou os itens que, embora tidos como existentes, não poderiam possivelmente ser percebidos por ninguém. Pense, por exemplo, na colisão de placas tectônicas da Terra que causaram o último terremoto; nos elétrons que circulam no seu computador; nas descargas neurônicas envolvidas quando você olha a tela de seu computador; ou nas ondas de cobiça e medo por trás das últimas flutuações da bolsa. Tudo isso e muito mais está além do alcance dos fenomenalistas – como também está o universo como um todo.

Entretanto, cumpre distinguir duas espécies de fenomenalismos: o ontológico e o epistemológico. O fenomenalismo ontológico pretende que *há* somente fenômenos, enquanto o epistemológico sustenta que apenas os fenômenos podem ser *cognoscíveis*. Em outros termos:

Fenomenalismo ontológico: Existente = aparente

Fenomenalismo epistemológico: Cognoscível = aparente

O fenomenalismo ontológico, tal como o de Berkeley, Renouvier, Avenarius, Mach, Ostwald, Carnap e Bohr, coloca o homem no centro do universo: ele é antropocêntrico. Em contraste, o fenomenalismo epistemológico, tal como o de Platão, Ptolomeu, Hume, Duhem e Spencer, é menos radical. De fato, esse fenomenalismo não vindica nada acerca da realidade, apenas declara que ela é incognoscível; limita-se a restringir o conhecimento à percepção. (Basta lembrar a alegoria da caverna em Platão: nós só podemos ver as sombras projetadas pelas coisas reais, que residem no Reino das Ideias.) Kant – como se verá abaixo – oscilou entre as duas espécies de fenomenalismo, defendendo a primeira em uma página e a outra na subsequente.

O principal sucessor de Kant, Hegel, deixou os fenômenos para a ciência e manteve os númenos para si próprio. Na verdade, ele recomendou aos cientistas que se restringissem aos fenômenos e às generalizações indutivas. Entre estas, incluía as leis de Kepler, que entendera erradamente; ademais, Kant pretendia

Figura 2.1
Os dois fenomenalismos – ontológico e epistemológico – e o duplo realismo. Fenomenalismo ontológico: o conhecedor constrói o objeto, que é inteiramente sensorial. Fenomenalismo epistemológico: o objeto, que é fenomenal, induz fenômenos. Nenhum tipo de fenomenalismo tem qualquer emprego nas propriedades primárias. Realismo: os fenômenos emergem na interface sujeito-objeto, como ao percebermos um montículo de grama como sendo verde ou um confeito, como doce. Tanto o objeto quanto o sujeito têm propriedades primárias; mas o conhecedor, por certo, percebe também propriedades secundárias somadas a algumas propriedades primárias.

Fenomenalismo ontológico	SUJEITO ↓ OBJETO	Propriedades secundárias Propriedades secundárias
Fenomenalismo epistemológico	SUJEITO ↑ OBJETO	Propriedades secundárias Propriedades secundárias
Realismo ont. & epistem.	SUJEITO ↑↓ OBJETO	Propriedades primárias e secundárias Propriedades primárias

que elas implicavam as leis do movimento de Newton[6]. Ele, o professor Hegel, cuidaria das coisas em si mesmas – revelando, por exemplo, que *"o ar em si mesmo é fogo"*[7]; e que *"o ímã representa de uma maneira simples e ingênua a natureza do conceito, e em sua forma desenvolvida, a da dedução"*[8]. A sanidade de Hegel está em dúvida. O que é certo é que ele, juntamente com Fichte e Schelling, adotou as piores componentes do apriorismo de Kant, e os três foram os primeiros modernos a passar com sucesso convolutos *nonsenses* como filosofia profunda.

Claramente, o fenomenalismo ontológico acarreta o fenomenalismo epistemológico. De fato, se existem apenas fenômenos, então somente fenômenos podem ser conhecidos. E o fenomenalismo de ambos os tipos se opõem ao realismo, concepção esta de que o mundo exterior existe por si mesmo e é cognoscível em certa extensão. Ver figura. 2.1.

[6] G. W. F. Hegel, *Enzyklopädie der Philosophischen Wissenschaften im Grundrisse*, sec. 270.

[7] Idem, sec. 283.

[8] Idem, sec. 312.

4. OS *QUALIA* NO MATERIALISMO

Os realistas científicos e os materialistas emergentistas não negam a existência dos *qualia*. E eles sabem que estes são inteiramente diferentes dos objetos físicos e de suas propriedades primárias. Por exemplo, enquanto os comprimentos de onda da luz que causam as sensações de cor estão ordenados como um contínuo linear, as cores correspondentes podem estar dispostas em torno de um círculo: ver Fig. 2.2. Os realistas e os materialistas emergentistas sustentam apenas que os *qualia* emergem em algum sistema nervoso, em geral como um resultado de estímulos externos. Consequen-

◀ Figura 2.2
(a) A reta dos comprimentos de onda da luz. (b) O círculo das cores.

temente, eles propõem que os *qualia* sejam estudados pela psicologia, em particular pela psicofísica e neurociência cognitiva, mais do que pela filosofia apriorística. Como Clark diz, os estudiosos que apoiam esse projeto de pesquisa "não argumentam que as explicações correntes são completas ou sequer verdadeiras, porém, meramente, que esta abordagem não possui máculas conceituais, e que pode responder às várias objeções *a priori*. Em suma, ela poderia ser bem-sucedida. Essa descoberta bastaria para derrotar o cético ou, ao menos, para adiar o início da melancolia"[9].

[9] A. Clark, *Sensory Qualities*, sec. VIII.

Gente como nós, acostumada a pensar a respeito de semelhantes entidades inobserváveis como átomos, campos de força, moléculas de DNA, neurônios, dinossauros, nações e o universo como um todo, pode achar difícil entender como pensadores tão eminentes como Hume, Kant, Mill, Mach, durante certo tempo, Russell, Bohr, Heisenberg e Born, para mencionar apenas uns poucos, podiam esposar o fenomenalismo. Isso é particularmente desconcertante no caso de céticos como Hume e de físicos atômicos como Bohr e seu círculo. Talvez, tal incongruência possa ser entendida situando-se a doutrina em questão em perspectiva histórica. Afinal de contas, o fenomenalismo foi por vezes utilizado para lançar dúvida acerca do sobrenatural e de curvar a imaginação desenfreada dos metafísicos. Retornemos, portanto, alguns séculos no tempo.

5. da revolução científica até locke

A história da Revolução Científica do século XVII já foi contada muitas vezes. Aqui recordarei somente três feições filosóficas desse grande movimento, as quais são pertinentes ao nosso tema. São as ontologias com que esses revolucionários pelejaram; a distinção entre qualidades primárias e secundárias; e o conceito de lei da natureza – ou conexão objetiva e necessária – sem a qual o mundo parece, na frase de William James, como "uma florida e zumbidora confusão".

Aceito que, no tempo de Galileu, Descartes, Harvey, Boyle e outros pioneiros da moderna ciência existiam quatro concepções principais do mundo em luta: (a) a visão mágica, que imagina o mundo apinhado de seres sobrenaturais; (b) a ontologia do senso comum ou do conhecimento ordinário centrados nos dados proporcionados pelos sentidos; (c) o aristotelismo, que tenta dar conta de tudo em termos de percepção, de qualidades ocultas e de causas de quatro espécies (formal, material, final e eficiente); e (d) a emergente cosmovisão mecanicista, de acordo com a qual existem unicamente corpos e seus componentes microscópicos, junto com causas de uma só espécie – eficiente.

Os heróis da Revolução Científica mal se deram ao trabalho de criticar a visão mágica do mundo: eles se dirigiam ao público culto. As ontologias que os heróis da Revolução Científica procuravam minar eram a do senso comum e a versão escolástica da física de Aristóteles. Os cientistas fizeram isso de dois modos: criticando essas concepções e substituindo-as por hipóteses claras e testáveis, embora nem sempre verdadeiras, relativas a entidades materiais em movimento, como o modelo coperniciano do sistema solar, as leis de Galileu da queda dos corpos, as leis de Kepler do movimento planetário, a lei de Boyle dos gases, a teoria de Huygens da luz e a teoria de Harvey sobre o sistema cardiovascular.

A Revolução Científica era, porém, bem mais do que uma coletânea de descobertas científicas: ela envolvia também uma nova mundivisão, o mecanismo e uma nova epistemologia, o realismo científico. A raiz de ambas está na distinção entre as propriedades primárias e secundárias. As primeiras são qualidades geométrico-mecânicas inerentes às coisas e, portanto, objetivas. Por contraste, as propriedades secundárias são subjetivas: elas são sensações e sentimentos causados por objetos externos em seres sencientes como nós. Essa distinção, entretanto, era entendida como provisória, uma vez que, ao fim, supunha-se que as qualidades secundárias seriam redutíveis às primárias, como quando a percepção era explicada em termo de átomos a penetrar nos órgãos dos sentidos[10].

Galileu propôs a distinção chave entre propriedades primárias e secundárias no *Il Saggiatore*[11]. Aí ele declara que gostos, cheiros, cores e similares "residem unicamente no corpo sensível, de modo que, se o animal é removido, todas essas qualidades são removidas e aniquiladas". Por exemplo, se alguém toca levemente a sola de nosso pé, nós nos sentiremos titilados, uma "condição que é inteiramente nossa e não da mão" (que nos roça).

Na trilha de Galileu (embora sem citá-lo), Descartes esclarece a distinção entre propriedade primária e secundária em vários lugares. Por exemplo, ele começa *Le Monde*[12] com uma discussão sobre a diferença entre nossas sensações e as coisas que as produzem – precisamente a diferença que os fenomenalistas negam. Ali, ele tenta – infelizmente em vão – dar conta do que acontece com uma acha em brasa em termos dos movimentos "muito rápidos e muito violentos" de suas pequenas partes. Ele contrasta essa explicação mecânica com a verbiagem vazia dos escolásticos em termos da "forma" do fogo, da "qualidade" do calor e da "ação", que alegadamente queima a madeira – como se o fogo não bastasse. Descartes acrescenta que as sensações que o fogo causa em nós – tais como as de calor e dor – não são propriedades do fogo, ainda que sejam por ele causados. Ele adverte, assim, contra a possibilidade de confundir as qualidades secundárias com as primárias.

Cruzemos agora o canal da Mancha e adiantemos o calendário de seis décadas, a fim de lançar um breve olhar sobre John Locke. Ele também adotou a distinção de Galileu: Locke era um realista ontológico e, além disso, ocasionalmente, tentado pelo materialismo, como no célebre momento em que ficou cogitando se a matéria podia pensar. Pareceu-lhe óbvio que os corpos externos existem por si próprios. Ademais, Locke asseverou que as qualidades primárias "são absolutamente inseparáveis do corpo, em qualquer estado que ele esteja"[13]. Por contraste, as qualidades secundárias, tais como cores, sons, sabores, etc. "não são nada nos próprios objetos". Entretanto, ele também sustentou que "não podemos ter conhecimento distinto"[14] dos movimentos do corpo fora de nossa experiência, porque nós não entendemos como eles causam sensações em nós, de outro modo, exceto pela interseção de "um Agente infinitamente sábio". Assim, "nós

---

[10] E. J. Dijksterhuis, *The Mechanization of the World Picture from Pythagoras to Newton*, p. 431-433.

[11] G. Galilei, *Opere*, p. 312.

[12] *Le Monde ou Traité de la Lumière. Oeuvres*, p. 7-10.

[13] *An Essay Concerning Human Understanding*, liv. II, sec. VIII, p. 9.

[14] Idem, liv. IV, sec. III, p. 28.

[15] C. Zimmer, *Soul Made Flesh*.
[16] *Nouveaux Essays*.

somos inteiramente incapazes de (ter) conhecimento universal e certo" dos corpos à nossa volta.

Mal suspeitava Locke de que seu ceticismo no tocante aos poderes da ciência estava atrasado no tempo, porquanto a Revolução Científica já se encontrava bem avançada. Em particular, ele não tomara conhecimento de que o *magnum opus* de Newton (1687), que continha precisamente algumas das leis do movimento que Locke decretara como sendo incognoscíveis, aparecera no mesmo ano em que ele terminara o seu *Essay*. (Houve entre esses dois homens um breve contato relacionado a questões de governo.) Felizmente, nem sequer a grande autoridade intelectual de Locke pôde impedir a marcha triunfal do newtonismo. Todavia, seu ceticismo no modo de encarar o poder da ciência eclipsou a importante obra de seu quase contemporâneo Thomas Willis, o prematuramente moderno neuroanatomista que considerava o cérebro como o órgão da emoção, da percepção e da memória[15]. Este é mais um exemplo do dano que filósofos arrogantes podem causar.

Teria Locke adotado uma posição menos cética no concernente ao poder do intelecto para chegar a conhecer "as afecções mecânicas dos corpos", se tomasse ciência da obra e do sucesso sensacional de Newton? Duvido pelas seguintes razões: primeiro, Locke não dispunha da matemática requerida para ler, entender e apreciar as fórmulas de Newton; segundo, quem quer que aceite a mecânica newtoniana é obrigado a renunciar ao empirismo de Locke, pois a primeira envolve conceitos que, como os de massa, aceleração e interação gravitacional, estão ausentes dos dados empíricos que servem para conferir a teoria. Ironicamente, Leibniz[16] refuta o empirismo, mas rejeita a mecânica de Newton.

Seja como for, o ceticismo de Locke acerca da ciência, junto com sua crença que unicamente Deus pode efetuar conexões entre coisas, abriu inconscientemente a porta para a filosofia subjetivista de Berkeley, que abordaremos logo mais.

6. a contrarrevolução, fase 1: berkeley

Nem todos aceitaram a concepção de mundo mecânica que substituiu o organicismo de Aristóteles. No fim das contas, a visão segundo a qual o mundo é um relógio parecia insípida e cinzenta, ao excluir tudo o que tornaria a vida digna de ser vivida, desde as cores, os sabores, as texturas, os aromas, até os sentimentos, as paixões, as ideias e os valores. Daí a maior parte dos artistas, teólogos e humanistas sentirem-se na obrigação de reagir veementemente contra o mecanicismo.

Acreditava-se em geral que a primeira reação antimecanicista e antirrealista havia sido o Romantismo, desde Vico, Roussseau e Burke até Goethe, Fichte, Schelling, Hegel, Schopenhauer e Coleridge. Na realidade, a primeira reação veio muito antes e de uma direção inesperada: era a do fenomenalismo radical de Berkeley, Hume e Kant. Sob esse aspecto, tais filósofos foram os primeiros românticos. Mas, por certo, eles eram pré-pós-modernos, como Merton diria, pelo fato de sustentarem a racionalidade mesmo enquanto defendiam as suas mais exóticas doutrinas.

A animadversão de Berkeley para com o mecanicismo é, em geral, reconhecida por causa de seus explícitos e hábeis ataques à física e à matemática de Newton. Mas, por Hume ignorar o newtonismo e por Kant dedicar-lhe louvores fingidos, e porque ambos os filósofos eram agnósticos, tendemos a esquecer que os dois eram tão subjetivistas quanto Berkeley. Pior ainda, com frequência nos é dito que Hume e Kant foram os filósofos da nova ciência, quando, na realidade, eles a solaparam, embora nada entendessem a seu respeito, Vejamos por que.

Como Locke, George Berkeley sustentava que conhecer é perceber. Mas, ao contrário de Locke, ele afirmava que existir é perceber ou ser percebido – ao que ele mais tarde acrescentou "agir". Portanto, julgava a matéria, com suas alegadas qualidades primárias, como sendo uma invenção da imaginação. De fato, Berkeley pretendia que:

> o coro todo do céu e a mobília da terra, em uma palavra, todos aqueles corpos que compõem a poderosa moldura do mundo, não têm qualquer subsistência sem uma mente: que o *ser* (*being*) deles é ser percebido ou conhecido; que, por consequência, na medida em que eles são, na realidade, percebidos por mim, ou não existem em minha mente, ou de qualquer outro espírito criado, eles devem ou não ter existência em geral, ou então, subsistir na mente de algum Espírito Eterno[17].

17 *Principles of Human Knowledge, Works*, v. 1, p. 260-261.

[18] E. Husserl, *Ideas: General Introduction to Pure Phenomenology*, p. 145.
[19] Idem, *Cartesian Meditations*, p. 62.
[20] Idem, p. 86.
[21] G. Berkeley, op. cit., p. 316.

Sem esta assunção, de que se pode contar com Deus para manter o mundo em andamento, enquanto o sujeito está ausente ou adormecido, a filosofia de Berkeley não teria sido intelectualmente respeitável. Isto é, uma versão secular da filosofia de Berkeley teria sido até mais extravagante. É o caso da fenomenologia de Husserl, segundo a qual o mundo das coisas "é somente uma realidade presumível", ao passo que eu próprio (ou seja, o professor Husserl) sou uma realidade absoluta[18]. Enquanto para Berkeley o mundo é uma coleção de perceptos humanos e divinos, para Husserl é "uma ideia infinita e... uma completa síntese de possíveis experiências"[19]. E, embora a prosa de Berkeley seja clara como o cristal e logicamente consistente, a de Husserl não é nem uma coisa, nem outra. Por exemplo, Husserl declara que a prova do idealismo transcendental (não empirista) é a própria fenomenologia[20]. E, conquanto Berkeley pretenda que o mundo real é dependente do sujeito, Husserl também exige que se deva "voltar às próprias coisas". Entretanto, o que ele pensa como sendo "coisa" é um complexo de sensações.

Além do mais, Husserl sustenta que, para apreender a essência de uma coisa, é preciso começar pretendendo que ela não exista: cumpre realizar a *epoché* ou a operação de pôr entre parênteses. Assim, Husserl encerra as *Meditações Cartesianas* com uma citação de Santo Agostinho: "Não queiras ir para fora; volte para dentro de ti mesmo". Isto é, olhe para dentro e não ao redor de si. Contudo, retornemos ao mestre subjetivista, a quem tantos copiaram sem lhe dar os devidos créditos.

O fenomenalismo de Berkeley é tanto ontológico quanto epistemológico. E ele afirma que seu ponto de vista é o do senso comum porque, ao contrário das concepções dos escolásticos e dos novos cientistas, igualmente, invoca apenas os dados dos sentidos. Prefigurando Hume e Kant, Berkeley também pretende que não há conexões objetivas (independentes do sujeito), nem leis: "Não há nada de necessário ou essencial [acerca dos corpos]; mas eles dependem inteiramente da vontade do Espírito Governante"[21].

O subjetivismo de Berkeley é único em força lógica, clareza e elegância literárias. Daí por que ele passa por ser irrefutável, bem como obviamente falso. Entretanto, é difícil refutar a filosofia de Berkeley se não se admitir sua premissa segundo a qual o conhecimento está limitado ao perceber e, por consequência, o poder da teoria científica fica em dúvida. De fato, o sucesso da mecânica newtoniana fornece a desejada refutação, pois, se os astrônomos podem usar essa teoria para prever que Vênus irá surgir aos nossos olhos primeiro como a Estrela da Manhã e, por volta do mesmo dia, em algum outro lugar, como Estrela da Tarde, seremos então obrigados a admitir que eles conheçam alguma coisa sobre o assunto que vai muito além do conhecimento primitivo das qualidades secundárias proporcionadas pelos sentidos. Ou seja, a concepção pode superar os limites da percepção: daí por que as teorias – e não os dados – coroam a ciência moderna.

Entretanto, um argumento mais forte contra a identidade de ideias e a realidade vem não dos sucessos da ciência, mas de seus fracassos[22]. De fato, o idealismo subjetivo é refutado toda vez que uma teoria deixa de explicar o comportamento de algo. Somente o realismo científico dá espaço ao erro factual, isto é, à discrepância entre ideia e fato. Tal discrepância não pode ser explicada pelo subjetivismo, intuicionismo ou empirismo. E, no entanto, a descoberta de erro constitui um estímulo maior para empreender pesquisa científica: uma teoria completamente verdadeira induz à complacência e, assim, à estagnação. Daí por que Rita Levi-Montalcini, a grande neurocientista, intitulou sua autobiografia *Em Louvor da Imperfeição*.

O que poderia ter levado Berkeley à sua extravagante teoria? Certamente não foi o empirismo *per se*, porque um empirista pode levar em conta a existência autônoma do mundo externo, como foi o caso de Sexto Empírico, Bacon, Locke e Hume. A fonte da teoria de Berkeley pode ser a confusão entre existência e critérios ou testes de existência – uma combinação de ontologia com metodologia. Assim, como é que eu sei que há uma roseira naquele jardim? Porque posso tocar, ver e cheirar essa planta. Poderia parecer então que, na verdade, ser é ser percebido – até que o botânico examine a planta sob o microscópio e a submeta a testes para mostrar que ela possui um número muito maior de propriedades primárias do que de secundárias, tais como as capacidades de absorver luz, sintetizar açúcar e crescer por divisão celular.

A fusão que Berkeley faz de existência com testes de existência é a fonte de três influentes filosofias do século vinte: operacio-

[22] M. Bunge, New Dialogues between Hylas and Philonous, *Philosophy and Phenomenological Research*, n. 15, p. 192-199.

23 P. W. Bridgman, *The Logic of Modern Physics.*

24 Ver N. Bohr, *Atomic Physics and Human Knowledge;* W. Heisenberg, *Physics and Philosophy;* M. Bunge, Review of Popper, *Ciencia e Investigación,* n. 15, p. 216-220.

25 A. J. Ayer, *Logical Positivism.*

26 M. Bunge,*Treatise on Basic Philosophy,* v. 2.

nismo, a teoria de verificação de significado e o construtivismo. O operacionismo[23], uma versão do positivismo lógico, pode ser sumariado em duas fórmulas: (a) o princípio ontológico *ser é ser medido*; e (b) o princípio semântico de que os conceitos científicos são "definidos" por meio de (ou recebem seu significado a partir de) operações de laboratório. Essa era a filosofia da ciência dominante na primeira metade do século XX. Espantosamente, essa era também a filosofia que estava por trás da assim chamada interpretação de Copenhaguen da mecânica quântica, segundo a qual os átomos e similares não existem enquanto ninguém os "observa"[24].

A falsidade do princípio (a) torna-se clara quando refletimos sobre os seguintes contraexemplos. Há muitos caminhos diferentes para se medir tempos, no entanto há um único conceito (clássico) de tempo. Quanto ao princípio (b), nem todos os conceitos são definíveis em uma dada teoria: alguns deles, os definidores, são básicos ou primitivos. Além disso, definir é uma operação conceitual e não empírica. Por exemplo, um velocímetro mede o valor da velocidade, que, na física clássica, é definido como a razão entre a distância e o tempo. Incidentalmente, o próprio projeto de semelhante instrumento envolve fragmentos de teoria física, entre eles a mencionada definição.

A teoria de verificação do significado[25] declara que o significado de uma sentença não-lógica consiste na operação pela qual ela é verificada. Consequentemente, o teste precederia o significado – o que, por certo, é falso, visto que temos de entender (o significado de) uma enunciação antes que se possa sequer imaginar como por à prova a teoria. Pensemos apenas no esforço de testar, digamos, a lei básica da eletrostática, ou seja, "$\nabla^2 \varphi = 4\pi\rho$", antes de verificar o que esses símbolos significam e antes de imaginar indicadores observáveis, ou "definições operacionais", do gradiente do potencial $\nabla\varphi$ e da densidade de carga elétrica ρ. A sequência correta é Teste de Significação, e não o inverso[26]. E, como foi mencionado acima, testes empíricos envolvem hipóteses indicadoras, ou seja, pontes entre inobserváveis, tais como doenças neurais, e observáveis, tais como doenças comportamentais. Ver figura 2.3.

Finalmente, vem o construtivismo nas suas quatro variedades: (a) ontológico ou berkeleyano – isto é, as coisas são amontoados

◀ FIGURA 2.3
Uma conjectura acerca de um traço inobservável U é testada por meio de uma hipótese indicadora da forma $U = f(O)$, em que O é uma feição observável.

de percepções; (b) social – isto é, todos os fatos científicos são construções sociais mais do que ocorrências no mundo externo; (c) psicológico ou piagetiano – isto é, à medida que crescem, as crianças constroem por si próprias os conceitos de objeto, tempo, conservação de número e assim por diante; e (d) pedagógico – isto é, deve-se permitir que o estudante aprenda por si próprio com o mínimo de orientação.

Lidamos antes com o construtivismo ontológico e concluímos que ele constitui o duplo engano de que o sujeito é o centro do universo e de que pode haver observações sem que haja coisas observadas – ou fenômenos sem números. É este o construtivismo clássico ou individualista. Seu sucessor contemporâneo é o construtivismo social[27]. Tal é a opinião de que (a) as comunidades científicas, não os investigadores individuais, descobrem e inventam; e (b) esses grupos constroem não apenas ideias e experimentos, mas também os objetos de seus estudos. Assim, Woolgar declara: "A representação dá origem ao objeto"[28]. Representação do quê? Do objeto, por certo! Por falta de rigor lógico, a sociologia do conhecimento, outrora uma disciplina promissora[29], foi convertida em uma extravagância.

Esse argumento não se destina a negar que os cientistas estão engastados em redes sociais de vários tipos, de modo que cada um deles é devedor a muitos outros. Tampouco é para negar que as ideias científicas são construções ativas e sofisticadas mais do que respostas automáticas a estímulos ambientais. Mas, é também difícil negar que somente indivíduos podem pensar e que os cientistas naturais e sociais estudam unicamente itens externos, como terremotos e as emoções sentidas pelos seres humanos. Entre os muitos fatos dignos de estudo figuram os sérios problemas sociais da ciência, como a escassez de financiamento, o declínio de matrículas nos programas de ciência, a distorção

[27] P. L. Berger e T. Luckman, *The Social Construction of Reality*; B. Latour e S. Woolgar, *Laboratory Life: The Construction of Scientific Facts*; K. D. Knorr-Cetina, *The Manufacture of Knowledge*; R. Collins, *The Sociology of Philosophies*.

[28] *Science: The Very Idea*, p. 65.

[29] R. K. Merton, *The Sociology of Science*.

30 *A Treatise of Human Nature*, p. 168.

31 Idem, ibidem

32 Idem, p. 229.

de problemas e resultados devido aos interesses econômicos e políticos, bem como a atração popular pelas pseudociências e filosofias anticientíficas. Porém, os construtivistas sociais passam por cima desses problemas: eles estão mais interessados em criticar a ciência do que em defendê-la.

Lancemos finalmente um olhar sobre duas variedades remanescentes de construtivismo: o psicológico e o pedagógico. O construtivismo psicológico é uma importante teoria científica. Seu interesse filosófico reside no fato de que ele se opõe à concepção empirista segundo a qual todos os construtos são destilados das experiências. É verdade, quando Piaget escreveu sobre "a construção da realidade pela criança", isso soava como se ele tivesse adotado o subjetivismo de Berkeley. Mas sua pesquisa mostrou que ele era um realista. O construtivismo pedagógico será tratado no cap. 3, seção 9. Aqui, basta declarar que ele é tão extravagante quanto o do Berkeley – sendo apenas até mais destrutivo, porque implica que os mestres são dispensáveis.

Voltemos agora às fontes das extravagâncias filosóficas do século XVIII.

7. a contrarrevolução, fase 2: hume

Como Locke e Berkeley antes dele, David Hume era um empirista radical. Mas, ao contrário de Berkeley, Hume admitia que "as operações da natureza são independentes de nosso pensamento e raciocínio"[30]. Entretanto, ele negava a diferença entre qualidades primárias e secundárias. De fato, afirmava que as "cores, sons, calor e frio, na medida em que aparecem aos sentidos, existem da mesma maneira, como acontece com o movimento e a solidez"; e que, "a diferença entre eles não se baseia na percepção nem na razão, mas na imaginação"[31]. Consequentemente, Hume pensava que não dispomos de nenhuma ideia satisfatória da matéria[32]. Assim, seu fenomenalismo, como o de Protágoras, era epistemológico e não ontológico: a matéria pode de fato existir, mas não podemos conhecê-la porque os órgãos dos sentidos são os únicos órgãos de cognição – e todo conhecimento provém da percepção.

Embora Hume escreva acerca das leis da natureza, ele as encara, todas, como induções a partir de observações e, nessa condição, superficiais e contingentes: "a natureza nos manteve a uma grande distância de todos os seus segredos e nos proporcionou o conhecimento de umas poucas qualidades superficiais de objetos"[33]. Ele chega tão longe a ponto de questionar explicitamente a mecânica newtoniana, porque ela vai além dos dados dos sentidos:

> A visão ou o sentir transmitem uma idéia do movimento efetivo dos corpos; mas, a esta maravilhosa força ou poder que transporta um corpo movente para sempre em uma contínua mudança de lugar, e que os corpos nunca perdem a não ser comunicando-a a outros; disto nós não podemos formar a mais remota concepção[34].

Se as leis da natureza não forem necessárias, então tudo pode acontecer. É o que Hume assevera na mais famosa passagem de seu *Enquiry*:

> O contrário de tudo que é fato de realidade é ainda possível; porque nunca pode implicar uma contradição e é concebido pela mente com a mesma facilidade e distinção como se fosse sempre tão conformável à realidade. *Que o sol não nascerá amanhã* não é uma proposição menos inteligível e não implica mais contradição [*do que*] *o fato de que ele nascerá*. Seria em vão, portanto, tentarmos demonstrar a sua falsidade[35].

Não é de surpreender que David Lewis[36], um paladino da metafísica de multimundos, seja também um humiano. (Mais a esse respeito cf. cap. 8, seção 9, e cap. 9, seções 4 e 5.)

Que distância das teses dos fundadores da moderna ciência, dos quais todos juravam pela legalidade e buscavam leis constantes e mecanismos imperceptíveis por trás das aparências fugazes! Basta lembrar, por exemplo, como Descartes[37] concebeu a criação: Deus criou a matéria, dotou-a das leis do movimento e depois disso retirou-se. Não pode haver milagres no seu mundo nem no de Galileu, ao passo que tudo pode acontecer no de Hume. Enquanto Galileu, Descartes e Newton concebiam o universo como um relógio que dá corda a si próprio, Hume via-o como um trabalho

---

33 Idem, *Enquiry concerning Human Understanding*, sec. IV, pt. II.

34 Idem, ibidem

35 Idem, sec. IV, pt. I.

36 *On the Plurality of Worlds*.

37 *Le Monde ou Traité de la Lumière*.

³⁸ H. Frankfort et al., *Before Philosophy*, p. 27.

de retalhos de impressões sensíveis – que é também, presumivelmente, o modo como os humanos primitivos viam-no.

Os cientistas, ao contrário dos escritores de ficção e dos metafísicos de multimundos, distinguem claramente entre possibilidade real e conceitual. Um fato é realmente possível apenas no caso em que sua ocorrência seja compatível com as leis da natureza (sejam elas causais, probabilísticas ou mescla de ambas). Do contrário, ele é realmente impossível, exceto na ficção. Daí os cientistas se absterem de povoar o universo com entidades visceralmente funcionais. Pois, como Saki escreveu de certa feita, "uma vez que você tenha posto o Impossível nos seus cálculos, suas possibilidades tornam-se praticamente ilimitadas".

A concepção de mundo de Hume permite milagres: sob esse aspecto, o justamente celebrado cético é quase tão crédulo como o devoto partidário da religião que ele estava criticando. A peculiaridade dos milagres de Hume é que eles são seculares e não religiosos. É de se presumir que ele teria tolerado a crença de que os porcos voadores poderiam finalmente ser avistados, uma vez que seriam visíveis. Do mesmo modo, Hume poderia ter encorajado a pesquisa sobre a ordenação espontânea dos ovos e sobre a telepatia, visto que ele haveria de duvidar de que quaisquer leis da natureza pudessem "proibir" quaisquer de tais processos. É tentador especular que Hume ficaria interessado por muitos dos projetos pseudocientíficos da Academia de Lagado de Jonathan Swift.

É verdade que, na famosa caracterização de Hume, os milagres violam as leis da natureza. Entretanto, a concepção das leis adotada por ele é a primitiva, ou seja, como sucessões regulares de fenômenos, tais como a sequência dos dias e das noites, sem nenhuma alusão a qualquer mecanismo e, portanto, destituída de poder explanatório. Isto é exatamente como o homem primitivo e o antigo concebiam as regularidades naturais:

> As mudanças podem ser explicadas [pelo homem primitivo e pelo antigo] de maneira muito simples como dois estados diferentes, um dos quais se diz que sai do outro sem que haja qualquer insistência em um processo inteligível – em outras palavras, como uma transformação, uma metamorfose[38].

Assim:

o programa fenomenalista de considerar a sucessão invariável de um modo puramente descritivo, sem levar a indagação para dentro do "mecanismo" de mudança, é, de fato, peculiar a uma cultura pobremente desenvolvida mais do que característico do estágio "positivo" do gênero humano[39].

As leis dinâmicas subjacentes aos *fluxus formae* estavam além do alcance de Hume, quer porque se referem aos fatos por trás das aparências, quer porque seu entendimento requer um pouco de matemática, o que estava acima da cabeça de Hume. As equações do movimento Newton-Euler, que Hume não conseguia nem ler, nem aceitar, constituem um caso ilustrativo. Elas implicam, em particular, que o spin de um pião que gira sem atrito, como o nosso planeta, é uma constante de movimento. Em troca, essa invariância implica que a sucessão regular dos dias e das noites é necessária e não contingente – desde que, por certo, nenhum meteorito de mais envergadura atinja nosso planeta. Consequentemente, desde que o Sol há de nascer amanhã, não é apenas uma duvidosa previsão, por força de uma mera generalização indutiva a partir de um número finito de observações: é a feição de um processo necessário "regido" por leis.

Hume excluiu o sobrenatural somente porque ele é inacessível aos sentidos:

> A hipótese religiosa, portanto, deve ser considerada unicamente como método particular de explicar os fenômenos visíveis do universo: mas nenhum indivíduo que raciocine bem jamais terá a presunção de inferir disso qualquer fato singular, e alterar fenômenos ou acrescentar-lhes qualquer particular singular[40].

A religião é, então, na melhor das hipóteses, inútil para entender a experiência. Contudo, o fenomenalismo não nos protege contra a superstição laica. Além disso, ele coloca forças e átomos no mesmo nível dos deuses e espectros. Assim, ironicamente, o fenomenalismo mata tanto a ciência quanto a religião com uma única pedrada. E por esta razão – ceticismo religioso – Hume é considerado como membro do Iluminismo, a despeito de seu ceticismo científico. O mesmo vale para o caso de Kant, do qual trataremos a seguir.

[39] M. Bunge, *Causality: The Place of the Causal Principle in Modern Science*, p. 73.
[40] *Enquiry concerning Human Understanding*, sec. XI.

8 · a contrarrevolução, fase 3: kant

41 *Kritik der reinen Vernunft*, B724.

42 *The Civilizing Process*, p. 475.

É fato bem conhecido que Kant começou como um realista: a tal ponto que ele se admirou com a evolução da "nebulae" (nossa galáxia) – um problema original na época. De fato, em 1775 ele publicou a *História Geral da Natureza e Teoria dos Céus*, que continha a valiosa hipótese de Kant-Laplace, bem como a falsa conjectura de que o sistema solar é estável porque a atração gravitacional é equilibrada por uma força repulsiva que não tinha lugar na astronomia padrão. (Kant, como Hume, não conseguia ler Newton por não dispor de conhecimentos de matemática superior.)

Entretanto, sua ambição de abrir um nicho acadêmico para si próprio levou Kant a embeber-se no sistema especulativo de Christian Wolff. Esta foi a perdição de Kant, não por causa de Wolff como filósofo sistemático, como se tem dito, mas porque este último era um seguidor de segunda categoria do grande Leibniz. Alijando a bagagem metafísica de Leibniz, em particular a doutrina das mônadas, é provável que Kant haja passado por cima dos *Nouveaux essais* desse grande homem, publicados em 1756, mas escritos em 1704, e que, em minha opinião, constituem uma refutação decisiva da epistemologia empirista de Locke. Ao mesmo tempo, Kant cessou de interessar-se pela história natural e passou a ler somente outros filósofos – um costume que continuou até os nossos dias.

Kant nos relata que a leitura de Hume o despertou do que ele chamou de "sua soneca metafísica". O que é menos conhecido é que o seu fenomenalismo era até mais radical do que o de Hume. Em certas partes, era, com efeito, tanto ontológico quanto epistemológico e, portanto, estava mais próximo de Berkeley. (Lembre-se da diferença entre as duas variedades de fenomenalismo: secção 3.) Efetivamente, Kant[41] afirmou que *"die Welt ist eine Summe von Erscheinungen"* – ou seja, "o mundo é uma soma de aparências".

Permita-me repetir: de acordo com Kant, o mundo é feito de aparências, isto é, fatos tais como percebidos por algum sujeito, e não fatos em si próprios. Por conseguinte, a existência do mundo não dependeria na de seres sencientes. Em suma: não havendo seres sencientes, não há universo. Como Norbert Elias[42] formulou isso, o sujeito kantiano do conhecimento, encerrado em sua casca apriorística nunca pôde abrir caminho para a coisa em si: ele é o *homo clausus*. Essa ficção, central para o individualismo, tem-se difundido na moderna epistemologia desde Descartes e nos estudos sociais desde cerca de 1870, quando foi usada e popularizada pelos microeconomistas neoclássicos. Ela também ocorre na filosofia neokantiana do influente sociólogo Max Weber – embora não em sua obra científica, que é rigorosamente realista.

Entretanto, é difícil fixar a ideia de Kant, pois, às vezes, ele vacila e volta atrás. De fato, em uma página de *Kritik der reinen Vernunft*, admitia que *há* coisas em si, diferentes de nossas experiências e, ademais, que há "fundamentos e causas" de fenômenos. Como Torretti[43] coloca, o efeito é por vezes patético e, em outras ocasiões, quase cômico.

De qualquer modo, quando Kant admite a existência de coisas fora de nós, ele o faz de maneira relutante, pensando que tal admissão deve ser acolhida em termos de fé mais do que por força ou da experiência ou da razão. Na verdade, no prefácio à segunda edição à sua primeira *Crítica*, Kant declara que é "um escândalo da filosofia, e do entendimento geral humano, que sejamos obrigados a admitir meramente com base na fé [*bloss auf Glauben*] a existência de coisas fora delas próprias" (1902: B xxxix). Mas ele é inconsistente, pois em outra passagem da mesma obra Kant nos diz que espaço e tempo estão na mente; e, uma vez que ele também assevera que todas as coisas estão no espaço e no tempo, segue-se que todas as coisas estão na mente.

9. kant concluiu: nem natureza, nem deus

Um realista toma a natureza como dada e pode perguntar como é possível o conhecimento desta. Por contraste, Kant, o subjetivista, pergunta como a própria natureza é possível e responde nos seus *Prolegômenos*: "por meio da constituição de nossa sensibilidade"[44]. Como consequência, as leis da natureza são apenas as leis das conexões de aparências[45]. E "*o entendimento não extrai suas leis (a priori) da natureza, mas lhas prescreve*"[46]. Em caso de dúvida relativa à

43 *Manuel Kant: Estudio sobre los Fundamentos de la filosofía crítica*, p. 490.

44 *Prolegomena to any Future Metaphysics*, em *Theoritical Philosophy after 1781*, p. 110.

45 Idem, p. 111.

46 Idem, p. 112, o grifo é de Kant.

47 *Die Logische Grundlagen der Exakten Wissenschaften*, p. 94.

existência autônoma de coisas não sensíveis, consulte Natorp[47], um dos mais proeminentes neokantianos. Ele nos assegura que, para Kant, a coisa em si é apenas uma "experiência possível". Portanto, não é nenhum percipiente, nenhuma coisa – exatamente o que Berkeley vindicara.

Tudo isso não é somente uma engraçada excentricidade acadêmica; é escandalosa, como o próprio Kant declarou, porque a realidade independente do mundo é dada como certa por quem quer que seja, gatinho ou cientista, que tente explorar o mundo à sua volta ou por pura curiosidade, ou apenas por permanecer vivo. O animal não curioso não aprende muito e não tem muita chance de perceber predadores ou de potenciar acasalamentos, ou de descobrir comida ou abrigo. Em outras palavras, possamos ou não provar a existência do mundo externo, cumpre reconhecer que tal existência não é menos do que uma precondição de sobrevivência e uma presssuposição de investigação. Entretanto, retornemos ao argumento fenomenalista.

Não sendo perceptíveis, espaço, tempo e causação constituem as vítimas ulteriores da redução fenomenalista. De fato, Kant os torna subjetivos, embora necessários para a experiência e, por isso, anteriores a ela. Na verdade, de acordo com ele, não podemos experimentar sons, odores, cores ou texturas, exceto contra o plano de fundo dessas categorias *a priori*. Também o esquema de Kant não dá lugar para as leis da química e da física, uma vez que estas inter-relacionam unicamente propriedades primárias de entidades materiais. (É verdade, até algumas décadas atrás, os químicos ainda listavam o "organoléptico", ou seja, as propriedades secundárias das substâncias químicas, mas somente como úteis indicadores práticos para identificá-las rapidamente no laboratório.)

Assim, Kant completou a contrarrevolução radical na filosofia iniciada por Berkeley e continuada por Hume – exceto que, paradoxalmente, ele a denominou de "revolução coperniciana". Note que Kant construiu sua filosofia centrada no sujeito um século depois da grande obra de Newton, que coroou a concepção do mundo como o relógio maximal. Isso também se deu um século e meio depois de Galileu e Descartes terem argumentado que o mundo é exclusivamente composto de coisas materiais e que as qualidades secundárias estão em nós, não no mundo externo. Mal poderia Kant suspeitar que seu subjetivismo seria reinventado dois séculos mais tarde em combinação com o sociologismo e sob o nome "construtivismo social" por estudiosos, que, provavelmente, jamais o tenham lido (reveja a seção 6).

Nem é a moderna ciência a única vítima do ataque fenomenalista de Kant. Ironicamente, uma vítima ulterior é a religião, seja teísta ou deísta. De fato, Kant assevera que "o conceito de uma inteligência superior é uma mera ideia [*eine blosse Idee*]" (B698). E, de novo: a ideia de um "ser superior e uma causa suprema" é apenas um "simples algo na ideia, do qual não temos nenhuma concepção do *que ele é em si mesmo*" (B707). Ora, qualquer pessoa que, como Kant, sustente que Deus é uma ideia mais do que um ser real, é normalmente considerado um ateu. Kant, porém, oscilou entre o ateísmo e o agnosticismo, assim como oscilou a respeito das coisas em si mesmas. De fato, antes, no mesmo livro (B481 ss.), ele havia declarado que não podemos decidir entre a tese de que o mundo contém um Ser necessário, isto é, Deus, e sua antítese.

É verdade, alguns anos mais tarde, em sua *Crítica da Razão Prática*, Kant sustenta que a crença na existência de Deus é um postulado da razão prática – um modo talvez de dizer que, mesmo se Deus não existe, é prudente pretender que Ele exista. Assim, Deus entrou na filosofia de Kant pela porta de serviço e nunca foi além da cozinha. Mais ainda, Kant traçou uma linha firme entre conhecimento e crença, em particular crença religiosa. O sujeito cognoscente, e não Deus, era o centro do mundo de Kant. Fichte levou essa blasfêmia adiante: ele afirmou ainda mais claramente que o *self* é a fonte da realidade. E acrescentou que a vantagem dessa concepção é que ela garante a liberdade da vontade – desde que, presumivelmente, seja bastante forte para ver o credor e o carrasco longe.

O ceticismo religioso de Kant não passou despercebido em seu próprio tempo. De fato, seu soberano, Frederico Guilherme II, rei da Prússia, escreveu-lhe, em 1º de outubro de 1794, que a publicação de tais ideias constituía uma abdicação de sua responsabilidade como professor[48]. Consequentemente, o monarca exigiu que seu súdito se abstivesse de outros pronunciamentos dessa espécie. E ele o ameaçou de que, caso Kant persistisse, estaria sujeito a "procedimentos desagradáveis". Em 12 de outubro do mesmo ano, o professor, sendo um funcionário civil, prometeu humildemente

[48] I. Kant, *Briefwechsel*, v. 3, p. 48-49.

ao seu rei que se absteria de quaisquer outras declarações ulteriores acerca da religião. Kant manteve a palavra durante a vida do monarca. Mas ele não iludiu seus contemporâneos: alguns deles consideravam-no como o mais antigo ateísta alemão. Somente alguns historiadores da filosofia tiveram a imprudência de sustentar que o Kant adulto manteve o fideísmo de seus pais.

10. observações conclusivas

O fenomenalismo restringe a realidade a uma tênue porção dela, ou seja, à coleção de aparências ou experiências pré-analíticas. Portanto, excluiu a maior parte do universo, quer da existência (fenomenalismo ontológico), quer do conhecimento (fenomenalismo epistemológico). Por exemplo, um fenomenalista diria que a relva *é* verde, enquanto um realista diria que ela *parece* verde *para nós sob a luz branca*. Ademais, o realista pode explicar por que isso é assim: ou seja, porque a grama reflete a luz de todos os comprimentos de onda, exceto daqueles que causam a sensação de verde no sistema visual primário de uma pessoa normal. O realista pode também propor algumas questões interessantes que o fenomenalista não pode, tais como: em que estágio da evolução emergiu a percepção (como algo diferente da mera sensação ou detecção)? E como é possível para a física e a química estudar um único universo numenal (material), tão cabalmente diverso do fenomenal?

Além disso, enquanto o realista coloca um único universo numenal, o fenomenalista deve conformar-se com tantos mundos fenomenais quantos são os organismos sencientes – a não ser que opte pelo mergulho solipsista. Por exemplo, ele dirá que aquilo que você vê como sendo um coelho ele o vê como sendo um pato, e tal ambiguidade não pode ser resolvida porque a natureza não contém nenhum animal: ambos só se encontram na mente. Mas, por certo, o caçador, o lavrador, o açougueiro, o cozinheiro e o zoólogo hão de rir desse predicamento fenomenalista: eles sabem que há coelhos e patos reais.

Um correlato epistemológico do fenomenalismo é o descritivismo. Essa é a concepção de que a descrição deve ser preferida à explicação, porque (a) esta última vai necessariamente além dos fenômenos; e (b) não pode haver enunciados de lei, porque não existem conexões objetivas nem padrões – existem unicamente conjunções constantes e sequências regulares. De acordo com esse modo de ver, generalizações, tais como a noite segue o dia, beber água mata a sede ou que causar danos não requer explicações, são induções bem confirmadas. Por contraste, o realista toma tais generalizações empíricas como dadas para serem explicadas por leis de nível superior, que envolvam conceitos transfenomenais, como os de campo, gene e nação. Uma vez que a pesquisa científica na sua melhor condição é a busca de leis objetivas, o fenomenalismo é inconsistente com a ciência. Por sorte, alguns fenomenalistas deixaram de perceber tal contradição e produziram boa ciência.

Felizmente, a ciência natural já havia alcançado maturidade e prestígio na metade do século dezoito, de modo que ela não foi alijada pelo idealismo subjetivo de Kant nem pelo idealismo objetivo de Hegel. Mas os estudos sociais ainda se encontravam em estado embrionário, e eles foram seriamente distorcidos pelas filosofias idealistas de Kant e Hegel, em particular pela de Dilthey. Isso pode ser verificado, por exemplo, nas teses, comuns tanto ao individualismo metodológico quanto ao hermeneuticismo, segundo as quais a tarefa do cientista social não é a de estudar sistemas sociais, tais como famílias, escolas, negócios e políticas, porém a de experimentar e "entender" ou "interpretar" os valores e intenções de agentes racionais individuais e desvinculados[49].

Uma consequência da abordagem idealista e individualista é, por certo, que as grandes transformações sociais, como a industrialização, a militarização, a secularização, o feminismo, o sindicalismo, a concentração de capital e a globalização são perdidos de vista. Assim, não constitui coincidência que Max Weber, que passa por ser o fundador da moderna sociologia, deixasse passar todas as grandes transformações sociais de seu tempo, como o ascenso do imperialismo e da democracia. Ele também não levou em conta o avanço da ciência e da tecnologia, duas coisas que são os engenhos culturais da sociedade moderna. Ao invés, estava obcecado pela religião, pelos líderes carismáticos e pela legitimidade do poder político. Por contraste, o materialismo histórico – uma vez purgado da dialética, do economismo e do determinismo laplaciano – exerceu uma influência decisiva

[49] Para a convergência furtiva da hermenêutica e a teoria da escolha racional, ver M. Bunge, *Emergence and Convergence*.

50 Ver G. Barraclough, *Main Trends in History*.

51 Ver M. Harris, *Cultural Materialism*.

52 Ver B. G. Trigger, *Artifacts and Ideas*.

53 *Les Régles de la Méthode Sociologique*, p. 77.

54 A. de Tocqueville, *Selected Letters on Politics and Society*, p. 351.

e saudável sobre a historiografia[50], a antropologia[51] e a arqueologia[52].

Existem muitas razões para a superioridade da concepção realista-materialista sobre a idealista-subjetivista da sociedade. Uma é que as pessoas têm de trabalhar para comer, e elas têm de comer antes que possam pensar. Outra razão é que, como Durkheim[53] instou, "os fatos sociais precisam ser tratados como coisas" – quer dizer, objetivamente. Uma terceira razão é mais sutil: "Só uma coisa é absolutamente *segura* na história: tudo o que é particular é mais ou menos duvidoso"[54]. Por exemplo, todos sabemos que a Grande Depressão ocorreu, mas ninguém sabe com certeza o que a desencadeou e, muito menos, quais decisões fatídicas seus principais protagonistas tomaram.

Em suma, o antirrealismo não é apenas falso, ele também estorva o estudo da realidade. Entretanto, isso não impediu sua difusão, porque o valor de uma filosofia é raramente medido por sua contribuição para o avanço do conhecimento. De fato, o antirrealismo é, se for alguma coisa, mais popular nos dias de hoje do que era há três séculos. Todavia, esse tópico merece um novo capítulo.

III

antirrealismo hoje: positivismo, fenomenologia, construtivismo

As histórias-padrão da filosofia sugerem que a linha de Kant expirou com os atualmente esquecidos filósofos neokantianos, como Lange, Vaihinger, Natorp, Cohen, Windelband, Rickert (mentor filosófico de Weber), Cassirer e Bauch – orientador da tese de Carnap. Concordo que o subjetivismo de Kant foi uma fonte maior de várias outras escolas, algumas das quais têm sido bem mais influentes do que o neokantismo ortodoxo. Essas escolas são as do subjetivismo radical de Fichte e Schopenhauer; as das doutrinas clássicas positivistas de Comte e Mill; da combinação feita por Nietzsche do pragmatismo e do relativismo; do pragmatismo (ou instrumentalismo) a partir de Willliam James (mas não de Charles S. Pierce) e John Dewey em diante; do ficcionismo de Vaihinger; da fenomenologia de Husserl e da sociologia fenomenológica de Schutz; do positivismo lógico desde Mach até o Círculo de Viena e além dele; e do relativismo construtivista que Kuhn e Feyerabend reviveram e puseram em moda nos anos de 1960.

Além do mais, Kant juntamente com Hegel exerceram forte influência sobre o movimento hermenêutico, que inclui Dilthey, Husserl, Heidegger, Gadamer, Habermas, Ricoeur e Derrida, entre outros[1]. Esse movimento explorou a dicotomia kantiana entre o natural e o cultural. Em particular, Dilthey queria que os estudos sociais deslocassem o foco dos fatos sociais objetivos para os atores neles atuantes – do comércio para os comerciantes, da guerra para os guerreiros e das formas políticas para os políticos. Daí por que os hermeneutas sustentam que o mundo cultural (social) deve ser entendido de maneira muito diferente da do mundo natural, isto é, por meio do *Verstehen* (entendimento, interpretação) das ações individuais.

Esta operação peculiar consistiria na apreensão do "significado" (intenção, meta) do comportamento e dos textos. Por isso, o estudo da vida social seria uma *Geisteswissenschaft*, isto é, uma ciência do espírito (ou ciência cultural). Daí, também, a indiferença dos hermeneutas a tudo que esteja fora do triângulo Palavra-Significado-Interpretação. É assim que o meio ambiente, o trabalho manual, a escassez, a pobreza, a opressão, a segregação e a guerra ficam fora da jurisdição do hermeneuta. Somente *das Höhere*, o mais alto, é digno da atenção do *Herr* Professor, deixando as misérias da vida diária para os seres menores[2].

---

1 Ver K. Mueller-Vollmer, *The Hermeneutics Reader*.
2 Mais em M. Bunge, *Finding Philosophy in Social Science*.

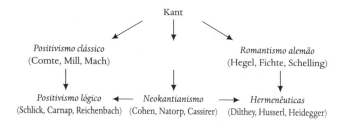

◀ FIGURA 3.1

Em suma, a filosofia de Kant gerou três linhas principais: o neokantianismo, o positivismo clássico – que finalmente deu origem ao positivismo lógico – e a filosofia romântica alemã, que no devido curso engendrou a hermenêutica filosófica: ver figura 3.1.

Todos os filósofos acima mencionados rejeitaram as teses hilorrealistas de que o mundo externo é material e existe por si mesmo, e que a ciência pode captar a realidade. Entretanto, de todas as filosofias oriundas de Kant, o positivismo foi a única que não fez concessões ao irracionalismo e que proclamou o seu amor à ciência. Além disso, alguns dos positivistas como Mill, Mach, Pearson, Duhem, Bridgman e Bohr foram destacados cientistas que deixaram marcas bem mais profundas na ciência e sua filosofia, e até na mundivisão dominante, do que o fizeram os autodenominados filósofos kantianos, os quais, salvo Ernst Cassirer, nunca atingiram o público.

A maior parte deste capítulo será devotada à reavaliação do positivismo lógico, também conhecido como empirismo lógico, neopositivismo ou apenas positivismo. Um realista científico como este autor pode travar um fecundo diálogo com um positivista, porque ambos partilham de dois importantes princípios: o da racionalidade e do cientificismo. O primeiro deles declara que todas as ideias são racionalmente debatíveis, desde que sejam razoavelmente claras; e o segundo sustenta que o melhor meio de estudar fatos, sejam eles naturais ou sociais, é o que faz uso do método científico.

Uma boa razão para reexaminar o positivismo é que ele ainda é a filosofia explícita da maioria dos cientistas experimentais. De fato, quando em ânimo dialético, eles pretendem que toda pesquisa seja impulsionada por dados. Esquecem, por certo, que eles não empilham dados descuidadamente, porém utilizam

3 Ver H. E. Biagini, *El Movimiento Positivista Argentino.*

4 M. Schlick, Positivism and Realism, em Ayer (ed.), *Logical Positivism*, p. 82-107.

5 K. J. Gergen, Psychological Science in a Postmodern Context, *American Psychologist*, n. 56, p. 806.

6 R. Carnap, *The Logical Structure of the World.*

7 Idem, Empiricism, Semantics, and Ontology, *Revue internationale de philosophie*, n. 10, p. 23.

8 *Einführung in die Metaphysik*, p. 11.

sempre hipóteses mais ou menos explícitas. Comumente, os dados são procurados ou produzidos à luz de alguma hipótese e, por sua vez, são checados pela evidência pertinente. Assim, nem os dados, nem as hipóteses possuem a última palavra.

Outra razão para rever o positivismo é que ele é amiúde confundido com o realismo ou até com o materialismo. De fato, *grosso modo*, entre os anos de 1870 e 1930, aquilo que passou por positivismo era, na realidade, uma mixórdia de positivismo propriamente dito, cientificismo, evolucionismo (o de Spencer ou de Haeckel, mais do que de Darwin), materialismo, naturalismo e energeticismo. Quem quer que admirasse a ciência e rejeitasse a religião organizada denominava-se a si próprio de positivista. Tudo isso era verdade no México, no Rio de Janeiro e em Buenos Aires, bem como em Londres, Paris e Berlim[3].

Tudo isso mudou em 1927 com a fundação do Círculo de Viena, que reivindicava a herança de Hume e Mach. (Kant não podia ser mencionado por causa de seus equívocos sobre matemática e ciência. Mas seu fenomenalismo era adotado por atacado.) Os membros do Círculo, os positivistas lógicos, pretendiam haver superado os dilemas do realismo/antirrealismo e do materialismo/idealismo. Em particular, sustentavam que a questão da existência autônoma do mundo externo constituía um pseudoproblema[4]. Eles pouco suspeitavam que semelhante agnosticismo epistemológico seria ressuscitado pelos pós-modernos por volta do fim do século xx. Assim, o autointitulado psicólogo pós-moderno Gergen proclama que os "argumentos acerca do que é realmente real são fúteis"[5].

Entretanto, na prática, a maioria dos positivistas lógicos colocava-se ao lado do idealismo, visto que concebiam as coisas físicas ou como possibilidades de sensação ou como construções lógicas a partir de perceptos[6]. Mais tarde, sob influência de Wittgenstein, adotaram o glossocentrismo ou o idealismo linguístico. Assim, Carnap sustentara que "aceitar o mundo como coisa [realidade objetiva] significa nada mais do que aceitar certa forma de linguagem"[7]. Isto é, ser é ser falado ou jogar um "jogo de linguagem". Ironicamente, Heidegger[8], a quem Carnap despreza, com justiça, defendia uma concepção similar: que o mundo é a morada do ser. Moral: Falsidade mais lógica (como em Carnap), ou menos lógica (como em Heidegger) é igual a falsidade.

Os traços mais conhecidos do positivismo lógico são suas semânticas empiristas e a epistemologia, a defesa da análise lógica, com o amor não correspondido pela ciência e com uma postura alegadamente antimetafísica. Ademais, os positivistas lógicos, como Kant, tentaram combinar empirismo com racionalismo. Todavia, é arguível que Kant haja combinado a metade errada do empirismo, ou seja, o fenomenalismo, com a metade errada do racionalismo, ou seja, o apriorismo. Por contraste, o empirismo lógico reteve o fenomenalismo, mas juntou-lhe a melhor componente do racionalismo, isto é, a lógica moderna. Assim, enquanto os escritos de Kant estavam contaminados por obscuridades e inconsistências – como vimos no capítulo anterior –, as dos empiristas lógicos constituíram as obras filosóficas mais claras e mais consistentes de seu tempo, particularmente em comparação com as de seus principais rivais – os intuicionistas, fenomenologistas, existencialistas, tomistas, neo-hegelianos e materialistas dialéticos. Daí por que se pode aprender bem mais debatendo com eles do que criticando seus rivais.

Devido à influência duradoura dos positivistas lógicos, entrar em debate com eles não constituía um mero exercício acadêmico. Um par de exemplos bastará. O primeiro será o fiasco das agências americanas de "inteligência" no alvorecer deste século, que despenderam muitos milhões inutilmente porque não sabiam o que fazer com sua enorme pilha de dados: não estruturaram nenhuma hipótese baseada em sérios estudos sociais e, consequentemente, tampouco testaram qualquer delas. Como Charles Darwin afirmou, para desenvolver qualquer coisa de interessante e plausível é preciso efetuar algumas conjecturas e pô-las à prova. Mas, para propor conjecturas razoáveis atinentes a fatos políticos, tais como a produção de armas de destruição em massa ou o planejamento de ataques terroristas, é preciso usar o ABC da psicologia social e da ciência política em acréscimo à coleta de "inteligência" – que, de algum modo, se compõe em grande parte de bisbilhotices não confirmadas. Por consequência, um efetivo trabalho antiterrorista exige a cooperação de espiões com cientistas numa base diária.

Nosso segundo exemplo se refere à teoria quântica. Com frequência, esquecemos que o empirismo espreita por trás da interpretação padrão ou de Copenhaguen do formalismo matemático

9 Ver, e. g., H. Feigl. *Logical Empiricism*, em D. D. Runes (ed.), *Twentieth Century Philosophy*; V. Kraft, *The Vienna Circle*; A. J. Ayer, *Logical Positivism*.

10 E. Mach, *Populär-wissenschaftliche Vorlesungen*, p. 238; *The Science of Mechanics*, p. 578.

da mecânica quântica, particularmente a partir de 1935. Consequentemente, uma reinterpretação realista dessa teoria deve ser precedida por uma efetiva análise crítica do positivismo lógico. E tal análise não pode ignorar a metafísica fenomenalista do empirismo lógico, a qual é, em geral, deixada de lado, embora ela não seja nada menos do que a raiz de sua epistemologia.

No fim das contas, a epistemologia pode ser encarada como uma aplicação da ontologia ao processo cognitivo: diga-me o que há ali, e eu lhe direi o que e como poderemos chegar a conhecê-lo. Se o mundo for ou uma ideia, ou uma massa de aparências, olhe apenas para dentro; mas se ele for concreto, saia e o explore; e se tudo o que podemos fazer é perceber, apenas registre suas impressões sensoriais; mas se você também pode pensar, esteja preparado para pensar a fundo.

1. positivismo lógico

O nome original do Círculo de Viena (1929-1936) era Ernst Mach Verein[9]. Essa sociedade acadêmica era constituída por filósofos como Moritz Schlick e Rudolf Carnap; cientistas como Philipp Frank e Otto Neurath; e matemáticos como Karl Menger e Richard von Mises. Seu propósito declarado era o de atualizar e divulgar a filosofia positivista de Ernst Mach, que considerara a si mesmo herdeiro de Hume e Kant no concernente ao fenomenalismo. Mach fora um famoso físico experimental e psicólogo fisiologista, bem como um popular historiador e filósofo da ciência. Orgulhava-se de ter inventado a "economia do pensamento", o estranho princípio de que o objetivo da ciência não é entender a realidade, mas nos poupar experiências por sua reprodução, coligação e antecipação no pensamento; [10].

Mach não se importava em ter seu nome associado aos positivistas clássicos como Auguste Comte e John Stuart Mill. Mas, de fato, ele assumiu o fenomenalismo e o descritivismo deles, assim como a rejeição da metafísica e da religião que os caracterizava. Em particular, Mill, acompanhando Kant, definira uma coisa como "uma possibilidade de sensações" – uma ideia que concorda com a metafísica popular, segundo a qual a existência factual é o mesmo que o seu critério de conhecimento comum, ou seja, a possibilidade de ver, tocar, cheirar e coisas parecidas.

Mach[11] adotou a definição de coisa dada por Mill, que ele considerou como "um complexo estável de elementos", em que "elemento" era sinônimo de "sensação" e seu substituto para o átomo físico. Ele advertiu que "coisa" é uma abstração, "o nome de um símbolo, para um composto de elementos [sensações] de cujas mudanças nos abstraímos"; e que o conceito de coisa em si é um absurdo, pois "sensações não são os signos de coisas; mas, pelo contrário, uma coisa é um símbolo-pensamento para uma sensação composta de relativa fixidez"[12]. Ele também adotou a concepção de Kant de que a "natureza é composta de sensações assim como seus elementos"[13].

(Em um livro famoso, Lênin[14] criticou com razão Mach e outros por terem revivido o idealismo subjetivo de Berkeley – que, lamentavelmente, ele não tentou refutar. Cerca de um século mais tarde, Popper[15] confirmou o diagnóstico de Lênin: Mach era um berkeleyano. É verdade, o cabeça do círculo de Viena[16] rejeitou essa caracterização e pretendeu que Mach e seus herdeiros não tomaram partido na controvérsia do realismo/subjetivismo. Mas, ele nada citou para provar o seu ponto de vista.)

Mach não explicou como o seu fenomenalismo se ajustava a seu estudo pioneiro sobre balas a mover-se em velocidade supersônicas – que ele foi o primeiro a fotografar. Seguramente, nem as balas, nem as ondas de choque por elas geradas podiam ter sido sensações, não só porque não ocorriam no cérebro de ninguém, mas também não podiam ser vistas diretamente. A bem-dizer, as balas em movimento podiam ser tocadas, mas a sensação a seguir teria sido um dado para o cirurgião e não para o físico.

Quase todos os membros e filiados ao Círculo de Viena, particularmente Rudolf Carnap, Hans Reichenbach e Philipp Frank, adotaram o fenomenalismo de Mach. Isso lhes granjeou um inesperado, ainda que não bem-vindo e silencioso aliado: a Inquisição. Com efeito, Reichenbach[17] sustentou que "o sistema coperniciano difere do de Ptolomeu unicamente porque é um outro modo de falar". Assim, os modelos heliocêntrico e geocêntrico do sistema solar são "descrições equivalentes", uma vez que, na época, ambos deram boa conta de evidência empírica. E Frank[18] sustentou que a teoria coperniciana era matematicamente mais simples e tinha

11 Idem, *The Analysis of Sensations and the Relation of the Physical to Phisical.*

12 Idem, p. 580.

13 Idem, *The Science of Mechanics*, p. 579.

14 V. I. Lenin, *Materialism and Empirio-Criticism.*

15 A Note on Berkeley as Precursor of Mach, *Brittish Journal for the Philosophy of Science*, n. 4, p. 16-36.

16 M. Schlick, Positivism and Realism, op. cit., p. 85.

17 *The Rise of Scientific Philosophy*, p. 107.

18 *Philosophy of Science*, p. 352.

19 M. Bunge, *Foundations of Physics*.

20 Razões ulteriores, cf. M. Bunge, The Weight of Simplicity in the Construction and Assaying of Scientific Theories, *Philosophy of Science*, n. 28, p. 139-140.

21 *An Inquiry Concerning the Principles of Natural Knowledge*.

22 R. Carnap, *The Logical Structure of the World*.

23 Idem, p. 92.

maior valor heurístico. A verdade não estava em questão. O cardeal Bellarmino, o acusador de Galileu, deve ter rido no Hades.

Duas razões têm sido aduzidas em favor da dita equivalência. A primeira é que todos os sistemas de coordenadas são equivalentes; em especial, um sistema de coordenadas retangulares centrado no Sol é equivalente a um sistema de coordenadas esféricas centrado na Terra. Mas tal equivalência geométrica é irrelevante porque todos os movimentos são relativos a referenciais e não a sistemas de coordenadas. Referenciais são coisas físicas, e sistemas de coordenadas, apenas refletem algumas feições geométricas de referenciais[19]. Esse ponto é importante porque: (a) as transformações de Galileu e Lorentz relacionam referenciais e não sistemas de coordenadas: os primeiros podem mover-se, visto que são entidades físicas, enquanto os últimos não podem, porque são objetos matemáticos; e (b) a Terra, sendo acelerada, não é um sistema inercial: isto é, as equações da mecânica (seja ela clássica ou relativística) não são satisfeitas exatamente em relação ao nosso planeta.

A segunda razão dada para a alegada equivalência era que, sendo todo movimento relativo a algum sistema referencial, não faz diferença se este for o Sol (sistema heliocêntrico) ou a Terra (sistema geocêntrico). Porém, na verdade faz. De fato, o menos massivo de dois corpos próximos um do outro é forçado a orbitar em torno do mais massivo porque ele é a fonte do campo gravitacional mais intenso[20]. Em resumo, as órbitas planetárias são real e objetivamente elípticas ou quase.

O fenomenalismo metafísico advogado por Mach não era sistemático. A primeira tentativa de construir uma teoria fenomenalista coube a Whitehead[21]; ela foi tão malsucedida que seu autor logo se voltou para seu processo metafísico, que estava mais perto do de Hegel do que do de Mach. O esforço seguinte no projeto fenomenalista foi o da *Construção Lógica do Mundo*[22] de Carnap. A formulação básica desse sistema era que, em princípio, "todos os objetos físicos podem ser reduzidos a objetos psicológicos" e inversamente[23]. Surpreendentemente, esse princípio era uma generalização de um único exemplo – um exemplo errado. Considere:

Proposições acerca de objetos físicos podem ser transformadas em proposições acerca de percepções (isto é, sobre objetos psicológicos).

Por exemplo, a afirmação de que certo corpo é vermelho é transformada em uma afirmação muito complicada que diz, grosso modo, que, em certas circunstâncias, certa sensação do sentido visual (vermelho) ocorre[24].

Carnap não se apercebeu que estava apenas expandindo uma afirmação fenomenalista acerca do ato de ver o vermelho.

Se os objetos e enunciados psicológicos e físicos são de fato equivalentes ou mutuamente redutíveis, por que preferir a tradução do fisicalista → fenomenalista à inversa? Presume-se que seja apenas por apego à tradição empirista. Mas, uma das razões adiantadas pelos fundadores da moderna ciência para a preferência inversa foi que as propriedades primárias independem do sujeito e, assim, se prestam à generalização universal, impessoal (ver cap. 1).

De qualquer modo, as teorias científicas não contêm conceitos que denotem *qualia*, a menos que, porventura, digam respeito aos *qualia*, caso em que pertencem à psicologia e não à física, à química ou à biologia. Considere, por exemplo, as duas seguintes miniteorias ou modelos teóricos elementares: o modelo clássico de um oscilador linear e o modelo padrão de um circuito de corrente contínua com resistor R e indutor L, conectados em série.

Oscilador linear clássico	Circuito R-L
$m\, d^2x/dt^2 = -kx$	$V - L di/dt = Ri$
$\Downarrow$	$\Downarrow$
$x = a.\cos \omega t,\ \omega = \sqrt{(k/m)}$	$i = V/R + a\, e^{-(R/L)t}$
onde	
x = posição	V = diferença de potencial aplicada
m = massa, k = tensão	i = intensidade de corrente
a = amplitude, ω = frequência	R = resistência, L = autoindutância
	t = tempo

Embora as coisas escritas pelos dois modelos – molas e circuitos – possam ser perceptíveis, os predicados empregados para descrevê-las denotam propriedades primárias, não qualia. A mensuração de m, k, w, V, i, e R requer instrumentos que incorporam hipóteses indicadoras, tais como a relação entre a intensidade de corrente e o ângulo de um ponteiro em um amperímetro. Assim,

25 *The Scientific Image.*

26 Mental Events, *Essays on Action and Events,* p. 207-215.

27 Idem, p. 211.

as premissas dos precedentes modelos teóricos não implicam observações – contrariamente aos relatos filosóficos populares sobre teorias científicas, como os de van Fraassen[25]. Voltaremos ao assunto no cap. 7.

Quatro décadas após a tentativa malsucedida de Carnap para eliminar termos teóricos em favor dos observacionais, Donald Davidson[26], um dos últimos positivistas, converteu a alegada prova de Carnap numa pedra de toque de sua popular filosofia da mente. A fim de "provar" que eventos mentais e físicos são mutuamente intercambiáveis, ele escolheu um exemplo ligeiramente diferente: duas estrelas no espaço distante colidem uma com a outra no mesmo instante em que Jones percebe que um lápis começa a rolar sobre sua mesa. "A colisão foi agora captada por uma descrição mental e deve ser considerada como um evento mental"[27]. Observe a estratégia. Discuta um caso singular em termos de conhecimento comum e salte duas vezes na sucessão: primeiro para uma ultrajante generalização ("Todos os eventos físicos podem ser descritos em termos mentais e vice-versa"), e depois pule do censo comum para a ciência (física e psicologia).

2. construindo o mundo

À primeira vista, o positivismo e o idealismo alemão pós-kantiano têm pouca coisa em comum: o positivismo é pró-científico e claro, enquanto o outro é tanto não científico quanto, muitas vezes, hermético até o fim. Entretanto, dado que ambos têm as mesmas fontes, ou seja, Berkeley, Hume e Kant, suas coincidências não deveriam oferecer surpresa. De fato, as duas facções coincidem na rejeição do realismo e do materialismo, ainda que os combatam em campos diferentes. Enquanto os positivistas se especializam nas ciências naturais, os hermeneutas focalizam os estudos sociais. Em particular, enquanto os positivistas acentuam o fenomenalismo e criticam o atomismo, os hermeneutas enfatizam o papel das ideias na vida social à custa de fatos macrossociais e dos assim chamados fatores materiais, tais como recursos naturais e trabalho. Assim, cada facção bloqueia o avanço do conhecimento a seu próprio modo: os positivistas banindo a microfísica ou distorcendo seu significado filosófico;

e os hermeneutas rejeitando os estudos macrossociais ou tentando reduzi-los à "interpretação" (*Verstehen*) das intenções dos atores individuais.

O que marca o ingresso do idealismo nos estudos sociais é a tese ontológica de que não existe uma coisa chamada sociedade: haveria apenas indivíduos, e estes agem livremente segundo seus próprios interesses, crenças e intenções. Essa tese ontológica gera individualismo metodológico. Trata-se da tese de que a meta dos estudos sociais deveria ser a de descobrir como fatos sociais emergem exclusivamente a partir de escolhas e ações individuais. O próprio projeto individualista soa atraente por comparação à tese holística, segundo a qual os indivíduos são apenas peões de instâncias superiores, tais como Deus, destino, nação, raça, igreja ou partido. Mas o projeto não é realista, sendo até logicamente insustentável, porque papéis sociais não podem ser definidos exceto por referência a sistemas sociais. Por exemplo, um guerreiro é, por definição, alguém que, espera-se, lutará em uma guerra. E guerras, por seu turno, longe de serem assuntos íntimos, consistem em choques armados entre grupos de indivíduos caracterizados por traços supraindividuais, definidos por termos como imperial ou colonial, rico ou faminto de petróleo, direitistas ou esquerdistas, e assim por diante.

O mesmo que ocorre com os papéis sociais acontece com as posições sociais. Por exemplo, a classe dos terratenentes não é apenas a coleção de pessoas que possuem terras cultivadas por outros; essas pessoas também são amparadas por um Estado que impõe esse privilégio. E um Estado ou um governo não é redutível a itens ou feições individuais; ambos constituem um sistema social caracterizado por propriedades emergentes, tais como a posse do monopólio sobre a taxação e a violência legal. O individualismo metodológico nega a própria existência de sistemas sociais, entidades supraindividuais que emergiram no curso da história para superar as limitações dos indivíduos.

Assim, o antropólogo, o economista, o sociólogo, o cientista político ou o historiador que sejam idealistas individualistas tentarão "interpretar" (fazer hipóteses) ações individuais exclusivamente em termos de crenças e intenções pessoais. (Em particular, se for um teórico de escolha racional, ele focalizará utilidades e probabilidades subjetivas.) Como consequência,

28 Criticismo ulterior, em M. Bunge, *Finding Philosophy in Social Sciences; Social Sciences under Debate; The Sociology-Philosophy Connection.*

29 Ver M. Bunge, Did Weber Practice the Philosophy he Preached?, em L. McFalls (ed.), *The Objectivist Ethic and the Spirit of Science.*

30 Cf. M. Bunge, *Treatise on Basic Philosophy,* v. 4.

31 E. Husserl, *The Crisis of European Sciences and Transcendental Phenomenology.*

32 Idem, *Cartesian Meditations,* p. 62.

deixará escapar ou entenderá mal todos os eventos e processos macrossociais que moldaram nossas sociedades, tais como o capitalismo, o imperialismo, o nacionalismo, a guerra, a democracia, o secularismo, o socialismo, o fascismo, o feminismo, a tecnologia e a ciência[28].

Max Weber, um dos pais da sociologia moderna, é um caso dessa natureza. De fato, ele deixou escapar todos os desenvolvimentos macrossociais acima mencionados, embora insistisse correta e vigorosamente que as ciências sociais deveriam ser objetivas[29]. Essa incongruência constituía um efeito inevitável da adoção, por Weber, da hermenêutica filosófica de Dilthey, que fora um dia idealista e individualista. Essa abordagem pode, quando muito, lançar alguma luz sobre os produtos da cultura, tais como os textos, embora mantendo as comunidades culturais e as sociedades como um todo no escuro. Em geral, a maior parte da realidade, com certeza, escapa do idealista individualista, e isso por várias razões: porque a realidade é um sistema de sistemas[30]; ideias não têm existência exceto nos cérebros; e todo indivíduo pensante é um componente de vários sistemas sociais que o precederam. A moral do fracasso de Weber em entender a sociedade na qual vivia é que o idealismo impede o realismo. O realismo pode florescer somente quando aliado ao materialismo (lembrar o cap. 1).

A fenomenologia constitui uma retirada ainda mais drástica da realidade. Seu fundador censurou Galileu e Descartes por distinguirem as qualidades primárias das secundárias e por considerarem a natureza como despida de feições mentais[31]. Anteriormente, ele afirmara que "um Objeto real pertencente a um mundo ou, ainda mais, *a um mundo por si só, é uma ideia infinita… uma ideia relacionada a infinitas experiências harmoniosamente combinadas…, uma síntese completa de possíveis experiências*"[32]. Em resumo, o mundo seria dependente do sujeito e nós chegaríamos a conhecê-lo mais pela experiência comum do que pelo experimento, pela análise e pela modelagem.

Caracteristicamente, Husserl não ofereceu evidência para a sua extravagância subjetiva: ele a encarava, conforme todas as suas opiniões, como "autoevidentes *a priori*". Tampouco menciona qualquer de suas fontes, em particular Berkeley, Kant, Fichte, Mill, Mach e Dilthey. Originalidade e preocupação com a evidência não são precisamente marcas registradas do idealismo moderno, em especial da fenomenologia. Ao invés, a obsolescência, o dogmatismo, a hostilidade para com a ciência e a opacidade o são[33].

Na seção anterior, lembramos de uma tentativa paralela de reduzir o mundo àquilo que Mach denominou "um complexo de sensações", ou seja, a *Construção Lógica do Mundo* (1928) de Carnap. Essa obra permaneceu em geral ignorada até que Nelson Goodman a desenterrou e a atualizou com a ajuda da mereologia de Lesniewski. Sua *Estrutura da Aparência* (1951) é um sistema formal mais refinado, baseado nas assunções segundo as quais a corrente de experiência é quer estruturada, quer constituída por *qualia* (atômicos) indivisíveis. Ainda assim, ao contrário de Carnap, Goodman admitiu, na época, que o problema de explicar o mundo físico com uma base fenomenalista continuava aberto, e ele não ofereceu nenhuma chave para a sua solução. No entanto, continuou inabalável na sua fé de que a dita redução seria finalmente realizada[34].

Depois de tentar em vão durante três décadas, Goodman adotou uma estratégia mais fácil: a da arbitrária "construção do mundo" ou do construtivismo subjetivista[35]. Não se preocupe em como descobrir novos planetas extrassolares, dinossauros voadores, elos perdidos ou o órgão da consciência, posto que nos é dada a liberdade de imaginá-los. Quando informado por um colega filósofo de que nós não podemos produzir estrelas do mesmo modo que produzimos tijolos, Goodman tornou-se mais cauteloso: "A construção do mundo, que é a principal questão aqui em foco, é a de construí-lo não com as mãos, mas com as mentes ou, antes, com linguagens ou outros sistemas de símbolos. No entanto, quando digo que mundos são construídos eu o digo literalmente"[36]. Em outras palavras, quando pressionado, admite que os "mundos" que ele pretende ser capaz de construir são sistemas simbólicos. Ainda assim, Goodman recusa-se a distingui-los do único mundo real que existe. Ora, se alguém afirma saber como fazer uma estrela, tem-se o direito de dizer-lhe: Mostre-me isso ou cale-se! Tem-se o direito de perguntar: Por que o contribuinte deve ser obrigado a pagar por observatórios astronômicos, se podemos fazer com que qualquer estrela desejada seja construída por filósofos?

[33] Ver, e.g., J.Kraft, *Von Husserl zu Heidegger*.

[34] N. Goodman, *The Structure of Appearance*, p. 304-306.

[35] Idem, *Ways of Worldmaking*.

[36] Idem, On Starmaking, em P. J. McCormick, *Starmaking: Realism, Anti-Realism and Irrealism*, p. 145.

37 Ver, e. g., L. Fleck, *Genesis and Development of a Scientific Fact*; B. Latour; S. Woolgar *Laboratory Life*, H. M. Collins, Stages in the Empirical Programme of Relativism, *Social Studies of Science*, n. 11, p. 3-10; K. D. Knorr-Cetina; M. Mulkay (eds.), *Science Observed*, especialmente o artigo de B. Barnes, On the Conventional Character of Knowledge and Cognition; e o artigo de K. D. Knorr-Cetina, The Ethnographic Study of Scientific Work; D. W. Fiske; R. A. Shweder, *Metatheory in Social Science*.

38 R. Suskind, Without a Doubt, *The New York Times Magazine*, oct. 17 2004, p. 45-51; 64; 102; 106.

A tentativa de Goodman parece ter sido a última, ainda que malsucedida, para reduzir propriedades primárias (ou predicados fisicalistas) a propriedades secundárias (predicados fenomenalistas ou *qualia*). Se a tentativa dele falhou até no nível do conhecimento comum de corpos massivos, como cadeiras, por exemplo, haverá qualquer razão de esperar que possa dar certo com os quanta ou galáxias, células ou nações? Dica: comece tentando reduzir alguns enunciados clássicos de lei, tais como os de Fourier para a condução do calor ou os de Maxwell para a indução eletromagnética. Advertência: não se esqueça de incluir a tradução de expressões elementares como *"sen wt"* em dados sensoriais. Dica: não perca seu tempo.

Ao lado do construtivismo individualista de Berkeley, Kant, Fichte, Schopenhauer, Avenarius, Mach, Husserl, Carnap, Goodman e alguns outros, há um subjetivismo coletivista ou um relativismo construtivista social. Essa doutrina, em moda entre sociólogos do conhecimento desde meados de 1960, sustenta que todos os fatos, sociais ou não, são construções sociais, isto é, são produtos de grupos sociais[37].

Há, por certo, alguma verdade no construtivismo social, ou seja, a tautologia de que todos os fatos sociais humanos, desde o cumprimento e o comércio até a educação de crianças e a briga são fatos sociais. Mas ninguém começa do nada e ninguém constrói por si próprio uma realidade social. A bem-dizer, os humanos fazem por si e inventam, mantêm ou reparam sistemas sociais; mas, como Marx acrescentou em um dito famoso, eles assim procedem a partir de uma realidade social preexistente e com a ajuda de outros. Somente filósofos e internos de um asilo de lunáticos pensam que alguém pode criar realidades mais do que apenas alterá-las.

Correção: um conselheiro sênior do presidente George W. Bush disse a um jornalista veterano que sujeitos como ele estavam "naquilo que chamamos de comunidade baseada na realidade... Não é mais desta maneira que o mundo realmente funciona... Nós somos agora um império e, quando atuamos, criamos nossa própria realidade... Nós somos atores da história... e nós, tudo de nós, será deixado apenas para o estudo do que fazemos"[38].

As pretensões dos construtivistas sociais não são menos grandiosas. Por exemplo, de acordo com Fleck, a sífilis foi construída pela comunidade médica; Latour e Woolgar pretendiam que o TRF (tirotropina, fator que libera o hormônio estimulante da tireoide) um hormônio cerebral, foi "construído" por seus descobridores; Pierre Bourdieu sustentou que "as diferenças visíveis entre os órgãos sexuais masculinos e femininos são uma construção social"; a tese do movimento da antipsiquiatria é que todas as doenças mentais são invenções dos psiquiatras; e alguns filósofos feministas têm mantido que as leis científicas, e até os conceitos de objetividade e verdade, são apenas ferramentas da dominação masculina. De certo, não há nenhuma evidência para qualquer dessas egrégias vindicações. Mas há evidência para a hipótese de que elas se originaram na confusão entre fato e ideia (ou coisa e modelo), que é típica do pensamento mágico[39].

Em suma, o construtivismo social é marcadamente falso: a esmagadora maioria dos fatos independe de quaisquer mentes e as ideias ocorrem unicamente em cérebros individuais. Isso não é para negar que todos os pensadores, por mais originais, sejam intelectualmente devedores de outras pessoas. Nem é para negar que todos os sistemas sociais e todas as normas que os regulam sejam construídos por grupos sociais, ainda que nem sempre conscientemente. A questão dos realistas é que, embora todos os organismos – não apenas os humanos – construam seus nichos, todos eles empregam materiais e são fiéis a leis que preexistem a eles.

[39] Ver críticas em M. Bunge, A Critical Examination of the New Sociology of Science, parte I, Philosophy of the Social Sciences, n. 21, p. 524-560; parte II, n. 22, p. 46-76; P. R. Gross; N. Levin, Higher Superstition; A. Sokal e J. Bricmont, Fashionable Nonsense; e J. R. Brown, Who Rules in Science?.

3. fenomenalismo e quanta

John Dalton fez a teoria atômica funcionar na química uma geração depois de Kant haver escrito sua obra principal. Os químicos, em sua maioria, abraçaram-na sequiosamente porque ela parecia explicar as composições e as reações químicas. Por contraste, a maioria dos físicos resistiu ao atomismo durante o século XIX porque, até 1905, não havia evidência direta da existência de átomos. Uma razão adicional foi que os físicos estavam ansiosos por acompanhar a linha positivista traçada por Auguste Comte e John Stuart Mill, e novamente traçada por Ernst Mach, Pierre Duhem, Karl Pearson e Wilhelm Ostwald – uma linha que na época parecia demarcar a ciência da não-ciência (em particular,

40 *Wandlungen in den Grundlagen der Naturwissenschaften.*
41 *Atomic Physics and Human Knowledge.*
42 *Natural Philosophy of Cause and Chance.*
43 *Zum Weltbild der Physik.*
44 *Ausätze und Vorträge über Physik und Erkenntnistheorie.*

da religião e da metafísica). A linha em questão era, por certo, aquela que encerrava diretamente os fatos observáveis. Em outras palavras, a pretensão era de que a ciência lida unicamente com o observável.

A tentativa de acomodar a moderna ciência neste leito procustiano deu origem a um paradoxo engraçado: entre 1925 e 1935, Heisenberg[40], Bohr[41], Born[42], Weizsäcker[43], Pauli[44] e alguns outros eminentes físicos apoiaram, pelo menos da boca para fora, o princípio fenomenalista, ao mesmo tempo em que estavam construindo as primeiras teorias bem-sucedidas (verdadeiras) acerca de coisas transfenomenais como elétrons, átomos e fótons. De fato, pretendiam que suas teorias lidavam exclusivamente com observações. Assim, o artigo fundamental de Heisenberg de 1925 anunciou a construção de uma teoria quântica "baseada exclusivamente em relações entre quantidades que eram observáveis em princípio".

Mas observações, mesmo quando automatizadas, envolvem em algum ponto observadores. E não se podem observar elétrons e similares; é possível somente observar manifestações macrofísicas de eventos microfísicos, tais como os cliques de um contador Geiger. E, seja como for, a física não explica percepções. Além disso, pode-se perguntar ingenuamente: observações do quê? Mas, seríamos então repreendidos, pois a questão pressupõe a existência de coisas observadas e distintas dos meios de observação, como no caso dos átomos no cérebro do experimentador ou no interior do Sol.

O fenomenalismo não ficou restrito a entidades microfísicas: Bohr, Heisenberg e seus seguidores declararam confiantemente que coisas macrofísicas, tais como bondes, são produtos de repetidas observações. Mesmo meio século mais tarde nos era dito que a física quântica nos havia ensinado que "a Lua *não* está ali quando ninguém olha". O universo como um todo estaria até em pior situação, uma vez que não pode haver observadores externos a ele. Mas, se assim for, por que persistem os cosmólogos em explorá-lo? E o que leva os berkeleyanos e kantianos modernos a depreender da recente descoberta de que a maior parte da matéria no universo é "escura": de que ela está ali, mas ainda não pode ser estudada?

Será que os fundadores da física quântica praticam o subjetivismo que eles pregam? É claro que não. De fato, quando calculam níveis de energia, probabilidades de transição, seções de choque de espalhamento e similares, todos os físicos quânticos assumem tacitamente que essas coisas são propriedades objetivas de objetos quanto-mecânicos; a tal ponto é assim que nenhuma referência ao dispositivo de mensuramento e menos ainda à mente do observador ocorre em seus cálculos. Que isso é assim, que as leis básicas da mecânica quântica e suas principais aplicações não se referem a quaisquer instrumentos de mensuração, para não mencionar observadores e seus estados mentais, é mostrado de maneira mais nítida axiomatizando-se a teoria[45]. A razão é que, quando se trabalha em uma teoria axiomática, não é permitido contrabandear itens estranhos no meio do caminho, como se faz ao se interpretar autovalores como possíveis resultados de medidas mais do que como valores exatos de propriedades objetivas, variâncias estatísticas como perturbações devidas ao dispositivo de mensuramento mais do que inerentes vaguezas, e assim por diante.

A axiomatização da mecânica quântica mostra que as assunções dessa teoria, como as de qualquer outra teoria científica, são de dois tipos: enquanto algumas são fórmulas matemáticas, o restante é constituído por assunções semânticas (as velhas "regras de correspondência") a estipular os itens factuais que aqueles símbolos representam. E tais itens factuais são coisas em si próprias, como elétrons e suas propriedades (primárias), tal como energia. Por exemplo, a axiomatização em apreço, ao mostrar que a mecânica quântica versa realmente sobre objetos quânticos, ajuda a interpretar corretamente as assim chamadas relações de incerteza de Heisenberg. Essas desigualdades afirmam que a variância da posição está inversamente relacionada à do momento. (Na realidade, as fórmulas em questão envolvem a raiz quadrada da variância, ou seja, do desvio padrão médio.)

O próprio Heisenberg lançou em 1927 a interpretação popular dessas variâncias que, na sua formulação, mensuram as perturbações causadas pelo dispositivo de observação. Ironicamente, os positivistas e realistas ingênuos, em sua maioria, concordam sobre esse ponto. Os positivistas passam por cima do fato de que tal interpretação pressupõe que o micro-objeto em questão tem, em todos os tempos, uma posição bem definida, bem como um momento igualmente bem definido, ao passo que eles deviam

[45] M. Bunge, *Foundations of Physics*; S. E. Pérez-Bergliaffa et al., *Axiomatic Foundations of Nonrelativistic Quantum Mechanics*, *International Journal of Theoretical Physics*, n. 32, p. 1.507-1.525; Idem, *Axiomatic Foundations of Quantum Mechanics Revisited*, *International Journal of Theoretical Physics*, n. 35, p. 1.805-1.819.

[46] M. Bunge, *Foundations of Physics*.

[47] *Atomic Physics and Human Knowledge*.

[48] *Physics and Philosophy*, p. 55.

[49] M. Bunge, Review of Werner Heisenberg's *Der Teil und das Ganze*, *Physics Today*, n. 24, p. 63-64.

[50] *Where is Science Going?*

[51] Physics and Reality, *Out of my Later Years*.

[52] Die Gegenwärtige Situation in der Quantenmechanik, *Die Naturwissenschaften*, n. 23, p. 807-812; p. 823-828; p. 844-89.

[53] M. Bunge, The Einstein-Bohr Debate over Quantum Mechanics, *Lecture Notes in Physics*, n. 100, p. 204-219.

estar dizendo que ambas as propriedades são geradas pelo ato de observação; e os realistas ingênuos esquecem que a mecânica quântica não contém variáveis clássicas de posição e momento com valores bem definidos, o tempo todo. (Em outras palavras, fórmulas do tipo $x(t) = f(t)$ e $p(t) = g(t)$ pertencem à mecânica clássica e não à teoria quântica padrão. Somente a reformulação feita por Bohm da teoria contém tais variáveis clássicas no topo das variáveis quanto-mecânicas.)

Outro ponto omitido pelas duas partes conflitantes é que as desigualdades de Heisenberg são derivadas em toda a generalidade, sem pressupor coisa alguma acerca dos instrumentos de mensuração; de fato, estes não são mencionados nas premissas que acarretam as fórmulas em foco[46]. A verdade é que as desigualdades de Heisenberg mostram que, em geral, a posição e o momento dos microssistemas são vagos mais do que precisos. Em outros termos, quantons são borrados tanto espacial quanto dinamicamente. Os casos limites, em que uma das duas variáveis é nula (localização tipo puntiforme e onda plana infinita) constituem idealizações extremas.

Em todos os eventos, a teoria quântica geral descreve números, isto é, coisas físicas, não fenômenos, isto é, processos mentais. Além do mais, quando está envolvido um instrumento de mensuração, a teoria geral mostra-se insuficiente, precisamente porque é geral. Portanto, ela deve ser enriquecida com assunções referentes ao mecanismo do aparelho, tal como a condensação das gotículas de água ao redor de partículas ionizadas. E, pelo fato de cada aparelho ser macrofísico, ele é, em grande parte, senão totalmente, descritível em termos clássicos, como Bohr[47] corretamente insistiu.

Até Heisenberg finalmente admitiu que "com certeza a teoria quântica não contém genuínas feições subjetivas, ela não introduz a mente do físico como parte do evento atômico"[48]. Duas décadas depois, Heisenberg contou-me que ele, como Newton, havia tentado explicar as coisas e não apenas dar conta dos dados[49]. Assim, Planck[50], Einstein[51] e Schrödinger[52] tinham razão em criticar a interpretação positivista da mecânica quântica. Lá onde alguns deles incorreram em erro foi na sua nostalgia pela física clássica. Nesse particular, Einstein estava errado e Bohr certo. Realismo não implica classicismo[53].

Para entender por que a maioria dos criadores das teorias quânticas poderiam cair em uma filosofia tão rudimentar como o fenomenalismo, deve-se admitir que haja método na loucura deles. O ponto metodológico é que há elicitação e mensuração de eventos microfísicos típicos, tais como a transmutação artificial de elementos que requer elaborados dispositivos experimentais – embora não mais do que aqueles envolvidos nas mensurações ópticas. Assim sendo, é verdade que, como Leon Rosenfeld[54] disse certa vez, o experimentador "conjura" os fatos quânticos. Mas a Mãe Natureza faz o mesmo o tempo todo e sem ofuscação filosófica.

Assim, o objeto quântico e o instrumento de mensuração estão intimamente acoplados um ao outro – enquanto o experimento está em curso. E, como os instrumentos de mensuração são instalados e manejados por experimentadores, pode-se falar de superssistema objeto-aparelho-observador. Entretanto, ao contrário do dogma de Copenhaguen, não se trata de constituir um todo indivisível: conexão não implica em indistiguibilidade. De fato, pode-se ajustar o instrumento sem ficar escarafunchando o cérebro do experimentador. Ademais, a vasta maioria dos fatos quânticos, tais como reações nucleares, colisões atômicas e reações químicas ocorrem o tempo todo fora dos laboratórios. Mais ainda, cada observação quântica relaciona-se a um objeto quântico, como um fóton, não em um aparelho e muito menos como experimentador. Por exemplo, os físicos medem o comprimento de onda da luz emitida por gás ionizado e não seus efeitos sobre o cérebro do experimentador. Finalmente, experimentos podem ser automatizados, permitindo que o experimentador vá para casa à noite e cesse assim de influenciar o objeto. Ver figura 3.2.

Voltemos a tratar da razão que pode ser invocada para alguém se recusar a falar acerca dos quanta em si mesmos. Bridgman[55], um soberbo experimentalista e sistematizador do operacionalismo, raciocinou do seguinte modo no tocante à luz. Ele começou lembrando-nos, corretamente, que não podemos ver a luz: tudo o que podemos enxergar são coisas iluminadas. Em particular, vemos emissores de luz, como fogueiras e lâmpadas, e detectores de luz, como células fotoelétricas e olhos. Em consequência, Bridgman pensou que, para falar de luz a viajar entre

[54] L'évidence de la Complémentarité, em A. George (ed.), *Louis de Broglie: Physicien et penseur*, p. 43-66.

[55] *The Logic of Modern Physics*, p. 150-153.

FIGURA 3.2.
O objeto mensurado, o aparelho de mensuração e o dispositivo registrador (seja ele observador ou automático) estão interconectados, mas são distinguíveis. Tanto assim que cada componente pode ser desconectado dos outros dois.

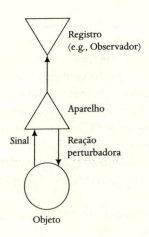

[56] Idem, p. 153.
[57] *Philosophic Foundations of Quantum Mechanics.*

a fonte e o escoadouro, "deve-se reconhecer ser isto uma pura invenção"[56].

Bridgman menosprezou o fato de as equações de Maxwell descreverem a propagação da luz no espaço intermediário, de modo que as referidas equações poderiam ser "violadas" se a propagação fosse interrompida arbitrariamente no espaço intermediário. Além do mais, tais equações contêm a constante universal c, que denota a velocidade da luz no vácuo – uma quantidade que Rømer mediu primeiro em 1676. É claro, se somente a fenômenos é permitido existir, somos forçados a renunciar a qualquer esperança de entendimento sobre como a luz é emitida por uma estrela ou até como uma lâmpada de filamento em nossa vizinhança pode nos atingir – mesmo se a fonte de luz cessou de existir há milhões de anos. Além disso, como Einstein acentuou repetidas vezes, a compreensão de que os campos eletromagnéticos têm existência por conta própria (em vez de cavalgar no éter mítico), e em conjunto com os corpos, constituiu um marco na história da ciência, visto que coincidiu com a ruptura definitiva da cosmovisão mecânica.

No mesmo ano em que apareceu o livro de Bridgman, Heisenberg publicou seu famoso, embora defeituoso, artigo sobre o microscópio de raios gama, em que declarava que os elétrons não possuem trajetórias contínuas, mas saltam de uma observação a outra – um exemplo da confusão operacionalista entre evidência e referência. Isso levou Hans Reichenbach[57], o proeminente neopositivista, a escrever sobre "interfenômenos", isto é, o que quer que, alegadamente, se encontre entre eventos observáveis. Ele afirmou que levar a sério os interfenômenos conduz aos assim chamados paradoxos quantomecânicos, tais como o fato de que um elétron interfere consigo próprio depois de passar através de um dispositivo de fenda dupla. Obviamente, Reichenbach não cogitou como era possível para os fótons viajar sem serem detectados no caminho todo, desde o sol até os seus olhos.

Reichenbach, como Bridgman e Heisenberg antes dele, desconsiderou os enunciados de lei – tais como os envolvidos no cálculo de viagens no tempo e secções de choque de espalhamento – que descrevem a viagem ininterrupta de uma partícula entre a fonte e o alvo. Se admitirmos tais enunciados de lei como sendo, no mínimo, aproximadamente verdadeiros, teremos também de admitir que os "interfenômenos" são precisamente tão reais quanto os fenômenos. E, a menos que se admita a existência de fatos reais entre as observações, não se poderá alimentar a esperança de compreender como funciona um aparelho de televisão, pois o que se vê são lampejos causados sobre a tela pelos impactos dos elétrons emitidos pelo tubo de raios catódicos, situado atrás da tela. Os técnicos que consertam TV sabem disso, porquanto ganham a vida olhando atrás das telas.

O realismo, então, não é opcional para um físico experimental e para o engenheiro eletrônico: eles contam com a existência de elétrons e fótons e coisas, mesmo quando não estão sendo medidas. Tampouco ele é opcional para os diretores de aceleradores de partículas e de outros enormes dispositivos, que precisam conseguir milhões de dólares para financiar pesquisas sobre problemas a respeito da existência de cordas, grávitons e bósons de Higgs. Somente um filósofo poderia persuadir-se de que se pode pôr de lado a questão do realismo[58] – que soa como a negação dos hermeneutas, segundo os quais não há nada fora dos textos. De quem, exceto do cientista, se espera que descubra o que há aí? De quem, exceto do filósofo da ciência, se espera que escave as pressuposições filosóficas da exploração científica da realidade?

Em suma, os componentes subjetivistas da interpretação de Copenhaguen da mecânica quântica são inconsistentes com o modo como a teoria está sendo efetivamente aplicada e testada. Tais componentes constituem apenas contrabando filosófico: daí por que são baratos e difíceis de controlar[59].

[58] A. Fine, *The Shaky Game: Einstein, Realism, and the Quantum Theory*; P. Teller, *An Interpretive Introduction to Quantum Field Theory*.

[59] Ver mais em M.Bunge, Review of Popper, *Ciencia e Investigación*, n. 15, p. 216-220 e *Philosophy of Physics*; M. Jammer, *The Conceptual Development of Quantum Mechanics*; M. Beller, *Quantum Dialogue*.

4. Redux Ptolomeu

[60] *The Scientific Image.*

[61] ΣΩΖΕΙΝ ΤΑ ΦΑΙΝΟΜΕΝΑ: *Essai sur la notion de théorie physique de Platon à Galilée.*

O bem conhecido filósofo Bas van Fraassen[60] também abraçou o fenomenalismo, defendendo que cada teoria científica bem-sucedida "salva o fenômeno", isto é, descreve corretamente os fatos observados. A frase "salva o fenômeno" foi cunhada aproximadamente dois milênios antes pelo grande astrônomo Ptolomeu. Duhem[61] adotou a expressão como a divisa de sua própria marca de fenomenalismo, que ele encarava como um núcleo da "física qualitativa", defendida por ele enquanto bom cristão que detestava Galileu – a quem, certa vez, desdenhosamente, chamou de *"le mécanicien florentin"*, o mecânico florentino. Mas, de fato, não há insinuação de fenômeno (aparências para um ser senciente) em qualquer das fórmulas da teoria quântica mais do que em qualquer outra teoria física: nenhuma delas contém variáveis que denotem propriedades secundárias ou *qualia*.

A vindicação de um empirista mais fraco é que a evidência para teorias microfísicas é constituída por feições macrofísicas perceptíveis, tais como os ângulos dos ponteiros de instrumentos de medida e os traços em uma câmara de bolhas. Esse argumento é equivocado porque ignora o fato de que toda a evidência desse tipo é indireta: isso funciona apenas graças a hipóteses que fazem a ponte entre eventos microfísicos (como as trajetórias de partículas carregadas) e os macrofísicos (como a condensação das moléculas de água resultante da ionização provocada por aquelas partículas). De fato, muitos compêndios de teoria quântica discutem tais experimentos como a difração em fendas duplas e a experiência de Stern-Gerlach. Mas eles os descrevem em termos resumidos e com algumas poucas fórmulas, encobrindo o fato de que se faz necessário, em ambos os casos, "ler" os resultados finais, tais como os impactos sobre a tela detectora com a ajuda de hipóteses indicadoras que liguem o micro com o macronível. (Mais acerca dos indicadores no cap. VII, seção 9.)

Curiosamente, os lugares de evidência e referência aparecem amiúde invertidos em outras ciências. Por exemplo, o observável nas ciências sociais é comumente o comportamento individual. Assim, os dados sobre o PIB, a desigualdade de impostos, a taxa de nascimentos são agregados aos dados individuais. Em outros casos, dados macrossociais, como documentos acerca de fortalezas, estradas e tumbas, apontam de modo ambíguo a feições de vidas individuais inobserváveis. Nas ciências históricas, da biologia evolucionária à arqueologia, os únicos observáveis são os fósseis, pontas de setas, fogueiras, cerâmicas e pegadas, que constituem precisamente os traços deixados pelos referentes dessas ciências. Afirmar que as teorias nessas disciplinas "descrevem corretamente o que é observável" é uma grosseira distorção. Neste caso, o observável é apenas a evidência para hipóteses relativas a referentes não observáveis. Por exemplo, a paleontologia descreve organismos extintos, cujos remanescentes fósseis são descritos por uma disciplina diferente, ou seja, a tafonomia.

Em todos os casos, dados nunca "falam por si próprios": eles têm de ser "interpretados" via hipóteses indicadoras, como as que ligam leituras barométricas à pressão atmosférica ou como o número de novas construções possibilita prosperidade econômica. Tais indicadores fazem uma ponte entre fatos objetivos e a evidência relevante para teorias acerca dos primeiros:

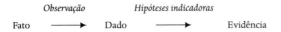

Infelizmente, a maioria dos filósofos menospreza indicadores, ao passo que experiências pessoais raramente deixam de atraí-los, como o persistente interesse pelos *qualia* evidencia. Passemos uma vista d'olhos nesse aspecto.

5. aos fenômenos por meio dos números

O conhecimento humano surge em muitas formas: desde o experiencial ou o egocêntrico, como "Eu estou sentindo calor", até o impessoal e teórico, como em "O calor é movimento molecular aleatório". Correspondentemente, nossos conceitos se apresentam em amplo espectro, que vai do particular e fenomenal, tal como, por exemplo, "doce", "doloroso" e "eufórico", até o universal e abstrato, como, por exemplo, "extenso", "vivo" e "justo". Entretanto, os empiristas consideram que os primeiros são mais básicos e confiáveis do que os últimos, ao passo

62 Ver, e.g., N. Block et al., *The Nature of Consciousness*.
63 *Essay on Mind*.
64 *Understanding Early Civilizations*.
65 Ver, e.g., M. Bunge, *Metascientific Queries*; Levels and Reduction, *American Journal of Physiology*, n. 233, p. R75-82; *Emergence and Convergence*.

que os racionalistas tradicionais encaram os universais como primordiais e imediatamente apreensíveis. Eu argumentarei que necessitamos de ambas as categorias, cada qual para um propósito diferente: os conceitos fenomenais para a autodescrição e os universais para relatos na terceira pessoa – em particular, relatos objetivos de sensações, sentimentos, estados de alma e coisas similares.

Os *qualia* são experiências pré-analíticas, tais como ver azul ou saborear chocolate, sentir desejo ardente ou uma dor de dente. Os *qualia* são também denominados experiências, sentimentos crus e até o que se parece com isso, a exemplo da pergunta irrespondível "O que é ser como um morcego?" – que deu a Thomas Nagel um instante de celebridade. Os *qualia* vêm confundindo filósofos por mais de dois milênios. Em especial cabe notar que sua simples ocorrência tem sido vista como algo que refuta o materialismo porque não são descritíveis em termos físicos[62]. Alguns poucos filósofos, como Berkeley, Kant, Mill, Mach, Avenarius, Carnap e Goodman consideraram os *qualia* como primários e até como constituintes últimos do universo – mas sua falha foi a de deixar de mostrar como construir conceitos físicos a partir de conceitos fenomenais. Alguns outros como Dennett e Rorty negaram a existência dos *qualia*. Entretanto, a maioria dos filósofos os admitiram, mas sustentaram que os *qualia* se acham além do alcance da física, razão pela qual eles tornam o materialismo insustentável – o que, de certo, pressupõe a ilegítima igualdade entre materialismo e fisicalismo.

A bem-dizer, o fisicalismo ou o materialismo vulgar, não pode lidar com os *qualia* porque estes ocorrem nos cérebros, que são sistemas suprafísicos. Ele é igualmente incapaz de dar conta também de muitas coisas mais, como as peculiaridades da vida (e.g., evolução) e a sociedade (e.g., cultura). Todavia, o fisicalismo é apenas a primitiva versão do materialismo, uma versão não aceita por psicólogos materialistas, tais como Hebb[63] ou cientistas sociais materialistas, como Trigger[64]. A alternativa ao fiscalismo é o materialismo emergentista e sistemista, que está presente pelo menos desde a época de Holbach. Essa ontologia dá lugar a níveis suprafísicos (embora não a-físicos)[65]. De fato, de acordo com essa ontologia, um *quale* é apenas um processo subjetivo, portanto um que ocorre em algum cérebro. Como tal, os *qualia* só podem ser estudados em profundidade por neurocientistas cognitivos.

Em outras palavras, embora os *qualia* sejam processos na primeira pessoa, eles podem ser estudados por uma terceira pessoa, embora de maneira conceitual e experimental, mais do que experiencialmente. Sem dúvida, os *qualia* não são transferíveis: por exemplo, ainda que eu possa ter empatia por você, não posso sentir nem a sua alegria, nem a sua dor. Mas os psicobiólogos têm dado enormes passos na descrição e na explanação de "o que é parecido" com experiências como cheirar café e sentir a dor de um membro fantasma. Na realidade, os *qualia* sempre estiveram entre os objetos de estudo da psicologia e da neurociência. Ficamos sabendo, por exemplo, que saborear é uma longa cadeia causal de eventos que começa nas papilas gustativas e termina nas várias regiões da neocórtex. Sabemos também que o gosto pode ser refinado assim como embotado –por meio de, por exemplo, repetidas exposições a alimentos muito temperados, alguns dos quais matam as papilas gustativas.

Para resumir o que foi dito até este ponto: não há *qualia* no mundo físico, pois eles se localizam na interface sujeito-objeto. De fato, cada *quale* possui duas fontes: o cérebro é uma e a outra é algo mais, fora ou dentro do corpo (e.g., em um nervo de dente). Em outros termos, enquanto algumas propriedades físicas (como a composição química) são intrínsecas, todas as propriedades fenomenais (*qualia*) são de caráter relacional: são todas para nós, nenhuma existe em si mesma. Entretanto, a subjetividade não exclui a objetividade: tudo o que faz, para desafiar o neurocientista ou o psicólogo, é pedir-lhe que tente dar um relato na terceira pessoa de experiências na primeira pessoa. Esse ponto, contudo, merece uma nova seção.

A primeira das Regras de Raciocínio em Filosofia de Newton, reza o seguinte: "Devemos admitir um número não maior de causas de coisas naturais do que aquelas que são ao mesmo tempo verdadeiras e eficientes para explicar suas aparências"[66]. Em resumo: os números devem explicar os fenômenos. Daí por que as leis de Newton dizem respeito unicamente às propriedades primárias da matéria, tais como massa e força; e também porque seus axiomas eram leis do movimento e não descrições de experiências subjetivas.

> 66 *Principles of Natural Philosophy*, p. 398.

67 H. von Helmholtz, *Popular Lectures on Scientific Subjects*, p. 274.

68 V. I. Lenin, *Materialism and Empirio-Criticism*.

69 E. Husserl, *Cartesian Meditations*, p. 30.

70 Ver, e.g., C. Ratner, *Cultural Psychology and Qualitative Methodology*.

Psicólogos contemporâneos seguem o conselho de Newton e tentam explicar os fenômenos segundo as linhas esboçadas pelo grande Hermann von Helmholtz, um polímato e pioneiro da psicologia fisiológica. Entre suas numerosas contribuições encontra-se a ideia de que as percepções são signos (indicadores), e não imagens (*Abbildungen*), de fatos do mundo externo: "Nós só podemos saber como interpretar tais signos por meio da experiência e da prática"[67]. Em outras palavras, a estimulação sensorial desencadeia complexos processos cerebrais que envolvem cognição e memória, e algumas vezes expectativa e também emoção. Em suma: a capacidade de sentir é inata, enquanto a capacidade de perceber é aprendida. Leonardo disse isso há vários séculos: nós temos de aprender a ver. Incidentalmente, cabe mencionar que Lênin[68] tomou Helmholtz por subjetivista. Na realidade, ele era um realista sofisticado que não teria aceitado a "teoria da reflexão do conhecimento" de Lênin ou a "a teoria pictórica da linguagem" de Wittgenstein, nomes que foram atribuídos ao realismo ingênuo.

Helmholtz ensinou que, para entender os fenômenos, é preciso não só estudar os estímulos externos, como também o órgão da percepção. Sua prescrição ficou perdida para os behavioristas, de Watson a Skinner, que eram materialistas, porém ignoravam os órgãos que traduzem inputs em outputs. A injunção de Helmholtz também ficou perdida para os fenomenólogos, que denunciaram o realismo como "absurdo" e pretenderam haver suplantado o estudo objetivo da subjetividade, com sua disciplina "absolutamente subjetiva", a fenomenologia, que se apresenta no "mais extremo contraste com a ciência no sentido até agora aceito"[69].

Não é de surpreender que nenhum fenomenólogo haja descoberto quaisquer fatos novos acerca dos fenômenos, para não mencionar quaisquer leis novas a respeito deles. Muito do mesmo vale para a psicologia cultural, uma escola intimamente relacionada com esta e inspirada por Wilhelm Dilthey, um seguidor tanto de Kant quanto de Hegel[70]. Seus membros rejeitam também o positivismo, que eles tomam erradamente por método científico; levam em muita conta o *Verstehen* (interpretação arbitrária do comportamento, assim como das enunciações); e eles exaltam os procedimentos qualitativos e os não-experimentais.

Daí por que não podem vangloriar-se de quaisquer descobertas, enquanto a psicologia científica, em particular a ciência da percepção, efetuou avanços sensacionais nas poucas décadas passadas[71].

Algumas aparências podem ser explicadas em termos puramente físicos ou químicos. Por exemplo, um eclipse do Sol é explicado pela interposição da Lua. E a variedade das cores do quartzo, do berilo, do diamante e de outras gemas explica-se pela presença, dentro deles, de minúsculos montantes de impurezas químicas. Por exemplo, as esmeraldas são pedras de berilo que parecem verdes sob a luz branca porque contêm pequenas porções de cromo que absorvem as ondas luminosas de todos os comprimentos de onda, exceto aqueles que causam a sensação de verde. As esmeraldas podem perder essa cor quando fortemente aquecidas ou submetidas à ação de ácidos, mas isso não ocorre de maneira espontânea. Daí a infame esmeralda imaginária "verzul" (composição das palavras verde e azul) de Goodman[72] – verde antes de certa data arbitrária e azul depois dessa data – constituir uma fantasia ociosa. Na realidade, as esmeraldas não podem mudar de cor espontaneamente em qualquer data, a não ser quando fortemente aquecidas ou a menos que sua composição química seja alterada. Assim, o valor do paradoxo infame ("verzul") para lançar luz sobre a indução é simplesmente o seguinte: cuidado com as aparências e com exemplos artificiais forjados apenas para sustentar ou solapar especulações filosóficas[73].

Todavia, a explanação científica da maior parte das aparências exige que se invoque o cérebro. Por exemplo, percebemos mais pronta e vividamente eventos que nos interessam (talvez devido à sua significação com respeito à sobrevivência) do que eventos que nos são indiferentes. Isso sugere que a emoção colora fortemente a cognição, a ponto de nos fazer lembrar melhor os itens, mesmo se triviais, com os quais nos deparamos primeiro em associação ao prazer ou à dor, à alegria ou à tristeza, à surpresa ou ao constrangimento. Nada disso deveria nos espantar, dadas as conexões anatômicas entre as regiões corticais (cognitivas) e límbicas (emotivas) do cérebro. O que é surpreendente é a persistência da maioria dos filósofos cognitivos – em especial os adeptos da persuasão do processamento de informação – ao tentar explicar a cognição sem sentimento e emoção, motivação

[71] Ver, e.g., M. S. Gazzaniga, *The New Cognitive Neurosciences*.

[72] *Fact, Fiction and Forecast*.

[73] M. Bunge, *Philosophy of Physics*.

74 Ver A. Damásio, *Descartes' Error*; J. LeDoux, *Synaptic Self.*

75 *The Selfish Gene*, p. 5.

76 Ver, e.g., A. Cockburn, Evolution of Helping Behavior in Cooperatively Breeding Birds, *Annual Review of Ecology and Systematics*, n. 29, p. 141-177; T. Clutton-Brock, Breeding Together, *Science*, n. 296, p. 69-72; D. R. Griffin, *Animal Minds*; P. Hammerstein, *Genetic and Cultural Evolution of Cooperation.*

77 Ver, e.g., F. B. M. de Waal, *Good Natured: The Origin of Right and Wrong in Humans and other Animals.*

78 Ver, e.g., C. D. Bateson, *The Altruism Question.*

79 J. K. Rilling et al., A Neural Basis for Social Cooperation, *Neuron*, n. 35, p. 395-405.

80 S. L. Brown et al., Providing Social Support May Be More Beneficial than Receiving it, *Psychological Science*, n. 14, p. 320-27.

e espontaneidade, como se os nossos cérebros fossem computadores secos, frios e não imaginativos[74].

Os filósofos não científicos da mente defendem que as qualidades fenomenais, ou *qualia*, são inacessíveis à investigação científica e talvez até ao conhecimento corriqueiro, porque elas são privadas: eu não posso sentir a sua dor ou saborear morangos do mesmo modo que você o faz. Confessadamente, experiências mentais não são transferíveis; porém são descritíveis, e algumas descrições podem ser entendidas porque todos os adultos partilham não só grosseiramente da mesma organização cerebral básica, mas também de miríades de experiências similares. Em todo caso, experiências subjetivas estão sendo estudadas objetivamente como processos neurofisiológicos, influenciados pelas tradições culturais e circunstâncias sociais. (Por exemplo, é bem sabido que muitos gostos são adquiridos; e se descobriu que os habitantes da região do Himalaia possuem um limiar de dor significativamente mais alto do que os do Mediterrâneo.) Isto é, os fenômenos estão sendo explicados pelos números.

E o que dizer sobre as atitudes sociais, como egoísmo e altruísmo? O biólogo social argumenta que o altruísmo é "egoísmo disfarçado", tal como Dawkins[75] formulou, copiando a velha máxima utilitarista. Isso certamente vale para o altruísmo recíproco ("Eu coço suas costas e você as minhas"). Mas o que dizer sobre o autêntico altruísmo exemplificado como uma doação sem expectativa de recompensa? O biólogo social defende que tais doações são oferecidas, por qualquer razão, apenas para parentes, porque os genes são egoístas e nos forçam a um comportamento desse tipo a fim de propagá-los. Entretanto, há ampla evidência etológica para a ocorrência de cooperação entre indivíduos não relacionados biologicamente, inclusive de diferentes espécies[76].

Daí por que se faz necessária uma explanação alternativa do altruísmo. Isso provém do estudo dos primatas[77] e das pessoas[78]. Tais estudos provaram que os humanos e os grandes macacos são empáticos e que a execução de ações generosas fazem com que nos sintamos bem[79]. Outras pesquisas encontraram significativa redução na mortalidade entre idosos que ajudam outras pessoas[80]. Outros estudos ainda mostraram que emoções sociais, em particular altruísmo e medo do "outro", podem ser manipuladas no interesse de organizações políticas, a ponto de "hoje em dia, efetivos manipuladores sociais serem consultores de políticos"[81].

[81] D. Massey, A Brief History of Human Society, *American Sociological Review*, n. 67, p. 21.

Em resumo, o altruísmo é às vezes aquilo que parece ser, ou seja, abnegação. As morais epistemológicas são óbvias. Uma delas é que explicar um fato não envolve sua negação. Outra, é que é tolice procurar explanações de fatos sociais em nível molecular ou mesmo celular. Tudo isso tem certamente consequências para o problema da redução, que examinaremos a seguir.

6. interlúdio: redução

Considere os seguintes exemplos significativos de redução:

(1) Água = H_2O,

(2) Estrela da Tarde = Estrela d'Alva,

(3) Entendimento da Fala = Atividade específica da área cerebral de Wernicke.

Um antimaterialista poderia objetar à proposição (1), argumentando que essa alegada identidade não explica propriedades tão familiares da água como sua capacidade de fluir, gelar, ser porosa e, muito menos, ter a sensação de molhado, quando em contato. E ele estará certo. O materialista bem informado há de negar a proposição (1), ainda que por motivos diferentes. O materialista emergentista afirmará, ao invés, que:

(1') Água = Um corpo composto exclusivamente de moléculas de H_2O.

Ele acrescentará que a fluidez e a capacidade de a água evaporar e gelar são propriedades emergentes, ausentes das moléculas componentes, embora radicadas nas ligações do hidrogênio entre as moléculas. Ele também argumentará que, enquanto a física pode explicar as três primeiras propriedades, somente a psicologia pode (finalmente) explicar a sensação de umidade como um processo cerebral desencadeado por um processo na pele e transmitido ao cérebro por certos nervos periféricos.

O exemplo (2) ilumina a diferença entre objetos físicos e fenomenais. O referente físico das duas descrições é o mesmo, ou seja, o planeta Vênus. Mas enquanto a primeira descrição enfoca Vênus visto no crepúsculo, o segundo observa Vênus ao amanhecer:

[82] Ver um argumento similar em P. M. Churchland, *A Neurocomputational Perspective*; e D. Lewis, What Experience Teaches, em N. Block et al., op. cit.

[83] M. Bunge; R. Ardila, *Philosophy of Psycology*.

um objeto físico por trás de dois objetos experienciais. As duas percepções são diferentes por duas razões. Na primeira, ao alvorecer, o ar é comumente mais frio e menos poluído do que no crepúsculo, de modo que uma imagem da Estrela da Manhã é mais brilhante e mais distinta do que uma Estrela da Tarde. A segunda se deve ao fato de que a maioria das pessoas sente-se mais fatigada ao anoitecer do que ao amanhecer. Em suma, as percepções e descrições de um e mesmo objeto físico visto em circunstâncias diferentes hão de ser provavelmente diferentes. Mas essa diferença, longe de ser inefável e misteriosa, pode ser expressa claramente e desmistificada com a ajuda da ciência.

No caso da identidade (3), o seu sentido difere dos casos anteriores pelo fato de tratar-se de uma identidade genuína no contexto da neurolinguística. É uma identidade contingente (ou não-lógica), tanto quanto o é "Calor = Movimento molecular aleatório" e "Luz = Radiação eletromagnética de comprimento de onda entre tantos e tantos Angströms", que são, na física, identidades redutivas. Certamente, o entendimento da fala possui propriedades ulteriores, tais como eliciar o prazer ou o medo, a admiração ou o fastio, e assim por diante. Mas algumas dessas são efeitos do processamento da fala em diferentes subsistemas cerebrais.

A identidade que ocorre em (3) é ontológica e não epistemológica. Quer dizer, o materialista não pretende que um surdo-mudo de nascença possa ter um conhecimento na primeira pessoa ou um conhecimento proveniente do conhecimento da fala. Tudo o que ele afirma é que a compreensão da fala é essencialmente uma atividade cerebral. Mas ele também admite que somente pessoas com experiência da fala possam estudar neurolinguística, e isso não é porque a fala tem um componente material, mas porque a neurolinguística estuda o órgão da fala, que é defeituoso no surdo-mudo. Em outras palavras, o conhecimento pela descrição pode explicar o conhecimento pela familiaridade da fala, mas nenhum dos dois é um substituto do outro. A neurociência sozinha não pode dar uma explicação compreensiva para qualquer experiência da fala – mas os neurocientistas cognitivos alimentam a esperança de realizar essa tarefa[82].

Em resumo, a identidade ontológica psiconeural não implica a identidade epistemológica. O problema demanda a fusão da neurociência com a psicologia mais do que a redução desta última à primeira[83].

7. aparências psicológicas e sociais

É fato bem conhecido que cada um de nós é "percebido" de maneira diferente pelos outros. Também é sabido que algumas características pessoais são conceituadas diferentemente em diferentes sociedades, em diferentes épocas. Assim, embora ser ruivo, canhoto, corcunda ou "melancólico" (depressivo) não constituam construções sociais, porém características biológicas objetivas e inofensivas, até a época recente eram estigmatizadas. A doença mental passou de temido signo de maldição divina ou genética a uma manifestação de um "não resolvido complexo de Édipo" ou mesmo a uma construção social, a uma condição médica tratável no mesmo nível que outras doenças[84].

Algo do que vale para as pessoas vale também, *mutatis mutandis*, para sistemas sociais, instituições e normas. De fato, algumas dessas coisas são "percebidas" (conceituadas) diferentemente por diferentes pessoas, às vezes por causa de um viés ideológico e outras porque desempenham mais do que uma função apenas. O status social é um caso destes: a maioria dos trabalhadores americanos *blue-collar* veem a si próprios como membros da classe média, não da classe operária, e têm a impressão de que seus salários são significativamente superiores do que realmente são.

A religião é algo similar. Denunciada por alguns sociólogos como uma folha de parreira para encobrir a opressão e exaltada por "religionistas" como a mais sublime experiência espiritual, efetivamente ela é tanto uma ferramenta de controle social quanto uma concepção das ordens cósmica e social. Porque pode ser abraçada voluntariamente por largos segmentos da população, a religião não devia ser desconsiderada como apenas um instrumento das classes dominantes no mesmo nível que a polícia. Em particular, em civilizações primevas "o cosmos era conceituado como um reino, mas era um reino no qual os poderes das classes superiores eram baseados mais no consentimento dos governados e menos no exercício da coerção do que em muitas sociedades pré-industriais ulteriores"[85].

Isso não é para negar que existem genuínas construções sociais. Todas as instituições e práticas sociais são construções sociais e, como tais, não podem ser explicadas em termos puramente

[84] Ver E. Shorter, *A History of Psychiatry*.

[85] B. G. Trigger, *Understanding Early Civilizations*, p. 491.

[86] Ver, e.g., S. Zeki, *Inner Vision: An Exploration of Art and the Brain.*

[87] Ver, e.g., M. D. Rugg, *Cognitive Neuroscience;* L. R. Squire; S. M. Kosslyn, *Findings and Current Opinion in Cognitive Neuroscience;* M. S. Gazzaniga, *The New Cognitive Neurosciences.*

biológicos. Assim é o movimento pós-moderno que conceitua tudo, até a natureza e as doenças, como uma construção social. Em particular, não é por acaso que o movimento da antipsiquiatria, que proclamou ser a doença mental uma fabricação, e denunciou a psiquiatria e os asilos de insanos como instrumentos de controle social, foi lançado em 1960, em um tempo de questionamento radical do *establishment* por autores populares como Michel Foucault, Thomas Szasz, Ronald Laing e Erwing Goffman. Pouco suspeitava Foucault que a Aids, que ele havia descrito como uma construção social matá-lo-ia finalmente.

Neurocientistas cognitivos e afetivos tentaram explicar as aparências em termos de propriedades primárias – as do sistema nervoso central. Para eles, como para os médicos e químicos, uma aparência coloca somente o problema de sua origem. E esse problema é solucionado procurando-se um mecanismo pelo qual um númeno é transformado em um fenômeno, o qual, por sua vez, é descrito em termos estritamente numenais.

Por exemplo, a percepção, tal como a visão da cor, vem sendo gradualmente explicada em termo de processos a ocorrer em vários sistemas neuronais no neocórtex[86]. E as emoções, tais como o medo, estão sendo explicadas em termos de processos na amídala cerebral e em outros componentes do sistema límbico[87].

Em suma, eventos mentais estão sendo explicados como processos em sistemas neurais que envolvem sinapses, neurotransmissores e coisas parecidas – de maneira muito semelhante ao modo como uma corrente elétrica e um fio são explicados em termos de elétrons e campos eletromagnéticos. Entretanto, pelo fato de os cérebros humanos estarem engastados na sociedade, a neurociência não é suficiente para explanar o mental: daí por que a psicologia possui um componente social. Entretanto, a psicologia social também se empenha em explicar as interações cérebro-sociedade em termos de propriedades primárias – as da sociedade em acréscimo às propriedades do cérebro. Um exemplo famoso é o da ilusão da moeda: crianças pobres tendem a perceber as moedas como sendo maiores do que as suas contrapartes ricas.

Em questões sociais, a relação fenômeno-número é muito mais complexa do que em outros domínios. Isso por causa do assim chamado teorema de Thomas: nós não reagimos aos fatos sociais, porém ao modo como nós os "percebemos" (efetivamente imaginamos, conceituamos e avaliamos)[88]. Por exemplo, muitos de nós compram bem anunciados alimentos de valor nutritivo duvidoso (*junk-food*) e votamos em canalhas bem apessoados. E, nas antigas civilizações, os governantes eram vistos ou como seres sobrenaturais ou como intermediários entre deidades e as gentes comuns, e eram, em consequência, reverenciados e temidos. A própria manutenção do cosmos, supunha-se, dependia da estrita observância de convenções sociais e religiosas. Isso pode explicar por que o conflito de classes não constituía um traço principal das civilizações antigas[89].

Outro caso do mesmo teor é a autoestima que depende do grupo de referência. Por exemplo, um afro-americano que se queixa de receber um salário muito magro comparando o seu ganho ao de outros membros de seu local de trabalho e não com o dos desamparados afro-americanos e muito menos com o salário mínimo de subsistência do país de seus antepassados. Sua "percepção" de relativa perda é assim perfeitamente objetiva, de modo que sua reclamação é legítima e pode ser remetida à discriminação racial. Espera-se que o sociólogo lide com sua percepção social como um fato precisamente tão objetivo quer quanto o grupo de referência escolhido, quer quanto à discriminação que a origina.

Disso, muita coisa vale para a nova percepção que emerge quando a gente adota um grupo de referência alternativo (ou age em um círculo social diferente), tal como o pessoal de outra firma na mesma indústria. Em suma, um e mesmo agente combina, seja com uma circunstância social objetiva, seja com um grupo de referência, para produzir uma percepção da circunstância. Mude o agente, o grupo de referência ou ambos, e é provável que a percepção mude igualmente.

Isso explica por que as pessoas podem reagir diferentemente ao mesmo fato social: a cadeia real não é o processo direto behaviorista de dois passos: *circunstância → ação*. Antes, é a cadeia indireta < *circunstância, grupo* > *→ percepção → decisão → ação*. Por certo, todo enriquecimento na explanação deve ser pago pelas incertezas associadas com a inclusão de percepções e decisões. Entretanto, os psicólogos experimentais têm inventado toda uma bateria de indicadores objetivos de tais processos mentais.

Assim como o psicólogo estuda ilusões e alucinações além das percepções normais, o cientista social estuda a criação deliberada

[88] R. K. Merton, *Sociological Ambivalence and other Essays*, p. 174-176.

[89] B. G. Trigger, *Understanding Early Civilizations*, p. 671.

90 *Les Règles de la méthode sociologique.*

91 Ver M. Burawoy, Revisits, *American Sociological Review*, n. 68, p. 645-679, para uma crítica de "tendência interpretativa" em voga que substituiu fatos sociais por textos e comunicações científicas por ensaios literários.

92 *Aspects of the Theory of Syntax*, p. 27.

de aparências desencaminhadoras. Encontra-se também a mimese entre muitos animais, como certas borboletas, peixes e cefalópodes. Os seres humanos e outros primatas trapaceiam de vários modos, de estímulo à dissimulação: mas, ao contrário de outros animais, somos capazes de autoengano. O que seria a vida social sem alguma quantidade de dissimulação e hipocrisia?

E o que dizer então da clássica injunção metodológica de Durkheim[90], segundo a qual os sociólogos deveriam descrever os fatos sociais do mesmo modo objetivo que os físicos procedem com os da natureza, porque eles são tão reais quanto os fatos físicos? Isso vale com a condição de que alguns dos processos que ocorrem no cérebro de seu sujeito – em particular, suas crenças, atitudes, avaliações, intenções e decisões – figuram entre os fatos de interesse do sociólogo. Em especial, os fenômenos sociais, ou seja, o modo como um indivíduo percebe os fatos sociais à sua volta, devem ser estudados de fora, como tantos outros fatos objetivos. Afinal de contas, eles ocorrem no mundo externo daquele que o estuda.

Assim, aquilo que o sujeito encara como um fenômeno, o estudioso da sociedade considera-o como um número. Indubitavelmente, essa expansão do domínio dos fatos a ser analisada pelo cientista social para incluir a experiência subjetiva do agente requer técnicas que vão além do mero registro do comportamento manifesto. Mas, se conduzido cientificamente, esse estudo levará a hipóteses testáveis e não a imagens literárias que contam mais acerca do estudioso do que de seus temas[91].

Em suma, as aparências são partes da realidade de muitos animais, especialmente de nós mesmos. Isso contradiz a concepção popular de que a aparência é o oposto da realidade. As aparências são reais, mas elas são apenas epidérmicas – literalmente assim, visto que elas ocorrem na interface sujeito-objeto. E, sendo superficiais, exigem uma explanação em termos das coisas e propriedades inobserváveis (no entanto, escrutáveis) em vez de serem explicadores. Entretanto, esse ponto merece uma seção à parte.

8. cientistas no berço?

Chomsky[92] atribuiu notoriamente extraordinárias capacidades linguísticas aos recém-nascidos. De acordo com ele, toda criança nasce conhecendo uma teoria linguística universal que lhe permite "determinar qual das linguagens (humanamente) possíveis é aquela da comunidade em que ela está situada". Essa extraordinária hipótese do linguista foi recentemente ampliada: os bebês pensam, constroem teorias, buscam explicações e executam experimentos de maneira muito parecida ao modo de agir dos cientistas. Em especial,

> crianças criam e revisam teorias de modo extremamente similar à maneira como os cientistas criam a revisam teorias... Julgamos haver fortíssimas similaridades entre alguns tipos específicos de aprendizado inicial – aprendizado acerca de objetos e da mente em particular – e as mudanças de teorias científicas. De fato, pensamos que elas são não apenas similares, porém idênticas. Apenas não pensamos que computadores-bebê possuam a mesma estrutura geral do que computadores-cientistas adultos... Pensamos que crianças e cientistas efetivamente utilizam partes da mesma maquinaria[93].

Uma primeira reação a essa surpreendente pretensão é que as palavras "teoria" e "experimento" nos precedentes enunciados podem não ter possivelmente sua significações-padrão. De fato, o aspecto próprio de uma teoria é um sistema hipotético--dedutivo e, mais ainda, um sistema que não contém predicados fenomenais (ou observacionais) – a menos que, porventura, ele seja psicofísico. E um experimento não é apenas qualquer velho processo de tentativa e erro, porém um processo cuidadosamente projetado e controlado. É verdade, Lashley, Tolman e Kreshevsky conjeturaram que ratos fazem hipóteses e as checam enquanto exploram seu meio ambiente. Kreshevsky[94] e outros cientistas verificaram e confirmaram essa conjetura, mas eles não pretenderam que ratos constroem hipóteses *científicas* nem executam experimentos *científicos*, ou mesmo que sejam cônscios de tais operações. Daí por que seus ratos favoritos não aparecem como coautores de seus artigos.

Presumivelmente, as "teorias" que Gopnik e seus colegas atribuem às crianças são vagas e tácitas intuições (não explícitas), tais como "Um recheio gostoso aparece quando eu o sugo". E os "experimentos" do bebê provavelmente constituem tentativas como balbuciar ou chorar para chamar a atenção da babá. Como

93 A. Gopnik et al., *The Scientist in the Crib*, p. 155.

94 "Hypotheses" versus "Chance" in the Pre-Solution Period in Sensory Discrimination Learning, University of California Publications in Psychology, v. 6, n. 3.

[95] J. L. Conel, *The Post-Natal Development of the Human Cerebral Cortex*.

[96] Testability and Meaning, *Philosophy of Science*, n. 3, p. 419-471; n. 4, p. 1-40.

poderiam ser os processos mentais dos bebês idênticos aos de adultos treinados ou até aos de adultos ingênuos, se as respectivas arquiteturas neurais são tão diferentes, como há mais de meio século os exames microscópicos revelaram?[95] Ou devemos acreditar, com Tomás de Aquino, que o Espírito Santo transplanta uma alma plenamente formada no embrião ou no feto?

As "teorias" a que se referem os psicólogos da "teoria-teoria" são até mais primitivas do que a concepção de teoria científica sustentada pelos positivistas lógicos, como Carnap[96]. Este influente autor defende que as teorias científicas se compõem de enunciados de duas espécies: observacionais, como "esta coisa vermelha está quente e chiando", e teóricas, como "a absorção do fóton causa a ejeção de um elétron do átomo". Os positivistas lógicos pretendem mais ainda: somente os primeiros enunciados são plenamente significativos, enquanto os últimos são apenas "parcialmente interpretados" e adquirem um significado vicário por meio de suas associações com os primeiros.

Entretanto, mesmo um exame superficial das teorias científicas e dos projetos experimentais há de mostrar que eles são formados por conceitos e proposições e não por perceptos e sentimentos. E não há nenhuma prova de que um bebê possa formar quaisquer conceitos, como o de mãe, indo além de uma borrada imagem visual, tátil, olfativa e auditiva de sua mãe particular. Ademais, o balbucio de crianças tem uma pesada carga emocional e observacional (ou fenomenal). Por contraste, as teorias científicas carecem de termos emocionais e observacionais, especialmente termos que denotem *qualia* – a não ser que se refiram, porventura, a percepções sensoriais (recorra à seção 1).

Outra objeção à hipótese de "cientista" no "berço" é o fato de ser duvidoso que os bebês conheçam quaisquer das propriedades além das fenomenais, tais como "doce", "quente", "barulhento", "áspero", "pruriginoso" e "molhado". Tampouco suas indagações são desinteressadas como as do simples cientista: as crianças são curiosas unicamente acerca de seu imediato e presente meio ambiente e precisamente porque necessitam conhecê-lo a fim de sobreviver. E, sendo de espírito prático, provavelmente unem coisas inteiramente disparatadas apenas porque elas ocorrem conjuntamente em suas experiências – tais como mãe e leite ou fralda e urina.

As habilidades analíticas das crianças são provavelmente bastante limitadas não só por causa do estado primitivo de desenvolvimento de seus cérebros, mas também porque seu pensamento está orientado mais para a ação do que para a contemplação. A esse respeito, uma criança e Rakmat, o adulto não educado e analfabeto da Ásia Central estudado por Luria[97], provavelmente percebem seu meio ambiente de maneira similar. Assim, Luria mostrou certa vez a Rakmat uma foto e lhe disse: "Olhe, temos aqui três adultos e uma criança. Vê-se claramente que a criança não pertence a esse grupo". Rakmat replicou: "Oh! Mas o menino deve permanecer com os outros! Todos os três estão trabalhando, é o que vemos, e se eles têm que ficar correndo para apanhar as coisas, nunca terminarão o serviço, mas o garoto pode correr por eles... O garoto aprenderá; isto será melhor, então todos eles estarão aptos a fazer o trabalho juntos". A mundividência de Rakmat parece ter sido holística, dinâmica e, acima de tudo, pragmática.

Ademais, o que crianças podem chegar a conhecer é muito limitado, se não por outro motivo, ao menos porque não possuem cérebros tão desenvolvidos quanto os dos adultos e, muito menos, os dos cientistas. De fato, patologistas têm mostrado que a circuitidade neural nos bebês é muito rudimentar. (Em particular, o córtex pré-frontal, crítico para a cognição, avaliação, planejamento e decisão, mal chega a ser ativo no início da infância, e leva duas décadas para atingir a plena mielinização.) Mais ainda, sabe-se, desde os experimentos sensacionais de Hubel e Wiesel[98], que o cérebro dos mamíferos se desenvolve juntamente com a experiência. Nós somos aprendizes natos, não nascemos sabendo. É até possível que os cientistas esculpam seus próprios cérebros à medida que estudam e fazem ciência, e que, por consequência, seus cérebros difiram de maneira significativa daqueles que os músicos ou executivos esculpem para si próprios.

Uma terceira reação à tese em apreço é a seguinte: se os bebês e os cientistas possuem basicamente as mesmas habilidades cognitivas, por que é a ciência tão difícil de aprender que a vasta maioria das pessoas de todas as idades, inclusive muitas que seguiram cursos de ciências, tende a pensar de maneira não científica, em especial, em termos mágicos? E por que a ciência emergiu em época tão recente como a de 2.500 anos atrás, apenas para

[97] *The Making of Mind*, p. 69-71.

[98] Receptive Fields, Binocular Vision, and Functional Arquitecture in the Cat's Visual Cortex, *Journal of Physiology*, n. 160, p. 106-154.

99 *Social Theory and Social Structure.*
100 *The Unnatural Nature of Science.*
101 P. J. Fensham, *Defining Identity.*
102 *Radical Constructivism.*

submergir alguns séculos mais tarde e só reemergir precariamente há 400 anos? Uma razão pode ser porque a ciência lida com propriedades primárias, que não são acessíveis aos sentidos. A segunda razão talvez seja porque a ciência estabelece leis, em particular invariâncias, que não são encontradas na experiência. Uma terceira pode ser porque a obra científica é produzida no âmbito de comunidades científicas que se regulam de acordo com o exigente *ethos* científico identificado pela primeira vez por Merton[99]: atuação desinteressada, comunismo epistêmico e ceticismo organizado. Em suma, a ciência é qualitativamente diferente do conhecimento comum. Em especial, ela é bem mais racional e menos desperdiçadora do que o conjecturar da tentativa e erro. Como Wolpert[100] o formulou, a ciência é totalmente não natural.

Se a pesquisa científica começa no berço, ela deveria florescer na escola primária e, mais ainda, no curso médio. Essa é a tese distintiva do construtivismo pedagógico, uma escola pedagógica cada vez mais influente, em especial no ensino de ciências[101]. Essa doutrina, particularmente como foi articulada por Von Glasersfeld[102], é do ponto de vista filosófico tão errônea quanto suas fontes primordiais, ou seja, o berkeleyanismo, o kantianismo e operacionalismo – as quais, todas as três, são orgulhosamente reconhecidas por Von Glasersfeld. O construtivismo pedagógico é também falso em termos psicológicos, visto que a ciência moderna é tão contraintuitiva que se torna muito difícil de aprender, e impossível para um indivíduo reinventá-la por si próprio. Por exemplo, a maioria dos professores de física sabe que os calouros sustentam de preferência opiniões aristotélicas em vez das newtonianas acerca do movimento. Em particular, estudantes iniciantes nos estudos da mecânica, exatamente como Kant, julgam a inércia um assunto difícil de compreender. Em consequência, ficam aturdidos com o fato de as órbitas planetárias serem perpendiculares à atração gravitacional.

O construtivismo pedagógico não é apenas falso. Ele é também danoso, pois nega a existência da verdade objetiva, suprime a crítica e o debate, e torna os professores dispensáveis. Pode algum professor manter seriamente que um adolescente normal seja capaz de redescobrir (ou, antes, reinventar) por si mesmo o cálculo ou a teoria da evolução? E pode qualquer pesquisador sério pretender que não se deve nunca contradizer qualquer pessoa porque não existe algo como a verdade? Não seria a falta de debate a marca do dogmatismo? E não seria o relativismo uma confissão tácita da incapacidade ou da indisposição de aprender como checar a verdade?[103]

Ainda assim, um sagaz e autoproclamado professor construtivista pode ocasionalmente conseguir melhores resultados do que um realista, porém obtuso, que acredita que os alunos devem ser mimados mais do que motivados a estudarem por si sós. Este será o caso se o professor encoraja seus alunos a pensar por conta própria, enquanto seu colega realista exige um papaguear não-crítico. A razão para o seu êxito é que, como Maria Montessori e John Dewey declararam há muito, a exploração desencadeada pela curiosidade é, por conseguinte, bem mais motivadora e compensadora do que a repetição de fórmulas entendidas pela metade. Ainda assim, espera-se que os instrutores de ciência forneçam alguma orientação, se não por outro motivo, ao menos para evitar a perda de tempo e o acompanhante desencorajamento que caracteriza os cegos esforços da tentativa e erro. Espera-se que os professores confiram se os seus alunos dão respostas corretas e se avaliam corretamente o erro de mensuração. Isto é, o professor construtivista, se minimamente competente e responsável, terá de admitir que o erro e, portanto, a verdade, também importa, no fim das contas.

9. a ciência e a tecnologia são realistas

O filósofo fenomenalista, como o vendedor de carros usados, nos assegura que aquilo que recebemos é o que vemos. Por contraste, o filósofo realista, como o experiente comprador de carros, assume que sempre recebemos muito mais do que vemos, porque as qualidades perceptíveis (secundárias) constituem unicamente a minúscula dica do iceberg de fatos. Por causa dessa pressuposição ontológica da ciência, qualquer projeto não trivial na pesquisa científica empírica visa descobrir o que está atrás da mencionada dica. A maioria de nós pode ver, mas somente uns

[103] Para mais críticas, consulte M. Matthews, *Constructivism in Science Education*.

poucos podem entender o que estão vendo. Como disse certa vez Szent-Györgyi: "A descoberta consiste em ver o que todo mundo viu e pensar o que ninguém pensou".

A suposta natureza da realidade – de que ela consiste de fatos e eventos que se acham na maior parte além do alcance da percepção – dita a natureza do método de investigação do cientista. De fato, o primeiro movimento do cientista é sair de sua bolha subjetiva e pré-analítica, a dos *qualia*, sentimentos, fala interior e coisa parecida. Ou seja, o cientista toma como certo o mundo externo e reserva suas próprias percepções, sentimentos e raciocínios para si mesmo e sob seu próprio estrito controle; estes constituem, no entanto, apenas o ponto de partida. Além disso, ele tenta descobrir as qualidades primárias sob as secundárias – por exemplo, os processos moleculares e celulares sentidos como uma sensação prazerosa. Em suma, o procedimento do cientista é o exato oposto da atuação do poeta, do músico e do filósofo idealista: enquanto este último pode dar rédeas livres à sua imaginação desenfreada, o primeiro tem de discipliná-la a fim de mantê-la em contato com a realidade. O mesmo vale, por certo, para os remendos e os projetos do tecnólogo. Sem checagens da realidade, não há ciência ou tecnologia.

A imaginação do cientista é disciplinada, mas, ao mesmo tempo, é muito mais rica do que a do artista porque este, mesmo se for um devoto da arte "abstrata" (não representacional), está intimamente ligado à experiência sensível. Inclusive um artista plástico cego modela coisas visíveis, e até um músico surdo cria sons, ao passo que um físico teórico, um químico, um biólogo ou cientista social criam sistemas conceituais. Ademais, o teorizador, ao contrário do artista, concebe a respeito de itens e propriedades que não possuem contrapartida experiencial – tais como campos de força, quanta, núcleos atômicos, buracos negros, genes, vírus, orçamentos governamentais e declínio de impérios.

Mais ainda, cientistas constroem predicados que representam propriedades primárias e eventos de duas espécies: uma superficial, como temperatura e acuidade visual, e outra profunda, como tunelamento quântico e plasticidade neuronal. Assim, a ciência contemporânea enriqueceu a dicotomia primária-secundária introduzida por Galileu, para ser lida do seguinte modo

Propriedades
— Primária
 — Básica (e.g., número atômico, classe social)
 — Derivada (e.g., densidade, status social)
— Secundária (e.g., frio, molhado, amargo)

[104] E. Husserl, *The Crisis of European Sciences and Transcendental Phenomenology.*

O procedimento do cientista é também o oposto do método fenomenológico de Husserl, que alegadamente dispensa todas as pressuposições e põe o mundo "entre parênteses". Ele o faz a fim de se concentrar na corrente de nossas próprias percepções, memórias, sentimentos, expectativas, imaginações e coisas similares[104]. Como isso difere da contemplação que o místico faz do umbigo não é explicado. Nem nos é apresentada qualquer lista de achados maravilhosos que esse antigo "método" garantiu ao que se diz. O fenomenólogo gasta todo o seu tempo preparando-se para a investigação, promovendo o seu programa como sendo o de uma ciência rigorosa e denegrindo a ciência padrão e o objetivismo. Ele treina para uma corrida que ele jamais irá correr.

O fundamento racional para o método científico é o desejo de atingir verdades objetivas, isto é, dados e hipóteses adequados a seus objetos ou referentes, independentemente do estado de ânimo ou das preferências do investigador. E utilizar esse método implica transcender dados sensoriais e construir sistemas conceituais, tais como classificações e teorias que contenham unicamente predicados a representar propriedades primárias – a menos que por acaso a teoria se refira a fenômenos como gostos, cheiros, cores e sentimentos, como é o caso de certas teorias neurocientíficas e psicológicas.

Dado que as teorias científicas são sistemas conceituais mais do que pilhas de dados sensoriais, esperar que crianças não instruídas e aldeões analfabetos consigam alcançar teorias científicas pela exclusiva força de suas experiências da vida cotidiana é trair uma fé ingênua no poder da mais rudimentar das filosofias, ou seja, o fenomenalismo. No entanto, é precisamente isso que os construtivistas ontológicos, sociais e pedagógicos nos pedem para acreditar: que cada qual "construa" o mundo por si mesmo.

Em resumo, o subjetivismo contemporâneo é não somente disparatado e um obstáculo à exploração da realidade; ele é visceralmente não original. Berkeley havia dito tudo isso muito antes – e numa prosa clara e elegante, além do mais.

10 · observações conclusivas

O grande matemático, físico, engenheiro e filósofo amador do século XVIII, Leonhard Euler[105] foi, com razão, chamado de "o segundo apenas em relação a Newton". Ele denominou os filósofos irrealistas de "palhaços" e disse que a motivação deles não era a esperança de achar verdades, porém, apenas, a de chamar a atenção para si próprios. O áspero juízo de Euler sobre o antirrealismo seria considerado como uma forma ruim na academia contemporânea, em que todas as doutrinas filosóficas e pseudofilosóficas, inclusive as mais disparatadas, as menos originais, as mais estéreis, as mais desagradáveis e mais aborrecedoras "recebem um tempo igual" ao que é dado às escolas de pensamento mais sérias. Em particular, o antirrealismo é considerado como sendo academicamente bem mais sofisticado e respeitável do que o realismo científico, o materialismo ou o cientificismo.

O antirrealismo está fora de compasso com a ciência e a tecnologia, preocupadas como estão em explorar ou alterar a realidade. O antirrealismo não é apenas errado; é totalmente destrutivo, porque proclama um vazio total: ontológico, epistemológico, semântico, metodológico, axiológico, ético e prático. Semelhante niilismo integral ou negativismo, que lembra o budismo, desencoraja não só a avaliação objetiva e a ação racional, como também a exploração do mundo. É, na melhor das hipóteses, um jogo acadêmico.

IV

causação e chance: aparente ou real?

As aparências não exibem conexões causais: tudo o que percebemos são eventos – eventos simultâneos ou sucessivos, contíguos ou distanciados, externos ou internos, reais ou ilusórios. Por exemplo, ouvimos o estrondo de um trovão depois de ver um clarão luminoso, mas não percebemos a conexão causal entre os dois eventos: apenas conjeturamos que o segundo ocasionou o primeiro. Daí por que os fenomenalistas, de David Hume[1] até David Lewis[2], não encontram uso para a noção de causação objetiva – muito embora, presumivelmente, eles tenham tomado parte em miríades de cadeias causais. E, isso, por sua vez, é porque a palavra "causação" desapareceu inteiramente do vocabulário dos filósofos positivistas entre 1880 e a época em que ela foi resgatada do olvido[3].

Felizmente, a *fatwah* (o decreto) positivista contra a causação não desencorajou cientistas de procurarem conexões e explicações causais. Por exemplo, no século XIX a hipótese trovão-relâmpago foi confirmada no laboratório pela produção de faíscas elétricas e detecção de sucessivas ondas de choque; e os neurocientistas provaram que insultos ao cérebro podem causar déficits mentais. Durante a primeira metade do século XX, físicos atômicos mostraram que a causa da emissão de luz é o decaimento de átomos ou moléculas em estados excitados; os geneticistas provaram que algumas mutações causam mudanças fenotípicas; os cientistas sociais provaram que o custo da manutenção de colônias termina por exceder o benefício derivado de sua exploração – e assim por diante. A evidência científica em favor da causalidade tornou-se esmagadora.

O determinismo causal reinou quase incontestado nas ciências durante mais de dois milênios até a emergência da mecânica quântica em 1925. Daí por diante, ele teve de competir com o determinismo probabilístico, amiúde equivocadamente chamado "indeterminismo". Além disso, pretende-se com frequência que a causação seja um caso particular da aleatoriedade ou, ainda, quando as probabilidades envolvidas são iguais à unidade. Entretanto, como será visto adiante, trata-se de um erro: os conceitos de causação e chance são mutuamente irredutíveis. O interessante, todavia, é que, às vezes, eles combinam quando se calcula a probabilidade de um determinado evento causar outro.

Em todo caso, continuamos a necessitar dos conceitos tradicionais de causação eficiente de final, muito embora admitamos

---

[1] *A Treatise of Human Nature.*
[2] New Work for a Theory of Universals, em S. Laurence; C. Macdonald (eds.), *Comtemporary Readings in the Foundation of Metaphysics*, p. 163-197.
[3] M. Bunge, *Causality: The Place of the Causal Principle in Modern Science.*

agora que sua extensão ou aplicabilidade seja limitada. Por exemplo, o princípio causal não vale para partículas ou fótons a viajar no espaço muito remoto, uma vez que nada os impele ou os puxa. Tampouco vale para a ocorrência espontânea de sensações ou pensamentos na ausência de estímulos externos. Em suma, nem todos os fatos demandam explicações causais: somente alguns os requerem, ou seja, sofrem mudanças – e nem sequer todos eles. Por exemplo, a presença deste livro em sua mesa é um fato, mas não é um evento; razão pela qual isso não exige uma explanação causal. O que pediria, sim, explicação é o motivo pelo qual o referido livro chegou a ocupar esse lugar inusitado. E aqui várias causas poderiam ser invocadas – talvez porque você o colocou ali (causa eficiente) para consultá-lo (causa final). Em resumo, a causação implica mudança, porém o inverso é falso.

E sobre a chance? Qual é o seu estatuto ontológico, se é que ela tem algum? A mais velha e popular concepção de chance é que ela não é real: quer dizer, ela é somente um nome para a nossa ignorância em relação às causas relevantes. Esse ponto de vista foi fértil, pois encorajou a busca de conexões causais. Tal busca foi tão compensadora que até anos recentes o determinismo causal era considerado como parte e parcela da cosmovisão científica[4]. George Boole[5], ecoando Leibniz e Kant, foi até mais longe. Ele acreditava que "a ideia de causação universal parece estar entretecida na própria textura de nossas mentes". Bem mais tarde, Jean Piaget descobriu que crianças pequenas aprendem a atribuir mudanças a causas, e etologistas verificaram que o mesmo vale para macacos e corvídeos, quando estão fazendo ou utilizando ferramentas como varas e ganchos.

Entretanto, certos avanços científicos no século XIX, nomeadamente a invenção do cálculo de erros acidentais de observação e da mecânica estatística, sugeriram que a chance é tão real quanto a causação. O surgimento da mecânica quântica, da genética, da biologia molecular e da engenharia de comunicação no século XX confirmou o primeiro lugar a ser concedido à aleatoriedade no mundo e ao concomitante papel da teoria das chances na ciência factual. Pense nos saltos quânticos, nas mutações aleatórias e nos ruidosos canais de comunicação.

[4] C. Bernard, *Introduction à l'étude de la medicine experimentale*, p. 92.

[5] *An Investigation of the Laws of Thought*, p. 249.

[6] Para mais pormenores, cf. M. Bunge, *Causality*; e The Revival of Causality, em G. Floistad (ed.), *Contemporary Philosophy*, v. 2, p. 133-155.

Ainda assim, nada disso demonstrou que a chance é básica ou irredutível; demonstrou apenas que os conceitos em questão constituem ingredientes necessários do conhecimento científico em certos níveis de análise. Cumpre, portanto, indagar se a chance é ou não parte do tecido do mundo e se as probabilidades podem ser atribuídas a fatos ou se elas medem somente a força de nossas crenças.

Lançaremos, neste capítulo, um olhar sobre os conceitos de causação e chance, e discutiremos alguns dos problemas filosóficos que eles suscitam. Entretanto, a chance receberá aqui a maior parte por ser o mais escorregadio dos dois conceitos. O desfecho será que a ciência necessita de ambos os conceitos, em consequência do que os metafísicos deveriam atualizar o determinismo, levando-o a incluir as leis probabilísticas, bem como as causais.

1. causação

Caracterizemos brevemente as noções de relação causal, princípio causal e determinismo causal. A limitação dessa última noção também será anotada[6].

A análise padrão de causação é, em termos de condições necessárias e suficientes, a seguinte: X causa Y se e somente se Y. Embora correta, essa explicação não é inteiramente satisfatória em termos ontológicos, e isso por duas razões: primeira, porque as noções de condições necessárias e suficientes ocorrem na explicação de equivalência lógica e não de processos reais; segunda, porque na bicondicional "X se e somente Y" os eventos designados por X e Y são intercambiáveis, enquanto que na realidade causas não podem ser trocadas por seus efeitos: a relação causal é assimétrica.

Na ontologia, necessitamos de um conceito de causação que se ajuste aos fatos, tais como o processo cerebral que vai de ouvir o grito "Atenção!" ao olhar para a fonte desse grito, imaginar e avaliar o iminente evento perigoso, tomar a decisão para evitá-lo e saltar para trás, se for o caso. Esse complexo processo entre o estímulo auditivo e a resposta muscular é a uma cadeia causal. Uma sucessão de eventos em um sistema material – um corpo humano. Necessitamos então de uma explicação da causação em termos de eventos e fluxos de energia.

Encetamos o processo com a costumeira, mesmo se às vezes tácita, assunção de que a relação causal se mantém entre eventos (mudanças de estado no curso do tempo) e não entre coisas ou suas propriedades. Um simples exemplo clássico é a Lei de Hook: a deformação de um corpo elástico é proporcional à tensão ou à força aplicadas. Porque somente eventos podem causar, pois temos de desaprovar expressões do tipo "O gene G causa o traço T" e "O cérebro causa a mente". E devemos dizer, ao invés, que a expressão ou a ativação do gene G é a causa de ele intervir nas reações bioquímicas, resultando, finalmente, na emergência do traço fenotípico T.

Do mesmo modo, devemos dizer que o evento mental M é idêntico ao evento cerebral B – sendo a única diferença que M é comumente descrito em termos psicológicos, enquanto B o é em termos neurocientíficos. Sustentar que "processos cerebrais causam consciência", como Searle[7] o faz, é como manter que os corpos causam movimentos ou que o intestino causa a digestão. Coisas não causam processos, sofrem processos; e estes, por seu turno, causam mudanças (eventos ou processos) em outras coisas. Em resumo: a relação causal se sustenta apenas entre mudanças (eventos e processos).

Estamos agora prontos para a nossa primeira convenção:

Definição 4.1: O evento C na coisa A causa o evento E na coisa B se e somente se a ocorrência de C gerar uma transferência de energia de A para B, resultando na ocorrência E.

(Uma definição mais precisa pode ser construída com a ajuda do conceito de espaço de estado introduzido no capítulo 1, seção 2[8]. Sejam A e B duas coisas diferentes ou duas partes diferentes de uma mesma coisa, tais como o córtex pré-frontal e a amídala de um cérebro humano. Chame de $h(A)$ e de $h(B)$ as histórias de coisas A e B respectivamente, durante certo intervalo de tempo e no espaço de estado total de A e B. Além disso, chame de $h(B\,|\,A)$ a história de B quando A está presente ou, antes, ativo. Então, podemos dizer que A *atua* sobre B se $h(B) \neq h(B\,|\,A)$, isto é, se mudanças em A induzem mudanças em B. A *ação total* (ou *efeito*) de A sobre B é, então, definível como a diferença em termos da teoria dos conjuntos como a diferença entre a trajetória

[7] *The Mystery of Consciousness*, p. 7.

[8] M. Bunge, *Treatise on Basic Philosophy*, v. 3; The Revival of Causality, op. cit.

[9] The General Theory of Employment, Interest and Money.

forçada de B, isto é, $h(B|A)$, e sua trajetória livre $h(B)$. Em símbolos $\mathscr{A}(A,B) = h(B|A) \cap h(B)^c$, em que $h(B)^c$ é o complemento de $h(B)$. Vale o mesmo para a reação de B sobre A. Finalmente, a intensidade da interação entre as coisas A e B é a união em termos da teoria dos conjuntos de $\mathscr{A}(A,B)$ e $\mathscr{A}(B,A)$.)

Um exemplo familiar é a cascata de energia envolvida no disparo de uma seta: a energia química armazenada nas moléculas de ATP (trifosfato de adenosina) das células musculares → energia cinética do braço que distende o arco → energia elástica (ou tensão) armazenada no arco → energia cinética da seta → energia mecânica e térmica absorvida pelo alvo e pela atmosfera. Outro exemplo familiar é o seguinte: a atividade na amídala que chamamos "medo" estimula o córtex pré-frontal que, por sua vez, "ordena" ao nervo motor ativar as pernas. Em resumo: o medo causa a fuga.

A transferência de energia mencionada na definição 4.1 é desprezível em dois casos: quando o "paciente" encontra-se em um estado instável ("arriscado") e quando o fluxo de energia é um sinal como o movimento de um neurotransmissor por meio de uma sinapse ou uma ordem de disparar um míssil, ou despedir um empregado. A vida social está cheia de eventos causados por sinais. Por exemplo, consumidores "sinalizam" suas intenções ao mercado (comprando ou abstendo-se de comprar), o qual "sinaliza" de volta a eles (simplesmente afixando preços) o que eles podem permitir-se comprar. Isto é óbvio, porém a direção da flecha causal não é; a tal ponto que há duas escolas de pensamento a esse respeito. Examinemo-las brevemente.

Os teóricos neoclássicos argumentam que o estoque gera sua própria demanda ("lei" de Say): isto é, produza e alguém comprará, porque o mercado detesta desequilíbrios. A Grande Depressão refutou esse dogma, e John Maynard Keynes[9] sugeriu que a flecha, na realidade, aponta para a direção oposta. A razão é que a demanda, longe de ser um fato fonte, é um efeito de decisões de dispêndio. Essa concepção é não apenas mais realista do que a assunção de não abundância; ela também conecta o nível microssocial das decisões individuais ao nível macrossocial do suprimento e demanda de massa. Em todo caso, a controvérsia sobre a seta causal é uma questão que pode ser sumariada da seguinte forma:

Teoria neoclássica

| *Nível macrossocial* | Suprimento ⟶ Demanda |

Teoria keynesiana

Nível macrossocial	Demanda ⟶ Suprimento
	↑
Nível microssocial	Decisões de dispêndio

Em suma, para propósitos práticos distinguimos duas espécies de causação: transferência de energia e sinal disparador. Todavia, cumpre lembrar que um sinal, seja físico, químico, biológico ou social é um processo que envolve transferência de energia. Ademais, um sinal carrega informações apropriadas somente se for codificado, isto é, se estiver acoplado a um código artificial, como o código Morse, capaz de ser codificado por um sensor artificial ou natural. (Em resumo: informação é sinal em conjunto com significado.)

Estamos agora prontos para formular o princípio causal em sua versão mais simples:

Postulado 4.1: Todo evento tem alguma(s) causa(s).

Este princípio é verdadeiro em um grande número de casos, mas não em todos. As exceções são constituídas pelos eventos espontâneos, isto é, aqueles que não são eliciados por estímulos externos. Exemplos de tais mudanças são os automovimentos, como os de uma partícula ou um fóton, uma vez ejetados; a radioatividade natural; a descarga (o "disparo") espontânea de neurônios; a emergência espontânea de novas ideias e a emergência de normas sociais ao lado de sistemas sociais como os times ou gangues que surgem espontaneamente (sem coerção) em torno de uma tarefa ou de um líder.

Poder-se-ia objetar que os exemplos precedentes são casos em que causa e efeito ocorrem em uma e mesma coisa, como um neurônio ou uma sociedade. É verdade, mas se mantivermos a definição 4.1 para um processo ser qualificado como causal, a coisa em questão deve ter ao menos duas partes distintas. Por exemplo, em princípio, uma pode explicar a desintegração radioativa, tanto como um caso de tunelação espontânea por meio de uma barreira de potencial ou como um resultado obtido do fato de a partícula ejetada ter atingido, por meio de colisões aleatórias com

10 P. Suppes, *A Probabilistic Theory of Causality*, Acta Philosophica Fennica XXIV; K. Popper, Autobiography, em P. A. Schilpp (ed.), *The Philosophy of Karl Popper*, 1.

11 D. Lewis, Causation, *Journal of Philosophy*, n. 70, p. 556-567; *New Work for a Theory of Universals*.

outras partículas no mesmo núcleo, a energia cinética requerida para saltar sobre a dita barreira de potencial. Segundo exemplo: o movimento deliberado de um membro segue-se após uma decisão tomada no lóbulo frontal. Terceiro: uma revolta política é interna a uma sociedade, mas opõe entre si duas de suas partes: governo e insurgentes. Em resumo, uma causa própria é sempre um evento externo à coisa sobre a qual ela atua.

Uma causa nem sempre pode produzir seu efeito: este último pode ocorrer apenas com certa probabilidade. Quer dizer, em alguns casos "*C* causa *E*" precisa ser substituído por "*C* causa *E* com probabilidade p" ou "$Pr(E/C) = p$" para resumir, em que "$Pr(E/C)$" significa a probabilidade condicional da ocorrência *E*, uma vez dada a concomitante ou prévia ocorrência de *C*. Para resumir, há leis probabilísticas (ou estocásticas) além de leis causais. Os melhores exemplos de leis probabilísticas são as da teoria quântica.

A fórmula acima, "$Pr(E/C) = p$", é o núcleo da teoria probabilística da causação, de acordo com a qual a causação se mantém no caso particular em que $p = 1$.[10] Mas é fora de dúvida de que necessitamos dos conceitos de causa e de evento antes de podermos registrar a fórmula acima. Em outras palavras, os conceitos de causação e probabilidade não são interdefiníveis. O que é verdade é algo bem mais interessante, ou seja, que em inúmeros casos as duas categorias se entrelaçam, muito embora, à primeira vista, elas sejam mutuamente exclusivas.

Nossa explicação de causação em termos de transferência de energia está em oposição à colocação em voga, que se apresenta em termos dos contrafactuais[11]. De acordo com este último, se *X* e *Y* são eventos efetivos, então *Y* depende causalmente de *X* se e somente se *X* *não* ocorreu, então *Y* *não* ocorreria tampouco. Aceito que esta análise é defeituosa por duas razões: uma é que ela é tacitamente parasitária do enunciado de lei "Se *X* acontece, então *Y* também ocorre"; a segunda falha é que os contrafactuais estão, em termos lógicos, fora da lei porque não são propriamente proposições e, por conseguinte, não se lhes pode atribuir valores de verdade.

Seja-nos permitida uma incursão na história do contrafactual: imagine o que teria acontecido à física se Newton houvesse enunciado sua segunda lei do movimento da seguinte forma:

"Um corpo de massa m *adquiriria* a aceleração $a = F/m$ se uma força F *tivesse atuado* sobre ele". Por que teria alguém se dado o trabalho de escrever, resolver ou testar a correspondente equação do movimento para diferentes casos? Os contrafactuais são truques heurísticos ou retóricos e não enunciados de lei pertencentes a teorias científicas. Haveremos de retornar a eles no cap. IX, seção 6.

Além disso, nas ciências e nas tecnologias, considerações causais enfocam propriedades de preferência a eventos inteiros. Uma definição padrão é a seguinte: Que A e B denotem duas propriedades de coisas de uma dada espécie, e pressuponha que B é uma certa função de A, isto é, $B = f(A)$. Diz-se então que uma mudança ΔB na propriedade B é *causada* por uma mudança ΔA na propriedade A se a teoria ou o experimento mostrarem que a mudança ΔB segue em todos os casos (ou em todos os tempos) a ocorrência de ΔA e, além do mais, aproximadamente no montante $\Delta B = f'(A)$. ΔA, em que $f'(A)$ é o valor da inclinação do gráfico de f em A. O critério empírico correspondente é óbvio: para verificar se B é causalmente dependente de A, mexa em A e verifique se B mudou conforme a hipótese feita. Isto é, para assegurar que uma conexão causal hipotetizada se mantém, faça a causa ocorrer e cheque o efeito presumido. A explicação contrafactual da causação é qualitativa e, consequentemente, não proporciona critério preciso para verificar se "$\Delta B = f'(A)$. ΔA" vale ou não.

Até aqui, para a causação eficiente, o único tipo de causação admitido pelos fundadores da moderna ciência e filosofia, os quais rejeitaram todos os outros três tipos de postulados formulados por Aristóteles (material, formal e final). Entretanto, a novidade da morte da causação final é exagerada. De fato, a ciência e a engenharia contemporâneas admitem comportamento com busca de metas em vertebrados superiores e em artefatos equipados com mecanismos de controle como termostatos e dispositivos corretores de órbitas. Ainda assim, essa concepção da causação final é muito diferente da velha concepção teleológica, de acordo com a qual o futuro causa de algum modo eventos presentes. Em comportamento proposital, uma representação mental do futuro – entendida como processo cerebral – desencadeia uma decisão no córtex pré-frontal que, por sua vez, causa

[12] F. Jacob, *The Logic of Life.*

uma mudança no nervo motor que, por sua vez, é a causa do movimento do membro, o qual, por seu turno, pode agir graças a uma alavanca ou a um botão. Trata-se de uma cadeia de causas eficientes comuns; tanto assim que a parte do movimento intencional da cadeia pode ser substituída por uma prótese eletromecânica. Quanto ao controle automático, Norbert Wiener e seus colaboradores o explicaram de há muito em termos de *loops* de retroalimentação (ou causação circular). Em resumo, a teleologia é perfeitamente admissível, contanto que seja analisada como a emergência de cadeias de causas eficientes.

Em suma, o determinismo causal tem amplo espectro de aplicação, porém não cobre todos os eventos. Tampouco todos os eventos interconectados estão causalmente relacionados e tampouco são causais todas as regularidades. A chance também tem seu lugar no universo e, por consequência, o determinismo deve ser ampliado de modo a incluir leis probabilísticas. Todavia, nós já chegamos à próxima seção.

2. chance: tipos

A palavra "chance" é notoriamente polissêmica. Devemos distinguir, no mínimo, três espécies distintas de chances: acidente ou encontro casual, desordem e evento espontâneo ou não causado. Como explicou o estóico Crisipo, há vinte e dois séculos, o encontro casual ou coincidência, ou evento contingente, consiste no cruzamento de duas linhas causais inicialmente independentes. Exemplos similares são o encontro acidental de duas pessoas conhecidas, descobrir um tesouro ao escavar um buraco para plantar uma árvore; a colisão involuntária de dois veículos e as consequências não antecipadas, benéficas ou perversas da ação social (ou inação). O primeiro tipo de chance era conhecido pelos filósofos antigos, particularmente por Aristóteles, que lhe devotou muitas páginas na sua *Física* (196b).

Chance, no sentido de oportunidade única ou não repetível, ou *concours de circonstances*, desempenha importante papel na história, bem como na vida individual. Daí porque a evolução tem sido descrita como oportunista ou improvisada, mais do que projetada[12]. Há um termo especial para isso: uma feição que foi cooptada para executar funções que realcem aptidões diferentes das originais é denominada exaptação*. Daí porque Gould[13] enfatizou o papel da contingência, isto é, do acidente, na evolução biológica. Por exemplo, é concebível que certas bioespécies, em especial a nossa, poderiam não ter surgido não fosse a combinação acidental de certas mutações gênicas associada a circunstâncias ambientais favoráveis.

Muita coisa disso vale para a história humana. Assim, argumentou-se que a Renascença florentina foi em parte um efeito secundário da Peste Negra que favoreceu a concentração de riqueza e, desse modo, possibilitou empreendimentos comerciais mais ousados. Mais uma vez, a influência epidêmica de alcance mundial, em 1918, foi particularmente letal porque atacou populações que (haviam sido) enfraquecidas por quatro anos de guerra. E algumas descobertas científicas têm sido felizes acidentes – muito embora, como Pasteur e outros notaram, sejam necessárias mentes bem preparadas para apreendê-las[14]. A palavra *serendipidade* é, amiúde, utilizada como um sinônimo de sucesso acidental – como os casos da descoberta dos raios X, radiatividade, penicilina e ondas de rádio estelares[15].

A admissão da ocorrência de coincidências assinalou um avanço sobre o pensamento mágico, de acordo com o qual as coincidências são indicadores de conexões inescrutáveis. Esta espécie de pensamento sobreviveu, por exemplo, na doutrina proposta por Carl Gustav Jung sobre a sincronicidade. Este é um ingrediente da combinação junguiana da psicanálise com as "ciências ocultas" que se tornou um componente do pensamento da Nova Era**. Entretanto, sabemos todos que nossas histórias de vida estão cheias de encontros casuais de muitos tipos. Por exemplo, nem mesmo o mais cuidadoso casamento arranjado poderia passar por cima dos traços genéticos, tais como os genes recessivos e tipo de sangue, que não têm óbvias contrapartidas fenotípicas (observáveis). Logo, cada um de nós saiu de pareamentos randômicos em certa extensão. Só o pecado original se achava, presumivelmente, livre da chance.

A segunda espécie de chance é a desordem, como aquela causada pela ação de dissolver, agitar, embaralhar (cartas), mexer (ovos); refogar, aquecer, tumultuar e reunir itens mutuamente independentes, tais como nascimentos e acidentes de estrada em uma

* Do inglês *exaptation*, estrutura previamente existente que pode ser adaptada para uma nova função, por analogia à luz branca, combinação simultânea e contínua de todas as freqüências em largo espectro (N da T.).

[13] S. J. Gould, *The Structure of Evolutionary Theory*.

[14] Ver R. Taton, *Causalités et accidents de la découverte scientifique*.

[15] Ver R. K. Merton e E. Barber, *The Travels and Adventures of Serendipity*.

** Do inglês, New Age (N. da T.).

* Por analogia à luz branca, combinação simultânea e contínua de todas as frequências em largo espectro.

16 *Science et méthode.*

17 Ver T. M. Porter, *The Rise of Statistical Thinking*; G. Gigerenzer et al., *The Empire of Chance.*

população estatística. Esse é o tipo de desordem com que a mecânica estatística, a estatística atuarial e a sociologia do comportamento fora dos padrões lidam. Ele é patente no ruído branco*, nos padrões das gotas de chuva, na difusão, na dispersão de genes e sementes, na propagação de impulsos nervosos ao longo de umáxone, nos resultados dos jogos de azar, nas expectativas de vida e nos erros experimentais. Sua marca é a flutuação estatística ou a variância. A própria existência das companhias de seguro de vida depende dessa espécie de chance. Como Poincaré[16] assinalou, elas ainda estariam no negócio, mesmo se seus médicos pudessem prever a data de morte de cada um de seus segurados. A causação em um nível pode resultar em chance em outro, e inversamente.

Argumentou-se que os jogos de azar não são realmente isso porque moedas, dados, jogos de carta e similares movem-se de acordo com as leis da mecânica clássica. É verdade, mas nesse caso a chance é inerente às condições iniciais resultantes de uma randomização deliberada, como quando se embaralha um maço de cartas de jogar. Certamente, um ser onisciente não deve ter dificuldades para encontrar as pertinentes condições iniciais. Mas o resultado ainda seria aleatório porque a essência de tais jogos é um mecanismo de randomização tal como agitar, embaralhar que, por sua vez, hão de produzir uma distribuição de possibilidades iniciais objetivamente randômicas, conduzindo a um resultado de uma partida. Esta é apenas uma instância da lei geral segundo a qual o futuro depende não só de leis pertinentes, mas também de condições iniciais e de contorno.

Esse tipo de chance foi reconhecido apenas no começo da Revolução Científica. Por certo, houve jogos de chance muito antes. As pessoas jogavam jogos de azar muito antes, mas unicamente para divertimento ou adivinhação. Cardano, Galileu, Pascal, Descartes, Fermat e o Chevalier de Méré foram os primeiros a tentar e a descobrir as leis da chance – um aparente oxímoro. Outro século se passou até que Daniel Bernoulli aplicou a jovem teoria das probabilidades à física. Levou mais de um século ainda até ela ser aplicada à estatística social que trata das regularidades encontradas em grandes populações de eventos humanos mutuamente independentes, tais como nascimentos e acidentes de carro[17].

Epicuro introduziu uma terceira espécie de chance. Ele especulava que os átomos se desviam irregular e espontaneamente da linha reta, em um movimento que Lucrécio apelidou de *clinamen*. O grande botânico Robert Brown foi o primeiro a descobrir, em 1828, um real exemplo dessa espécie de chance, ou seja, o movimento (browniano) de partículas de pólen. Seis décadas mais tarde, Einstein explicou tais movimentos visíveis e irregulares como sendo efeito de impactos moleculares randômicos de moléculas que, supostamente, acatam leis causais; além disso, ele salientou que as variáveis, tais como o caminho livre médio, têm de ser mensuradas para testar essa hipótese.

Nesse caso, a aleatoriedade no nível mesoscópico de partículas de pólen (de poeira ou de fuligem) resultou do cruzamento de trajetórias mutuamente independentes de partículas microscópicas, que satisfazem, supunha a teoria, as leis da mecânica clássica. Em resumo: a chance em um nível pode resultar da causação em um nível mais baixo[18]. Isto não torna a chance ilusória: torna-a apenas relacionada ao nível de organização[19].

Os positivistas do fim do século XIX, particularmente Mach, Duhem e Ostwald zombaram tanto da hipótese atômica como da mecânica estatística por postularem a existência de entidades transfenomenais, bem como da realidade do acaso. O eminente Wilhelm Ostwald[20] propôs seus "energéticos", uma selvagem extensão da termodinâmica clássica que, pretendia ele, abarcava até a teoria do valor, assim como superava o conflito do materialismo/idealismo. A maior parte dos físicos, por volta de 1900, partilhava desse preconceito antiatomístico. Felizmente, Ludwig Boltzmann e Max Planck, em conjunto com um punhado de jovens turcos, nomeadamente Albert Einstein, Jean Perrin, Victor Henri e Marian Smoluchowski, enveredaram pela linha não ortodoxa: puseram em ação a hipótese atômica e sustentaram o realismo.

Em 1905, Perrin fez as primeiras medidas apuradas do movimento browniano, confirmando as fórmulas teóricas-chave e, assim, provou a realidade dos átomos. Ele constatou que "a cada instante, em uma massa de fluido, há uma agitação irregular espontânea" devido ao movimento molecular randômico[21]. Tais flutuações mostram, portanto, que a irreversibilidade postulada pela segunda lei da termodinâmica vale apenas no geral: de fato, decréscimos na entropia, embora pequenos, infrequentes e de curta duração podem ocorrer até em sistemas fechados.

18 M. Bunge, What is Chance? *Science and Society*, n. 15, p. 209-231.

19 Ver M. Bunge, Review of Popper, *Ciencia e Investigación*. n. 15, p. 216-220; The Metaphysics, Epistemology and Methodology of Levels, em L. L. Whyte et al., *Hierarchical Levels*, p. 17-28; e Levels and Reduction, *American Journal of Physiology*. n. 233(3), p.R75-82 para a estrutura multinível do mundo.

20 *Vorlesungen über Naturphilosophie*.

21 S. G. Brush, A History of Random Processes, *Archive for History of Exact Sciences*, n. 5, p. 31.

22 "Relative State" Formulation of Quantum Mechanics, *Reviews of Modern Physics*, n. 29, p. 454-462.

* *Binary large objects*, isto é, coleção de dados binários armazenados em uma única entidade (N. da T.).

O terceiro tipo de chance ou flutuação espontânea é proeminente na física quântica. Pense nos decaimentos radioativos e na radioatividade espontânea. Exemplos, inclusive mais surpreendentes, são as flutuações do vácuo postuladas pela eletrodinâmica quântica e a autoaceleração inerente no *Zitterbewegung* (movimento de tremor) que a mecânica quântica relativística atribui ao elétron. Ambos são reminiscências do desvio de Epicuro. São, no entanto, puras coincidências (eventos casuais do tipo 1)!

Tem-se especulado que poderia haver um nível subquântico desprovido de chance. As entidades nesse nível seriam descritas por variáveis "ocultas", isto é, variáveis com variância (ou flutuação) igual a zero. Essa extensão da mecânica quântica feita por David Bohm foi a mais proeminente tentativa nessa direção. Entretanto, a teoria não prosperou, principalmente porque malogrou na tentativa de derivar a amplitude de probabilidade quantomecânica (a famosa função Ψ) de variáveis não estocásticas. Assim, a chance postulada pela teoria quântica é do tipo nível mínimo – até nova informação!

Entretanto, a ideia de chance objetiva ou real não é óbvia. Ironicamente, um meio de livrar-se de possibilidades reais, porém irrealizadas, é consigná-las a universos paralelos, um modo que Everett[22] empregou. Suponha que um teórico quântico obtenha o resultado segundo o qual certa coisa pode ter infinitamente muitas energias, cada qual com uma dada probabilidade. Suponha ainda que você meça a energia da coisa em questão: um valor definido de energia emerge da *blob** (distribuição) original. Onde vão parar os infinitamente numerosos valores de energia remanescentes? A resposta de Everett é: cada um deles é concebido em um mundo alternativo, onde uma contrapartida de sua pessoa executa um experimento similar.

Conquanto essa extravagante interpretação da mecânica quântica tenha poucos adeptos, ela é em geral tratada com respeito, como se fosse uma peça de ciência séria, mesmo se inútil. No entanto, a interpretação que a mecânica dá para os multimundos pertence absolutamente à ficção científica. Isso é assim pelas seguintes razões: primeiro, os mundos paralelos são, em princípio, inacessíveis e, portanto, inescrutáveis, estando, por isso, além do alcance da ciência; em segundo lugar, um ato de mensuração transforma supostamente a coisa singular inicial em infinitamente numerosas cópias dela mesma, o que viola todas as leis de conservação; terceiro, supõe-se que a mesma experiência gere um número infinito de cópias do mesmo experimentador, em desafio a todas as normas da sociedade culta. Em suma, é possível tratar cada possibilidade como uma efetividade em um mundo diferente, mas ao custo oscilante de se escapar do mundo real que se espera estudar. Façamos frente a ele: a realidade está prenhe de real possibilidade.

[23] F. Odling-Smee et al., *Niche Construction.*
[24] *Le Hasard et la nécessité.*
[25] G. T. Eble em S. Gould, *The Structure of Evolutionary Theory*, p. 1.036.

A evolução biológica envolve chance dos dois primeiros tipos: coincidência e desordem. De fato, enquanto certas fases na evolução da Terra favorecem algumas formas de vida, elas prejudicam outras. Pense nos deslizamentos continentais, nos impactos meteoríticos, nas correntes oceânicas, nas glaciações, nas inundações e nas secas. E uma vez que os organismos emergiram, eles alteraram a composição do solo e da atmosfera, o que muda, por seu turno, transformações induzidas em organismos – razão por que os ecologistas falam em bioesfera, assim como em construção de nicho ativo (ou habitat)[23].

Então, há com frequência pura desordem, como quando correntes de ar e água, bem como incêndios e inundações dispersam sementes mais ou menos ao acaso – como se viu, por exemplo, na distribuição de gramíneas em algumas regiões. A ocorrência de chance de uma ou outra espécie bastaria para impelir organismos da mesma espécie por diferentes trajetórias evolucionárias, e assim eles acabariam tornando-se espécies diferentes. Em suma, como Monod[24] enfatizou, a evolução biológica é meio randômico e meio causal.

O darwinismo introduziu o que à primeira vista parece um quarto conceito de chance: "A essência da noção evolucionária de chance é que eventos são independentes das necessidades de um organismo e da direção proporcionada pela seleção natural no processo de adaptação"[25]. Esse é o sentido quando se diz usualmente que as mutações ocorrem aleatoriamente. Porém, essa espécie de acaso parece ser precisamente um caso particular do primeiro tipo, visto que consiste no cruzamento de duas trajetórias inicialmente independentes: as do genoma e a do ambiente. Se as mutações são ou não aleatórias, no sentido de serem espontâneas (chance do tipo 3), é outro assunto, e se trata de uma questão que deveria ser finalmente solucionada pela bioquímica teórica.

26 *Expositions de la théorie des chances et des probabilités.*
27 The Doctrine of Chances, *Writings of Charles Sanders Peirce.*
28 *De la contingence des lois de la nature.*

A evolução humana é um exemplo da combinação de processos de chance de todos os três tipos entrelaçados com processos causais. Na verdade, no caso dos seres humanos, além da mutação gênica, há criatividade – conceitual, técnica, artística, ideológica e social. Realmente, sabemos que ideias originais em qualquer domínio são invenções mais do que reações semiacabadas a estímulos externos. Ademais, algumas inovações são de caráter não adaptativo: conceber um crime, guerra, desigualdade de gênero, racismo, exploração e culto de deidades cruéis e governantes despóticos. A ocorrência de inovações radicais torna a previsão biológica e social aleatória. Pela mesma razão, novidades imprevistas tornam ilusórios planos a toda prova. Ainda assim, por certo, temos de planejar – embora dando espaço para o imprevisto.

Todos os três tipos de chances são cobertos pela única fórmula: "irregularidade individual subjacente agrega ordem". Em outras palavras, leis probabilísticas em plano menor acarretam regularidades estatísticas em plano mais amplo. Essa é a essência da lei dos Grandes Números e dos Teoremas do Limite Central do cálculo de probabilidades. Por exemplo, embora as sucessivas mensurações de alta precisão de uma grandeza possam ser levadas a tornarem-se mutuamente independentes, seus resultados distribuem-se comumente numa curva em forma de sino (ou gaussiana). Isto é, desvios da média em um sentido compensam desvios no sentido oposto.

Cournot[26], Peirce[27] e alguns outros compreenderam bem cedo o fato de que a admissão de chance objetiva obriga a uma revisão das ontologias tradicionais, as quais eram todas causalistas (ou determinísticas, no sentido estrito). Pierce foi tão longe a ponto de pretender que o acaso é básico, de modo que deveríamos adotar o que ele chamava de uma ontologia *tychista*. Entretanto, seu argumento era falho, porque misturava dois conceitos principais de lei que ocorrem na ciência: os de padrão objetivo ou de regularidade, e os de enunciado de lei ou representação conceitual do primeiro. Pierce notou corretamente que os últimos são raramente, se jamais o são, exatos, como evidenciam os sempre presentes erros acidentais (não sistemáticos) de medida; mas ele concluiu que a própria realidade é irregular. Boutroux[28] e outros foram induzidos ao mesmo erro pela mesma confusão.

Ampère[29] e, bem mais tarde, alguns outros[30] traçaram a distinção de enunciado padrão e assim foram salvos da dita reificação. Popper[31] e outros sugeriram que a admissão da chance no contexto ontológico requer a substituição do determinismo pelo indeterminismo. Entretanto, a palavra "indeterminismo" sugere ausência de lei, e nós sabemos que os eventos de chance possuem leis próprias, como as distribuições de Gauss e de Poisson. Sabemos também que doutrinas puramente negativas não têm poder heurístico. Em geral, o negativismo deve ser evitado, se não por outro motivo, porque somente asserções podem ser precisas e férteis. (Tudo nas enunciações matemáticas, científicas e tecnológicas negativas é consequência lógica de assunções afirmativas. Pense, por exemplo, na irracionalidade de 2, na impossibilidade de um moto perpétuo, nas transições proibidas da teoria quântica ou no teorema da impossibilidade de Arrow na teoria da escolha social.)

O que a admissão de chance objetiva necessita é de uma extensão do determinismo para incluir não só leis causais, mas também leis probabilísticas. Além disso, chance e causação, longe de serem mutuamente incompatíveis, podem transformar-se uma na outra. Por exemplo, a mecânica quântica recobre as leis da mecânica clássica de partículas, tomando-as como médias (teorema de Ehrenfest).

3. probabilidade objetiva

Para o bem ou para o mal, os três conceitos de chance distinguidos acima – acidente, desordem e espontaneidade – são tratados com a ajuda de uma única teoria matemática, ou seja, o cálculo de probabilidades. Trata-se de uma teoria abstrata com três conceitos básicos (indefinidos, primitivos): os de espaço de probabilidade, evento e mensuração de probabilidade. Os "eventos" na pura teoria de probabilidades são apenas conjuntos mensuráveis pertencentes ao espaço de probabilidades: eles não precisam ser interpretados como mudanças de estado. E uma probabilidade particular, tal como $1/3$, é um valor de uma função Pr daquele espaço no intervalo real unitário $[0,1]$, tal que se A e B forem "eventos" disjuntos (mutuamente exclusivos), então $Pr(A \cup B) = Pr(A) + Pr(B)$.

---

[29] *Essai sur la philosophie des sciences.*

[30] E.g., M. Bunge, Review of Popper, *Ciencia e Investigación*, n. 15; D. M. Armstrong, *Universals and Scientific Realism*; D. H. Mellor, *Matters of Metaphysics.*

[31] Determinism in Quantum Physics and in Classical Physics, *British Journal for the Philosophy of Science*, n. 1, p. 117-133 e 173-195.

Paradoxalmente, a teoria geral das probabilidades não inclui o conceito de chance, muito embora seja aplicável somente a eventos com chance. De fato, a teoria geral é apenas um caso especial da teoria da mensuração, uma teoria semiabstrata em que o argumento da função de probabilidade é constituído de conjuntos que podem ser interpretados como segmentos de reta, áreas ou volumes em algum espaço. Daí por que toda aplicação do cálculo de probabilidades geral requer a especificação do espaço de probabilidades (e.g., como o conjunto potência do espaço de estados de entidades de alguma espécie). Isso também obriga à adição de uma ou mais assunções substantivas que esboçam o mecanismo randômico em questão, como a extração de bolas de uma urna de loteria com ou sem recolocação ou o salto espontâneo de um átomo de um estado para outro.

Por exemplo, a mecânica quântica prediz e a espectroscopia confirma que a probabilidade da transição 3p $\to$ 3s de um átomo de sódio que se manifesta como uma linha amarela brilhante é igual a $0,629.10^{-8}$ por segundo. Essa probabilidade não é nem uma frequência, nem a força de uma crença: ela quantifica a possibilidade do dito evento, que ocorre em um átomo de sódio excitado, quer alguém o observe ou não. Ademais, diferentemente de frequências e de crendices, espera-se que tal probabilidade se aproxime da unidade (realidade), à medida que o tempo tenda para o infinito. (Observação: "realidade", e não "certeza".) Isto é, dado um tempo, um átomo de sódio no estado 3p decairá necessariamente para o estado 3s. Semelhante transformação da possibilidade em necessidade vai contra o cerne do modelo lógico, que ignora o tempo, tanto quanto as leis naturais, como uma consequência daquilo que é irrelevante para a ciência.

Em resumo, o modelo probabilístico $\mathcal{M}$ de um processo dotado de chance consiste do dito formalismo matemático F acrescido de um conjunto de assunções substantivas (não matemáticas): $\mathcal{M} = F \cup S$. (Esse conceito de um modelo teórico, ou seja, tal qual uma teoria factual especial, não está relacionado ao conceito de modelo teórico, que não passa de um mero exemplo matemático de uma teoria abstrata[32]. No entanto, uma filosofia completa da ciência, ou seja, a assim chamada teoria estruturalista, proposta por Suppes, Sneed, Stegmüller e Moulines, permanece inteiramente na confusão entre os dois conceitos.)

[32] M. Bunge, *Treatise on Basic Philosophy*, v. 5 e 6.

A omissão dessa feição com respeito às aplicações da teoria da probabilidade ao estudo dos fatos é responsável por muitos erros populares. Um deles é a crença de que qualquer aplicação descuidada do teorema de Bayes levará a resultados corretos. Esse teorema estabelece que a probabilidade condicional $Pr(B \mid A)$ de B, uma vez dado A, é igual a seu "inverso" $Pr(A \mid B)$ multiplicado pela prévia probabilidade $Pr(B)$ e dividido pela probabilidade anterior $Pr(A)$. Em resumo: $Pr(B \mid A) = Pr(A \mid B)\, Pr(B)/Pr(A)$. Essa fórmula é simétrica nos argumentos: isto é, A e B são mutuamente substituíveis, na medida em que não representam fatos. Se representassem, uma descuidada aplicação da fórmula poderia conduzir a resultados ridículos. Eis um deles: seja A o estado de se estar vivo e B, o de se estar morto. Então, $Pr(B/A)$ pode ser interpretado como a probabilidade da transição Vida $\rightarrow$ Morte em um dado intervalo de tempo. Mas, como o processo inverso é impossível, a probabilidade $Pr(A \mid B)$, inversa, não existe nesse caso: nem sequer é nula, porque o processo de morte não é estocástico.

Segundo Humphreys[33], contraexemplos, como o precedente, provam que o cálculo de probabilidades não é "a teoria correta da chance". Essa observação é correta, porém incompleta. A falha em questão mostra que, para ser aplicado, o cálculo de probabilidades deve ser enriquecido com hipóteses não matemáticas. No mínimo, uma delas deve ser a assunção de que o processo em apreço possui uma componente randômica. Por exemplo, o jogador assume que a roda da roleta não é viciada e que seus sucessivos giros são mutuamente independentes; na teoria cinética dos gases, supõe-se que as posições e velocidades iniciais das partículas estão distribuídas ao acaso; os erros de mensuração são considerados como sendo mutuamente independentes e distribuídos randomicamente em torno do o; e a teoria da informação estatística de Shannon pressupõe que o emissor e possivelmente também o canal estão sujeitos a perturbações randômicas que se traduzem como ruído branco, quer dizer, o oposto de mensagem.

O cálculo de probabilidade axiomático não envolve a noção de chance por ser apenas um caso especial da teoria da medida, que pertence à matemática pura. Mas isso não difere de outras partes da matemática. Por exemplo, as variáveis reais x e y rela-

33 Why Propensities Cannot be Probabilities, *Philosophical Review*, n. 94, p. 557-70

34 Ver S. B. Volchan, *What is a Random Sequence?*, *American Mathematical Monthly*, n. 109, p. 46-62.

35 Ver também M. Bunge, *Emergence and Convergence*.

36 A.-A. Cournot, *Expositions de la théorie des chances et des probabilités*, p. 81.

37 K. R. Popper, *The Logic of Scientific Discovery*, p. 359.

cionadas pela função linear "$y = a + bx$" deve ser interpretada em termos factuais se a fórmula dá conta de um enunciado físico de lei, químico, biológico, sociológico ou econômico.

Em outras palavras, a razão pela qual a matemática pura não define o conceito de chance é porque toda instância de chance genuína é um processo real, portanto é aquele que pode ser compreendido apenas com a ajuda de alguma hipótese factual específica, tal como o enfraquecimento das ligações interatômicas causado ao se aquecer um sólido ou o enfraquecimento dos liames sociais como consequência de um desastre natural ou de uma revolução social.

Se o conceito de chance fosse matemático, seria possível preparar fórmulas para gerar sequências randômicas. Mas tais fórmulas não são concebíveis sem contradição, pois a aleatoriedade é o oposto da legalidade matemática; tanto é assim que a definição correntemente aceita de uma sequência randômica de 0's e 1's é grosseiramente desse tipo: uma tal sequência randômica, se ela não puder ser descrita eficientemente de outro modo, a não ser exibindo a própria sequência[34]. Essa caracterização negativa discorda marcantemente da maneira como os objetos matemáticos são comumente definidos, quer de modo explícito (por uma identidade) ou de modo implícito (e.g., por uma equação ou um sistema de axiomas). Em outras palavras, o conceito de chance (ou aleatoriedade) ocorre unicamente nas aplicações do cálculo de probabilidades. Se não há acaso, não há probabilidade[35]. Em outros termos, a probabilidade é "uma medida de [real] possibilidade física"[36]. Portanto, constitui erro consignar probabilidades a hipóteses.

Por enquanto, o melhor modo de construir uma sequência randômica é ficar na expectativa de que a natureza gere uma – por exemplo, registrar os cliques de um contador de Geiger na presença de um material radioativo. O próximo e melhor lance é tentar imitar a chance – por exemplo, construir fórmulas ou algoritmos para gerar sequências pseudorrandômicas que se aproximem de distribuições aleatórias. Mas, em ambos os casos, obter-se-ia uma distribuição de frequência especial, como a de Poisson: o conceito geral de probabilidade é sobretudo abstrato. Justamente por isso, "não existem testes para [a] presença ou ausência de regularidade em geral, mas somente testes para alguma dada ou proposta regularidade específica"[37].

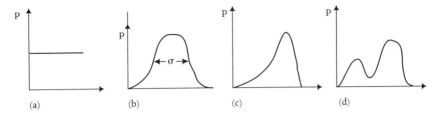

▲ FIGURA 4.1
(a) Distribuição plana: aleatoriedade perfeita. b) Distribuição simétrica: a que cancela os desvios da média. c) Distribuição oblíqua: propensão simples ou tendência. d) Distribuição bimodal: duas propensões diferentes.

Entretanto, o conceito geral de probabilidade permite definir o conceito de escolha aleatória (ou cega), ou seja, aquela para a qual todos os resultados são igualmente prováveis[38]. Os mais conhecidos exemplos de escolha randômica ocorrem nos jogos de azar. Assim, os dois possíveis resultados do lançamento de uma moeda têm a mesma probabilidade, exatamente ½. Mas a exigência de igual probabilidade é tão forte que é improvável que seja satisfeita fora dos cassinos. De fato, os valores da vasta maioria das variáveis randômicas (ou estocásticas) são consignados com diferentes probabilidades. Pense, por exemplo, numa curva em forma de sino (gaussiana) para a distribuição de uma dada característica biológica, tal como a altura, numa população. Distribuições similares ocorrem nas teorias estatísticas da física e da química, da biologia e da psicologia social e da ciência social.

Se um dos possíveis resultados de um processo de chance é bem mais possível (provável) do que os outros, podemos falar em *propensão* (ou tendência, disposição, inclinação ou viés). Por exemplo, no jogo de dados, que é disputado com dois dados lançados ao mesmo tempo, o total 7 é três vezes mais provável do que o tal 11, porque há seis modos de se conseguir o 7 e apenas dois de se obter o 11. (Em palavras de jogador, a razão de aposta é 6:2, ou 3:1.) Entretanto, este é um resultado de chance muito especial. Logo é errôneo denominar a interpretação objetivista (ou realista) de probabilidade como interpretação de propensão – como eu próprio ocasionalmente fiz, seguindo Popper[39]. Esta designação é particularmente equivocada no caso de resultados equiprováveis – que é precisamente o que caracteriza a aleatoriedade perfeita ou uniforme. Ver figura 4.1.

[38] Ver, e.g., W. Feller, *An Introduction to Probability Theory and its Applications*, p. 30.

[39] The Propensity Interpretation of the Calculus of Probability and the Quantum Theory, em S. Körner (ed), *Observation and Interpretation*, p. 65-70.

4. probabilidade em ciência e tecnologia

O conceito de chance como encontro acidental é ubíquo na ciência e na tecnologia. Um exemplo entre muitos é qualquer teoria das filas, tais como um modelo dos tempos em que chegam as chamadas de uma troca de telefonemas ou de fregueses na caixa de um supermercado. Outro exemplo comum é amostragem aleatória, realizada rotineiramente na fase de controle de qualidade de um processo de manufatura.

O procedimento mais simples e mais familiar para a construção de uma sequência randômica é o de lançar uma moeda. Este é, porém, um exemplo sobretudo artificial: processos com apenas dois resultados igualmente possíveis são extremamente raros na realidade. Uma ocorrência científica bem mais comum é a de um agregado estatístico obtido por expulsão de indivíduos, tais como pessoas, de seus sistemas, como lugares de trabalho e bairros residenciais, e medir um único traço deles, como idade, altura, peso, aptidão ou riqueza. Observar-se-á que o dado traço distribui-se de modo aleatório, tipicamente sobre uma curva em forma de sino. A aleatoriedade é aqui resultado do corte de laços, de modo a produzir itens mutuamente independentes. Um análogo físico: quando um cubo de gelo derrete e a poça d'água resultante evapora, as moléculas de água distanciam-se crescente e desordenadamente. Em ambos os casos, o físico e o social, o processo tem três feições mutuamente dependentes: enfraquecimento de ligações interindividuais, comportamento individual crescentemente independente e desordem crescente no micronível. Essas são condições ideais para a aplicabilidade do cálculo de probabilidade.

O conceito de chance como desordem ocorre na teoria cinética dos gases e sua generalização – a mecânica estatística clássica. Essas teorias supõem que um gás é constituído por partículas comparativamente distantes entre si e, portanto, quase independentes (átomos ou moléculas), e que elas "obedecem" às leis da mecânica clássica das partículas. Porém, as teorias em questão também assumem que as velocidades e as posições iniciais das partículas estão distribuídas aleatoriamente, mais do que de uma maneira ordenada. As duas hipóteses, tomadas em conjunto, acarretam leis estocásticas, como a distribuição de Maxwell-Boltzmann das velocidades moleculares. Essa lei atribui uma probabilidade ou, antes, uma densidade de probabilidade a cada valor da velocidade. Assim, esta última é uma variável randômica no nível macrofísico. Em geral,

Leis clássicas & Aleatoriedades iniciais ⇒ Leis estocásticas.

Considere, por exemplo, a segunda lei da termodinâmica estatística: um sistema fechado tende a evoluir de estados menos prováveis para estados mais prováveis até alcançar um estado de máxima probabilidade, que é um estado de equilíbrio. A probabilidade em questão quantifica a noção de desordem objetiva e está funcionalmente relacionada à entropia, uma emergente propriedade (sistêmica) mensurável do sistema. Um exemplo simples é o seguinte: pegue um maço de cartas de jogar e o embaralhe muitas vezes (e honestamente), para estar certo de que a configuração inicialmente ordenada evoluiu para uma mistura inteiramente desordenada. O número total de possíveis configurações finais é $52! > 10^{50}$. Esse número é tão grande que nenhum jogador de cartas poderia obter todas as permutações em todo o seu tempo de vida. Assim, enquanto a configuração inicial é única, o número total de possíveis configurações desordenadas é astronômico: a probabilidade de se conseguir uma configuração diferente da inicial cresce a cada embaralhamento. Assim, nesse caso, a probabilidade mede a desordem.

A situação na mecânica quântica é aproximadamente oposta. Aqui as leis básicas são estocásticas; e, embora algumas das leis derivadas sejam igualmente probabilísticas, outras não o são. Por exemplo, as fórmulas dos possíveis níveis de energia e as sessões de choque de espalhamento são probabilísticas, ainda que as fórmulas para as médias e variâncias das variáveis dinâmicas, como o momento linear e o spin, não o sejam. Um exemplo famoso é o de um único elétron, fóton ou algum outro quanton, difratado por duas fendas em uma tela e incidindo sobre uma tela detectora situada atrás da primeira. Tal quanton possui uma probabilidade definida de passar por cada uma das fendas e atingir a tela em algum "ponto" (pequeníssima região) do detector. À medida que o número de pontos atingidos cresce, emerge gradualmente um padrão regular de difração macrofísico. Assim, o comportamento individual é errático, embora "governado" por

40 Ver, e.g., A.-A. Cournot, *Expositions de la théorie des chances et des probabilities;* C. S. Peirce, *Scientific Metaphysics;* H. Poincaré, *Science et méthode;* L.-G. Du Pasquier, *Le Calcul des probabilités;* M. Fréchet, Les Définitions courantes de la probabilité, *Les Mathémathiques et le concet;* M. Bunge, What is Chance?, *Science and Society,* n. 15, p. 209-223; idem, Four Concepts of Probability, *Applied Mathematical Modelling,* n. 5, p. 306-312; K. Popper, The Propensity Interpretation of the Calculus of Probability and the Quantum Theory, op. cit..

41 M. Bunge, *Causality.*

42 Ver C. Dragonetti e F. Tola, *On the Myth of the Opposition between Indian Thought and Western Philosophy.*

leis probabilísticas, enquanto o comportamento coletivo resultante é padronizado.

Em suma, o sucesso das teorias probabilísticas na ciência sugere que a chance está em favor do real: que ela é uma categoria ontológica básica e não psicológica ou epistemológica[40]. Consequentemente, o determinismo deveria ser ampliado para acomodar leis probabilísticas. Essa concepção ampliada pode ser denominada *neodeterminismo*[41]. De acordo com esse modo de ver, (a) todos os eventos satisfazem algumas leis, quer causais, probabilísticas ou mescladas; e (b) nada resulta do nada ou redunda em nulidade – um princípio ontológico básico descoberto tanto na antiguidade hindu quanto greco-romana[42].

O êxito sensacional das teorias probabilísticas na ciência natural estimulou o pensamento probabilístico na psicologia e sociologia, na economia e na administração, e até na epistemologia. A ideia por trás desse derramamento é que se podem consignar probabilidades a todos os eventos, inclusive à tomada de decisões em negócios e à avaliação de pretensões à verdade. Em resumo: pressupõe-se que a sociedade e talvez o universo inteiro seja um cassino – uma colossal e, no entanto, tácita hipótese ontológica. Entretanto, as atribuições de probabilidades a ações humanas são legítimas, unicamente no caso do comportamento caracterizado por tentativa e erro, que não é nem típico, nem eficiente. Por exemplo, um sujeito a quem se peça adivinhar a sequência de letras RFEZU tem apenas uma chance em 5! = 120 de ser bem-sucedido. Em todas as sendas da vida, seguimos regras, imitamos, efetuamos suposições educadas ou empreendemos pesquisa antes de atuar. Tentativa e erro é demasiado irracional, lento e desperdiçável para responder pela conduta humana. Sob total incerteza, isto é, total ignorância, a coisa inteligente a se fazer não é jogar, porém se abster de atuar com base na força das probabilidades subjetivas.

Isso conclui minha defesa da tese de que a chance é objetiva. Examinemos agora a opinião oposta.

5. a chance como ignorância

Uma alternativa para a concepção realista de chance é a doutrina subjetivista, que é também conhecida como bayesianismo, por sua forte confiança em certa interpretação do teorema de Bayes. O bayesianismo sustenta que as probabilidades são apenas opiniões: que todo valor de probabilidade é uma medida da força da crença de uma pessoa em um fato ou uma declaração[43]. Essa opinião foi defendida por ninguém menos do que Jacques e Daniel Bernoulli, Pierre Simon Laplace, Augustus De Morgan e John Maynard Keynes.

Mais precisamente, o bayesianismo sustenta que (a) probabilidades são propriedades de crenças, proposições ou enunciados, mais do que de fatos de certa espécie; e (b) "probabilidades medem a confiança que um indivíduo particular deposita na verdade de uma proposição específica; por exemplo, a de que irá chover amanhã"[44].

Por causa da tese (a), alguns filósofos discutiram a probabilidade com total desconsideração pelas ciências factuais da chance, tais como a mecânica estatística, a teoria quântica e a genética de populações. E, devido à tese (b), o bayesianismo é também corretamente alcunhado de interpretação subjetivista ou personalista da probabilidade. Por ambas as razões, o bayesianismo é uma alternativa para a teoria empirista (ou da frequência), bem como para a interpretação objetivista (ou realista, ou propensiva).

Apesar de sua popularidade entre os filósofos e sua multidão de fiéis entre os estatísticos, o bayesianismo é uma concepção minoritária entre a comunidade científica. Nem sequer os defensores da interpretação de Copenhaguen (ou semissubjetivistas) da teoria quântica são bayesianos. Eles lidam com fatos, não com crenças. Como Heisenberg declarou excitadamente a um estudante de pós-graduação que começara dizendo "Eu creio...": "Nós não fazemos aqui ciência de crença. Apresente suas razões"[45].

A razão pela qual os cientistas devem evitar o bayesianismo é que, por ser subjetivista, ele convida a atribuir probabilidade arbitrária a qualquer coisa – um procedimento que dificilmente pode ser considerado científico. Ademais, como Venn[46] notou há mais de um século, qualquer emoção forte ou paixão influenciará nossas estimativas acerca da plausibilidade de eventos. Por exemplo, tendemos a superestimar a probabilidade de eventos prazerosos, como ganhar na loteria, embora subestimando a

[43] Ver, e.g., B. De Finetti, Does it Make Sense to Speak of "Good Probability Appraisers"?, em I. J. Good (ed.), *The Scientist Speculates*; H. Jeffreys, *Scientific Inference*; J. M. Keynes, *A Treatise on Probability*; L. J. Savage, *The Foundation of Statistics*.

[44] L. J. Savage, op. cit., p. 3.

[45] K. Yamazaki, 100 Years Werner Heisenberg – Works and Impact, em D. Papenfuss et al., *100 Years Werner Heisenberg*, p. 31.

[46] *The Logic of Chance*.

47 Ver, e.g., I. J. Good, Corroboration, Explanation, Evolving Probability, Simplicity, and a Sharpened Razor, *British Journal for the Philosophy of Science*, n. 19, p. 123-143.

48 *The Logic of Chance.*

49 *Probability, Statistics, and Truth.*

50 Mais em M. Bunge, Four Concepts of Probability, *Applied Mathematical Modelling*, n. 5, p. 306-312; e Two Faces and Three Masks of Probality, em E. Agazzi (ed.), *Probability in the Sciences*, p. 27-50.

51 J. Ville, *Étude critique de la notion de collectif.*

plausibilidade de eventos desagradáveis, como fatalidades no trânsito. (Mais a este respeito na seção 5).

Um motivo maior para se adotar o bayesianismo pode ser porque ele preserva a maioria das fórmulas do cálculo de probabilidades, porque confere uma aparência de respeitabilidade matemática a fantasias como a infame fórmula de Drake para a probabilidade da ocorrência de civilizações em planetas extrassolares, como o produto de uma dúzia ou de outras tantas "probabilidades" de eventos independentes, tais como o surgimento de planetas e a emergência de civilizações industriais.

A segunda razão para a persistência do bayesianismo é que, sendo a noção de probabilidade subjetiva imprecisa, ela pode ser usada para executar a fácil porém espúria exatificação de algumas vinte importantes noções filosóficas, como as de causação, verdade, poder evidencial, confirmação, plausibilidade e simplicidade[47].

Uma terceira razão para se adotar o bayesianismo é a crença equivocada de que se trata da única alternativa respeitável para a doutrina da frequência proposta por eminentes empiristas como John Venn[48] e Richard von Mises[49]. A probabilidade, de acordo com eles, é definível em termos de frequência relativa de longo prazo. Essa concepção é intuitivamente atrativa para os cientistas experimentais porque ela mistura chance (ou aleatoriedade) com seus testes – uma instância de confusões operacionistas, de definição com teste, de referência com evidência. De fato, para determinar se certo conjunto de dados é randômico, tomam-se como verdadeiras as propriedades globais razoavelmente constantes do conjunto, como, em especial, o formato e o espalhamento (variância) de uma distribuição tal qual a curva em forma de sino. Em particular, quando frequências observadas estão disponíveis, contrastamo-las com as correspondentes probabilidades calculadas. Mas é preciso lembrar que probabilidades (e densidades de probabilidades) são propriedades individuais, enquanto parâmetros estatísticos são propriedades de agregados. Ademais, as estatísticas permanecem restritas a eventos passados, os únicos em relação aos quais os parâmetros estatísticos, como frequências e variâncias, podem ser levados em conta[50]. Por último, mas não menos importante (*last but not least*), sucede que a teoria da frequência da probabilidade é falha do ponto de vista matemático[51].

Assim, a teoria da frequência da probabilidade tem de ser descartada. Entretanto, ao contrário da crença popular, o bayesianismo não é a única alternativa para ela. De fato, como foi sugerido na seção anterior, há um *tertium quid*, ou seja, a interpretação objetivista (ou realista, ou "propensiva"), aquela que é costumeiramente empregada na física teórica e na biologia. Por exemplo, as distribuições de probabilidade calculadas na mecânica estatística clássica são consideradas propriedades objetivas dos sistemas em jogo. Mais ainda, essas distribuições dependem da energia e da temperatura do sistema, dois fatores que não podem ser estimados por contagem de frequência. Quando tal contagem for possível, ela servirá para aferir estimativas de probabilidades e não para lhe atribuir significados.

Finalmente, além do frequentismo e do subjetivismo, existe o dualismo probabilístico, que aparece em duas variedades: (a) a probabilidade pode ser interpretada seja como frequência, seja como crença[52]; e (b) a probabilidade pode ser interpretada quer como "propensão", quer como crença[53]. Entretanto, isso não adiantará nada, como será visto logo mais, pois a interpretação subjetivista está errada.

O bayesianismo está equivocado porque se origina em dogma ontológico e duas confusões principais. O dogma em questão é o determinismo clássico ou o causalismo, tão brilhantemente descrito por Laplace há dois séculos e certamente justificável no seu tempo. Trata-se da crença de que tudo acontece de acordo com leis que, como as de Newton, possuem um amplo domínio causal[54]. Se isso fosse verdade, a chance seria de fato apenas um nome para a nossa ignorância das causas, de modo que um ser onisciente poderia dispensar o conceito de chance.

Entretanto, as leis básicas da teoria quântica e da genética de populações são probabilísticas, e não derivam de leis causais. Antes, ao contrário, muitas são macroleis, leis de médias e podem assim ser deduzidas de microleis probabilísticas. Isso no tocante ao erro que jaz na raiz da interpretação subjetivista da probabilidade. Voltemo-nos, agora, para as confusões que a acompanham.

A primeira confusão é entre proposições e seus referentes. Suponha, por exemplo, que V designe uma variável randômica, como o número de pontos marcados em um jogo de dados. Além

[52] E.g., R. Carnap, *Logical Foundations of Probability*.

[53] E.g., L. Sklar, *Physics and Chance*; D. Gillies, *Philosophical Theories of Probability*.

[54] Essas leis não são estritamente causais porque incluem o automovimento devido à inércia: M. Bunge, *Causality*.

disso, chame $Pr(V = v)$ a probabilidade que, em dada ocasião, V assume o valor particular v, como se este fosse um ás. A proposição "$Pr(V = v) = p$" envolve a proposição "$V = v$", mas não deve ser lida como a probabilidade dessa proposição, visto que tal expressão não tem sentido claro. O jogador sabe que a proposição "$Pr(V = 1) = 1/6$" enuncia a probabilidade do *fato* de se conseguir um ás quando se lança um sacudido copo que contém o dado. Ele está interessado no resultado de um processo real caracterizado pela desordem objetiva – aquela decorrente da agitação do copo.

Do mesmo modo, o físico quântico que escreve uma fórmula do seguinte tipo "$Pr(n \to n') = p$", em que n e n' denotam dois diferentes níveis de energia de um átomo, declara que a probabilidade do salto quântico $n \to n'$ durante certo intervalo de tempo é igual ao número p que é analisável em parâmetros que descrevem certas feições do átomo e de suas vizinhanças. De fato, a expressão $n \to n'$ descreve a transição objetiva em questão, e não a correspondente proposição, deixando de lado a crença associada. Daí porque o cientista confere a fórmula em relação às medidas sobre o átomo em apreço, mais do que apura opiniões de peritos.

Uma segunda maior fonte do bayesianismo é a confusão entre chance objetiva e incerteza subjetiva. Trata-se de uma mistura de uma categoria ontológica com outra, psicológica (e epistemológica). Na verdade, essa confusão é natural porque indeterminação implica incerteza – embora não o inverso. Por exemplo, enquanto alguém está agitando vigorosamente um copo que contém um dado, cada uma de suas seis faces adquire a mesma chance de aflorar quando o dado é lançado. (Agitar é, por certo, um mecanismo de randomização.) Entretanto, uma vez lançado o dado, a determinação substituiu a indeterminação, embora a incerteza subjetiva remanesça enquanto não olharmos para o dado. O bayesianismo não tem o direito de dizer que a probabilidade de que ele venha a *ver* um ás seja $1/6$, porquanto o processo randômico que culmina nesse fato já ocorreu: *alea jacta est*. Se o que aflorar for um ás, será permitido ao jogador olhar, e se a sua vista for normal, ele *verá* um ás, não importam suas expectativas.

Além disso, o processo mental do jogador é muito diferente do processo físico randômico que ele desencadeou ao rolar

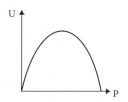

◀ Figura 4.2:
A relação probabilidade-
-incerteza quando
existem apenas duas
possibilidades, com
probabilidades p e 1−p,
respectivamente.

o dado; tanto é assim que o jogador que ignora as leis da chance é levado a formar expectativas irracionais, tais como a falácia muito popular do jogador: "A próxima jogada deve ser um ás, visto que nenhum ás ocorreu nas cinco últimas jogadas". Isto é, nossas expectativas podem não espelhar chance objetiva. Se espelhassem, nem os cassinos, nem as loterias seriam lucrativos. A única maneira de derrotar a chance é trapaceando-a.

[55] Cf., e. g., W. Feller, *An Introduction to Probability Theory and its Applications*, p. 230.

6. incerteza

Embora inadequada para elaborar expectativas racionais, o cálculo de probabilidades inclui uma medida *objetiva* de incerteza. É a variância (ou dispersão, ou espalhamento) de uma distribuição tal como um gráfico de espalhamento. A variância ou o quadrado do desvio padrão σ é uma função de probabilidade. No caso mais simples de uma distribuição binomial, quando a variável randômica assume apenas os valores 0 ou 1 com probabilidades correspondentes p e 1−p, a variância é $\sigma^2 = p - p^2$. O formato dessa curva é o de um U invertido em torno do ponto p = 1/2; ela se anula nos extremos p = 0 e p = 1, e atinge seu máximo no ponto médio p = 1/2. Esse valor particular da incerteza máxima é ¼, enquanto a correspondente improbabilidade é 1−p = 1−1/2 = 1/2.[55] Ver figura 4.2.

(Existem medidas alternativas da incerteza objetiva de uma distribuição. Uma delas é H, a entropia da informação teórica de Shannon e que é a somatória sobre todos $-p_i \log p_i$. Essa célebre fórmula, que é a base para a definição de um bit, tem sido objeto de exagero na interpretação como sendo uma medida de certo número de feições de sistemas de muitos tipos. Não é aqui o lugar para criticar tais extravagâncias. Estamos interessados unicamente no fato de H, como a variância, ser é uma medida de incerteza

56 Ver, e. g., A. M. Yaglom, I. M. Yaglom, *Probability and Information*, p. 49.

57 Ver M. Bunge, *Emergence and Convergence*, para as diferenças entre possibilidade, plausibilidade e probabilidade.

58 E.H. Kaplan; A. Barnett, A New Approach to Estimating the Probability of Winning the Presidency, *Operations Research*, n. 51, p. 32-40.

objetiva mais do que de incerteza subjetiva ou psicológica. Além do mais, essa medida é similar à variância no caso de um experimento com apenas dois resultados possíveis, tal como foi discutido acima. Na realidade, nesse caso, $H = -p \log p - (1-p) \log (1-p)$, cujo gráfico tem de novo a forma de um U invertido.)[56]

Em suma, dada uma distribuição de probabilidades, pode-se calcular, dentre outras estatísticas, a incerteza (ou indeterminação) objetiva a ela associada. Este é um traço objetivo de uma determinada população e dos dados correspondentes, e não das crenças de alguém. Se certo sujeito humano há de "sentir" ou intuir a mesma incerteza objetiva, é uma questão a ser determinada por psicólogos experimentais. Em qualquer caso, o resultado é claro: a improbabilidade, ou $1-p$, não é uma medida adequada da incerteza, seja ela objetiva ou subjetiva.

Todos nós sabemos que as previsões de certas espécies são incertas. Entretanto, elas não devem ser lançadas em termos probabilísticos, se dizem respeito a eventos não randômicos, como as colisões entre duas placas tectônicas, os aguaceiros, as colheitas ou o início de moléstias ou ainda os resultados de eleições políticas ou o Armagedom. É verdade, as previsões do tempo transmitidas pela mídia são, em geral, apresentadas em termos probabilísticos. Mas essa prática é equivocada, porque tais previsões não são calculadas com a ajuda da meteorologia probabilística – que até o momento é apenas um projeto de pesquisa. As "probabilidades" meteorológicas em questão constituem meras possibilidades (no sentido não técnico da palavra), pois são estimadas com base na força dos registros do tempo, das imagens de satélites e das medidas das velocidades de deslocamento dos principais "fatores do tempo"[57].

No que tange aos resultados eleitorais, a razão pela qual eles não deveriam ser lançados em termos probabilísticos é que tais resultados dependem do histórico e das promessas dos candidatos, bem como de campanhas cuidadosamente planejadas, inteligentemente propagadas e bem financiadas – ou até mesmo da cumplicidade de juízes e funcionários eleitorais. No entanto, dois proeminentes acadêmicos[58] propuseram um modelo bayesiano para estimar a probabilidade de alguém ganhar a presidência dos Estados Unidos. Por certo tem sido notado que o processo político americano estava sendo privatizado, mas ninguém havia sugerido antes que a indústria dos jogos se achava a ponto de dominá-lo.

[59] M. Bunge, *Emergence and Convergence.*

7. o bayesianismo é confuso

Até agora argumentei que a ideia de atribuir probabilidades a enunciados origina-se quer em metafísicas ultrapassadas, quer em pura confusão. Contudo, devo ainda provar, não obstante, que a ideia está errada. Há várias razões pelas quais ela é equivocada. Uma delas é que a fórmula "A probabilidade do enunciado s é igual a p" ou "$Pr(s) = p$" para simplificar, não inclui uma variável que denote uma pessoa – o que não é de surpreender, visto que o cálculo de probabilidades não é um ramo da psicologia cognitiva.

Outra objeção é que as proposições não brotam do subsolo ou somem ao acaso. Por certo, pode-se pensar em apanhar uma proposição ao acaso de um conjunto de proposições e perguntar qual é a sua probabilidade. Mas isso seria apenas um jogo de salão sem relação com a busca científica da verdade. Caso se pretenda que a expressão em apreço tenha um valor de verdade situado entre o 0 (total falsidade) e o 1 (verdade completa), então isso pode e deve ser dito claramente, ou seja: "A proposição é parcialmente verdadeira". Por exemplo, "$\pi = 3$" e "Nosso planeta é esférico" são proposições aproximadamente verdadeiras, enquanto suas negações são completamente verdadeiras[59].

Entretanto, verdades parciais não são probabilidades. Para prová-lo, os seguintes contraexemplos deveriam bastar. Primeiro exemplo: a proposição "Aristóteles era um filósofo mongol" é uma meia verdade, pois é verdade que Aristóteles era filósofo, mas é falso que ele fosse mongol. Ainda assim, se a verdade parcial for igualada à probabilidade, temos de considerá-la falsa, uma vez que sua probabilidade é igual ao produto das probabilidades das duas proposições que a constituem, uma delas com probabilidade 1 e a outra, 0. Segundo exemplo: seja p a proposição "$\pi = 1$". Uma vez que o erro relativo em que se incorre ao fazer esse enunciado é de aproximadamente $2,14/3,14 = 0,68$, o valor de verdade de p é $V(p) = 1-0,68 = 0,32$. Ora, a negação de p, isto é, "$\pi \neq 1$", é completamente verdadeira. Quer dizer, $V(não\text{-}p) = 1$.

[60] *The Theory of Probability.*
[61] *Logical Foundations of Probability.*
[62] *The Logic of Scientific Discovery.*
[63] Para ulteriores razões, ver M. Bunge, *The Myth of Simplicity.*
[64] D. Kahneman et al., *Judgment under Uncertainty.*

Entretanto, se valores-verdade forem probabilidades, deveríamos estabelecer $Pr(não\text{-}p) = 1 - Pr(p) = 1 - 0{,}32 = 0{,}68$, que é significativamente menor do que 1.

Todos os cálculos lançados em termos de probabilidades de proposições, tais como os de Reichenbach[60], Carnap[61], Popper[62] e seus seguidores estão equivocados, porque (a) o conceito de verdade é mais básico do que o de probabilidade, e (b) não se pode atribuir probabilidades, exceto arbitrariamente, a proposições, ao contrário de eventos randômicos[63].

8. crenças não são bayesianas

Se probabilidades medem crenças ou graus de crença racional, é questão empírica. Portanto, isso não pode ser fixado a priori – o caminho que os subjetivistas vindicam. Perguntemos, pois, aos psicólogos cognitivos se as pessoas pensam efetivamente de acordo com o dito cálculo quando raciocinam acerca de questões incertas. As numerosas experiências de Daniel Kahneman e seus discípulos mostraram de forma conclusiva que nossos julgamentos subjetivos sobre a possibilidade e a plausibilidade (ou verossimilhança) são, com frequência, incorretos e não satisfazem os axiomas do cálculo de probabilidades[64].

Para começar, quando se considera um processo de ramificação, como uma árvore de decisão, raramente há dados suficientes para incluir todas as possíveis bifurcações – uma condição para assegurar que a soma das probabilidades sobre todos os ramos é igual à unidade. Em seguida, tendemos a exagerar as probabilidades de certos eventos improváveis, como o de contrair o vírus do Nilo Ocidental. Medo, cobiça, *wishful thinking*, superstição, emoção forte e associação com experiências prazerosas ou dolorosas encontram-se entre os fatores que distorcem nossos julgamentos sobre a possibilidade objetiva e frequência efetiva de um evento. Em suma, possibilidade percebida $\neq$ possibilidade objetiva. Em outras palavras, Probabilidade $\neq$ Grau de crença racional.

Além do mais, crenças não satisfazem as leis de probabilidade. Uma dessas é "$Pr(A \, \& \, B) \leq Pr(A), Pr(B)$", em que a igualdade vale se A e B forem mutuamente independentes. Seja $A =$ "A liberdade é boa" e $B =$ "A igualdade é boa". Os libertários juram por A, os igualitários, por B, e nem um, nem outro, pelos dois. Em minha opinião, nem a liberdade, nem a igualdade são, por si próprias, um bem social ou nem sequer viável, porque a liberdade é impossível entre desiguais, e a igualdade forçada abafa a liberdade. Mas pode-se argumentar que a combinação de liberdade com igualdade é tanto viável como boa. Assim, se tivéssemos uma *doxástica* razoável ou uma lógica de crenças, eu enunciaria o dual da desigualdade probabilística, ou seja, $D(A \, \& \, B) \geq D(A), D(B)$, em que D representaria uma força de função de crença.

Em suma, o cálculo de probabilidades não é uma verdadeira teoria das crenças. Portanto, o bayesianismo não é uma verdadeira explicação de crenças. O que não é de surpreender, porque a verdade em questão é objetiva, fato com que os bayesianos não se preocupam muito.

Algo similar vale para a concepção de que a probabilidade exatifica a vaga noção de suporte indutivo (ou empírico). Trata-se essencialmente da ideia de que a probabilidade condicional da hipótese h dada evidencia e, ou $Pr(h \mid e)$ para resumir, deve diferir da probabilidade $Pr(h)$ fixada antes de ter produzido e. Mas como podemos determinar primeiro $Pr(h)$ salvo por decreto, portanto como comparamos a prévia probabilidade $Pr(h)$ à probabilidade posterior $Pr(h \mid e)$? E o que *significa* "$Pr(h)$", de qualquer modo? Não pode significar "plausibilidade" ou "verossimilhança", porque isso é relativo ao contexto e dificilmente será um conceito numérico.

Vamos encarar a questão: as assim chamadas probabilidades de hipóteses são opiniões sobre opiniões – *doxa* ao quadrado. No entanto, os bayesianos pretendem que possuem a chave para entender o avanço do conhecimento científico a partir dos dados para as hipóteses e destas para os dados. Por exemplo, a hipótese h seria confirmada pela evidência e se $Pr(h \mid e) > Pr(h)$. Entretanto, ao meu conhecimento, nenhum deles foi suficientemente imprudente a ponto de consignar probabilidades a quaisquer leis científicas, como as das mecânicas clássica, relativística ou quântica.

Contrastemos o uso científico e bayesiano do teorema de Bayes, peça central quer da estatística bayesiana, quer da lógica indutiva. Como se pode lembrar, esse teorema, que é uma

[65] Ver, e.g., S. J. Press, *Bayesian Statistics*.

peça correta da matemática neutra, reza o seguinte: $Pr(A \mid B) = Pr(B \mid A) Pr(A) \mid Pr(B)$. Sejam A e B dois estados de um sistema concreto, seja $Pr(B \mid A)$ a probabilidade que, visto que o sistema se encontra no estado A e passará ao estado B, $Pr(A/B)$ será a probabilidade do processo inverso. De acordo com os não bayesianos, pelo menos duas condições devem ser colocadas para introduzir as seguintes probabilidades condicionais no teorema de Bayes: (a) ambos os processos $A \rightarrow B$ e $B \rightarrow A$ devem ser efetivamente possíveis, isto é, precisam ser consistentes com as leis objetivas pertinentes; e (b) ambos os processos devem ser randômicos, ou seja, descritíveis por um modelo probabilístico. No entanto, os bayesianos não exigem nenhuma das duas condições. Por conseguinte, como foi observado na seção 3, um bayesiano pode sentir-se tentado a atribuir uma probabilidade não desvanecente à transição impossível Morto $\rightarrow$ Vivo. Além do mais, como a definição de $Pr(A \mid B)$ envolve $Pr(A \ \& \ B)$, o bayesiano é obrigado a admitir que é possível estar vivo e morto ao mesmo tempo. (Incidentalmente, esse contraexemplo refuta a opinião de que as probabilidades de transição, calculadas na mecânica quântica e em outras teorias, são probabilidades condicionais.)

Uma terceira condição para a aplicação legítima do teorema de Bayes é que três das quatro probabilidades que aparecem no teorema sejam conhecidas. Quando as probabilidades prévias $Pr(A)$ e $Pr(B)$ são desconhecidas, como é o caso quando A = hipótese h e B = evidência e, escrever $Pr(h \mid e)$ e $Pr(e \mid h)$ em termos delas importa em garatujas ininteligíveis. E, no entanto, é assim que o teorema de Bayes é utilizado tanto pela estatística bayesiana como pela lógica indutiva. Por exemplo, quando se estima a probabilidade de um evento ou a plausibilidade de uma proposição, o bayesiano consulta um painel de peritos. Isto é, ele busca "um ponto de vista de consenso de opinião informada", exatamente como se procede na vida cotidiana com respeito a assuntos corriqueiros – com a diferença de que o bayesiano consigna números a forças de crença[65]. É verdade, o autodenominado objetivista bayesiano iguala $Pr(h \mid e)$ à frequência correspondente – por exemplo, que um teste clínico positivo é evidência de certa doença; mas eles maquilam as outras "probabilidades", em particular $Pr(h)$. Ademais, ao igualar certas probabilidades com frequências, eles violam o credo de que probabilidades são crenças.

Um meio bayesiano, meio frequentista, como Carnap[66], Hacking ou Earman[67], continua ainda bayesiano, no sentido de que ele não demonstrou remorsos sobre o cometimento do pecado original do bayesianismo: atribuir probabilidades a hipóteses, comissão julgadora por vereditos e similares. Ademais, ele toma os dois lados equivocados da controvérsia sobre probabilidade.

A ocorrência de desconhecidas probabilidades prévias, que devem ser estipuladas arbitrariamente, não preocupam o bayesiano mais do que os inescrutáveis desígnios de Deus preocupam o religionista. Assim, Lindley[68], um dos líderes da escola bayesiana, sustenta que essa dificuldade tem sido "grosseiramente exagerada". E acrescenta: "Perguntam-me amiúde se o método [bayesiano] fornece a resposta *correta*: ou, mais particularmente, como é que você sabe se obteve a *correta* [probabilidade] prévia. Minha resposta é que eu não sei o que se pretende dizer por 'correto' neste contexto. A teoria bayesiana trata de *coerência*, e não do certo ou do errado"[69]. Assim, o bayesiano, junto com o filósofo que só se importa com o aspecto cogente dos argumentos, ajusta-se com o modo de raciocinar do louco.

Por último, de um ponto de vista metodológico, todo debate sobre probabilidades subjetivas versus objetivas baixa na fervura diante do seguinte argumento, cuja segunda premissa foi involuntariamente suprimida por ninguém menos do que o estatístico[70] que encetou a fase contemporânea do bayesianismo:

Se uma hipótese é não testável, ela não é científica.

Ora, os bayesianos "sustentam que uma avaliação probabilística, sendo apenas uma medida da crença de alguém, não é suscetível de ser provada ou desaprovada pelos fatos".

∴ O bayesianismo é não científico.

Isso deveria liquidar a questão para os realistas científicos. Mas subsiste ainda uma minoria entre os filósofos, de modo que o bayesianismo pode sobreviver por algum tempo junto com o dualismo corpo-mente, com a metafísica dos múltiplos mundos e com outras excentricidades filosóficas. Entrementes, esperemos que ele seja gradualmente descontinuado na medicina, na engenharia sísmica, na feitura de políticas e em outros campos onde a vida está em jogo.

[66] *Logical Foundations of Probability.*

[67] I. Hacking, *The Taming of Chance*; J. Earman, *Bayes or Bust?*.

[68] Bayesian Statistics, em W. L. Harper; C. A. Hooker (eds.), *Foundations of Probability Theory.*

[69] Idem, p. 359.

[70] B. de Finetti, op. cit., p. 360.

9. o bayesianismo é arriscado

71 Ver R. A. Fisher, *The Design of Experiments*.

72 D. Raffaelli, How Extinction Patterns Affect Ecosystems. *Science*, n. 306, p. 1.141-1.142.

Não é de surpreender que o bayesianismo possa ter catastróficas consequências práticas. Examinemos três exemplos. O primeiro concerne a projetos experimentais, que são cruciais na determinação da eficácia e segurança no domínio das drogas, a técnicas agrícolas, a programas sociais e a outros mais. Desde cerca de 1930, tem sido uma prática padrão nas biociências e nas ciências sociais randomizar tanto os grupos experimentais como os de controle[71]. Pois bem, os bayesianos não praticam a randomização porque não encontram uso para o conceito de aleatoriedade objetiva: para eles, a chance reside unicamente nos olhos do contemplador. Portanto, se a Food and Drug Administration dos Estados Unidos fosse alguma vez dominada por bayesianos, tornar-se-ia um perigo público mais do que uma guardiã da saúde pública.

Outro exemplo de alto risco em que incorrem os bayesianos é a avaliação "probabilística" do perigo empregada pelos administradores da Nasa para estimar o risco dos voos espaciais tripulados nos casos dos infortunados ônibus espaciais Challenger e Columbia. Aceito que fazer malabarismos com probabilidades é inapropriado no caso da falha de componentes de uma máquina, pois se trata de uma cadeia causal e não randômica – como em uma série de Markov, da qual cada elo possui uma probabilidade objetiva que depende somente do elo precedente.

Em geral, os desastres – da falha do computador à morte prematura, da bancarrota à extinção de bioespécies, do furacão ao terremoto e das epidemias à guerra – são eventos não randômicos, portanto não computáveis em termos probabilísticos. É verdade, que a extinção das espécies e o declínio de ecossistemas têm sido modelados amiúde com a assunção de que os eventos em apreço são aleatórios. Mas eles não são, pois efetivamente as variáveis ecológicas dominantes não são randômicas: pense nos aguaceiros, na raridade de espécies, no tamanho do corpo e na presença ou ausência de carnívoros, espécies básicas (como a estrela do mar) e os agressivos invasores (como o capim de elefante).

Recentes experiências mostraram que ecossistemas declinam mais depressa do que se espera, se isso ocorrer por acaso[72]. A razão é que quando espécies são removidas (ou, antes, populações) aleatoriamente, todas elas são tratadas do mesmo modo, embora, na realidade, algumas sejam mais importantes do que outras. Isso, ainda que o experimento em questão tenha refutado os modelos probabilísticos da sustentabilidade do ecossistema. Obviamente, tal resultado deve ter consequências dramáticas para as políticas ambientais, bem como para a ecologia teórica. A moral é que probabilidades sem aleatoriedade podem ser deletérias para o ambiente.

Um terceiro e último exemplo será a abordagem bayesiana do diagnóstico e prognóstico médicos adotada por Wulff[73] e muitos outros. Por sabermos que a associação sintoma-doença é causal mais do que randômica, não há razão para se esperar que suas probabilidades existam e sejam relacionadas ao modo estipulado pelo teorema de Bayes. Não é de espantar que a estatística disponível concernente à detecção do câncer deixe de satisfazer a fórmula de Bayes[74].

Em suma, a medicina bayesiana é irrealista e, portanto, não confiável, porque não se casa com o efetivo processo diagnóstico que envolve juízos de plausibilidade baseados na anatomia e na fisiologia e, em menor extensão, na epidemiologia. O mesmo, em boa parte, vale para a aplicação médica da metodologia de Popper: ela é também irrealista, embora, por razões diferentes, ou seja, porque (a) na medicina as únicas conjecturas que pesquisadores tentam refutar são as hipóteses nulas (*lowly null*) – que Popper e seus seguidores ignoraram –, mais do que as teorias de alto nível, até agora inexistentes na medicina; e (b) pesquisadores biomédicos prestam acurada atenção a dados epidemiológicos e à inferência estatística, nenhum dos quais é apoiado pelos popperianos[75].

A natureza irrealista da abordagem bayesiana é, por certo, parte de seu subjetivismo. Porém, os bayesianos acreditam que isso é uma virtude brilhante mais do que uma mácula fatal. Assim, Howson e Urbach declaram que "a ciência é objetiva, na medida em que os procedimentos de inferência na ciência o forem. Mas se tais procedimentos refletem crenças puramente pessoais em maior ou menor extensão..., então as conclusões indutivas assim geradas hão de refletir também aquelas opiniões puramente pessoais"[76]. Essa afirmação contém três equívocos

[73] *Rational Diagnosis and Treatment.*

[74] C. Eddy, Probabilistic Medicine, em D. Kahneman et al., *Judgement under Uncertainty.*

[75] Ver A. E. Murphy, *The Logic of Medicine.*

[76] *Scientific Reasoning*, p. 288.

[77] K. Popper, *The Logic of Scientific Discovery*; M. Bunge, The Place of Induction in Science, *Philosophy of Science*, n. 27, p. 262-270.

[78] *Bayesian Biostatistics*, p. 8.

elementares. O primeiro é a pitoresca ideia de que a objetividade reside antes na inferência do que na referência. (Inferências são válidas ou não, independentemente da referência ou até da verdade. Daí por que a lógica formal e a teoria da inferência não contêm o conceito semântico de referência.)

O segundo erro de Howson e Urbach é o dogma bayesiano de que "crenças puramente pessoais" têm sustentação científica. Se assim fosse, as crenças religiosas desempenhariam um papel nos produtos acabados da pesquisa científica. O terceiro equívoco é a declaração de que todas as inferências científicas são indutivas, quando, de fato, a indução exerce um papel insignificante na ciência avançada antes de se alcançar o palco das predicações teóricas contrastantes contra dados empíricos[77]. Não é de se admirar que Howson e Urbach não examinem quaisquer das teorias científicas acerca dos eventos aleatórios, como a mecânica quântica e a genética.

De igual modo, Berry e Stangl escrevem sobre o bayesianismo na bioestatística: "embora seja confortante quando dois analistas [estatísticos] dão a mesma resposta, levar subjetivamente à diversidade é inteiramente apropriado. Diferenças de opinião constituem a norma nas ciências da saúde e na ciência em geral, de forma que uma abordagem que explicitamente reconhece diferenças é aberta e honestamente realista, correta e bem-vinda"[78].

Uma réplica óbvia a esse extraordinário enunciado é a que segue. Primeiro, espera-se que os modelos biomédicos nos digam algo sobre as doenças e não sobre as opiniões que peritos defendem a seu respeito. Segundo, a ciência e a tecnologia, inclusive a medicina, não são meros temas de avaliações subjetivas ou opiniões. É verdade que os sumerianos enfermos expunham-se diante de suas casas e solicitavam a opinião dos passantes. Porém, um milênio mais tarde, Hipócrates começou a transformar a *doxa* (opinião) médica em *episteme* (ciência) médica. Podemos nos dar ao luxo de voltar quatro milênios?

Poder-se-ia replicar que quaisquer ideias podem ter más consequências, se manejadas de maneira incompetente. O meu ponto de vista é que não há modo de tratar de forma competente o bayesianismo (ou a alquimia, ou a parapsicologia), porque ele é radicalmente falso. De fato, (a) as estimativas de probabilidade devem ser tão objetivas quanto as estimativas de comprimento ou de peso e, (b), a probabilidade aplica-se legitimamente apenas a genuínos eventos randômicos, tais como no tunelamento quântico, no gotejamento de uma torneira de água mal-fechada, na mutação genética, na distribuição de ervas daninhas em um lote cultivado, nas chamadas em uma troca telefônica e na amostragem aleatória.

Para avaliar a enormidade da contrarrevolução tentada pelos bayesianos, considere, por exemplo, a relação entre o vírus HIV e a Aids. É fato bem conhecido que, enquanto aqueles que sofrem dessa doença são positivos no teste HIV, o inverso não é verdadeiro: alguns indivíduos viveram com o vírus uma década ou mais sem desenvolver a Aids. Suponha então que um dado indivíduo tenha contraído esse vírus e que desejamos averiguar a probabilidade de que ele também tenha ou logo desenvolverá a Aids. Presumivelmente, um bayesiano poderia colocar $Pr(Aids \mid HIV) = Pr(HIV \mid Aids) \, Pr(Aids) \, / \, Pr(HIV)$. Mais ainda, visto que o indivíduo em questão apresentou um teste HIV positivo, nosso bayesiano, provavelmente, colocará $Pr(HIV) = 1$. E como é fato conhecido de que quem quer que tenha Aids terá também o vírus HIV, $Pr(HIV \mid Aids) = 1$. Assim, a fórmula de Bayes simplifica-se e assume a forma $Pr(Aids \mid HIV) = Pr(Aids)$. Entretanto, sabe-se que isso é falso: de fato, HIV é necessário, mas não suficiente para desenvolver Aids. Assim, se os pesquisadores de Aids devessem adotar o bayesianismo, eles não tentariam descobrir as causas que, em conjunto com a infecção HIV, levam à Aids.

Falar de probabilidade sem a chance é pseudocientífico e, portanto, imprudente, em especial se as alegadas probabilidades são subjetivas, caso em que são efetivamente plausibilidades intuitivas ou verossimilhanças. Não se deve jogar com a vida, a paz ou a verdade. E não se devem confundir as probabilidades objetivas de eventos aleatórios com meros juízos sobre a possibilidade de tais eventos ou a plausibilidade (ou verossimilhança) das hipóteses correspondentes[79]. Como Peirce[80] o formulou, essa confusão "é a fonte fecunda de perda de tempo e energia". Um claro caso de semelhante desperdício é a atual proliferação de teorias de escolha racional nas ciências sociais, para modelar processos que estão longe de ser aleatórios, desde o casamento até o crime, das transações comerciais até as lutas políticas[81].

Em resumo, a estatística e a lógica indutiva bayesianas estão duplamente erradas: porque atribuem probabilidades a enunciados

[79] M. Bunge, *Emergence and Convergence*.

[80] *Collected Papers*, p. 363.

[81] Ver M. Bunge, *Finding Philosophy in Social Science; Social Sciences under Debate* e *The Sociology-Philosophy Connection*.

82 *The Logic of Scientific Discovery.*

83 M. Bunge, Review of Popper, *Ciencia e Investigación,* n. 15, p. 216-220 e *Scientific Research;* P. Thagard, The Best Explanation, *Journal of Philosophy,* n. 75, p. 76-92.

e por conceberem as probabilidades como subjetivas. Popper[82] tinha razão ao indiciar a lógica indutiva. Lamentavelmente, ele também atribuiu probabilidades a sentenças quando propôs suas várias teorias de corroboração e verossimilhança. (Popper também errou ao afirmar que todas as hipóteses probabilísticas não são refutáveis. As hipóteses probabilísticas da mecânica quântica e da genética são perfeitamente testáveis por suas consequências para grandes massas de eventos da mesma espécie, mutuamente independentes, tais como os típicos decaimentos radioativos de zilhões de átomos de sódio, que nós vemos como uma luz amarela.) Outro equívoco de que Popper compartilha com os bayesianos é o de avaliar hipóteses, uma a uma, sem levar em consideração os sistemas conceituais (teorias, classificações e até cosmovisões) aos quais elas pertencem. (Isso se deveu em parte por misturar conceitos de teorias e hipóteses e, em parte, a seu corte dos laços da ciência com o resto da cultura.) Na realidade, os cientistas preferem hipóteses não só mais bem corroboradas, mas também que concordam ao máximo com outras hipóteses bem confirmadas, e até com a cosmovisão dominante[83].

10· observações conclusivas

A causação e a chance não residem apenas na mente: elas estão igualmente no mundo. Isto é, alguns processos reais são causais, outros aleatórios e, ainda mais, outros apresentam aspectos causais, bem como estocásticos. Quer dizer, os campos da causação e da chance apresentam uma superposição parcial. Ademais, a causação em um nível pode emergir da chance em outro e inversamente.

Além do mais, a causação e a chance podem combinar uma com a outra no mesmo nível, como quando um processo causal randomiza uma coleção de itens, ou quando um processo aleatório dispara uma cadeia causal. Ao lado disso, expressões das formas "X é um processo causal" e "Y é um processo aleatório" poderiam ser compreendidas como abreviaturas de descrições pormenorizadas mais do que relatos exaustivos. No final de contas, os conceitos de causação e chance têm um caráter tão geral que são filosóficos.

Cabe notar também que, embora vasto, o campo da causação é limitado a eventos de certas espécies. Não inclui eventos espontâneos, tais como o salto de um átomo isolado de um nível de energia para outro mais baixo. Tampouco inclui não-eventos, tais como a permanência de uma rocha no chão: a mútua atração gravitacional da rocha e da Terra não causa aceleração em nenhuma delas. A relação causal se efetiva apenas entre eventos: não havendo mudança, não há causação.

A chance é apenas tão real quanto a causação; ambos são modos de vir-a-ser. A maneira de modelar um processo aleatório é enriquecer a teoria matemática das probabilidades com um modelo de um mecanismo randômico. Nas ciências, probabilidades nunca são compostas ou "eliciadas", observando-se as escolhas que as pessoas fazem ou as apostas que estão dispostas a fazer. A razão disso é que, em ciência e tecnologia, a probabilidade interpretada exatifica a chance objetiva e não bom sentimento ou intuição. Não havendo aleatoriedade, não há probabilidade.

Em suma, por meio da descoberta causal e dos padrões probabilísticos, a ciência e a tecnologia rompem a interdição fenomenalista sobre os inobserváveis. Mas, por certo, elas atendem aos imperativos cientificistas que levam a questionar, conjeturar e testar em todos os empreendimentos humanos.

v   atrás das telas:
mecanismos

ientistas e tecnólogos esforçam-se para descobrir como as coisas funcionam, isto é, o que são os seus mecanismos ou *modi operandi*. É assim que eles avançam da aparência para a realidade, e da descrição para a explanação. Por contraste, as superstições não procuram mecanismos. Por exemplo, alguns parapsicólogos acreditam na possibilidade de mover coisas por meio do simples poder mental (psicocinese). Se eles fossem investigar o modo como a psicocinese funciona ou, antes, como não funciona, perceberiam que ela é impossível, se não por outro motivo, porque envolve a criação de energia.

Um raciocínio similar é utilizado na avaliação de invenções: nenhuma patente foi jamais concedida, a não ser que o inventor consiga explicar como o novo dispositivo funciona. Daí por que o modo mais efetivo de uma agência de registro negar uma patente para um projeto alegadamente revolucionário é salientar que o mecanismo proposto é incompatível com uma lei bem conhecida, como a lei da conservação da energia. Sem lei, não há mecanismo possível; e sem mecanismo não há explanação. Não é de admirar que o carimbo oficial da ciência moderna seja a busca de mecanismos por trás dos fatos, mais do que a busca descuidada de dados e correlações estatísticas entre eles.

Para elucidar tais ideias e motivar subsequentes discussões, comecemos por considerar um punhado de exemplos extraídos de vários campos.

1. um punhado de exemplos

Eis um exemplo da física elementar: Ohm e Kirchhoff descreveram circuitos elétricos, mas não sabiam o que leva as cargas elétricas a se moverem em torno dos circuitos. Essa explicação foi proporcionada somente pela eletrodinâmica: as cargas elétricas (elétrons) em um fio metálico são arrastadas pelo campo elétrico impresso (voltagem); e, por sua vez, o campo elétrico que acompanha os elétrons gera um campo magnético, que, por seu turno, se opõe à corrente elétrica.

Nosso segundo exemplo é extraído da química. Há muitos mecanismos para a síntese de moléculas a partir de átomos. Os mais prevalentes entre eles são a transferência de elétrons e o compartilhamento de elétrons. No primeiro caso, um dos átomos doa um elétron ao outro e, em consequência, formam-se um íon positivo e um negativo, os quais se atraem eletrostaticamente um ao outro. Um exemplo de qualquer manual é a combinação de um íon positivo de sódio Na^+ com um íon negativo de cloro Cl^-, para produzir uma molécula de cloreto de sódio NaCl.

Por contraste a isso (ligação eletrovalente), a ligação covalente emerge quando os átomos precursores compartilham os elétrons que lhes são exteriores. O exemplo mais simples é o da formação da molécula de hidrogênio H_2. Não se trata apenas de uma justaposição de dois átomos de hidrogênio, uma vez que os dois elétrons dos átomos precursores se interpõem, agora, entre os núcleos atômicos (prótons). Aqui a emergência resulta de uma reestruturação.

Outro exemplo claro é o da catálise: químicos teóricos queriam saber como catalisadores, tais como as enzimas, funcionam. Sabiam, há décadas, que um catalisador não funciona por sua simples presença, como se acreditava em tempos passados. Um catalisador funciona pela combinação com um substrato de um complexo de vida curta que subsequentemente se dissocia no produto e no catalisador. (O esquema da reação é o seguinte: $S + C \rightarrow SC \rightarrow C + P$.) Mas, por seu turno, pergunta-se a razão dessa forma complexa e por que ela é instável. Esses problemas ainda estão sob investigação.

Saltemos agora ao próximo nível, o dos organismos. Suspeitava-se da existência da evolução biológica muito antes de Charles Darwin estabelecê-la. Seu grande mérito foi que ele explicou a evolução em termos de dois mecanismos: herança com modificação e seleção natural. Embora tenha conseguido descrever este último, o mecanismo das modificações inatas só foi descoberto muitas décadas mais tarde. Verificou-se que elas nasciam a partir de mutações gênicas e recombinações, as quais, por sua vez, são explicadas em termos moleculares.

O enfoque nos genes levou Theodosius Dobzhansky a definir a evolução como uma mudança nas frequências de certos alelos em uma população. Mas uma mudança de frequência – um traço estatístico de uma coleção – é somente um efeito das alterações que ocorrem no curso de um desenvolvimento individual. E

1 Ver, e.g., A. S. Wilkins, *The Evolution of Developmental Pathways.*

2 J. Roughgarden, *Theory of Population Genetics and Evolutionary Ecology.*

3 F. J. Odling-Smee et al., *Niche Construction.*

4 M. Mahner; M. Bunge, *Foundations of Biophilosophy;* S. J. Gould, *The Structure of Evolutionary Theory.*

5 G. Marsicano et al., The Endogenous Cannabioid System Controls Extinction of Aversive Memories, *Nature,* n. 418, p. 530-534.

6 O. Blanke et. al., Simulating Illusory ownbody Perceptions, *Nature,* n. 419, p. 269.

estas são mudanças nos caminhos relativos aos desenvolvimentos ou mecanismos. Além do mais, estas são as raízes da especiação, tal como reconhecida pela nova ciência da biologia desenvolvimental evolucionária ou *evo-devo* (*evo*, de *evolutionary*, e *devo*, de *devolopmental*)[1].

Isso não é tudo. Para explicar a evolução, devemos adicionar todos os fatores ambientais, como temperatura, umidade, incidência solar, acidez do solo e, acima de tudo, as interações com outros organismos, pois quaisquer desses fatores podem influenciar o desenvolvimento. Tais fatores explicam porque, ao contrário de uma crença anterior, a composição genética de uma biopopulação pode apresentar drásticas mudanças em curto período mais do que em um "tempo evolucionário". Um exemplo recente refere-se à pesca excessiva de bacalhau que quase eliminou o peixe que cresce antes de atingir a maturidade sexual: em algumas poucas décadas, a pesca comercial torceu dramaticamente o pool genético da população de bacalhau. Essa descoberta sugere a necessidade da fusão genética da população com a ecologia[2].

Entretanto, os organismos não são joguetes passivos de seu ambiente: eles constroem seu próprio habitat, de modo que a herança biológica se entrelaça com a herança ecológica[3]. Em suma, a bioevolução é explicada por vários mecanismos concorrentes em diversos níveis, da molécula à célula, ao órgão, ao organismo, à biopopulação, ao ecossistema[4].

Um interessante exemplo psicológico é o mecanismo da extinção de lembranças adversas, como as de episódios terríveis. Isso não é realizado pelo mítico superego imaterial de Freud, porém pelos canabióides produzidos por nosso próprio corpo: essas moléculas destroem os processos neuronais na amídala que armazena lembranças adversas[5]. Outro recente achado espetacular da neurociência cognitiva é a indução experimental de experiências "extracorporais"[6]. Isso é efetuado não por meios extrassensórios ou pela meditação mística, mas por estímulo elétrico da região somatossensória (mapa corporal) do córtex cerebral. Embora os pormenores do mecanismo ainda sejam nebulosos, o esboço é claro. Normal ou ilusória, a percepção é um processo localizado no córtex e, assim, sensível não apenas a sinais externos, mas também a estímulo interno. Destarte, o alegadamente paranormal é explicado pelo normal.

Lancemos, por fim, um olhar para a ciência social. Em um artigo clássico, Robert K. Merton identificou os mecanismos não antecipados de ações sociais propostas. Uma delas, talvez a mais difundida, é a seguinte: "Com a complexa interação que constitui a sociedade, a ação ramifica-se. Suas consequências não ficam restritas à área específica a que elas deviam centrar-se e ocorrem em campos inter-relacionados ignorados no momento da ação"[7].

Os economistas neoclássicos, por contraste, ignoram o próprio conceito de sistema e, por consequência, falham na tentativa de explicar as funções e as disfunções da economia. Por exemplo, Ludwig von Mises[8], um influente economista neoconservador, pretendeu que o mercado não é uma coisa ou uma entidade coletiva, porém um processo. Mas é certo que não há processos, salvo em coisas concretas: recorde o capítulo I. E o mercado é uma coisa, em particular um sistema concreto, cujo mecanismo central e sua *raison d'être* é a troca de bens e serviços.

As ações dos bancos centrais e fundos de estabilização, monopólios e oligopólios, bem como a implementação de códigos comerciais e regulamentações governamentais – embora não as normas em si próprias – podem, por sua vez, ser consideradas como mecanismos para o controle do mecanismo dos negócios. Eles podem, portanto, ser denominados de metamecanismos. Assim é a aplicação de qualquer acordo de livre-comércio entre nações desiguais: ele força a parte mais fraca a conceder tratamento nacional a firmas estrangeiras e, portanto, abster-se de favorecer o desenvolvimento nacional – ao passo que, ao mesmo tempo, os mesmíssimos campeões do livre-comércio praticam o protecionismo em casa. O desimpedido livre-comércio é, destarte, um mecanismo para fortalecer o mais forte e, desse modo, perpetuar o subdesenvolvimento.

A teoria microeconômica padrão enfoca o equilíbrio de mercado que ela pretende explicar como uma resultante do mecanismo: aumento no suprimento → Queda no preço → Aumento na demanda → Aumento de preço → ... Lamentavelmente, esse mecanismo ziguezagueante e autocorretor funciona melhor nos compêndios do que nos mercados reais, pois ignora os oligopólios e os subsídios do Estado e omite persistentes desequilíbrios de mercado; em particular, excessos, desemprego crônico e as

7 R. K. Merton, The Unanticipated Consequences of Purposive Social Action, *Social Ambivalence and other Essays*, p. 145-155.

8 *Human Action*, p. 257

9 Ver M. Bunge, *Social Sciences under Debate*, para críticas ulteriores à teoria econômica padrão.

10 A. S. Anderson, F. Nielsen, Globalization and the Great U-turn, *American Journal of Sociology*.

11 *Imperialism: A Study*.

12 S. M. Lipset, Political Sociology, em R. K. Merton et al (eds.), *Sociology Today: Problems and Prospects*, p. 92.

irregularidades e, por vezes, as enormes flutuações dos mercados financeiros[9].

Os sociólogos da economia têm ficado perplexos com a constante ascensão da desigualdade de renda nos Estados Unidos e em outros países, desde cerca de 1980, a despeito dos ganhos espetaculares tanto na produtividade como no PIB – na assim chamada "Grande Virada" (*Great U-Turn*). Vários mecanismos, operando simultaneamente, foram propostos para explicar essa tendência, em especial os seguintes, todos eles envolvidos na globalização[10]: a desindustrialização causada pela exportação de manufaturas; o barateamento do trabalho de baixa qualificação; e o enfraquecimento do poder de barganha do trabalho em consequência quer da legislação antitrabalhista, quer do aumento da mão de obra. Assim, como Hobson[11] observou há um século com respeito ao Império Britânico, o imperialismo econômico é autodestruidor no longo prazo.

Eis um claro exemplo politológico: "A democracia é um mecanismo social para resolver o problema da tomada de decisão societal entre grupos de interesses conflitantes com força mínima e consenso máximo"[12]. Por certo, a democracia também é um mecanismo que permite a participação política e a responsabilidade cívica. Por contraste, a ditadura, a agressão militar não provocada e o terrorismo de Estado são, de longe, os mais destrutivos, divisores e irracionais, e, portanto, também os mais bárbaros e imorais de todos os mecanismos sociais.

Os mecanismos sociais têm duas peculiaridades: são intencionais e estão interligados. Por exemplo, a democracia pode ser considerada um mecanismo para favorecer a participação; a outra é um mecanismo para reforçar a coesão social, que favorece a estabilidade e fortalece a democracia. Assim, os quatro mecanismos estão ligados em uma cadeia causal autossustentada – bem como os seus duais. Ver fig. 5.1.

A moral deveria ser clara: enquanto os mecanismos construtivos precisam ser azeitados e reparados sempre que necessário, os puramente destrutivos devem ser impedidos. Por exemplo, o mecanismo do terrorismo rasteiro é o ciclo autossustentado: Provocação → Ataque terrorista → Retaliação → Ataque terrorista de provocação. Nós não entenderemos o que sustenta semelhante ciclo irracional se ficarmos repetindo a explicação

Figura 5.1:
Laços de realimentação envolvendo quatro mecanismos sociais: (a) construtivo e (b) destrutivo.

convencional de que o terrorismo resulta de uma combinação de pobreza com ignorância. Psicólogos sociais e sociólogos verificaram que a maioria dos pilotos kamikazes e homens-bomba eram membros bem educados da classe média. Somente investigações ulteriores poderão desvendar as queixas, as frustrações e as superstições religiosas que os levaram a buscar o martírio[13].

A habilidade de mexer com mecanismos é particularmente importante na tecnologia. Por exemplo, imunologistas e epidemiologistas sabem que a vacinação protege contra moléstias infecciosas, porque ela induz à síntese de anticorpos apropriados. E epidemiologistas normativos podem calcular o nível mínimo de vacinação que prevenirá uma epidemia, porque eles sabem que, acima de certo limiar, a infecção se propagará por contato até que todos, exceto os indivíduos naturalmente imunes, forem atingidos. Assim, a prevenção e o gerenciamento de doenças infecciosas repousam sobre um corpo de epidemiologia teórica, centrada nos mecanismos de infecção mais do que em dúbias inferências indutivas de amostras observadas[14]. Em geral, a correlação estatística nada explica: ela é que brada por modelos explanatórios que sejam determinísticos, estocásticos ou mistos. E o controle eficiente baseia-se no conhecimento da dinâmica.

A maioria das generalizações e correlações epidemiológicas que não estão escoradas em sólidas hipóteses acerca de mecanismos, no melhor dos casos estimula a pesquisa e, no pior, são chamados de alarmes injustificados. Por exemplo, uma forte correlação positiva ou negativa entre duas características X e Y indica apenas covariação, como no caso da estatura e do peso do corpo. Somente uma pesquisa ulterior poderia estabelecer que mudanças em X causam mudanças em Y ou inversamente, ou que ambos dependem de mudanças em uma terceira variável Z. A moral é óbvia: procure os mecanismos por trás de toda correlação forte e extremamente interessante. Por exemplo, a relação em forma de U entre a morbidade e o índice de massa corporal

[13] S. Atran, Genesis of Suicide Terrorism, *Science*, n. 299, p. 1534-1539.
[14] Ver, e. g., R. M. Anderson; R. M. May, *Infectious Diseases of Humans*.

15 Ver, e. g., P. Kurtz, *Skeptical Odysseys*.

(IMC) é um indicador dos hábitos de nutrição, em particular tanto da má nutrição (para valores pequenos de IMC) e da excessiva ingerência de alimentos (para valores altos de IMC).

Uma tecnologia pode ser efetiva, mas não eficiente: isto é, pode funcionar, mas unicamente a alto custo. O exemplo clássico é a engenharia romana, caracterizada pela confiabilidade e durabilidade asseguradas pela massa excessiva. A tecnologia eficiente esteia-se em hipóteses mecanísmicas bem confirmadas. Por contraste, a ineficiência da pseudotecnologia é devida à inexistência ou ignorância de mecanismos relevantes. Por exemplo, sabe-se que mágica, reza de intercessão, rabdomancia na água, Feng Shui, homeopatia, cura pela fé e psicanálise falham[15]. A razão é que eles não contam com qualquer outro mecanismo real além do efeito placebo, isto é, sugestão pura. Incidentalmente, ainda não conhecemos o mecanismo neurocognitivo pelo qual a sugestão atua. Entretanto, há bons motivos para suspeitar que as palavras e os placebos sejam efetivos, na medida em que desencadeiam processos fisiológicos que começam no córtex e provavelmente envolvem a liberação ou o bloqueio de neurotransmissores que ativam ou inibem a formação de assembleias neuronais.

A relevância do mecanismo para o entendimento e o controle é de tal ordem que não é raro encontrar na literatura científica apologias da seguinte forma: "Infelizmente, não se conhece nenhum mecanismo subjacente [ou à equação] ao fato em questão". Por exemplo, ninguém acreditava nas alergias até que foram explicadas em termos das reações antígeno-anticorpo. Os médicos não acreditam em panaceias homeopáticas, exceto como placebos, porque não há nenhum mecanismo mediante o qual algumas poucas moléculas de qualquer "princípio ativo" pudessem afetar órgãos inteiros. E os psiquiatras científicos não dão crédito às histórias psicanalíticas, não apenas porque carecem de validação experimental, mas também porque não possuem suporte em quaisquer mecanismos cerebrais conhecidos. Mas, pelo menos, sabemos acerca do sexo o que Freud não sabia, ou seja, que o órgão sexual mais importante é o cérebro.

Em todos os exemplos científicos acima apresentados, um mecanismo foi concebido como processo (ou sequência de estados, ou trajetória) em um sistema concreto, natural ou social. Ademais, a maioria dos mecanismos está escondida, de modo que eles tiveram de ser conjeturados. Isso sugere o plano do presente capítulo: sistema, mecanismo, suposição de mecanismo e explanação. Estes e outros conceitos serão aqui apenas esboçados e exemplificados; a sua elucidação em pormenor será efetuada mais adiante[16].

2. sistema e sistemismo

O barão d'Holbach[17], um dos principais Enciclopedistas, deve receber o crédito por ter unido o materialismo ao sistemismo. De fato, foi o primeiro a declarar não só que todos os existentes são materiais, como também que todas as coisas, tanto na natureza quanto na sociedade, unem-se umas às outras. Essa ontologia, *materialismo sistêmico*, prosperou nas ciências naturais, quer tangíveis, como os sistemas nervosos, ou intangíveis, como moléculas e sistemas sociais.

O materialismo sistêmico tem sido bem menos popular no campo dos estudos sociais, em que o individualismo e o idealismo dominaram. Ainda assim, alguns cientistas sociais perceberam que aquilo que estudam são sistemas sociais. Destarte, o maior economista do século XX afirmou: "Eu estou principalmente preocupado com o comportamento do sistema econômico como um todo"[18]; o mesmo sucedeu a Wassily Leontief, cujas matrizes *input-output* dizem respeito às economias nacionais. Kenneth Boulding[19] pregou o evangelho sistemista no deserto da corrente principal da microeconomia. A mais famosa obra de Fernand Braudel[20] concerne nada menos do que à inteira bacia do Mediterrâneo. E Henry Ford asseverou que a produção em massa, ao contrário do artesanato, é regida por três máximas: "Sistema, sistema e mais sistema". Entretanto, a maioria dos cientistas sociais se abstém de empregar a expressão "sistema social", mesmo quando estão estudando sistemas sociais ou projetando políticas para alterá-los.

Em suma, o materialismo sistêmico deu-se bem nas ciências naturais e marginalmente bem nas ciências sociais e biossociais. De outro lado, ele não prosperou em todas as humanidades. Juntamente com o cientificismo, outra vela da Ilustração foi soprada pelos professores de filosofia do século XIX e permaneceu nas

[16] M. Bunge, Phenomenological Theories, The Critical Approach; Scientific Research; The Maturation of Science, em I. Lakatos; A. Musgrave (eds.), *Problems in the Philosophy of Science*, p. 120-137; *Treatise on Basic Philosophy*, v. 4; *Finding Philosophy in Social Science*; Mechanism and Explanation, *Philosophy of the Social Sciences*, n. 27, p. 410-465; *Social Sciences under Debate; The Sociology-Philosophy Connection*.

[17] *Système Social*.

[18] J. M. Keynes, The General Theory of Employment, Interest and Money, *Collected Writings*, p. 32.

[19] K. E. Boulding, General Systems as a Point of View, em M. D. Mesarovic (ed.), *Views on General Systems Theory*.

[20] *The Mediterranean and the Mediterranean World in the Age of Philip II*.

21 *The Social System.*
22 *Soziale Systeme: Grundrisse einer allgemeinen Theorie.*
23 *The Constitution of Society.*
24 *An Introduction to Cybernetics.*
25 Ver, e.g., Centre International de Synthèse, *Notion de structure et structure de la connaissance.*

mãos dos amadores. O que prevaleceu na academia foram o holismo idealista de Hegel e o individualismo idealista de Dilthey e Rickert (mentor filosófico de Max Weber). O Contrailuminismo triunfou em tamanha extensão, que as ideias dos Enciclopedistas eram dificilmente ensinadas em nossas universidades.

É verdade, alguns poucos antropólogos e sociólogos, em particular Radcliffe-Brown, Parsons, Luhmann e Habermas escreveram extensamente acerca de sistemas sociais. Todavia, alguns deles, especialmente Parsons[21] e seu seguidor Luhmann[22], enfatizaram o equilíbrio – assim como os microeconomistas neoclássicos. Para eles, um sistema social encontra-se basicamente em um estado estacionário, e toda mudança é ou um distanciamento da estase ou um retorno a ela – como se a mudança fosse mais anormal do que a regra. Ademais, os sistemistas estáticos encaram os sistemas sociais como maços desencarnados de valores, normas, ações ou comunicações: ao contrário de Holbach, eles eram sistemistas, mas não materialistas.

Alguns outros estudiosos, como Giddens[23], amalgamaram "sistema" com "estrutura" – como se uma estrutura pudesse existir independentemente das entidades que ela liga. Outros ainda, sobretudo engenheiros de sistemas como Ashby[24], chamaram de "sistema" qualquer caixa preta com inputs e outputs, ou até, apenas, uma lista de variáveis, sem levar em conta a matéria, a *estrutura* e *mecanismo*. Em outras palavras, adotaram o ponto de vista funcionalista.

Por ser a palavra "sistema" usada de um modo mais ou menos frouxo nas ciências sociais, será conveniente dar-lhe uma definição. Eu adoto a seguinte: um sistema é um objeto complexo, cujas partes ou componentes são mantidas juntas por liames de alguma espécie. Esses liames são lógicos, no caso de um sistema conceitual, como uma teoria, e são materiais, no caso de um sistema concreto, como um átomo, uma célula, um sistema imune, uma família ou um hospital. A coleção de todas as relações desse tipo entre os constituintes de um sistema é sua estrutura (ou organização, ou arquitetura). Esse conceito de estrutura é tomado de empréstimo à matemática. Um grande número de noções alternativas, nenhuma delas suficientemente clara, foi introduzido nos anos de 1950, quando o termo "estrutura" se tornou subitamente moda nas humanidades e nos estudos sociais[25].

Dependendo dos constituintes do sistema e dos laços que vigem entre eles, um sistema concreto ou material pode pertencer a qualquer dos seguintes níveis: físico, químico, biológico, social ou tecnológico. Os sistemas semióticos, tais como as linguagens e os diagramas, são híbridos, pois são compostos de signos materiais ou sinais, alguns dos quais veiculam significados semânticos a seus potenciais usuários.

O mais simples esboço ou modelo de um sistema material σ é a lista de sua composição, ambiente, estrutura e mecanismo(s) ou:

$$\mu(\sigma) = <C(\sigma), E(\sigma), S(\sigma), M(\sigma)>.$$

Aqui, $C(\sigma)$ designa o conjunto das partes de σ; $E(\sigma)$, a coleção dos itens ambientais que atuam sobre σ ou sofrem a ação deσ; $S(\sigma)$ indica a estrutura ou conjunto das ligações, ou laços que mantêm os componentes de σ juntos, bem como aqueles que os ligam a seus ambientes; e $M(\sigma)$, o mecanismo, ou processos característicos que tornam σ o que ele é e os caminhos peculiares pelos quais ele muda.

Note que distinguimos um sistema σ de seu(s) modelo(s) $\mu(\sigma)$ assim como o eletricista distingue um circuito elétrico de seu(s) diagrama(s). Observe também que, ao contrário de Glennan[26], nós distinguimos um sistema de seu(s) mecanismo(s).

Todas as quatro componentes do modelo $\mu(\sigma)$ são tomadas em um dado nível, tal como a pessoa, a dona de casa ou a firma, no caso de sistemas sociais. Eles são considerados também em um dado tempo. Em particular, $M(\sigma)$ é um instantâneo dos processos que se desenvolvem no sistema em questão. Por sua vez, um processo é uma sequência de estados; caso se prefira, é uma sequência de eventos. E, enquanto o efeito líquido de alguns processos é o de alterar o estado geral do sistema, o dos outros é o de manter o referido estado. Por exemplo, um veleiro é movido pelo vento, enquanto os impactos de miríades de moléculas de água sobre seu casco o mantêm flutuando. E o que conserva uma firma à tona do mercado é a venda de seus produtos.

O exemplo mais familiar de um sistema social é a tradicional família nuclear. Seus componentes são os pais e os filhos; o ambiente relevante é o meio físico imediato, a vizinhança e o lugar de trabalho; a estrutura é composta de vínculos biológicos

[26] Rethinking Mechanistic Explanation, *Philosophy of Science*, Supplement to v. 69, n. 3:, p. S342-S353.

27 *Capitalism, Socialism and Democracy*, p. 83.

* Comércio eletrônico em oposição ao comércio tradicional (*snail-commerce*) (N. da T.).

** Em inglês dos Estados Unidos, *grass-roots* (N. da T.).

e psicológicos como: amor, compartilhamento e relações com os outros; e o mecanismo consiste essencialmente de afazeres domésticos, encontros maritais de vários tipos e criação dos filhos. Se o mecanismo central falha, o mesmo acontece com o sistema como um todo.

Os economistas neoclássicos, obsedados como os lojistas com a concorrência de preços, deixaram de apreender o mecanismo central da economia capitalista: inovação. Schumpeter[27] o desvelou em uma única e magistral página: ele percebeu que aquilo que "põe e mantém a máquina capitalista em movimento" é a quase incessante "destruição criativa". Esta é a introdução de bens de consumo qualitativamente novos, novos métodos de produção e transporte, novos tipos de organização, e assim por diante – e a concomitante destruição de seus precursores. É isso que ele denominou um "processo orgânico", ou seja, um processo que afeta o sistema econômico inteiro. O processo que também tem repercussões políticas e culturais, como quando os negócios conquistam partidos políticos e quando os grandes clássicos literários, musicais e das artes plásticas são deslocados por mercadoria pseudoartística produzida em massa.

Tampouco a destruição criativa é limitada aos produtos materiais; ela pode também afetar sonhos e mitos. Um exemplo disso é a assim chamada Nova Economia dos meados do ano de 1990, centrada na ilusão de que o *e-comércio* substituiria o comércio de caracol*. Uma ilusão relacionada a isso foi a bolha da Nasdaq, favorecida pela artificial baixa taxa de desconto, decretada pelo Banco Central americano (FED) – esse alegado baluarte da livre empresa; a mesma agência governamental também ajudou a formar enormes e vulneráveis conglomerados industriais, alguns dos quais declinaram precipitadamente, enquanto outros existiram unicamente no papel. Ambas as bolhas foram furadas no alvorecer do novo milênio. Elas poderiam não ter sido formadas, se prevalecesse uma ontologia materialista – isto é, se fosse percebido que touros de papel não investem.

Outro tema atual é o terrorismo. Infelizmente, o conhecimento sobre a violência organizada é pobre e, como resultado, a prevenção é ineficiente. Em particular, a concepção mais popular do terrorismo político de base popular** é que ele é incitado por alguns indivíduos fanáticos, perversos ou dementes. Embora alguns líderes terroristas se ajustem a essa descrição, o fato não explica nem a devoção, nem abnegação de numerosos soldados da infantaria terrorista ou a persistência de suas causas. De qualquer modo, uma "guerra" (ou, antes, mobilização) bem-sucedida contra o patrocinado terrorismo de grupos deve começar por entendê-la como uma guerra barata que vem de baixo.

A primeira coisa a compreender acerca do terrorismo é que ele aparece em duas espécies principais – por instigação do Estado e por grupos patrocinados – e que o primeiro é de longe a mais imoral e letal das duas. O terrorismo de Estado é o mais fácil de explicar, porque conta com uma única fonte, ou seja, a elite dominante; e uma única meta, isto é, a supressão da dissensão. Por contraste, o terrorismo de grupo patrocinado, em geral, atrai gente de diferentes posições de vida e é um mecanismo dos fracos para corrigir injustiças de vários tipos de uma só vez: econômicas (recursos naturais e empregos), políticas (ordem social) e culturais (em especial religiosas). Qualquer campanha antiterrorista que nada faz para atender queixas genuínas está destinada a atuar, no melhor dos casos, apenas no curto prazo e à custa de liberdades civis.

Em geral, questões sistêmicas pedem soluções sistêmicas e de longo prazo, e não medidas setoriais e míopes. Em particular, a violência social brota de barreiras nós/eles. Portanto, ela é mais bem manejada removendo-se as barreiras em apreço. Por exemplo, a confrontação árabe-judaica será provavelmente resolvida unicamente pela mistura de ambas as populações mais do que pelo fortalecimento das barreiras entre elas (comunicação pessoal de Joseph Agassi). Trata-se de uma mensagem prática do sistemismo.

Os conceitos gêmeos de sistema e mecanismo são tão centrais na ciência moderna, seja ela natural ou social, ou biossocial, que seu uso gerou toda uma ontologia que eu denominei *sistemismo*[28]. De acordo com essa concepção, toda coisa no universo é, foi ou será um sistema ou um componente de um sistema. Por exemplo, o elétron que acaba de ser expulso de um átomo na ponta de meu nariz está prestes a ser capturado por uma molécula no ar. E o prisioneiro que acabou de escapar da cadeira elétrica está prestes a ser recapturado ou absorvido por uma família ou uma gangue. Não há desgarramentos permanentes ou isolados.

[28] M. Bunge, *Treatise on Basic Philosophy*, v. 4; *Emergence and Convergence*.

29 Idem; A systems Concept of Society, *Theory and Decision*, n. 10, p. 13-30; P. Sztompka, *Sociological Dilemmas*.

30 *The Civilizing Process.*

31 E. g., E. Laszlo, *Introduction to Systems Philosophy.*

* Personagem da peça de Molière, *Le Bourgeois gentil hore*, que imitava o comportamento e a prosa dos nobres (N. da T.).

32 *Understanding Early Civilizations.*

33 *Artifacts and Ideas.*

O sistemismo é a alternativa tanto para o individualismo quanto para o holismo[29]. Presumivelmente, essa é a alternativa que o sociólogo da história Norbert Elias[30] estava procurando no fim dos anos de 1930, quando ele se sentiu insatisfeito com as concepções da pessoa como *homo clausus* autocontido e da sociedade como caixa preta acima dos indivíduos.

Arguível, o sistematismo é a abordagem adotada por todo aquele que se esforça em explicar a formação, a manutenção, a reparação ou o desmantelamento de uma complexa coisa concreta de qualquer tipo. Observe que eu utilizo a expressão "abordagem sistêmica" e não "teoria dos sistemas". Há duas razões para isso. Uma, é que existem sempre tantas teorias de sistemas quantos são os seus teóricos. A outra, é que a "teoria dos sistemas" que se tornou popular nos anos de 1970[31] foi o outro nome para o velho holismo, o qual ficou desacreditado por pretender solucionar todos os problemas particulares sem pesquisa empírica ou teorização séria.

Entretanto, assim como Monsieur Jourdain falava prosa* sem que soubesse disso, a maioria dos cientistas praticava o sistemismo sem mencioná-lo. Do mesmo modo, em sua obra altamente original e monumental sobre as antigas civilizações, Bruce Trigger[32] estudou o ambiente físico, a economia, a forma de governo e a cultura (na acepção sociológica dessa palavra) e cada uma das sete primeiras civilizações que ele examina. Além disso, acentua a interdependência daqueles vários componentes ou aspectos da sociedade e descreve os mecanismos que dão origem ao Estado e suas funções, tais como o controle social, as obras públicas e as atividades culturais subvencionadas pelo Estado. Trigger também adota explicitamente uma ontologia materialista, embora, certamente, não o materialismo vulgar que nega a importância das ideias e dos rituais[33]. Quer dizer, ele adotou com êxito a abordagem sistêmica materialista, assim como Fernand Braudel e seus colegas nos *Annales*. Todavia, procurar-se-ão em vão expressões do tipo "sistema social", "mecanismo social" e "abordagem sistêmica" nessa obra. Igualmente, os antigos egípcios, embora profundamente religiosos, não tinham um vocábulo para o termo religião. Tudo isso mostra, uma vez mais, contra Wittgenstein e sua escola, que as ideias podem vicejar sem as palavras correspondentes.

O sistemismo é tão compreensivo quanto o holismo, mas, ao contrário deste último, ele nos convida a analisar totalidades em seus constituintes e rejeitar, em consequência, a epistemologia intuicionista inerente ao holismo. Por exemplo, enquanto a medicina holística pretende tratar pacientes como totalidades, sem considerar a especificidade de seus subsistemas, a medicina científica trata os pacientes como superssistemas compostos de vários sistemas interdependentes. Da mesma forma, ao passo que os revolucionários advogam total e instantâneas mudanças da sociedade como um todo, os reformistas sociais sistêmicos são favoráveis a reformas graduais de todos os subsistemas enfermos da sociedade.

A abordagem sistêmica aqui advogada não é uma teoria para substituir outras teorias. É, ao invés, um ponto de vista ou uma estratégia para designar projetos de pesquisa que visam a descobrir algumas das características de sistemas de um tipo particular. Ainda que essa abordagem seja rotineiramente utilizada na ciência e na tecnologia, ela é parte da filosofia, e esta última não está equipada para lidar com problemas empíricos. A filosofia pode facilitar ou bloquear a pesquisa científica, mas não pode substituí-la.

3. mecanismo

Como estabelecido acima, os mecanismos são processo que ocorrem em sistemas concretos (materiais), sejam eles físicos, sociais, técnicos ou de algum outro tipo. As trilhas bioquímicas, os sinais elétricos e químicos ao longo das redes neurais, a rivalidade sexual, a divisão de trabalho, a publicidade, a pesquisa de opinião pública e as expedições militares são mecanismos. Por contraste, os sistemas conceituais e semióticos, tais como as teorias e as linguagens respectivamente, têm composições, ambientes e estruturas, mas não mecanismos. A razão é que a mutabilidade (ou energia) é a propriedade definidora da matéria – seja ela física, química, viva, social ou técnica. Para cunhar um slogan ambíguo: *Para ser (material) é vir a ser.*

Os conceitos ontológicos de sistema e mecanismo são centrais na ciência e tecnologia modernas. Mesmo quando estudam

34 B. J. L. Berry, et al., Are Long-Waves Driven by Techno-Economic Transformation?, *Technological and Social Change*, n. 14, p. 114-135.

partículas elementares, elas investigam os sistemas e os mecanismos em que venham a ser envolvidas. Os seguintes exemplos deverão sugerir que o mesmo vale para as ciências sociais.

O nosso primeiro exemplo é o das "ondas longas" da atividade econômica, de Kondratieff, que atraiu a atenção de economistas e historiadores desde Schumpeter, Kuznets até Braudel para frente. Entretanto, a própria existência de tais ciclos com décadas de duração foi questionada durante três quartos de século, porque não fica claro qual poderia ser seu mecanismo subjacente. Ainda assim, uma plausível hipótese de mecanismo seria: obsolescência do sistema tecnoeconômico dominante → Sistema tecnoeconômico & Mudanças sociais → Saturação de mercado → Queda nos preços[34].

Um exemplo tópico da politologia é o seguinte: os defeitos da democracia americana, tais como o alto custo da disputa por um cargo político e o concomitante relacionamento íntimo entre partidos políticos e corporações estão desviando gente jovem da política. Em troca, esse enfraquecimento voluntário de poder é uma das imperfeições dessa democracia e ele corrói até uma ulterior participação política, que é o principal mecanismo democrático. (Mecanismos concorrentes constituem a aplicação do governo da lei, da educação, do voto, da honesta apuração eleitoral, bem como da livre formação e circulação da informação que veicula conhecimento confiável.) Tal é o caso do controle por pré-compensação (autoamplificação). E isso explica porque a apatia política leva a um mau governo. De fato, quando cidadãos honestos e competentes tendem a ausentar-se da política, os incompetentes e desonestos ocupam o lugar – o que pode ser denominado de a Lei de Gresham da Política.

Finalmente, um exemplo proveniente da culturologia. A pobreza cultural do Islã contemporâneo, com sua quase total ausência de ciência, tecnologia, filosofia e arte originais, está em agudo contraste com o brilho de sua cultura na Idade Média. Esse fato é um aspecto de um multifacetado processo estacionário. Embora as sociedades islâmicas atuais – particularmente aquelas que são ricas no suco do Diabo – tenham importado algumas das iscas da indústria moderna, como carros, telefones celulares, a maioria delas conservou uma estrutura social tradicional. Na verdade, elas desencorajaram ou até baniram a busca da novidade – econômica, política e cultural –, a qual é precisamente a busca que construiu o capitalismo moderno e que o mantém em andamento.

Os sistemas altamente complexos, como células vivas e escolas, contam com vários mecanismos concorrentes. Isto é, eles passam ao mesmo tempo por vários mecanismos mais ou menos entrelaçados e em diferentes níveis. Por exemplo, uma célula não cessa de metabolizar durante o processo de divisão; um cérebro que está despertando empenha-se em certo número de processos paralelos – bioquímico, vascular, cognitivo, emocional e de controle motor; e as pessoas que compõem uma escola metabolizam e socializam, ao mesmo tempo em que aprendem, ensinam, administram ou tagarelam.

A coexistência de mecanismos paralelos é particularmente perceptível em sistemas biológicos e sociais. Por exemplo, a bioevolução é impulsionada por vários mecanismos entrelaçados, entre eles a mudança genética, a seleção natural e construção de nichos. A evolução social humana é impelida pela produção e troca, pela cooperação e competição e muito mais. Pense, por exemplo, nos mecanismos que operam em uma comunidade científica: pesquisa (mecanismo para a busca da verdade), crítica e revisão pelos pares (mecanismos de controle de qualidade social) e a combinação de cooperação na procura da verdade com a concorrência na alocação de créditos e recursos.

Pelo fato de certo número de mecanismos poderem operar em paralelo em um e mesmo sistema, e pelo fato de alguns deles poderem interferir um no outro, convém distinguir mecanismos essenciais dos não essenciais[35]. Os primeiros são os peculiares aos sistemas de certa espécie, ao passo que os segundos podem ocorrer também em sistemas de uma espécie diferente. Por exemplo, a contração é essencial para um músculo, mais não é para uma célula; e emprestar dinheiro é essencial para um banco, mas é opcional para um industrial.

Estamos agora prontos para propor e refinar essa definição: *o mecanismo essencial de um sistema é seu funcionamento ou sua atividade peculiar*. Em outras palavras, um mecanismo essencial é a função específica de um sistema – ou seja, o processo que somente ele e sua espécie podem sofrer. Mais precisamente, propomos as seguintes estipulações, baseadas no conceito de uma função específica definida algures[36].

[35] Ver W. L. Schönwandt, *Planung in der Krise?*

[36] M. Bunge, *Treatise on Basic Philosophy*, v. 4.

Definição 1. Se σ denota um sistema da espécie Σ, então

(1) a *totalidade dos processos (ou funções)* em σ durante o período T é $\pi(\sigma)$ = à sequência ordenada de estados de σ sobre T;

(2) o *mecanismo essencial (ou função específica)* de σ durante o período T, ou seja, vale $M(\sigma) = \pi_s(s) \subseteq \pi(s)$, é a totalidade de processos que ocorrem exclusivamente em σ e seus conespecíficos (da mesma espécie) durante T.

Definição 2. Um *mecanismo social* é um mecanismo de um sistema social ou parte dele.

Note que os conceitos de meta e utilidade estão ausentes da definição acima. A razão é, por certo, que alguns mecanismos são ambivalentes e outros têm consequências negativas não intencionais. Por exemplo, o livre-comércio pode fazer ou desfazer uma nação, dependendo de suas competitividades, agressividades e poder político (em particular, militar).

Entretanto, os conceitos de meta e utilidade ocorrem na caracterização de mecanismos em cérebros altamente desenvolvidos como os nossos. Pode-se também falar das metas de artefatos, em particular de organizações formais – de maneira somente elíptica, todavia, porque a intencionalidade é uma peculiaridade de cérebros individuais. No caso de sistemas sociais, um mecanismo essencial é um processo que leva a cabo as mudanças desejadas ou então previne as indesejáveis. Apenas esse caso muito particular é coberto pela bem conhecida definição de Merton sobre mecanismos sociais como "o processo social que tem consequências designadas para partes designadas da estrutura social"[37].

4. mecanismos causais e estocásticos

Um mecanismo causal é, por certo, um mecanismo "governado" por leis causais, como as da eletrodinâmica clássica ou da ecologia clássica. Um exemplo de tal mecanismo é a indução eletromagnética que propulsiona motores elétricos de acordo com as equações de Maxwell. Outro exemplo é a oscilação de populações de organismos de espécies competitivas segundo as equações de Lotka-Volterra. Um terceiro refere-se à cooperação entre duas pessoas ou dois sistemas sociais de conformidade com normas definidas (embora não necessariamente explícitas), como as do altruísmo recíproco. Um quarto é o mecanismo de realimentação negativa como o regulador de pressão de vapor de Watt. Entretanto, todos os processos causais são afetados por algum ruído randômico, como ilustram as flutuações em circuitos eletrônicos e os erros acidentais de observação.

Processo que progride a partir de múltiplas subunidades, em geral pequenas, para uma unidade básica maior (N. da T.).

Há uma tendência natural de pensar a respeito de todos os processos, portanto de todos os mecanismos, como sendo causais (ou determinísticos em senso estrito). Assim, uma reação química é, em geral, concebida como um processo causal, ou mecanismo, para o surgimento de um produto a partir de um ou mais reagentes. Entretanto, a química quântica mostra que isso é somente um efeito agregado: uma reação individual ou microquímica é um processo com um importante componente randômico. Por exemplo, uma reação do tipo "A + B → C" deve ser analisada como um espalhamento aleatório de As por Bs, com certa probabilidade de que os Cs hão de emergir. *Grosso modo*, o número esperado de moléculas da espécie C resultante das n colisões de As com Bs, cada um deles com probabilidade p, é np. Advertência: esse não é um processo do tipo *botttom-up**, sem valor, porque o valor da probabilidade depende criticamente de variáveis macrofísicas como a temperatura e a pressão – as quais, por seu turno, são macropropriedades emergentes do ambiente em questão.

Existe um número bem maior de processos estocásticos (ou randômicos), tais como caminhar ao acaso, juntar a esmo, loteria (extração randômica de esferas de uma urna opaca), colisão atômica e mutação gênica. Entretanto, todos esses processos randômicos possuem uma discutível componente causal. Por exemplo, as esferas de uma urna lotérica se soltam por gravidade; as partículas em um colidor atômico são aceleradas por campos elétricos e magnéticos; os genes são ativados ou desativados pelas enzimas. É duvidoso que haja processos puramente causais ou puramente randômicos e, portanto, mecanismos (recorde o cap. 4).

À primeira vista, há uma terceira categoria de mecanismo além do causal e do randômico, ou seja, o caótico. Entretanto, os casos mais conhecidos de caos são casos particulares de

38 Ver M. Mahner; M. Bunge, *Function and Functionalism, Philosophy of Science*, n. 68, p. 75-94

39 *Micromotives and Macrobehavior*, p. 139.

40 *Social Theory and Social Structure*, p. 115.

causação, quer dizer, aqueles cujo resultado, como o do jogo de uma roleta, depende criticamente das condições iniciais. Afinal de contas, a maioria das equações teóricas do caos não envolve probabilidades.

5. mecanismo e função

Às vezes, os mecanismos são chamados de "funções". Essa confusão não é aconselhável quando uma e mesma tarefa pode ser executada por diferentes mecanismos – é o caso da equivalência funcional. Por exemplo, alguns quadrúpedes podem avançar caminhando, rastejando ou nadando; documentos podem ser reproduzidos por prelos, mimeógrafos e fotocopiadoras; mercados podem ser conquistados pela força, por *dumping*, por acordos de livre-comércio e até por competição honesta; certas mercadorias podem ser vendidas em mercados, lojas de varejo, lojas de departamento ou por meio da Internet.

Porque a relação funções-mecanismos é uma para muitos, devemos manter os dois conceitos como distintos, embora os relacionando. Outra razão é que uma explicação puramente funcional como "carros são meios de transporte", ainda que acurada, é superficial, porque não nos diz nada acerca do mecanismo peculiar pelo qual a função em questão é conduzida[38].

Alguma coisa do que vale para o nosso conhecimento de carros vale também para o de sistemas de outra espécie, como cidades. Por exemplo, não basta saber que os afro-americanos tendem para a autossegregação nas cidades porque gostam de viver entre eles próprios. É preciso acrescentar que são ativamente discriminados, e até recebidos com hostilidade, se tentam mudar-se para bairros predominantemente brancos. Não obstante, Schelling[39] afirma que a segregação racial não é voluntária, porém resultado de ativa discriminação racial. Esta última constitui o mecanismo invisível que se manifesta como segregação.

Outra razão para manter a distinção mecanismo-função é que, ao contrário dos mecanismos, as funções que eles desempenham são ambivalentes. De fato, como notou Merton[40], as funções sociais podem ser ou manifestas, ou latentes (não intencionadas). Além disso, os mecanismos sociais têm, em geral, disfunções, bem como funções. Destarte, a função manifesta pelo mecanismo de avaliação por pares é o controle de qualidade; porém, uma de suas funções latentes ou, antes, disfunções, é entrincheirar cliques e perpetuar suas crenças. Assim, o controle de qualidade intelectual pode ser deturpado em termos de controle de pensamento e poder.

[41] Ver, e. g., M. Bunge, A Model for Processes Combining Competition with Cooperation, *Applied Mathematical Modelling*, n. 1, p. 21-23.

Não há mecanismos universais, não há, portanto, procedimentos que sejam um remédio para tudo. Todos os mecanismos são dependentes do estofo e do sistema específico. Por exemplo, somente o carbono possui a versatilidade requerida para entrar na vasta maioria das reações químicas e conservar vivo um organismo. Apenas cérebros vivos, contanto que tenham sido propriamente treinados e aperfeiçoados, podem empenhar-se em pesquisa original; e somente cérebros em certos estados anormais podem sofrer alucinações.

Entretanto, mecanismos, como tudo o mais, podem ser agrupados em espécies naturais, como os de fusão e fissão, agregação e dispersão, cooperação e competição, estimulação e inibição, bloqueio e facilitação e assim por diante. As analogias formais entre mecanismos que envolvem substratos ou materiais de diferentes tipos facilitam a tarefa da modelagem matemática, visto que uma e mesma equação – ou sistema de equações – pode ser usada para descrever mecanismos que envolvem assuntos de diferentes espécies.

Por exemplo, um e mesmo sistema de equações pode descrever a cooperação e a competição entre organismos, em particular pessoas, ou entre substâncias químicas[41]. Igualmente, mecanismos do assim chamado tipo yin-yang – entidades constituídas com funções opostas, tais como estímulo e inibição, oxidação e redução – são "instantanizadas" por moléculas, neurônios, sistemas sociais e outras coisas mais.

Entretanto, modelos funcionais e estruturais e modelos simulados são inevitavelmente rasos porque, ao ignorar o material, passam por cima dos mecanismos. E tal omissão evita o reconhecimento de diferenças específicas e novidades qualitativas. Por exemplo, partículas de poeira, germes, sementes, ideias, hábitos e artefatos difundem, mas seus mecanismos de difusão são muitos diferentes: alguns são físicos, outros, biológicos e, outros ainda, sociais. Portanto, devemos desvendar tais mecanismos, se

42 A Plea for Mechanisms, em P. Hedström; R. Swedberg (eds.), *Social Mechanisms*, p. 48.

desejarmos facilitar ou estorvar o espalhamento do material em questão. Assim, a abordagem funcionalista, que descarta o material e, portanto, omite o mecanismo, está condenada a falhar na prática, bem como a colocar limites na pesquisa.

O funcionalismo tem sido particularmente pernicioso na biologia molecular e na psicologia. De fato, em ambos os campos ele tem desencorajado a busca de mecanismos e promovido a ideia de que os fluxogramas proporcionam explanações quando, na realidade, suprem unicamente descrições globais. Por exemplo, afirmar que o mensageiro RNA atua com uma fotocópia de (ou que ela "especifica") de proteínas é somente uma descrição metafórica da síntese de proteína. Para entender esse processo em profundidade, é preciso conhecer em pormenor as reações químicas que produzem as proteínas em questão. Em outras palavras, os processos de "transcrição" (DNA → RNA) e de "tradução" (RNA → Proteína) só podem ser entendidos em termos de forças intermoleculares. De igual modo, a psicologia não explica enquanto não avançar da metáfora do processo de informação para o mecanismo neural.

6. mecanismo e lei

Como se relacionam os conceitos de mecanismo e de enunciado de lei? John Elster[42] pretendeu que "o antônimo de um mecanismo é uma lei científica". Consequentemente, as explanações por meio de referência a mecanismos substituiriam uma explanação por meio de referência a enunciados de lei. Essa opinião é equivocada. Elster parece ter sido desencaminhado por seu exame de apenas alguns poucos casos de dois tipos: (a) mecanismos conhecidos com leis desconhecidas; e (b) leis conhecidas com subjacentes mecanismos desconhecidos. Mas o fato de pertinentes leis mecanísmicas serem desconhecidas em certos casos não prova, na verdade, em sua maioria, que elas não existam.

Mecanismos sem leis concebíveis são chamados de "milagres". Por exemplo, Tomás de Aquino sustentou que o Espírito Santo enxerta a alma no embrião humano; e John Eccles especulou certa vez (na respeitada revista *Nature!*) que a mente move neurônios por meio da psicocinese (ou telecinese). Seguramente, tais hipóteses são mecanísmicas; mas são também não científicas, porque são inconsistentes com as leis relevantes, nenhuma das quais se refere a entidades imateriais.[43]

Aceito que a pesquisa científica pressupõe (a) o materialismo ou a hipótese de que o mundo real é material, de modo que ele não contém ideias autônomas (independentes de objeto); e (b) o princípio da legalidade, de acordo com o qual todos os eventos satisfazem alguma(s) lei(s). A confiança no primeiro princípio permite aos cientistas dispensar o espectral. E a confiança no segundo princípio sustenta a pesquisa deles e a rejeição dos milagres.

A opinião de Elster, segundo a qual um mecanismo é o oposto de lei científica, está equivocada pelos seguintes contraexemplos: a mecânica estatística explica a termodinâmica, ao assumir que os constituintes elementares de um sistema termodinâmico acatam as leis da mecânica clássica; a óptica ondulatória explica os raios ópticos provando que os raios de luz emergem da interferência de ondas luminosas; a biologia molecular explica a genética mendeliana, demonstrando que o material da hereditariedade consiste de moléculas de DNA, algumas das quais "co dificam" proteínas e, assim, em última análise, controlam tais biomecanismos como o metabolismo, o crescimento celular e a divisão celular. Consequentemente, os dois últimos mecanismos são "governados" pela curva logística, que é também a do aprendizado impulsionado pela recompensa externa.

A verdade é que, nos estudos sociais, a lei e os mecanismos são necessários mas insuficiente para explicar, porque quase tudo que é social é fabricado mais do que encontrado. Na verdade, os fatos sociais não apenas acatam a lei, mas também as normas; e as normais sociais, embora consistentes com as leis da natureza, não são redutíveis a elas, se não por outro motivo, ao menos porque são inventadas à luz de avaliações – além do que toda norma é temperada por uma contranorma, como salientou Merton[43].

Em todo caso, o mecanismo e a lei podem ser despareados unicamente em pensamento. E a explanação por referência ao mecanismo aprofunda a subsunção em vez de substituí-la. As diferenças entre as duas espécies de explanação – subordinativa e mecanísmica – bem como seus atributos comuns, emergem claramente quando são analisadas logicamente. Façamo-lo em dois casos simples.

43 *Sociological Ambivalence and Other Essays.*

[44] On the Nature of Explanation in the Neurosciences, em P. Machamer et. al., *Theory and Method in the Neurosciences*, p. 45-69.

Considere a bem conhecida generalização empírica: "Tomar ecstasy causa euforia", que não faz referência a quaisquer mecanismos. Essa afirmação pode ser analisada como uma conjunção de duas bem conhecidas hipóteses mecanísmicas: "Tomar ecstasy causa excesso de serotonina" e "Serotonina em excesso causa euforia". Essas duas proposições em conjunto explicam a declaração inicial. (Porque a serotonina causa euforia é por certo uma questão à parte que reclama um mecanismo diferente.) Incidentalmente, o exemplo precedente desaprova a asserção de Revonsuo[44], segundo a qual a explanação via mecanismo não está disponível fora da física, em particular na neurociência cognitiva.

Um exemplo proveniente da sociologia e da ciência da administração poderia ser este: "A inércia [resistência à mudança] de um sistema social é proporcional a seu tamanho". Isso explica por que até encampações amistosas, que requerem rápidas adaptações, são arriscadas para corporações. Em troca, a relevância do tamanho para a inércia é explicada pela necessidade de contatos face a face (ao menos, tela a tela), a fim de manter a coesão do sistema e, assim, assegurar o seu comportamento como unidade. Para formulá-lo esquematicamente, dividimos a proposição inicial do seguinte modo: "$\uparrow$ Volume $\Rightarrow$ $\uparrow$ Inércia" para "$\uparrow$ Volume $\Rightarrow \downarrow$ Contatos" e "$\downarrow$ Contatos $\Rightarrow$ $\uparrow$ Inércia".

(O argumento prévio é esclarecido quando expresso com a ajuda do simbolismo padrão da lógica elementar. Comecemos com o enunciado de lei da forma "$\forall x(Ax \Rightarrow Bx)$" e vamos analisá-la como a conjunção de hipóteses das formas "$\forall x(Ax \Rightarrow Mx)$" e "$\forall x(Mx \Rightarrow Bx)$", em que M se refere a uma característica-chave de algum mecanismo.)

Todos os mecanismos reais obedecem a leis, mas a relação leis-mecanismos é uma para muitos, mais do que uma para uma. Por exemplo, as oscilações no preço de valores na Bolsa se parecem a uma caminhada randômica, superficialmente similar ao movimento de uma molécula em um gás; e a função exponencial descreve tanto o crescimento de uma população com recursos ilimitados quanto o de comunicações científicas.

Há duas principais razões apara a frouxidão do acoplamento leis-mecanismos. Uma é que qualquer relação *input-output* dada (ou caixa preta) pode, em princípio, ser medida por diferentes mecanismos (ou caixas translúcidas). Ver figura 5.2a. A segunda

FIGURA 5.2:
(a) Uma relação *input-output* mediada por um mecanismo. (b) Duas macropropriedades relacionadas via uma micropropriedade.

razão é que as leis de níveis macro relacionam feições globais, tais como crescimento ou declínio, concentração ou dispersão, que são compatíveis com microprocessos alternativos. Ver figura 5.2b.

[45] Ver M. Bunge, *The Critical Approach; Scientific Research*, p. 234-254.

Por ser a relação padrões-mecanismos uma para muitos, a busca de uma pode ser desacoplada da busca da outra. Entretanto, barrando milagres, não há mecanismos sem leis mais do que padrões sem mecanismos. Portanto, qualquer explicação isenta de mecanismo deve ser considerada como superficial e, por conseguinte, oferece um desafio para a descoberta de mecanismo(s) desconhecido(s). Pela mesma razão, qualquer mecanismo não sustentado por alguma(s) lei(s) deve ser visto como sendo *ad hoc* e, portanto, igualmente transiente.

Em suma, explanações satisfatórias (e que satisfazem psicologicamente) de ambos os tipos, se forem científicas, recorrem a enunciados de lei. Assim, as hipóteses mecanísmicas não são alternativas para leis científicas, porém são componentes de profundas leis científicas. Em outras palavras, "mecanismo" (ou "caixa translúcida") opõe-se a "fenomenológico" (ou "caixa preta") e não à "legalidade"[45].

7. supondo mecanismos

Como tratar de mecanismos conjecturantes? Da mesma maneira como construímos quaisquer outras hipóteses: com a imaginação, quer estimulada, quer constrangida, pelos dados e por hipóteses bem comprovadas pelo tempo. Consideremos alguns exemplos.

O altruísmo e a cooperação entre os seres humanos são quase tão frequentes quanto o egoísmo e a competição. Por que isso é assim, ou seja, que mecanismos impulsionam ambos os comportamentos? A maioria dos sociobiólogos pretende que, por serem o altruísmo e a cooperação dispendiosos, estes ficam

[46] Ver, e. g., S. A. West et al., Cooperation and Competition Between Relatives, *Science*, n. 296, p. 72-75.

[47] Ver, e. g., F. J. Odling-Smee et al., *Niche Construction*, p. 298 e s.

[48] J. K. Rilling et al., A Neural Basis for Social Cooperation, *Neuron*, n. 35, p. 395-405.

confinados aos parentes. Consequentemente, as esposas, os filhos adotivos e os amigos próximos não deveriam esperar ajuda nas emergências. Isto é, o animal teria um desejo inconsciente de proteger e espalhar seus próprios genes. Tal é a hipótese da seleção por parentesco, a contraparte psicológica da conjectura do "gene egoísta" de Richard Dawkins, de acordo com a qual os organismos são apenas transportadores de genes. Embora popular, a hipótese da seleção por parentesco corre contra a evidência empírica de que há cooperação entre os não-parentes, bem como rivalidade, às vezes até violência, entre parentes[46]. Além disso, relações transgênicas podem ser mais amorosas do que as que ocorrem dentro da mesma espécie. Assim, o presidente americano George W. Bush declarou certa vez que seu cão é o filho que ele nunca teve.

Uma hipótese alternativa é que a cooperação ocorre independentemente do parentesco, se seus benefícios excederem seus custos; o conflito seria algo paralelo[47]. Ademais, praticamos boas ações porque nos sentimos bem com isso, mesmo se não esperamos retribuição. De fato, recentes estudos de imagens cerebrais[48] de pessoas que disputam partidas do tipo Dilema do Prisioneiro mostram que nos sentimos bem quando nos comportamos de maneira cooperativa com estranhos: certos sistemas neuronais encarregados da recompensa (prazer) "acendem-se" no processo. Uma alternativa é que os humanos e outros animais tendem a cooperar entre si porque necessitam de ajuda e esperam reciprocidade. Essas duas hipóteses são por certo mutuamente compatíveis. Assim, presumivelmente a cooperação envolve pelo menos dois mecanismos que se entrelaçam em muitos e diferentes níveis, celulares e sociais.

Não há método, e muito menos lógica, para mecanismos conjecturantes. Em geral, hipóteses, como as formuladas por Peter Medawar, "aparecem... ao longo de atalhos não mapeados do pensamento". É verdade, escreveu Peirce, acerca do "método de abdução", mas a "abdução" é sinônimo de "conjecturante". E, como ele próprio declarou, trata-se de uma arte, e não de uma técnica. Uma razão é que, tipicamente, os mecanismos são inobserváveis e, portanto, sua descrição é obrigada a conter conceitos que não ocorrem em dados empíricos. (Daí por que a modelagem matemática é amiúde utilizada para identificar mecanismos.

(a) Input ⟶ Mecanismo ⟶ ? Output

(b) ? Input ⟶ Mecanismo ⟶ Output

(a) Input ⟶ ? Mecanismo ⟶ Output

◀ FIGURA 5.3: Problema (a) direto ou para frente e problemas (b) e (c) inversos e para trás. Em princípio, dada uma teoria, resolver (a) e (b) são casos de computação; por contraste, (c) exige uma teoria que pode não estar ainda disponível, sendo, pois, o problema mais difícil de resolver.

Não é que o cerne da realidade seja matemático, mas unicamente o pensamento matemático pode enfrentar a complexidade.) Mesmo o mecanismo que faz o relógio de pêndulo tiquetaquear envolve inobserváveis como o campo gravitacional e a inércia; do mesmo modo, a energia elástica armazenada em um arco tensionado é inobservável.

Os sistemas sociais são epistemologicamente similares. Por exemplo, fábricas são invisíveis: o que se pode perceber são alguns de seus componentes – empregados, edifícios, máquinas, reservatórios e assim por diante –, mas não o modo como elas trabalham sinergicamente, que é o que os mantêm juntos em andamento. Até as operações de uma loja de esquina são parcialmente abertas. Por exemplo, o merceeiro não sabe, e comumente não se preocupa, em descobrir por que um freguês compra cereal para o desjejum, de um tipo de preferência a outro. Entretanto, se ele se preocupar poderá fazer suposições – por exemplo, que crianças são provavelmente atraídas pelo invólucro. Isto é, o merceeiro pode compor o que se denomina uma "teoria mental", uma hipótese concernente a processos mentais que acabam na caixa registradora. Se o merceeiro fosse um neobehaviorista, ele poderia raciocinar assim: Visão do pacote → Apetite → Compra.

Inputs e *outputs* observáveis, tais como publicidade e comportamento do consumidor, nada explicam. Eles apenas colocam o problema do ato de conjeturar mecanismo(s), provavelmente para converter *inputs* em *outputs*. Observe que esse é tipicamente um problema inverso, da espécie Comportamento → Intenção. Uma vez encontrada uma solução, ela permite atacar o problema de modo direto: Input & Mecanismo → Output. Ver figura 5.3.

Quando poderosas e razoavelmente verdadeiras teorias mecanísmicas se tornam disponíveis, como na física, em partes da química e em partes da biologia, os problemas, na sua maioria, são diretos ou podem ser transformados em tais. Mas não é esse o caso usual nos estudos sociais. Aqui, é preciso quase partir do

49 M. Bunge, *Scientific Research*.

zero quando se enfrenta um novo problema. Não são conhecidas quaisquer equações gerais do movimento social que possam ajudar a predizer o que fará um indivíduo ou um sistema social diante de certos estímulos ou imaginar quais foram os estímulos e os processos interno que causaram a reação observada. Em particular, a variável tempo não ocorre na vasta maioria das fórmulas na matemática da economia padrão, obsedada como ela é pelo equilíbrio.

8. explanação: subsunção e mecanísmica

A descrição padrão da explicação na filosofia da ciência, a partir de Mill até Popper, Hempel, Braithwaite e Nagel, é o assim chamado modelo de cobertura de lei. De acordo com ele, explicar um fato particular é subsumi-lo a uma generalização conforme o esquema: Lei & Circunstância $\Rightarrow$ Fato a ser explanado. Por exemplo, pode-se dizer que Aristóteles morreu porque um ser humano e todos os seres humanos são mortais; ou que o preço do sabão subiu porque todas as mercadorias ficaram mais caras, e o sabão é uma mercadoria. Tudo isso é logicamente sólido (verdadeiro). Mas daí não se infere entendimento e, consequentemente, isso não qualifica propriamente uma explicação.

Eu aceito que o modelo de cobertura de lei deixa de capturar o conceito de explanação utilizado nas ciências, porque não envolve a noção de um mecanismo[49]. Por exemplo, explica-se a secagem das roupas molhadas expostas à luz do sol pela absorção da luz, que aumenta a energia cinética das partículas de água na roupa molhada, ao ponto de elas superarem as forças de aderência e saltarem para fora. A senectude e a morte são explicadas pelo desgaste, inflamação, oxidação e encurtamento do telômero e outros mecanismos que operam confluentemente; a neurociência cognitiva explica o aprendizado pela formação de novos sistemas neuronais que emergem quando eles disparam conjuntamente em resposta a certos estímulos (externos ou internos) (lei de Hebb).

As explicações genuínas nas ciências sociais são similares. Por exemplo, o desemprego de certo tipo é atribuído à difusão de certos dispositivos de economia de trabalho, que, por sua vez, são impulsionados pela busca de desperdício decrescente e lucros crescentes. Alejandro Portes explica o crescimento da economia informal ou ilegal como um efeito perverso da legislação trabalhista destinada a proteger os operários. Mark Granovetter explicou a obtenção de emprego por meio da "força dos laços fracos", isto é, informação sobre aberturas proporcionadas por amigos de amigos. As guerras são explicadas quer pelo desejo dos governos de reter ou expandir territórios, recursos naturais ou mercados, ou para ganhar a próxima eleição, fazendo com que os inocentes se reúnam em torno de seus Grandes Líderes, em um tempo de Emergência Nacional – ou seja, precisamente a mesma emergência engendrada por precisamente os mesmos patriotas.

Em todos os casos desse tipo, explicar é exibir ou assumir um mecanismo (legal). Trata-se de um processo – seja causal, randômico ou misto – que leva o sistema a funcionar do modo como ele o faz. Por certo, um mecanismo não necessita ser mecânico. Existem mecanismos termonucleares, termomecânicos, eletromagnéticos, químicos, biológicos (em particular bioquímicos e neurofisiológicos), ecológicos, sociais, bem como muitos outros mecanismos. Eu denomino esse tipo de explanação de *mecanísmico*. O uso desse neologismo é aconselhável, dado o fato de a maioria dos mecanismos serem não-mecânicos.

Consideremos, em breves termos, dois casos comparativamente simples de mecanismos não-mecânicos: os da variação demográfica e os da coesão social. Para uma primeira aproximação, as mudanças na numerosidade $N(t)$ de um grupo humano são representadas pela equação de taxa $dN/dt = kN$. A solução dessa equação é a função exponencial $N(t) = N_0\, exp\,(kt)$, em que N_0 é o valor inicial de N e k é a taxa de crescimento. Se $k > 0$, a população cresce exponencialmente; se $k = 0$, ela permanece estagnada; se $k < 0$, ela declina exponencialmente. Até agora, temos apenas uma descrição – bem como todas as equações relacionadas à taxa.

A descrição anterior é facilmente transformada em explanação, se a taxa de mudança k for analisada do seguinte modo:

k = *taxa de natalidade – taxa de mortalidade + taxa de imigração – taxa de emigração.*

Isso pode ser considerado como um mecanismo demográfico geral de um sistema social s. Ou seja, podemos escrever como $M(\sigma) = k$.

50 Ver C. Tilly, *Durable Inequality*.

* Sigla de *White Anglo Saxon Protestant* (N. da T.).

(Incidentalmente, os sociobiólogos estão de tal modo obsedados com a reprodução que subestimam os três mecanismos demográficos remanescentes. No entanto, a evolução envolve não apenas o sucesso reprodutivo – uma grande taxa de natalidade –, mas também adequação fisiológica, adaptação ao meio e ativa alteração deste último, isto é, construção de nicho. Todos esses processos apresentam-se em conjunto com uma baixa taxa de mortalidade – em adição à migração.)

Nosso segundo exemplo é um dos mais velhos problemas nos estudos sociais, ou seja: o que mantém a sociedade junta, a despeito dos diferentes e, às vezes, conflitantes interesses de seus componentes individuais? Tem havido muitas respostas a essa pergunta, e algumas delas, embora diferentes, são mutuamente compatíveis. Por exemplo, de acordo com algumas, o cimento da sociedade é o altruísmo recíproco (*quid pro quo*, "uma coisa por outra"); outros estudiosos pretendem que a troca é a cola da sociedade; outros ainda sustentam que a homofilia alimenta a cooperação – que pessoas com interesses, tradições, valores e costumes similares, provavelmente, se reúnem e permanecem juntas. Os teóricos da teoria dos jogos projetam modelos do Dilema do Prisioneiro, em que as pessoas aprendem a cooperar – ou, ao contrário, desertam; finalmente, os hobbesianos só acreditam em conflito e coerção. Cada uma dessas concepções contém um grau de verdade, mas nenhuma delas é plenamente satisfatória.

Poderíamos aprender algo mais perguntando: quais são as raízes da desigualdade, da desunião e da marginalidade sociais? Algumas das respostas mais óbvias são: violência e exploração; discriminações de gênero, raça, classe e ideológica; e mobilidade residencial[50]. Como é que essas causas e motivos atuam, isto é, quais são os mecanismos que as transformam nas segregações observadas? Pareceria que o mecanismo comum de todas elas é a exclusão ou a não-participação, seja deliberada ou não. Por exemplo, mulheres são excluídas da maior parte das mais altas posições gerenciais nas faculdades de medicina e nos clubes de golfe; negros, católicos e judeus, dos clubes Wasp*; os pobres, das ruas nobres e das boas escolas; e os organizadores agnósticos e trabalhistas, dos gabinetes políticos de alto escalão.

Se nos voltarmos agora para a pergunta original, perceberemos que o mecanismo-chave da coesão social é a participação – de gente de todos os tipos em redes sociais de várias espécies, de cidadãos em campanhas e pesquisas de opinião, de mulheres em empregos, de trabalhadores no modo como seu lugar de trabalho é dirigido, de adolescentes em gangues, de adultos em obras de caridade, e assim por diante. A noção de participação pode ser quantificada como segue: o grau de intensidade de participação de A's e de B's (e.g., de mulheres na academia, de jovens na política ou de empregados no gerenciamento) pode ser colocado como sendo igual à numerosidade da intersecção dos conjuntos A e B, dividida pela numerosidade do círculo social de convidados de A. Assim, o índice numérico π de coesão social (e seu dual, a marginalidade social) pode ser estabelecido[51]. Como a coesão é suficiente para a estabilidade, podemos tomar o conjunto $M(\sigma) = \pi$. Note que, longe de ser empírico, como a maioria dos outros indicadores sociais, π é baseado em assunções teóricas de sistemas acerca da estrutura social e da coesão social.

A mesma concepção sistêmica sugere diferentes indicadores de outros traços sociais. Por exemplo, conseguimos indicadores acessíveis de apego à comunidade propondo a indagação: que fatores, além da segregação, contribuem decisivamente para a desorganização social, isto é, para o enfraquecimento ou até o desmantelamento de mecanismos de coesão social? A resposta é que um de tais fatores é a mobilidade residencial: nômades não se ajustam facilmente a redes sociais locais e, portanto, não fazem uma contribuição significativa para o seu fortalecimento. Em outras palavras, tempo de residência indica nível de participação em atividades sociais locais, o que, por sua vez, contribui para a coesão social[52].

Em geral, feições individuais explicam traços coletivos que, por seu turno, contribuem para explicar o comportamento individual. O pesquisador de sistemas teóricos move-se do micro para o macro e inversamente. Em outros termos, ele emprega duas estratégias de pesquisa mutuamente complementares: *top-down** e *bottom-up*.

---

[51] M. Bunge e M. García-Sucre, Differentiation, Participation, and Cohesion. *Quality and Quantity*, n. 10, p. 171-178.

[52] J. Kasarda e M. Janowitz, Community Attachment in Mass Society, *American Sociological Review*, n. 39, p. 328-339; R. J. Sampson, Local Friendship Ties and Community Attachment in Mass Society, *American Sociological Review*, n. 53, p. 766-779.

* Estratégia que divide uma unidade básica maior em múltiplas subunidades menores (N. da T.).

9. realismo versus descritivismo

> [53] M. Bunge; R. Ardila, *Philosophy of Psycology*; J. R. Searle, Minds, Brains, and Programs, *Behavioral and Brain Sciences*, n. 3, p. 417-424; M. Kary; M. Mahner, How Would you Know if you Synthesized a Thinking Thing?, *Minds and Machines*, n. 12, p. 61-86.

Os cientistas sempre souberam que explicar o comportamento de um sistema é exibir ou conjeturar o modo como ele funciona, isto é, seu(s) mecanismo(s). Assim, William Harvey explicou a circulação do sangue concebendo o coração como uma bomba; Descartes explicou o arco-íris em termos da refração da luz solar nas gotículas de água suspensas no ar após uma chuva; Newton explicou as órbitas em termos de forças e inércia; Berzelius (para o horror de Hegel) explicou as reações químicas em termos de forças eletrostáticas; Tocqueville explicou a queda do *ancien régime* como resultado retardado da negligência dos aristocratas com respeito às suas propriedades e seus condados, que por sua vez se seguiu à concentração deles em Paris e em Versalhes, um século antes sob pressão de Luís XIV; Darwin explicou a evolução pela descendência com modificação *cum* seleção natural; Marx e Engels explicaram a história tanto pela mudança econômica como pela luta de classes; Einstein explicou a curvatura dos raios de luz na vizinhança de corpos massivos pela curvatura do espaço induzida por este último; Bohr explicou a emissão de luz pelo decaímento de átomos de um nível mais excitado de energia para outro mais baixo; Hebb explicou o aprendizado como a formação de novos conjuntos de neurônios – e assim por diante.

Nós não entendemos adequadamente as coisas cujos mecanismos ainda são desconhecidos. Por exemplo, nada se ganha, exceto entendimento ilusório, pela afirmação de que a mente, ou o cérebro, "computou" esse movimento ou essa emoção. A metáfora do computador é seriamente equivocada, pois (a) os processos mentais mais interessantes, como questionar, inventar e procurar problemas são espontâneos, mais do que dirigidos por regras; e (b) algoritmos são regras artificiais para executar computações sobre símbolos e não sobre processos naturais e sujeitos a leis[53]. Daí porque imitam algumas, não todas, das feições de alguns (não todos) processos cognitivos, e não o inverso.

Uma consequência da mania computacionista é que certos psicólogos preferem efetuar simulações em computador para empreender pesquisas de cérebro com intenção de encontrar mecanismos neurais. Uma decorrência de semelhante negligência com respeito ao órgão pensante é que a depressão, a esquizofrenia e outras desordens mentais incapacitadoras não são ainda bem tratadas porque seus mecanismos não foram até agora plenamente desveladas. Não basta saber que as doenças mentais estão correlacionadas com o desequilíbrio de certos neurotransmissores para saber como tais fatos moleculares se traduzem em experiências mentais, como a alegria e a tristeza, temos de descobrir o efeito do excesso e da falta de dopamina, de serotonina, e assim por diante, nos neurônios e sistemas neuronais. Temos de escalar toda a escada, da molécula ao cérebro e ao ambiente, e descer de volta. Sem conhecimento do mecanismo não há compreensão nem controle.

As regras do fenomenalista e do empirista, "Não explique: apenas descreva" e "Descreva somente fenômenos (aparências)", levaram os behavioristas e computacionistas, bem como os filósofos positivistas, tais como Comte, Mill, Mach, Duhem, Kirchhoff, Ostwald e os membros do Círculo de Viena a rejeitar a busca de hipóteses mecanísmicas.

No entanto, ironicamente, os construtores da física atômica moderna, uma teoria não fenomenalista, elogiaram da boca para fora esses mesmos dogmas positivistas. Assim, no seu artigo de 1925, que marcou época, Heisenberg afirmou que os físicos teóricos deveriam utilizar somente variáveis observáveis. Mas, ao mesmo tempo, ele introduziu operadores de posição e momento sem contrapartidas clássicas e, por conseguinte, mensuráveis. (Incidentalmente, a procura de operadores adequados de posição e velocidade ainda prossegue[54]) Em tempo, entretanto, Heisenberg deu-se conta dessa inconsistência e queixou-se a esse respeito com seus colegas mais jovens que desejavam unicamente descrever e prever fatos. Em 1969, ele me disse: "Eu sou de um feitio de espírito newtoniano. Eu desejo entender os fatos. Portanto, aprecio as teorias que explicam o funcionamento das coisas, mais do que quaisquer teorias fenomenológicas [descritivas]"[55].

Finalmente, cabe notar que a teoria quântica explica muita coisa, mas não tudo. Por exemplo, ela explica a emissão de luz como decaimento de um átomo ou molécula de um nível de energia para outro mais baixo. Mas não sugere nenhum mecanismo para esse decaimento, quando o átomo e a molécula não

54 Ver M. Bunge, Velocity Operators and Time-Energy Relations in Relativistic Quantum Mechanics, *International Journal of Theoretical Physics*, n. 42, p. 135-142.

55 Idem, Review of Werner Heisenberg's *Der Teil und das Ganze, Physics Today*, n. 24, p. 63-64.

> [56] M. Bunge, Analogy in Quantum Mechanics, *British Journal for the Philosophy of Science*, n. 18, p. 265-286.

estão excitados por uma colisão. Embora a maioria dos físicos se satisfaça com a explicação de que isso é um processo espontâneo (não causado), alguns poucos se perguntam se o mecanismo para esse fenômeno não poderia finalmente ser descoberto; fato que constitui um exemplo das teses segundo as quais calcular não é o mesmo que explanar, e não existe explanação final.

10. observações conclusivas

O realismo filosófico postula que a meta da ciência é explicar a realidade. Essa tese pode ser facilmente aceita, mas diferenças devem emergir necessariamente, quando se trata de explicar a explanação. Mill, Popper, Hempel e Braithwaite adotaram o assim chamado modelo de cobertura de lei, segundo o qual explicar um fato é subordiná-lo a uma regularidade. Outros pretendem que explicar um fato é propor uma metáfora. Alguns foram levados a essa concepção pelo entendimento superficial do modelo de átomo de Bohr e da árvore da vida de Darwin – nenhum dos quais faz sentido separadamente das teorias de que fazem parte. Outros ainda adotaram a concepção metafórica de explanação, porque ela é parte do "giro" hermenêutico ou linguístico, o ponto de vista pós-moderno de que o mundo gira ao redor das palavras.

Os racionalistas rejeitam o metaforismo, porque, mesmo boas analogias, só podem desempenhar papéis heurísticos ou pedagógicos. Pior ainda, elas podem levar a grosseiros extravios, se tomadas literalmente. Por exemplo, a analogia linguística na biologia molecular e a analogia computacional na psicologia são desencaminhadoras, porque induzem à ilusão de que os processos em questão podem ser entendidos, muito embora os mecanismos correspondentes sejam amplamente desconhecidos.

Até mesmo a famosa dualidade partícula-onda na mecânica quântica é desencaminhadora, ao sugerir que elétrons e seus parentes podem ser descritos em termos clássicos. Na realidade, os referentes da física quântica não são nem partículas, nem ondas: são entidades *sui generis*. Portanto, merecem um nome próprio; eu propus chamá-las de *quantons*[56].

A confusão a respeito dos quantons é inofensiva, comparada à concepção hermenêutica que está ganhando voga nas ciências culturais (sociais). De acordo com ela, esses estudos são "metáforas sobre metáforas", uma vez que a cultura (sociedade) giraria em torno da linguagem, como eixo e esta é, ao menos em parte, "uma construção metafórica do mundo"[57]. Por favor, continue falando, pois queremos que o mundo continue andando.

Os filósofos racionalistas dispensam o metaforismo como uma extravagância irracionalista e uma desculpa para não sujar as mãos no manejo de coisas reais. E alguns poucos dentre eles perceberam a importância do mecanismo e, assim, a superioridade da explanação mecanísmica sobre subsunção[58]. E, assim, há progresso na filosofia. Ele pode ser lento por causa dos mecanismos de conservação – tais como o respeito pela tradição, a ignorância obstinada, a adoração pela obscuridade, a censura ideológica e um processo de revisão pelos pares dominados por conservadorismo filosófico. Não obstante, avanços filosóficos ocorrem de vez em quando devido à operação de mecanismos de compensação, como atracar-se com novos problemas colocados pela sociedade, pela ciência ou pelo ceticismo institucionalizado e, acima de tudo, pela curiosidade acerca do que se passa atrás dos anteparos.

[57] E. g., C. Tilley, *Metaphor and Material Culture*.

[58] E. g., M. Bunge, *Scientific Research*; The Maturation of Science, op. cit.; *Treatise on Basic Philosophy*, v. 5; How does it work?, *Philosophy of the Social Sciences*, n. 34, p. 182-210; Clarifying Some Misunderstanding About Social Systems and their Mechanisms, *Philosophy of the Social Sciences*, n. 34, p. 371-381; P. Kitcher e W. Salmon, *Scientific Explanation*; P. Machamer et al., Thinking about Mechanisms, *Philosophy of Science*, n. 67, p. 1-25.

VI   de z até a:
          problemas inversos

É fato bem conhecido que se empenhar em pesquisa de qualquer espécie é atacar problemas cognitivos. Daí por que um artigo bem escrito começa enunciando o(s) problema(s) que enfrenta e termina arrolando alguns problemas em aberto. O conceito geral de um problema deveria, por conseguinte, ser central ao estudo do conhecimento. No entanto, a literatura filosófica a respeito de problemas em geral – sua lógica, semântica, epistemologia e metodologia – é escandalosamente pobre. Em particular, quase todos os filósofos, cientistas sociais e *policy-makers* têm ignorado a própria existência de problemas inversos (ou regressivos). A exceção tem sido o assim chamado problema de indução (Dado → Hipótese), embora raras vezes se tenha percebido que se trata de um problema inverso. É provável que a falha tenha nutrido a ilusão de que deve haver uma "lógica" indutiva tão formal, algorítmica e rigorosa quanto a lógica dedutiva.

No entanto, problemas inversos (ou regressivos) são não apenas difundidos como os mais árduos e os mais interessantes de todos. Pensar no problema de Newton, para "inferir" (na realidade, supor) as leis dos movimentos dos planetas a partir de dados concernentes a algumas de suas sucessivas posições; pular da amostra para a população; diagnosticar uma doença com base nos seus sintomas; supor um evento passado a partir de seus vestígios; projetar um dispositivo para desempenhar certas funções; imaginar um plano de ação, a fim de alcançar certas metas. Do mesmo modo, conjeturar as intenções de uma pessoa a partir de sua conduta; descobrir os autores de um crime conhecendo a cena do delito; "imaginar" uma parte interna do corpo a partir da atenuação em intensidade de um feixe de raios x (tomografia computadorizada); identificar um alvo a partir de ondas acústicas ou eletromagnéticas que saltam para fora do alvo (sonar ou radar); ou supor as premissas de um argumento a partir de algumas de suas conclusões (axiomatização) – todos esses são também problemas inversos. E todos eles são bem mais difíceis do que os correspondentes problemas diretos. Em geral, ir rio abaixo é mais fácil do que ir rio acima.

Problemas diretos ou progressivos demandam análise ou raciocínio progressivo, seja das premissas para as conclusões, seja das causas para os efeitos. Por contraste, problemas inversos ou regressivos exigem sínteses ou raciocínios regressivos, da conclusão para as premissas ou dos efeitos para as causas. Em outras palavras, o trabalho nos problemas diretos é basicamente o da descoberta, enquanto a investigação de problemas inversos demanda invenção radical. Não é de admirar então que os inventores da cristalografia por raios x (William e Lawrence Bragg, 1915), do modelo em dupla hélice da molécula de DNA (Francis Crick e James Watson, 1953), e da tomografia computadorizada (G. N. Hounsfield e Allan M. Cormack, 1979) tenham sido laureados com o prêmio Nobel.

[1] *How to Solve it.*
[2] *Aufgaben und Lehrstäze aus der Analysis*, vol. I, II.

Além disso, a marca registrada da maioria dos problemas inversos é que, se forem não triviais e solúveis em geral, eles têm soluções múltiplas. Pense apenas no caso do planejamento de uma atividade destinada a alcançar uma dada meta, como oposta à descrição de semelhante atividade; de "ler" a mente de alguém a partir de seu comportamento; de detectar minas terrestres em um campo como algo oposto a plantá-las; ou das múltiplas interpretações de um texto pós-moderno em contraste com rabiscá-lo.

Todos nós enfrentamos problemas inversos em algum momento. Por exemplo, não somente os humanos, mas também os macacos procedem assim quando formam "teorias da mente" para explicar comportamentos observáveis de indivíduos da mesma espécie. Entretanto, nem sequer Polya[1], que dedicou um livro admirável à análise de problemas, compreendeu que problemas inversos constituem uma categoria distinta de problemas. A largamente utilizada coleção de problemas na análise de Polya e Szegö[2] contém unicamente problemas diretos. O que Polya e outros fizeram foi analisar, com o objetivo primordialmente didático, *métodos* indiretos para resolver problemas diretos, tais como a *reductio ad absurdum*. O interesse amplamente difundido pelos problemas matemáticos inversos só emergiu há poucos anos.

A vasta maioria dos filósofos tem sido extraordinariamente lacônica a respeito dos problemas inversos, com a única exceção do problema da indução, ou seja, Dados → Hipóteses. Como isso é um problema inverso, provavelmente possui ou soluções múltiplas ou nenhuma solução. A razão é a seguinte: por definição, uma hipótese vai além dos dados para ela relevantes. Ela o faz, ao menos por um de dois modos: seja porque a hipótese envolve um pulo de alguns existentes para todos os possíveis; seja porque inclui conceitos que, como os de causação, massa, intenção e soberania nacional não ocorrem nos dados porque são não experienciais. Em suma, uma vez que os dados não exsudam as hipóteses, estas devem ser inventadas. E, sem dúvida, uma vez inventadas, elas têm de enfrentar tanto os velhos quanto os novos dados. Retornaremos a esse problema no cap. VII.

Para enfatizar o agudo contraste entre os dois tipos de problemas, o direto e o inverso, e para compreender melhor a natureza dos problemas inversos, passemos os olhos sobre uma amostra de problemas que ocorrem nos vários ramos de estudo. O alvo desse exercício não é alcançar a verdade por meio da indução, porém o de familiarizar-se com a fera. No fim das contas, os filósofos da ciência deveriam esperar mais da análise de casos reais de pesquisa científica do que da releitura e reinterpretação de textos filosóficos clássicos.

1. amostra preliminar

Achar a sombra projetada por um corpo sólido sobre uma dada superfície é um problema direto (ou progressivo) com uma única solução. A geometria projetiva e sua aplicação, a geometria descritiva, proporcionam regras precisas para resolver esse problema familiar aos projetistas de máquinas e cartógrafos. O problema inverso correspondente é o de reconstruir o formato de um corpo a partir de uma ou mais de suas infinitamente numerosas projeções ou mapeamentos planos; como quase todos os problemas solúveis regressivos, esse também possui múltiplas soluções. Por exemplo, quando fitamos um cubo de Necker – uma representação plana ambígua de um cubo –, vemos, então, um cubo voltado para a direita e, cerca de 30 segundos mais tarde, um cubo voltado para a esquerda ou inversamente.

Os antigos espectroscopistas se defrontavam com uma tarefa ainda mais árdua: a de "inferir" (na verdade, conjeturar) a composição e a estrutura de uma fonte de luz como o Sol, a partir de uma linha ou banda do espectro por ela emitidos. Esse problema inverso constituiu uma motivação maior para a construção da teoria quântica. Com a ajuda dessa teoria pode-se solucionar, ao menos em

DIRETO OU PROGRESSIVO	INVERSO OU REGRESSIVO
Equação algébrica → Raízes	Raízes → Equações algébricas
Antena → Forma de onda	Forma de onda → Antena(s)
Artefato → Função (tarefa)	Função (tarefa) → Artefato(s)
Autor → Texto	Texto → Autor
Sistema de axiomas → Teoremas	Teoremas → Sistema(s) de axiomas
Ciência básica → Ciência aplicada	Ciência aplicada → Ciência básica
Cérebro na sociedade → Mente	Mente → Cérebro na sociedade
Causa → Efeito(s)	Efeito → Causa(s)
Programa de computador → Computação	Computação → Programa
Criador → Criação	Criação → Criador
Estrutura cristalina → Padrão de difração	Difração → Estrutura cristalina
Dinâmica → Cinemática	Cinemática → Dinâmica
Doença → Sintomas	Sintomas → Doença
Epicentro de terremoto → Sismógrafo	Sismógrafo → Epicentro de terremoto
Equação de movimento → Trajetórias	Trajetórias → Equação
Equações de campo → Intensidades de campo	Intensidades de campo → Equações de campo
Força(s) → Movimentos	Movimentos → Força(s)
Generalização → Caso particular	Particular(es) → Generalização
Mutação genética → Fenótipo mutante	Fenótipo mutante → Mutação
Gramática → Sentenças	Sentenças → Gramática
Idéias → Fala	Fala → Ideias
Data inicial → Radioatividade	Radioatividade → Data inicial
Input → Output	Output desejado → Input requerido
Intenção → Comportamento	Comportamento → Intenção
Legislação → Comportamento social	Comportamento social → Legislação
Função matemática → Derivada	Derivada → Função
Função matemática → Integral	Integral → Função
Meios → Meta	Meta → Meios
Órgão → Papel	Papel → Órgão
Passado → Presente	Presente → Passado
Texto inteligível → Texto cifrado	Texto cifrado → Texto inteligível
Plano → Atividade	Atividade → Plano
População → Amostra	Amostra → População
Potencial → Intensidade de campo	Intensidade de campo → Potenciais
Probabilidade → Estatística	Estatística → Probabilidade
Pergunta → Resposta	Resposta → Pergunta(s)
Reagentes → Composto químico	Composto químico → Reagentes
Espalhador → Espalhamento	Espalhamento → Espalhador
Fonte (e.g., átomo) → Espectro	Espectro → Fonte (e.g., átomo)
Estímulo → Resposta	Resposta → Estímulo
Projeto técnico → Descrição	Especificação → Projeto técnico
Teoria & Dados → Predições	Dados → Teoria
Transação → Orçamento	Orçamento → Transação

◀ TABELA 6.1:
Amostra de problemas progressivos versus regressivos. A flecha simboliza o processo de pesquisa, a partir de solução(ões) dada(s).

princípio, o problema direto correspondente: dada (assumindo-se) a composição e a estrutura atômica ou molecular de uma fonte, determinar as frequências e intensidades da luz por ela emitidas.

De novo, achar os traços deixados no mundo por uma bem definida deidade – como aquela que favoreça a ocultação de fósseis falsificados – é um problema trivial direto, uma vez que toda feição do mundo será atribuída a seu Criador. Por contraste, "inferir" o perfil da deidade a partir de um estudo da Criação era uma meta dos teólogos naturais da primeira metade do século XIX – bem como dos professores contemporâneos financiados pela Templeton Foundation. De algum modo, nenhum recurso definitivo para obter o retrato falado do Criador trouxe até agora qualquer resultado.

O precedente conjunto de problemas constitui somente uma minúscula amostra da vasta família de problemas inversos (ou regressivos) que estouram em todos os campos da pesquisa, da política e da ação. Uma amostra mais ampla é apresentada na tabela 6.1.

2. a relação direta-inversa: generalidades

O conceito geral de um problema inverso é familiar aos matemáticos, físicos e engenheiros – e para estes últimos sob os nomes de engenharia reversa e engenharia de síntese. Por contraste, o conceito não é familiar à maioria dos cientistas sociais, aos formuladores de políticas e filósofos. A principal razão para essa lacuna é, por certo, que os campos de estudo destes últimos são matematicamente subdesenvolvidos. A segunda razão é a crença popular de que um computador suficientemente poderoso pode lidar com qualquer problema. A terceira razão é que os problemas inversos são, de longe, mais espinhosos dos que os correspondentes problemas diretos.

Justamente por isso os problemas inversos são também mais instigantes, mais exigentes em termos de ingenuidade, experiência, trabalho e, amiúde, também mais compensadores do que os correspondentes problemas diretos. Pense, por exemplo, em supor equações de movimento a partir de trajetórias; em conjeturar as forças que espalham um feixe de partículas; em imaginar a combinação ambiente-genótipo que produz um dado fenótipo (aparência visível); em hipotetizar a combinação intenção-situação por trás de uma dada ação; em desentocar a gramática subjacente a um texto; em supor o modo de vida do povo que deixou atrás de si certos remanescentes arqueológicos; em imaginar os artefatos que poderiam executar uma tarefa desejada; ou em projetar o processo comercial e industrial que poderia produzir um dado retorno.

Um campo de pesquisa altamente desenvolvido contém numerosos métodos especiais (técnicas e algoritmos) para enfrentar problemas diretos de vários tipos. Por contraste, não há quaisquer regras especiais, em particular algoritmos, para resolver a vasta maioria dos problemas inversos. O meio usual de cuidar deles é proceder por tentativa e erro: imaginar e tentar diferentes hipóteses até que a correta seja encontrada. Por sua vez, esta última é descoberta pelo exame e pela variação do existente conjunto de soluções similares aos correspondentes problemas diretos. Procedendo dessa maneira, *um problema inverso torna-se equivalente a uma família de problemas diretos*. Em particular, um problema indutivo é assim transformado em um conjunto de problemas dedutivos.

Entretanto, antes de pôr-se a solucionar um problema é melhor verificar se ele é direto ou inverso. E como distinguimos um problema inverso de um direto? Ao meu conhecimento, não foi proposto até agora nenhum critério ou definição precisa e ampla geralmente aceita. As seguintes regras do polegar são usadas tacitamente em diferentes campos:

(1) *Matemática*: Todos os problemas solúveis por meio de bem definidas técnicas (em particular, algoritmos) são diretos, enquanto processos opostos, os de recobrar tais problemas a partir de suas soluções, são inversos. Exemplos: (a) Raízes de uma equação algébrica → Equação; (b) Pontos → Curva; (c) Teorema → Postulado(s) & Definição(ões).

(2) *Ciência natural e ciência social*: Os problemas inversos apresentam as seguintes formas: Efeito → Causa, Amostra → Distribuição de probabilidade, Propriedade → Coisa, Comportamento → Mecanismo ou Macronível → Micronível. Exemplos: (a) imagine o(s) elo(s) que manté(ê)m junto(s) os constituintes de um dado sistema; (b) descubra o circuito neuromuscular que

executa uma dada tarefa comportamental; (c) suponha as decisões que desencadeiam as ações individuais que deram origem a um dado evento social.

(3) *Tecnologia*: Os problemas inversos apresentam as formas Função → Mecanismo e Disfunção → Defeito no mecanismo. Exemplos: (a) projete um processo para a produção em massa de certa droga; (b) desenhe ou redesenhe uma organização formal que leva a cabo uma dada tarefa; (c) descubra as causas do mau funcionamento de um sistema artificial como um computador ou um banco.

Esses exemplos e outros similares sugerem o seguinte par de convenções:

Definição 6.1: Um *problema direto ou progressivo* é um problema cuja pesquisa vai até o fim da sequência lógica ou da corrente de eventos; isto é, da(s) premissa(s) à(s) conclusão(ões) ou da(s) causa(s) para efeito(s).

Definição 6.2: Um *problema inverso ou regressivo* é aquele cuja pesquisa sobe a sequência lógica ou a corrente de eventos; isto é, da conclusão para a(s) premissa(s), ou do efeito até a(s) causa(s).

Duas advertências devem ser feitas. A primeira é que a simplicidade é aqui irrelevante. Embora a maioria dos problemas inversos seja mais difícil que os correspondentes problemas diretos, há exceções. Por exemplo, dado um conjunto finito de números, juntamente com o teorema fundamental da álgebra, podemos determinar facilmente a equação algébrica que esses números solucionam. Por contraste, pode não haver algoritmos que solucionem uma dada equação.

A segunda advertência é que, às vezes, mais de um problema inverso corresponde a um problema direto. Por exemplo, considere a equação $Af = g$, em que f e g são funções e A é o operador que transforma f em g. O problema direto é: dado A e f, determine g. A mesma equação levanta dois problemas inversos. O mais simples deles é: dado A e g, determine f. Se A tiver um inverso, a solução será $f = A^{-1}g$. O outro problema inverso é bem mais difícil e tem um número incontável de soluções. Dado g, determine A e f. Por exemplo, dada uma distribuição espacial g de alguma matéria, determine a lei que relaciona g ao campo f gerado por g. O problema com que se depararam os fundadores das teorias do campo do eletromagnetismo e da gravitação era precisamente dessa espécie.

Vamos agora examinar as peculiaridades de problemas inversos em alguns campos de pesquisa. No presente capítulo, observaremos a matemática e a física; algumas das outras ciências e a tecnologia serão enfrentadas no próximo capítulo.

3. lógica e matemática

Wittgenstein[3], o grande trivializador, considerava a matemática como um jogo. De fato, acreditava que fazer matemática era uma questão de "seguir regras". Isto é, presumivelmente, como ele ensinava na escola primária a matemática que ele sabia. Paul Bernays[4], o mais íntimo colaborador de Hilbert, denominou-a adequadamente de "matemática de doméstica". Quando as regras são conhecidas, o trabalho matemático não constitui pesquisa de primeira qualidade, porém labor de rotina, embora, muitas vezes, exigente e demorado. Tal encargo pode, amiúde, ser confiado a um aluno ou até a um computador. Quando os algoritmos estão disponíveis, o aluno é poupado do esforço de imaginar quaisquer truques; ele tende a memorizar regras e agir de modo negligente no tocante à resolução do problema. Por exemplo, pode efetuar cálculo de integrais mesmo depois de ter esquecido a definição de integral. Daí por que o estudo da geometria euclidiana, que é despida de algoritmos, pode ter caráter mais formativo do que a geometria analítica, que recorre à álgebra, rica em algoritmos, e ao cálculo.

A pesquisa matemática original, como a de qualquer outro campo, começa por detectar, inventar e enfrentar problemas de pesquisa, ou seja, interessantes problemas abertos. E sucede que problemas matemáticos inversos são problemas de pesquisa *par excellence*, porque há poucas, se é que há algumas, regras (em especial, algoritmos) para solucioná-los.

Em particular, o empenho em inventar uma regra ou um método para resolver problemas matemáticos de alguma espécie é, em si mesmo, um problema inverso do tipo Meta → Meios. Esse esforço é tão assustador, no caso dos problemas inversos, que o grosso daquilo que é presumivelmente o mais longo e mais

[3] *Remarks on the Foundations of Mathematics.*
[4] *Abhandlungen zur Philosophie der Mathematik.*

[5] *Methods for Solving Inverse Problems in Mathematical Physics.*

recente trabalho no campo – *Methods for Solving Inverse Problems in Mathematical Physics*, por Prilepko, Orlovsky e Vasin[5] – é constituído de teoremas acerca da solubilidade de problemas inversos, em especial sobre as condições para existência e unicidade de suas soluções. Para um físico ou um engenheiro, isso é como alguém sair de um restaurante sem haver comido nada e, no entanto, pago o *couvert* pelo privilégio de ler o cardápio.

Para sentir um pouco o que são os problemas matemáticos inversos, examinemos um par de exemplos elementares. O primeiro é decompor um dado número natural em inteiros, o que é mais difícil do que somar inteiros dados. Assim, $1 + 2 = 3$ é a soma de dois números dados, ao passo que $3 = 1 + 1 + 1$ e $3 = 1 + 2$ representam a decomposição número 3. O primeiro problema é da forma $(?x)$ $(1 + 2 = x)$, enquanto o segundo é da forma $(?x)$ $(?y)$ $(?z)$ $(3 = x + y + z)$. Esse segundo problema, ao contrário do primeiro, consiste de uma equação com três incógnitas. Em geral, quando o número de incógnitas é maior do que o número de equações, o problema é indeterminado ou matematicamente mal colocado. (No exemplo precedente, isso ocorre porque a função de adição não possui inverso.) Daí por que um problema dessa espécie tem na melhor das hipóteses múltiplas soluções. Depararemos em seguida com um problema insolúvel.

O capital acumulado em um dado número n de anos a uma dada taxa r é fornecido pela fórmula familiar: $C_n = C_0(1 + r)^n$, em que C_0 é o principal (capital inicial). Para computar C_n a partir de C_0, r e n é um problema direto para qualquer calculadora manual. Por contraste, o problema de encontrar não só o número de anos, bem como a taxa de juros que uma desejada soma há de ganhar, possui tantas soluções quantos forem os pares $<r, n>$, isto é, infinitamente numerosos. Portanto, de um ponto de vista prático, esse problema, tão fácil de enunciar, é insolúvel. Não é de admirar que o aconselhamento com respeito a investimentos seja uma arte (negra) mais do que uma técnica rigorosa.

4. interlúdio: indução

Calcular um valor de uma bem definida função matemática é um problema direto. Por contraste, imaginar uma função quando são dados alguns de seus valores é um problema inverso, ou seja, o da curva ajustada (juntando-se pontos). Há técnicas-padrão, como a venerável fórmula de Gregory-Newton, para executar tais interpolações. Entretanto, a maioria dessas técnicas produz funções da mesma insípida família, ou seja, a dos polinômios que podem ser levados a passar tão perto quanto se deseja de pontos empíricos dados. A existência de tais algoritmos refuta a opinião de Popper, segundo a qual a indução é um mito. A indução ocorre na ciência, quer sugerindo generalizações de baixo nível, quer avaliando o amparo empírico de hipóteses[6]. Além disso, a indução é às vezes "mecanizável", como no caso que acabamos de analisar.

6 M. Bunge, The Place of Induction in Science, *Philosophy of Science*, n. 27, p. 262-270.

A verdade é que a indução não fornece resultados de alto nível e espantosos (contraintuitivos). De fato, em geral, os resultantes polinômios ajustados aos dados que comprimem e expandem dados diferem das verdadeiras leis que comumente envolvem funções bem mais complicadas. Por exemplo, a lei elementar do pêndulo simples (idealizado), deduzida da segunda lei do movimento de Newton, é $T = (1/2\pi)(l/g)^{1/2}$, uma aproximação que pode, por sua vez, ser aproximada por qualquer dos infinitamente numerosos polinômios em l/g. Nesse caso, que é típico, o problema da indução é um problema inverso com infinitamente numerosas soluções, nenhuma das quais correta. A busca de leis de alto nível a partir de dados é uma procura sem esperança, a menos que o problema direto (dedutivo) correspondente tenha sido solucionado em muitíssimos casos similares. Mais a esse respeito ver abaixo.

Que a indução esteja confinada a generalizações de baixo nível é fato conhecido de há muito, porém o mesmo não sucede com o motivo para essa limitação. A razão pela qual a indução não pode levar até degraus superiores da escada dedutiva é a seguinte: um raciocínio indutivo é, do ponto de vista semântico, "horizontal", na medida em que ele salta de enunciados particulares para uma generalização que contém exatamente os mesmos conceitos específicos (não lógicos) envolvidos nos dados. Por exemplo, n pontos experimentais sobre o plano x-y podem ser unidos por uma função polinomial de grau n-1 em x, ou seja, $y = a_0 + a_1 x + a_2 x^2 + \ldots + a_n x^n$. Assim, se y representa uma coordenada espacial e x, o tempo, a função pode representar o movi-

7 *Collected Papers*, p. 5.181

8 A. Einstein, *Physics and Reality, Out of my Later Years.*

9 *Cartesian Meditations*, p. 199 e s.

10 *Collection, The Treasury of Analysis*, em I. Thomas (ed.), *Greek Mathematics*, v. 2.

11 I. Thomas, *Selections Illustrating the History of Greek Mathematics*, vol. 2, p. 567.

mento de um ponto material, tal como a ponta de um oscilador harmônico. No entanto, não importa quão grande n possa ser – isto é, independentemente do grosso da base de dados – a dita função é forçosamente uma pobre e canhestra aproximação da verdadeira solução do problema do oscilador linear, ou seja, $y = a\,sen\omega t$. Essa solução envolve a frequência ω da oscilação, um parâmetro que falta nos dados, mas ocorre na equação de movimento, que é um degrau lógico e semântico acima dos dados.

Daí por que, então, não pode haver inferência "vertical" dos dados para leis de alto nível: estas últimas contêm conceitos ausentes nos primeiros. Como a experiência não pode gerar quaisquer conceitos de alto nível ou hipóteses, estes têm de ser inventados. E a invenção é tudo menos um processo regido por leis, um assunto para algoritmos que poderiam ser alimentados em um computador. Chamar tal invento de "abdução", segundo Peirce[7], sugere apenas a ilusão de que é um modo de inferência conclusivo. É preferível pensar a respeito dos conceitos teóricos como "livres criações da mente humana"[8]. Tais construtos são livres no sentido de que não são necessitados pelos dados sensoriais. Mas, sem dúvida, ao contrário das "livres fantasias" em que o artista pode incorrer e que Husserl[9] recomendou para fazer sua fenomenologia, os construtos científicos são coagidos pela lógica e pela observação científica.

5. problemas matemáticos para descobrir e problemas para provar

A maior parte dos problemas são, nos termos de Pappus[10], ou problemas para *descobrir* ou problemas para *provar*[11]. Com sorte, os primeiros são problemas diretos, bem formulados, tais como desenhar um polígono, resolver uma equação, integrar uma função, expandir em série uma função ou apenas checar um cálculo. Por contraste, problemas para provar são, em geral, mais difíceis e mais importantes do que problemas para descobrir. A primeira estratégia que um matemático tentará a fim de provar uma conjetura da forma "Se A, então B" é afirmá-lo, negando, no entanto, seu consequente B e verificando se isso implica alguma contradição. Se implicar, o teorema é declarado verdadeiro; se não, é considerado uma falsificação. Em ambos os casos o intento da tarefa foi cumprido. É claro que semelhante raciocínio indireto é estritamente dedutivo. Também fica patente que, em caso de êxito, é possível sumariar o processo com a fórmula "conjeturas e confirmações", uma vez que provar um teorema importa em confirmar a conjetura inicial. O slogan de Popper[12] "conjeturas e refutações", adotado por Lakatos[13], é bom somente para eliminar falsidades pela exibição de contraexemplos. Caçar erros não pode compensar a construção de hipóteses e o trabalho de corroborá-las. O lavrador que nada faz senão eliminar ervas daninhas nada teria para comer.

Se o teorema a ser demonstrado não leva ao raciocínio indireto, o matemático talvez tenha de recorrer aos primeiros princípios. Nesse caso, ele enfrenta um problema inverso: o de supor as assunções A (axiomas, outros teoremas, lemas ou definições) que conjuntamente acarretam a proposição t a ser provada. A forma de um problema desse tipo é $(?A)(AI - t)$. Infelizmente, a prova de um teorema é, com frequência, apresentada como um problema direto deste tipo: determine as consequências lógicas de um dado conjunto de assunções. Isso não é uma descrição realista do fazer matemático, porque (a) nem todas as consequências de um conjunto de assunções são igualmente interessantes; e (b) algumas novas assunções, como construções auxiliares na geometria e lemas na análise, talvez devam ser introduzidas ou revisadas para provar uma conjetura – e isso necessita de conhecimento e imaginação para encontrar por acaso as construções ou os lemas pertinentes.

Os problemas inversos são também chamados de "mal colocados". Surpreendentemente, Jacques Hadamard[14] propôs a primeira definição de um bem formulado problema matemático em época tão recente como 1902. Lamentavelmente, denominar problemas inversos como "mal colocados" pode ter desencorajado suas investigações, pois ninguém quer perder tempo enfrentando questões erradas. Não é de surpreender que a maior parte da literatura acerca de problemas matemáticos inversos é, antes, recente e comparativamente modesta, embora venha crescendo exponencialmente nos últimos anos. Por exemplo, as revistas *Inverse Problems, Journal of Inverse and Ill-posed Problems* e *Inverse Problems in Engineering* surgiram em anos tão recentes quanto

12 *Conjectures and Refutations.*

13 *Mathematics, Science and Epistemology.*

14 *Lectures on Cauchy's Problem in Linear Partial Differential Equations.*

15 G. Uhlmann, *Inside Out*;
K. A. Woodbury, *Inverse Engineering Handbook*.

1985, 1989 e 1995, respectivamente; a primeira conferência internacional sobre o tema ocorreu em Hong-Kong em 2002; e no ano seguinte apareceu o primeiro compêndio[15].

Todavia, alguns matemáticos antigos atacaram com sucesso uns poucos porém espinhosos problemas inversos. O mais conhecido deles é Euclides que, entre outras coisas, foi o primeiro a propor o sistema de postulados para aquilo que desde então ficou conhecido como a geometria euclidiana. Certos historiadores da matemática têm pretendido que Euclides nada fez senão coletar o conhecimento geométrico acumulado até a sua época. Na verdade, ele realizou isso, e esta não é uma tarefa insignificante em si mesma, é muito mais. Com efeito, ele organizou aquele *corpus* da maneira mais racional, ou seja, axiomaticamente. (De fato, inventou o assim chamado método axiomático – que é, na realidade, um formato mais do que um método, visto que não há regras para descobrir axiomas.) Euclides supôs um sistema de postulados abrangendo todo aquele conhecimento geométrico. Seu problema era um problema inverso, por ser o dual de provar teoremas a partir de premissas dadas com a ajuda de regras dadas.

Dado um conjunto de axiomas e definições, descobrir o que eles implicam constitui uma tarefa direta em comparação com a de ir contra a corrente, das conclusões para as premissas, em particular dos casos especiais para as generalizações. É verdade que a geometria euclidiana é sintética e não analítica, no sentido de que não contém nenhuma álgebra e, portanto, nenhum algoritmo; logo, a prova de quase todos os seus teoremas requer o invento de uma construção especial ou a importação de um lema de um campo contíguo. Entretanto, dadas todas as premissas (e as regras de inferência), as conclusões seguem-se sem ambiguidade, tanto assim que existem algoritmos para provar teoremas na geometria euclidiana com computadores. Esse não é caso quando se trata de conjeturar postulados, um problema inverso com múltiplas soluções. De fato, há muitos sistemas de postulados para a geometria euclidiana, entre eles os propostos por Hilbert em 1899, por Huntington em 1913 e Tarski em 1959.

Dois dos vinte três famosos problemas formulados por Hilbert em 1901 eram inversos, ou seja, tinham em vista axiomatizar o cálculo de probabilidades e as principais teorias físicas daquela época. A primeira tarefa foi tentada por vários matemáticos, até que em 1933 Kolmogoroff propôs uma solução padrão. No tocante às axiomáticas físicas, o próprio Hilbert deu um exemplo, ou seja, a simples teoria fenomenológica (descritiva) da radiação. Infelizmente, ele não axiomatizou quaisquer das teorias físicas básicas que lhe eram contemporâneas, embora estivesse familiarizado com elas.

A primeira axiomatização da mecânica quântica não-relativística, bem como da mecânica clássica e relativística, da eletrodinâmica clássica, da relatividade especial e da teoria da gravitação de Einstein foi efetuada por Bunge[16]. Tais axiomatizações incluem não só os formalismos matemáticos, mas também suas interpretações físicas realistas por meio de postulados semânticos da forma "O conceito matemático M representa uma coisa física ou uma propriedade P". Esse trabalho está sendo atualizado por um punhado de físicos[17].

[16] Scientific Research.

[17] Ver, e.g., G. M. Covarrubias, An Axiomatization of General Relativity, International Journal of Theoretical Physics, n. 32, p. 2.135-2.154; S. E. Pérez-Bergliaffa et. al., Axiomatic Foundations of Nonrelativistic Quantum Mechanics, International Journal of Theoretical Physics, n. 32, p. 1.507-1.525 e Axiomatic Foundations of Quantum Mechanics Revisited, Journal of Theoretical Physics, n. 35, p. 1.805-1.819.

[18] P. Duhem, ΣΩZEIN TA ΦAINOMENA: Essai sur la notion de théorie physique de Platon a Galilée.

6. astronomia e microfísica

Aristarco talvez tenha sido o primeiro a lidar com um problema astronômico inverso, ou seja, o de supor as órbitas planetárias reais e presumivelmente regulares com base em dados acerca de suas posições aparentes. Era um problema particularmente intrigante na época, uma vez que as trajetórias planetárias observadas a partir da Terra eram anômalas em comparação com as das estrelas fixas. Com efeito, "planeta" significa errante. Aristarco tocou na resposta certa: ele hipotetizou o sistema heliocêntrico. Contudo, foi incapaz de calcular quaisquer previsões, porque a matemática requerida não fora ainda inventada.

Ptolomeu dominou esses instrumentos formais, mas sua meta explícita era descrever aparências mais do que explicá-las. De fato, ele pode ter sido o primeiro positivista[18]. Seu engenhoso sistema geocêntrico, envolvendo os proverbiais ciclos e epiciclos, conseguiu descrever e prever com notável precisão os movimentos aparentes dos planetas então conhecidos. Isso constituiu um feito astronômico, mas, ao mesmo tempo, um retrocesso para a física, porque aos planetas foram atribuídos movimentos muito diferentes daqueles do restante dos corpos celestes. Ademais, os planetas e o Sol eram considerados uma reunião heterogênea de idiossincráticos corpos celestes mais do que o sistema postulado por Aristarco. A façanha de Ptolomeu constituiu também um retrocesso para a ontologia, porque alargou a brecha teológica (e platônica) entre o terreno e o celestial. Finalmente, sua vitória representou também uma derrota para a epistemologia, porquanto parecia demonstrar que a ciência favorece o fenomenalismo e o convencionalismo acima do realismo – um erro repetido pela Inquisição contra Galileu, assim como por Hume, Kant e os positivistas e neopositivistas, desde Comte e Mill até Nelson Goodman e David Lewis (lembre-se do cap. I).

Os antigos atomistas gregos e indianos eram ainda mais ambiciosos que Aristarco ou Ptolomeu. De fato, desejavam explicar tudo o que era visível em termos de átomos invisíveis a chocar-se no vazio – desde a secagem das velas de um barco e da manufatura do bronze até os processos mentais. Eles transformaram os problemas inversos Efeitos → Causas e *Phenomena* → *Noumena* nos correspondentes problemas diretos. A atomística antiga era, além do mais, a primeira ontologia cabalmente naturalista. Entretanto, era também uma grande fantasia, uma vez que seus mantenedores, que pretendiam explicar tudo, não davam conta em detalhe de nada em particular. A transmutação da atomística, partindo da metafísica, em física atômica, levou dois milênios. Na verdade, Daniel Bernoulli foi o primeiro a explicar uma lei macrofísica (a lei de Boyle dos gases perfeitos) em termos atômicos. E Dalton foi o primeiro a explicar (aproximadamente) alguns compostos químicos simples de maneira semelhante.

Essas e outras realizações não bastaram para persuadir a maioria dos físicos do século XIX, que se aferraram à termodinâmica clássica (fenomenológica) até o trabalho fundador de 1900. Como de costume, os filósofos sustentavam a tradição: a termodinâmica casava a filosofia positivista popular com a comunidade filosófica entre os meados do século dezenove e os meados do século vinte. Essa filosofia – como a de Ptolomeu, Hume, Kant, d'Alembert, Mach, Pearson, Duhem e Ostwald – ao contrário do realismo de Galileu, Huygens, Newton, Euler, Ampère, Faraday, Maxwell e Boltzmann, obrigava os cientistas a apegarem-se aos fenômenos (aparências). Ela envolvia um banimento da investigação do problema inverso que vai dos fenômenos aos *noumena*, em particular às realidades microfísicas por trás dos fenômenos. Mach foi tão longe a ponto de pretender que as sensações, como as de calor e barulho, constituíam os tijolos do mundo. A mesma tese fenomenalista ressurgiu mais tarde em algumas das obras de Bertrand Russell, Rudolf Carnap, Hans Reichenbach e Philipp Frank. Entrementes, os físicos estavam ocupados na exploração de entidades não-fenomenais como elétrons e campos.

Ironicamente, a maioria dos fundadores da teoria atômica contemporânea – em particular, Bohr, Born, Heisenberg, Jordan, Pauli e Dirac – mantiveram essa obsoleta filosofia empirista. Eles a fizeram enquanto realizavam o herculeo (ou, antes, newtoniano) feito de resolver o problema inverso, o de ir da descrição macrofísica para a explanação microfísica. Por exemplo, ímãs eram explicados como reunião de átomos com momentos magnéticos paralelos, e os raios de luz, como correntes de fótons. Ainda assim, o positivismo – em especial o fenomenalismo – era contrabandeado em compêndios e ensaios filosóficos. Por exemplo, as variáveis dinâmicas básicas, tais como o momento angular e linear, o *spin* e a energia eram apelidados de "observáveis", muito embora não fossem diretamente mensuráveis.

7. lendo padrões de difração

Por volta da mesma época em que estava sendo edificada a física atômica e nuclear, a cristalografia sofreu uma ruptura graças ao uso dos raios x. Estes foram empregados para descobrir as configurações atômicas subjacentes às 230 estruturas cristalinas puras que haviam sido anteriormente descritas morfologicamente. O método utilizado para resolver esse problema inverso foi o seguinte: um feixe de raios x (ou de elétrons) é submetido à difração por um cristal. As ondas difratadas aparecem em uma chapa fotográfica como pontos que formam um intricado padrão geométrico – tais como bandas paralelas ou círculos concêntricos. Esses padrões são sensivelmente diferentes da disposição atômica que difrata os raios. Portanto, não "falam por si mesmos", eles têm de ser "interpretados". E essa interpretação é, na realidade, uma explanação científica e não uma intuição hermenêutica. Ela é levada a cabo da seguinte maneira.

O cristalógrafo supõe uma estrutura cristalina plausível e soluciona o problema teórico direto para calcular o correspondente padrão de difração. Mais precisamente, constrói um modelo teórico ou uma miniteoria, que compreende uma estrutura cristalina hipotética, ondas ópticas e análise de Fourier. O coeficiente de cada termo em uma série de Fourier para cada estrutura cristalina hipotetizada é determinada medindo-se a intensidade do correspondente feixe de raios X. O padrão teórico é então comparado ao experimental, a fim de se aferir se o modelo teórico (ou miniteoria) ajusta-se aos dados experimentais dentro de limites toleráveis de erro. Se ele não se adequar, o cientista continuará mudando a estrutura cristalina hipotetizada até alcançar um resultado correto. Os biólogos moleculares usam o mesmo método para descobrir a estrutura de proteínas e ácidos nucléicos. Foi desse modo, de fato, que Crick e Watson desvelaram o assim chamado código genético em 1953: pelo ajuste recíproco de um maço de hipóteses inteligentes com pilhas de padrões de difração por raios X obtidos por outros pesquisadores.

Hoje em dia, o cristalógrafo ou o biólogo molecular não precisa partir do nada. De fato, eles têm de servir-se de um catálogo de pares de diagramas de estruturas de difração de cristais (ou de moléculas). Se a solução ocorrer no catálogo, eles não procurarão mais. Do contrário, buscarão o padrão mais próximo do seu próprio, mexerão em alguns dos parâmetros na correspondente estrutura cristalina e tentarão de novo até resolver os seus problemas. Eles continuam assim, por sucessivas aproximações da verdade. Ver figura 6.1.

Os problemas da física quântica são similares. Aqui, os problemas avançados são do seguinte tipo: assumindo as forças (ou os potenciais dos quais elas derivam), calcular os possíveis níveis de energia, as probabilidades de transição, as seções de choque de espalhamento e outros observáveis genuínos. O correspondente problema regressivo é, por certo, imaginar o potencial das ditas propriedades mensuráveis. Em particular, um físico que trabalha com aceleradores de partículas ("trituradores de átomos") defronta-se com o seguinte problema: ele sabe o que entra em uma caixa (ou seja, um feixe de partículas), e o que sai dela (partículas espalhadas ou fótons). Ele sabe o que entra, porque o fez entrar; e sabe o que sai, porque os seus instrumentos de medida o regis-

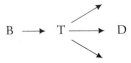

FIGURA 6.1:
Raio x e difração de partícula. Um feixe B de ondas ou partículas é difratado por um alvo T de natureza desconhecida, e um padrão difratado D é fotografado. O problema é supor T a partir de D. O modo de proceder é assumir várias alternativas T's, calcular os padrões correspondentes usando a análise de Fourier e checar qual deles concorda melhor com o D observado. Este último pode ser composto por anéis concêntricos de pontos ou bandas paralelas, que não se assemelham, de maneira alguma, à estrutura de T – um claro exemplo da pobreza das aparências.

traram. A ambição do físico é descobrir o que se passa dentro da caixa. Isto é, ele procura desvelar o mecanismo mediador entre a entrada do feixe de partículas até a saída destas. Em suma, seu problema é: Fatos observados → Mecanismos prováveis.

Até recentemente quase nada era conhecido acerca das forças nucleares, exceto que elas são fortes, de curto alcance, saturáveis e não-clássicas. Nos primeiros dias da física teórica nuclear, um método antes simplório foi adotado para lidar com problemas como o que o espalhamento de nêutrons por prótons propõe. Tipicamente, costuma-se colocar um poço de potencial (para a força atrativa desconhecida) com um formato simples, como a corcova de um dromedário. Uma vez ajustada a profundidade (a intensidade da força), bem como sua largura (o alcance da força) do poço para ajustar-se aos valores experimentais dos níveis de energia e às efetivas seções de choque de espalhamento.

Em anos recentes, alguns algoritmos foram divisados para executar essa tarefa que pode ser realizada em um computador[19]. Além disso, deformando o potencial e notando os efeitos tanto nos níveis de energia quanto nas seções de choque de espalhamento, é dito que o cientista desenvolve uma intuição diferente da obtida com a solução de problemas diretos; até novas perspectivas e novos problemas podem emergir quando se focalizam primeiro problemas inversos mais do que os problemas diretos. Entretanto, algumas das propriedades do dito potencial têm de ser supostas – por exemplo, que é contínuo por partes, limitado inferiormente e simétrico. Ademais, os algoritmos em questão, embora poderosos numericamente, não solucionam o problema essencial, que é o da natureza das forças em jogo. Afinal de contas, os computadores não se preocupam com a interpretação física.

Atualmente há refinadas teorias sobre forças nucleares, de modo que, em princípio, seria possível solucionar o problema direto, isto é, computar o espalhamento que elas causam. Todavia, as dificuldades computacionais são formidáveis. Portanto, solucionar problemas inversos ainda é algo proeminente em

[19] E.g., B. N. Zakhariev, V. M. Chabanov, New Situation in Quantum Mechanics, *Inverse Problems*, n. 13, p.R47-179; R. L. Hall, Constructive Inversion of Energy Trajectories in Quantum Mechanics, *Journal of Mathematical Physics*, n. 40, p. 699-707.

20 D. Gale, *The Theory of Linear Economic Models*.

todo esse campo. A diferença com os velhos tempos encontra-se no fato de que, por ora, um catálogo antes extensivo de soluções de uma equação de estado (ou de onda) para diferentes potenciais (ou forças) está disponível. Portanto, um exame de qualquer novo conjunto de dados empíricos pode apontar um dedo trêmulo ao potencial correspondente.

8. inversibilidade

Se a solução de um problema direto for um mapeamento 1:1, tal como a função exponencial, então a solução do problema inverso correspondente existe e será única. Por exemplo, se for conhecido que um dado processo decai exponencialmente no curso do tempo, como sucede nos casos de radioatividade e de destruição de uma colônia de bactérias por um antibiótico, então o tempo em que o processo começou poderá ser calculado a partir da intensidade residual do processo. É assim que funciona a datação pelo carbono. De fato, assumindo que a razão entre o carbono 14 (radioativo) e o carbono 12 (estável) no tempo da morte de um organismo fossilizado, a data desse evento é obtida tomando-se os logaritmos. (Recorde-se que $y = a\ exp\ (-bt)$ é equivalente a $t = -(1/b)\ ln\ (y/a)$.)

Outro caso típico é o do planejamento econômico com base em um modelo de produção[20]. A essência desse modelo é a equação da produção líquida de uma firma: $p(I - A) = g$, em que p é o vetor produção, A é a matriz de *input-output*, I é a matriz unitária e g é a demanda ou a meta. O problema direto ou de previsão é determinar g dados p e A. Por contraste, o problema inverso ou de planejamento é o de determinar p, a intensidade da atividade, dados A e g. Esse problema consiste em inverter a matriz $I - A$ para obter $p = g(I - A)^{-1}$. Entretanto, esse problema não precisa ter uma solução: isto é, a matriz em questão pode não possuir uma inversa. Nesse caso, então, Solucionabilidade $\Leftrightarrow$ Inversibilidade. E mesmo se a matriz tiver uma inversa, o vetor solução p, embora matematicamente único, representará qualquer membro de todo um conjunto de diferentes atividades (ou mecanismos) com a mesma intensidade. Semelhante indiferença para um mecanismo específico é, por certo, característica dos modelos tipo caixa preta.

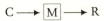

◄ FIGURA 6.2:
Um modelo tipo caixa preta (ou externalista) de um sistema especifica o *input* ou circunstância C e o *output* ou resposta R, mas não o processo interno ou o mecanismo que converte C em R.

Uma teoria do tipo caixa preta modela o sistema de interesse como uma caixa preta com dois terminais: o *input* C (circunstância, situação, estímulo) e o *output* R (resposta aberta), ambos observáveis[21]. Ver figura 6.2.

Tipicamente, tanto o *input* quanto o *output* são indicadores, isto é, manifestações observáveis de eventos imperceptíveis no sistema ou em suas vizinhanças. (Os casos particulares de *input* nulos ou de atividades espontâneas, ou de *output* nulos, ou de indiferença ao estímulo ambiental, acham-se incluídos por suposição.) Ou seja, a lei de nível baixo, que caracteriza o sistema em um dado ambiente, é da forma $R = B \cdot C$. As formas matemáticas de C, R e B dependem da espécie de problema. Por exemplo, C e R podem ser funções, e B pode ser o operador que os relaciona; ou todos os três podem ser matrizes.

[21] E.g., M. Bunge, A General Black-box Theory, *Philosophy of Science*, n. 30, p. 346-358.

Problemas de duas espécies podem ser enfrentados com a ajuda de um modelo de caixa preta como o que acabamos de esboçar: um problema direto e dois inversos. O problema direto é o de *previsão*: dados B e C, computar R. Os correspondentes problemas inversos são os seguintes:

(a) *Problema retroanálise*: dados R e B, determinar C, ou seja, calcular $C = B^{-1} \cdot R$. Esse problema é insolúvel se B não tiver um inverso, como no caso de uma matriz retangular. E quando B não possuir um inverso, a tarefa computacional poderá exigir um computador superpotente, como os dos macroeconomistas que lidam com enormes matrizes B de *input-output* (Leontief) bem sabem.

(b) *Problema de explanação (ou de síntese)*: dados R e C, calcular B. Em outras palavras, fornecidos os dados, suponha o processo ou o mecanismo responsável por sua pareação particular. Isso não é mera questão de computação: a tarefa pede uma potente teorização, como se torna evidente pela cristalografia (Manchas de difração → Estrutura cristalina) e pela física atômica e nuclear (Seção de choque de espalhamento → Força).

O ideal prático é por certo a habilidade de utilizar algoritmos, isto é, regras de computação ou procedimentos mecânicos (desprovidos de mente) que podem ser confiados a computadores.

Entretanto, a vasta maioria dos algoritmos funciona somente para problemas bem formulados (avançados) ou para certas classes estreitas de problemas retardados que ocorrem em teorias com poderosos formalismos matemáticos. Por exemplo, como foi mencionado na seção 4, há agora algoritmos que dão conta do problema dos Dados de espalhamento → Problema de F[s] Força de espalhamento em microfísica.

Não obstante, esses métodos não são suficientes para realizar o sonho dos empiristas, que é o de pular dos dados para a teoria, uma vez que nada pode ser inferido acerca da natureza das forças em jogo. Por certo, qualquer forma dada de potencial é consistente com forças de várias espécies diferentes. Por exemplo, embora as formas dos potenciais gravitacionais e dos eletrostáticos (ou de Coulomb) sejam as mesmas, os campos correspondentes (ou as forças) são muito diferentes, como é mostrado pelos diferentes meios de detectá-los e medir suas intensidades. Assim, falando em termos estritos, os algoritmos em questão não solucionam o dado problema inverso. O que eles fazem é suprir o cientista teórico com restrições sobre as possíveis forças. O resto, isto é, conjeturar as forças, depende da ingenuidade do teórico.

Ainda assim, na maioria dos casos, até o mais astuto teórico há de falhar. Por exemplo, a massa de um corpo é unicamente determinada por sua densidade de massa; de outro lado, qualquer valor atribuído à massa total é compatível com as infinitamente numerosas densidades de massa. Portanto, o problema Massa → Densidade é insolúvel. O mesmo vale para todas as outras densidades. Em particular, dada uma densidade de probabilidade, pode-se computar qualquer estatística desejada, tal como a média e a variância. No entanto, o problema inverso, ou seja, Estatística → Probabilidade, é tão insolúvel quanto o problema do movimento Trajetória → Equação(ões).

Igualmente insolúvel é o problema da recuperação do estado inicial de um processo de ramificação de tipo estocástico: qualquer estado final dado é compatível com numerosos inícios diferentes. Pense no estado de equilíbrio térmico atingido por um sistema composto de dois ou mais corpos, em diferentes temperaturas, os quais entram em contato. Melhor ainda, pense na equação de Boltzmann-Planck "$S = k \ln W$", que relaciona a propriedade macrofísica S (entropia termodinâmica) ao número

W de diferentes configurações microfísicas consistentes com um dado valor de S.

Mas o que acontece se o problema inverso se mostra intratável? Nesse caso, pode-se tentar trapacear um pouco, ou seja, transformando o dado problema mal formulado em outro bem formulado. Esse procedimento, algo irregular, é denominado *regularização*. "A ideia é tornar o problema 'regular', mudando ligeiramente o problema original. Em essência, troca-se o velho problema mal formulado por um novo problema 'regular' ou bem formulado, cuja solução (oxalá!) encontra-se próxima da solução do problema original mal formulado"[22]. Esse procedimento é admissível se a solução for estável, isto é, se pequenas mudanças nos dados forem mapeadas em pequenas mudanças na solução "regularizada". Assim, a trapaça é mantida sob controle.

Até aí para o aspecto formal do problema da inversibilidade. Vamos agora passar os olhos para seu aspecto substantivo. No conjunto de todas as ciências factuais, os problemas inversos são enfrentados em uma entre duas maneiras. Uma delas é transformar o dado problema mal colocado em um bem colocado (regularização). A outra abordagem é tentar supor os mecanismos (processos) inobserváveis que medeiam entre os estímulos observáveis e as respostas. A primeira estratégia é puramente formal e, portanto, pode ser empregada apenas quando modelos matemáticos precisos estão disponíveis. Do contrário, é preciso pegar o touro à unha, na esperança de aproximar-se de um modelo mais ou menos preciso do sistema ou processo em questão que descreva os traços essenciais do mecanismo que dá origem aos fatos observados.

Eis uma amostra randômica de exemplos da segunda espécie: a geração de ondas sísmicas pela colisão de placas tectônicas; o tubo de raios catódicos atrás da tela de um aparelho de TV; o processo pelo qual a insulina regula a quebra do açúcar; a ação do álcool sobre o estado de ânimo; a combinação de mudanças genéticas com a seleção natural que impulsiona a evolução; a combinação ambiente-genoma que resulta em um fenótipo; a combinação de cooperação e competição que mantém junto um sistema social; a conexão grandes negócios-políticas que corrompe a democracia; e mecanismos de controle de qualidade com amostragens aleatórias de produtos e revisão de trabalhos científicos por pares. (Mais sobre mecanismos no capítulo v.)

[22] K. A. Woodbury, Sequential Function Specification Method Using Future Times for Function Estimation, op. cit., p. 57.

9. probabilidades inversas

Façamos finalmente uma rápida observação sobre o velho problema das probabilidades inversas com que nos deparamos de forma sumária no capítulo IV. Esse problema surge nas aplicações do teorema de Bayes: $Pr(B/A) = Pr(A/B) . Pr(B) / Pr(A)$. Nessa fórmula, os argumentos da função de probabilidade P são conjuntos, e as probabilidades condicionais $Pr(B/A)$ e $Pr(A/B)$ são consideradas mutuamente *inversas*. Na realidade, elas são mutuamente *duais*, mais do que inversas, porque nenhuma delas é logicamente o antecedente da outra. A distinção direta-inversa é epistemológica e surge nas aplicações. Espreitemos esse problema.

Como qualquer outra fórmula do cálculo de probabilidades, os argumentos A e B podem ser interpretados como estados ou eventos aleatórios. No entanto, alguns estatísticos, epidemiologistas, teóricos da escolha racional e filósofos têm usado a fórmula para calcular tanto a probabilidade $Pr(C/E)$ da causa C dado o efeito E, quanto a probabilidade $Pr(H/D)$ da hipótese H fornecidos os dados D. Essas aplicações populares abrem-se para três objeções fatais.

A primeira objeção é que tais interpretações contradizem a assunção tácita na ciência de que, com referência a qualquer situação real, os argumentos de uma função de probabilidade devem denotar estados ou eventos randômicos mais do que eventos ou proposições causalmente relacionados. Por exemplo, não se computa nem se mede a probabilidade de que uma chuvarada há de molhar o chão ou a probabilidade de que a equação de Schrödinger seja verdadeira. Popper pretendeu que enunciados de lei têm probabilidade zero, e esta é a razão pela qual ele encarava a improbabilidade como uma virtude. Minha posição é que não faz sentido atribuir probabilidades a proposições: reveja o cap. IV.

A segunda objeção é que comumente as probabilidades anteriores $Pr(A)$ e $Pr(B)$ são desconhecidas, de modo que elas estão maquiladas – o que dificilmente é um procedimento científico. Por certo, uma arbitrária atribuição de números a incógnitas não produz conhecimento, cria apenas uma falsa impressão de rigor. Pode até levar a consequências práticas desastrosas, como quando a fórmula de Bayes é aplicada a diagnósticos médicos ou comerciais ou a decisões militares[23]. A probabilidade aplica-se legitimamente só a eventos aleatórios, tais como ao tunelamento quântico, à mutação genética ou à escolha randômica.

Minha terceira e última objeção ao uso da fórmula de Bayes liga-se à inferência de causas a partir de efeitos ou estados iniciais a partir de estados finais, o que não se ajusta à prática científica real. Assim, a teoria quântica da radiação permite calcular a probabilidade $Pr(n \rightarrow n')$ de que um átomo no estado n decairá para um estado n' e emitirá um fóton. A mesma teoria leva a uma fórmula diferente para a probabilidade $P(n' \rightarrow n)$ de que um átomo no estado n' absorverá um fóton e saltará para o nível de energia n. Essas duas probabilidades não estão relacionadas pelo teorema de Bayes. Tampouco poderiam estar, porque os mecanismos correspondentes são totalmente diferentes. De fato, a emissão espontânea de luz ocorre até em um sistema fechado, e julga-se que é influenciada pelas flutuações do ponto-zero do vácuo. Por contraste, a absorção de luz só pode ocorrer se o sistema for suficientemente aberto para deixar entrar ao menos um fóton.

[23] Mais sobre a questão em M. Bunge, *Treatise on Basic Philosophy*, v. 7; Two Faces and Three Masks of Probality, em E. Agazzi (ed.), *Probability in the Sciences*, p. 27-50; *Emergence and Convergence*.

10· observações conclusivas

Problemas epistêmicos ou práticos podem ser diretos (progressivos), inversos (regressivos) ou nenhum dos dois. A terceira categoria inclui problemas como os de avaliar ações ou artefatos, interpretar formalismos, ensinar novos assuntos e determinar novos problemas. A pesquisa sobre problemas diretos segue ou a corrente de eventos ou a sequência lógica. Por contraste, a pesquisa sobre problemas inversos trabalha retroativamente. E a pesquisa sobre problemas do terceiro tipo procede tipicamente de uma forma ziguezagueante.

É óbvio que um problema de uma ou outra espécie é solúvel ou não. Se for solúvel e inverso, sua solução é ou única (primeiro tipo) ou múltipla (segundo tipo). Os problemas do primeiro tipo caracterizam-se por um mapeamento invertível, cujo domínio é um conjunto de inobserváveis, e cuja imagem é um conjunto de dados. Para melhor ou para pior, tais problemas são menos numerosos do que os problemas difíceis de manejar, porém mais interessantes, do segundo tipo. Um problema inverso do segundo tipo, um com múltiplas soluções, equivale a toda uma família de problemas diretos. Isto é, nesse caso, o procedimento a ser adotado é imaginar diferentes cenários (ou mecanismos) que poderiam produzir o mesmo resultado ou premissas diferentes que poderiam acarretar as mesmas conclusões.

Em suma, alguns dos problemas científicos mais desafiadores e compensadores são do tipo inverso. E a estratégia mais promissora para lidar com um problema inverso é tentar transformá-lo em um problema direto. Foi o que Newton fez para explicar as trajetórias observadas dos corpos terrestres e celestes. Com efeito, apesar de seus protestos de que não simulava hipóteses, ele certamente aventou algumas e trabalhou dedutivamente mais do que indutivamente. De fato, Newton articulou a mais antiga teoria bem-sucedida na história, em resposta ao mais intrigante e tópico problema inverso de seu tempo. Destarte, ele enfrentou o assim chamado problema de Hume em termos técnicos muito antes de Hume formulá-lo em termos de conhecimento ordinário. Além do mais, Newton resolveu aquele problema. Por que então não chamá-lo de "problema inverso de Newton"?

VII estabelecendo
uma ponte entre
o fato e a teoria

Neste capítulo prosseguiremos na investigação dos problemas inversos encetada no capítulo anterior. Mas aqui nos concentraremos nos problemas duais de como ir dos fatos às hipóteses ou à teoria, e como sujeitar esta última a aferições de realidade. Em outras palavras, estudaremos os problemas de como se mover com aquilo que é "dado" para o bem mais amplo e profundo objeto procurado, e como forçar uma teoria a enfrentar fatos. Atacaremos também o problema inverso: como se desce das teorias de alto nível que não fazem referência direta a nenhum dado da evidência empírica pró ou contra as ditas teorias? Em particular, o que conta como um indicador observável de um fato inobservável?

1 Ver, e.g., às vezes Bacon e Russell; Carnap e Reichenbach sempre.
2 E.g., Leibniz, Hume e Popper.
3 The New Organon, em J M. Robertson (ed.), *Philosophical Works*, p. xxxvi.

1. indução novamente

Muito, talvez demasiado, foi escrito acerca do salto a partir dos dados para as hipóteses. No entanto, essa espécie de inferência ainda intriga os filósofos e os psicólogos cognitivistas – como deveria ser. Há dois mitos principais a respeito da indução: de que ela é tudo[1], e de que ela não é nada ou quase nada[2]. O primeiro mito pertence ao cerne do empirismo, enquanto o segundo acha-se no centro do racionalismo.

Francis Bacon é, em geral, visto como o indutivista por excelência. Isto ele certamente o foi em sua *New Atlantis* (1624), a utopia em que pinta os cientistas como catadores e empacotadores de dados. Bacon, porém, não foi um indutivista simplista em seu *Novum Organon*, publicado quatro anos antes. Aqui, ele rejeita a indução propriamente dita ou a generalização a partir de particulares, como trivial. Advoga, ao invés, a formulação de hipóteses alternativas e sua aferição, se possível experimentalmente; e introduz o conceito de um experimento crucial por analogia a uma encruzilhada.

Dos vários exemplos apresentados por Bacon, talvez o mais claro e o mais interessante concerne à natureza do peso, um problema muito discutido em seu tempo: é o peso uma propriedade intrínseca dos corpos ou o é causada pela atração da Terra? Ele propôs o seguinte experimento engenhoso para decidir a questão[3]. Pegue dois relógios com mecanismos diferentes, um movido por molas e outro, por um pêndulo, sincronize-os e os leve ao topo de um alto campanário. Se o peso for uma propriedade intrínseca dos corpos, os dois relógios continuarão a marcar o mesmo tempo; do contrário, o relógio de pêndulo tiquetaqueará mais devagar do que o outro, porque a atração gravitacional deve ser mais fraca em uma elevada altitude. O experimento de Bacon, na realidade, não foi executado até um par de séculos mais tarde, desaprovando conclusivamente a hipótese de que o peso (diferente da massa) seja uma propriedade intrínseca dos corpos. Ao mesmo tempo, ele mostrou o lugar central que as hipóteses ocupam na ciência – apesar do que Bacon é, em geral, considerado um indutivista radical.

Muitos filósofos têm, corretamente, manifestado seu ceticismo a respeito do poder e da confiabilidade da própria indução, mas não pelas mesmas razões. Hume[4] é o mais conhecido. Ele argumenta que o fato de o Sol "levantar-se" todos os dias no passado conhecido não constitui garantia de que ele há de "levantar-se" de novo amanhã. A assunção tácita de Hume é que não há leis na natureza, que a natureza possui apenas certos hábitos que ela pode abandonar sem aviso, como um indivíduo pode subitamente deixar de fumar.

Os astrônomos pensam de maneira diversa. Eles preveem confiantemente que o Sol há de "levantar-se" todos os dias enquanto durar, desde que o nosso planeta não seja atingido por um enorme asteróide ou cometa. Essa predição baseia-se na lei da conservação do *spin* ou do momento angular. E essa lei "aplica-se" ao nosso planeta, porque esse corpo gira em torno de seu eixo como um pião sem atrito. (Segure em suas mãos um pião girando em torno de seu eixo e você verificará como é difícil alterar o eixo de rotação.)

Do mesmo modo, biólogos que estudam o homem preveem confiantemente que a imortalidade humana é impossível, não porque até agora todos os seres humanos tiveram um lapso de vida finito, mas porque o corpo humano envelhece inevitavelmente por meio de vários mecanismos até que, por fim, todos os subsistemas mais críticos colapsam. Assim, afirmamos a verdade de que "Todos os homens são mortais", não apenas por causa da experiência passada, mas porque podemos explicar o fato pelo envelhecimento.

Em ambos os casos, o do nascer do Sol e o da mortalidade, os cientistas raciocinam com base em mecanismos providos de leis

4   *A Treatise of Human Nature.*

[5] Ver M. Bunge, *Causality: The Place of the Causal Principle in Modern Science.*

[6] *Naming and Necessity.*

e não em meras generalizações empíricas. No caso da sucessão dos dias e das noites, o mecanismo é a ocultação do Sol resultante da rotação diurna da Terra. E a mortalidade humana resulta da operação concorrente de vários mecanismos: desgaste pelo uso, estresse, oxidação, inflamação, mutações e a consequente incapacidade de sintetizar certas proteínas, bem como a de impedir o encurtamento dos telômeros e assim por diante.

As limitações da indução derivam da superficialidade de seus produtos, dos quais todos dizem respeito apenas a propriedades observáveis, sem nenhuma referência a mecanismos ocultos. Por contraste, o raciocínio direto a partir de enunciados de lei para o fato pressupõe que a natureza é regida por leis mais do que por caprichos.

Hume tinha, obviamente, razão ao sustentar que o salto de "alguns" para o "todo" é logicamente inválido. Mas estava equivocado ao negar a objetividade de conexões, em particular de leis, e assim negar a existência da necessidade natural (ou nômica, ou seja, lei) juntamente com a necessidade lógica[5].

Dois séculos mais tarde, Kripke[6] perpetrou uma falácia similar quando asseverou que, como a identidade hipotetizada "Função mental = Processo cerebral" é contingente mais do que logicamente necessária, ela pode não valer em outros mundos que não o nosso. Mas, por certo, se tais "mundos" forem acessíveis a partir dos nossos, então eles não serão propriamente mundos, porém apenas regiões remotas do nosso universo; e se eles forem inacessíveis, então só poderemos tecer fantasias a seu respeito – uma tarefa que é melhor deixar aos escritores de ficção.

Para concluir esta seção, todas as hipóteses e teorias científicas mais profundas e, portanto, mais interessantes são conjeturadas. E esse processo, que parte do dado para a hipótese ou teoria, não é nem indutivo, nem dedutivo; e tampouco é dirigido por regras tais como apaixonar-se, compor um poema ou projetar um artefato.

2. abdução, novamente

Muitos estudiosos concordam que o modo de dar conta de fatos observáveis é construir hipóteses alternativas e depois se livrar das falsas por meio de experimentos cruciais (conclusivos). Isso era bem conhecido por Francis Bacon[7], William Whewell[8] e John R. Platt[9], entre muitos outros.

Infelizmente, todos esses três autores, junto com muitos outros, chamavam esse procedimento de "indução", enquanto estritamente falando a indução é a formação de uma única generalização de baixo nível, a partir dos dados à mão – como quando um cão aprende a associar a coleira com o passeio ou uma criança aprende a chamar todo homem de papai. Denominar tal procedimento de "método indutivo" ou "inferência forte" sugere equivocadamente que se trata de uma receita segura e rápida de inventar hipóteses a partir de dados, quando, na realidade, tal método não existe – exceto para o condicionamento pavloviano, que obviamente não ajuda a construir hipóteses científicas. A única inferência forte é a dedução, na medida em que ela ocorre na derivação de uma predição científica a partir de lei(s) e dados.

Isso é assim porque a dedução, diferentemente da indução, da analogia e do trabalho de adivinhação, é a única inferência sujeita a regras lógicas gerais, rigorosas e precisas. Por sua vez, elas são gerais porque são formais, enquanto a inferência não dedutiva depende essencialmente do conteúdo. Por exemplo, as analogias "1: 2 :: 2: 4" e "O indivíduo está para a sociedade como o átomo está para a molécula" são ambas dependentes do conteúdo e logicamente independentes uma da outra: nenhuma delas é dedutível da outra.

Alguns filósofos apóiam o que o grande Charles S. Peirce[10] chamou de "abdução". Corretamente ele encarava isso como um ato de *insight* falível mais do que um procedimento metódico. Harman[11] a denominou de "inferência para a melhor explanação", uma frase que ocorre frequentemente na literatura filosófica contemporânea. Entretanto, ela continua sendo objeto de debate, se isso constitui forma de indução ou qualquer outra coisa, senão uma escolha de hipótese que melhor dá conta dos dados, em que o termo "melhor" está, por sua vez, igualado ao "mais acurado" ou ao "explicado na maior parte (ou, no mínimo, *ad hoc*)", ou ao "mais simples", ou a todos os três[12].

Todavia, adequação empírica exata e simplicidade conceitual não são tampouco necessárias nem suficientes nas ciências avan-

---

7 The New Organon, op. cit.

8 *The Philosophy of the Inductive Sciences.*

9 Strong Inference, *Science*, n. 146, p. 347-353.

10 *Collected Papers*, p. 5.181

11 The Inference to the Best Explanation, *The Philosophical Review*, n. 74, p. 88-95.

12 Ver, e.g., P. A. Flach; A. C. Kakas, *Abduction and Induction.*

13 M. Bunge, The Weight of Simplicity in the Construction and Assaying of Scientific Theories, *Philosophy of Sciences*, n. 28, p. 129 e 149; Scientific Research.

14 The Best Explanation, *Journal of Philosophy*, n. 75, p. 76-92.

çadas. Aqui, uma razoavelmente bem confirmada hipótese que pertença a uma bem corroborada teoria, no topo da qual ela concorda com a cosmovisão reinante, alcança o nível mais alto do que uma sequência de generalizações empíricas, mesmo que essa última ajuste um tanto melhor os dados à mão. Tal condição, que eu chamei de "consistência externa"[13], é grosseiramente o que Thagard[14] denominou de "coerência explanatória". Entretanto, a palavra "sistematicidade" pode ser mais sugestiva do que quaisquer dos termos anteriores.

É a seguinte a razão pela qual a sistematicidade conceitual é altamente desejável: quando entrincheirada em um corpo coerente (sistemático) de conhecimento, uma hipótese goza do suporte de outros membros do corpo além da relevante evidência empírica. Se se considerar apenas essa razão, a recorrência frequente aos métodos científicos na literatura ligada à detecção de crimes é algo infeliz. Bons detetives, com certeza, fazem conjeturas alternativas e checam-nas, mas não constroem ou nem sequer usam teorias científicas. E, em alguns campos, como da psicologia, antropologia, medicina e gerenciamento da ciência, a teorização é ainda olhada com desaprovação, de modo que as hipóteses são dispersas e, portanto, dificilmente enriquecerão e controlarão umas às outras.

Para ter-se um "gosto" desse processo criativo, analisemos alguns exemplos representativos extraídos da ciência da vida, dos estudos sociais e da tecnologia.

3. biologia: evolução

A biologia evolucionária, como a cosmologia, a geologia, a arqueologia e a historiografia, é uma ciência histórica. Portanto, seus praticantes deparam-se com uma ampla família de problemas inversos do tipo Presente → Passado. Em particular, a reconstrução de qualquer linhagem (ou filogenia) é tentativa, se não por outro motivo, ao menos devido às amplas lacunas nos registros fósseis. Entretanto, novidades qualitativas emergem no curso do desenvolvimento individual, que podem ser monitoradas e alteradas no laboratório. Portanto, algumas dessas novidades podem ser causadas deliberadamente em organismos modernos. Daí porque alguns problemas inversos na biologia evolutiva e na genética podem ser transformados, ao menos em princípio, em problemas diretos. Efetivamente, é assim que a biologia evolutiva se converteu em ciência experimental entre as duas guerras mundiais: mexendo com o genoma, primeiro com raios X e, hoje em dia, também quimicamente.

Reveja na seção I como a generalização indutiva, a partir de um feixe de dados, funciona apenas para hipóteses que envolvam exclusivamente traços observáveis, como "Todos os mamíferos são peludos", mas falham miseravelmente no caso de hipóteses de alto nível, tais como "Todos os mamíferos descendem de répteis". Como proceder quando se trata de tais hipóteses de alto nível? A pronta resposta é a que a gente as invente, embora não a partir do nada, mas por meio de dados, analogias e assunções ulteriores – e, acima de tudo, com a ajuda de um "nariz" sensitivo e experimentado.

Por exemplo, uma comparação de certas bem conhecidas filogenias com a história da Terra sugeriu a Elizabeth Vrba[15] sua "hipótese de *turnover-pulse*". Essa é uma conjuntura segundo a qual as especiações e extinções massivas que "pontuaram" a evolução biológica durante três bilhões de anos foram desencadeadas por drásticas e rápidas mudanças ambientais, como as amplas variações na temperatura global, impactos de meteoritos e deslizamento de continentes – aos quais devemos somar agora as alterações provocadas pela poluição, pela derrubada de árvores, pelo cultivo predatório, pela pesca predatória e coisas parecidas. O mecanismo hipotetizado é óbvio: essas céleres rupturas ambientais em larga escala destroem alguns habitats e abrem outros. Por exemplo, quando uma massa de terra racha em duas a área de água rasa, própria à vida marinha, cresce, *grosso modo*, uma metade.

Sem dúvida, a biologia evolutiva não é o único abrigo dos problemas biológicos inversos. Toda tentativa de encontrar o órgão desconhecido que se desincumbe de uma função conhecida (ou desempenha certo papel) requer pesquisa em um problema inverso. Isso vale, em particular, para a tarefa do neurocientista cognitivo, a qual, segundo foi dito, é a de "mapear a mente no cérebro". Entretanto, aqui também numerosos problemas inversos podem ser transformados em diretos. Por exemplo, mexendo com o cérebro,

[15] Em S. J. Gould, *The Structure of Evolutionary Theory*, p. 918 e s.

o neuropsicólogo pode causar perturbações ou déficits mentais em sujeitos experimentais. (Mais a respeito na seção 5.)

O que vale para a organísmica e para a biologia evolucionária vale, *a fortiori*, para as ciências que investigam níveis baixos de organização, em particular a genética. Assim, o problema de identificar o(s) gene(s) "responsável(eis)" por um dado traço fenotípico é do tipo inverso. Por exemplo, se um mamífero adulto não tolera laticínios é porque ele não pode sintetizar a lactase, a enzima envolvida na digestão do leite; e, em troca, a deficiência de lactase deve-se à falta do gene envolvido na sua síntese. O pesquisador defronta-se, assim, com o problema inverso: perturbação metabólica → Deficiência de enzima → Perturbação genética. Uma vez apontados os genes suspeitos, o problema de descobrir as enzimas correspondentes pode ser enfrentado. A solução para esses problemas diretos deverá solucionar o problema original inverso. O acerto final encontra-se ainda obviamente distante, ou seja, na terapia genética.

4. medicina: dos sintomas aos diagnósticos

Algo similar vale, *mutatis mutandis*, para a medicina. Alguns poucos problemas de diagnósticos médicos são diretos. Fratura exposta de ossos é um deles: nesse caso, não há necessidade de supor mecanismos invisíveis para explicar a causa da ruptura de tecidos, do sangramento e da dor. Entretanto, todos os problemas de diagnóstico em medicina interna são do tipo inverso. De fato, eles são da forma "Dados tais e tais sintomas, conjeture as causas subjacentes". Nos velhos tempos, tais suposições eram instruídas somente pela experiência e pelos exames *post-mortem*. Hoje em dia, o conhecimento fisiológico e anatômico básicos em conjunto com exames biológicos, bioquímicos, raios X, imagens por tomografia computadorizada e por ressonância magnética e outras ferramentas diagnósticas ajudam muitas vezes a identificar a moléstia.

Utilizando tais ferramentas diagnósticas, o médico transforma o problema inverso original em um ou mais problemas diretos. Por exemplo, se o paciente se queixa de fadiga, mesmo com alimentação adequada e descanso, o médico pode suspeitar de anemia e ordenar uma contagem de leucócitos, a fim de verificar sua hipótese. Porém, um olhar sobre a história de família do paciente pode sugerir diabetes, caso em que o médico ordenará uma medição do nível de açúcar, entre outros exames. Esses são problemas diretos, porque o experimento descobriu que os mencionados aspectos suspeitos, e não outros, causam os sintomas em questão.

Quanto aos problemas inversos em outros campos, a mais promissora estratégia de pesquisa biomédica é imaginar e testar hipóteses mecanísmicas. Efetivamente, é assim que a pesquisa biomédica contemporânea procede. O ponto de partida é um condicional da forma "Indisposição $\Rightarrow$ Síndrome" ou "$\forall x(Ax \Rightarrow Sx)$"; leia-se "Para todos os indivíduos, se alguém sofre da indisposição A, então ele exibe a síndrome S". O problema direto de inferir S de A é trivial, mas raramente ocorre na clínica de medicina interna. Aqui, o problema é inverso: Sintoma $\rightarrow$ Indisposição. E qualquer solução para ele é somente tentativa, a menos que seja apoiada por descobertas de pesquisa concernentes a mecanismos. Tais hipóteses extras são provavelmente das seguintes formas: "A se e somente se M" ($A \Leftrightarrow M$) e "M se e somente se S" ($M \Leftrightarrow S$). Aqui M sumaria a descrição de algum mecanismo tal como uma obstrução arterial, uma infecção de tuberculose ou estresse relacionado ao trabalho. Agora a inferência forte $A \Leftrightarrow S$ pode seguir confiantemente[16].

5. psicologia:
por trás do comportamento

Na vida cotidiana, todos nós nos defrontamos com o problema de imaginar as crenças e as intenções que motivam as ações de outras pessoas. Em outros termos, tentamos "ler" as mentes de outras pessoas a partir de seu comportamento franco. Há duas maneiras pelas quais os seres humanos, os chimpanzés e alguns animais de estimação efetuam "leituras da mente". Uma é pela empatia com outros[17]. A outra é construindo várias "teorias da mente", isto é, atribuindo a outros indivíduos certas crenças, preferências ou intuitos[18]. Claramente, o sucesso consistente na ação de empatia e na "leitura mental" confere uma vantagem.

16 Mais a esse respeito em M. Bunge, *Emergence and Convergence*.

17 E.g., S. D. Preston; F. B. M de Waal, Empathy: Its Ultimate and Proximate Bases, *Behavioral and Brain Sciences*, n. 25, p. 1-20.

18 E.g., D. Premack e G. Woodruff, Does the Chimpanzee Have a Theory of Mind?, *Behavioral and Brain Sciences*, n. 1, p. 515-26; A. Whiten, The Machiavellian Mindreader, *Machiavellian Intelligence II*, p. 144-173.

Por contraste, a incapacidade para a "leitura mental", como em indivíduos egotistas e pacientes altistas e com síndrome de Asperger, constitui uma séria desvantagem na interação social. Falando em termos metodológicos, o "leitor mental" transforma o problema inverso Comportamento → Intenção em uma família de problemas diretos da espécie Intenção → Comportamento. Porém, por certo, qualquer "teoria" semelhante ou, antes, conjetura pode acabar sendo falsa. (Pior ainda, o observador pode ser incapaz de armar uma teoria, porque seu córtex pré-frontal medial é deficiente ou está danificado, como a de um paciente autista.) Portanto, nossas conjeturas acerca das mentes de outras pessoas são tentativas e estão sujeitas a falsificações.

Entretanto, julgando a partir das certezas de seus pronunciamentos, o crente na infalibilidade da introspecção, da leitura mental e do *Verstehen* ("interpretação" hermenêutica) parece não compreender quão formidável pode ser sua tarefa, e quão incerta e perigosa podem ser suas "conclusões" (conjeturas). (Isso vale, em especial, para o psicanalista, o parapsicólogo e o psicólogo de linha fenomenológica, bem como para o seguidor do "método" da interpretação ou do *Verstehen*.) De fato, ir do comportamento à intenção é incomparavelmente mais difícil e arriscado do que ir pelo caminho contrário. Nesse processo, o *Missverstehen* (o mal entender) é quase tão frequente quanto o *Verstehen* (entender).

Uma razão para semelhante incerteza é que pessoas diferentes provavelmente reagirão de maneira diferente ao mesmo estímulo: alguns por autointeresse e outros pela razão; alguns por hábito, outros por coerção; alguns racionalmente, outros sob o domínio da paixão; uns por medo, outros por cobiça; uns por razões morais, outros por hipocrisia; alguns lucidamente, outros sob autossugestão – e assim por diante. Em suma, a relação motivação-comportamento é um para muitos.

Neurocientistas cognitivos têm enfrentado o problema do Comportamento → Intenção por quase meio século. Eles têm usado técnicas como as de implantar eletrodos no córtex pré-frontal, a fim de registrar as descargas neuronais que são parte do processo da tomada de decisões. Mais recentemente, também começaram a estudar os mecanismos cerebrais que resultam no comportamento social, tanto quanto em sua inibição –, tal como o papel das amídalas e outros "centros" cerebrais causadores não só do comportamento pró-social como do antissocial[19].

Para realizar essa tarefa, o neurocientista cognitivo recorre quer aos procedimentos eletrofisiológicos clássicos, quer a técnicas não invasivas de imagens cerebrais, tais como tomografia computadorizada e ressonância magnética. Assim, ele ultrapassa não apenas o cientista social, como ainda o psicólogo social pré-biológico, porque trata processos mentais como sendo cerebrais. Por comparação, as pretensões do crente no poder do *Verstehen* (da interpretação hermenêutica) soam como pensamento desejável (*wishful thinking*) ou mesmo xamanismo. Mais a esse respeito ver a próxima seção.

Os psicólogos evolucionários se defrontam com uma tarefa ainda mais intimidante, porque as emoções e ideias não se fossilizam. Eles atuam de dois modos diferentes: enquanto alguns fabricam histórias divertidas, outros se empenham em pesquisas de neurobiologia evolucionária e de psicologia comparada. A primeira via não é constrangida por dados sólidos e é, portanto, popular. Consiste em explicar todo padrão contemporâneo de comportamento, norma social e desvios da norma como tendo sido "projetado" pela seleção natural[20]. Por exemplo, julgamos a mecânica relativística alegadamente difícil de ser entendida, porque nossa mente foi moldada há cerca de 100.000 anos pelo "ambiente pleistocênico", quando nossos ancestrais tinham de competir somente com coisas em movimento lento, tais como pedras e leopardos. O fato de que muitas pessoas possam aprender e mesmo inventar ideias contraintuitivas permanece misterioso.

A psicologia evolucionária séria é composta de dois fios principais entrelaçados: a neurobiologia evolucionária, a psicologia e a etologia comparativas. Até agora, a primeira não descobriu muita coisa, talvez por ser basicamente limitada a comprovadoras mudanças no tamanho do cérebro, que constituem um indicador pobre da capacidade mental. Por exemplo, o cérebro deve, com certeza, crescer para além de um determinado limiar, a fim de que certos processos mentais surjam. Entretanto, na realidade, o tamanho do cérebro humano decresceu, não cresceu durante os 35.000 anos passados. Nós ainda não sabemos por quê.

A psicologia comparativa foi mais bem-sucedida em parte. Por exemplo, Cabanac[21] sugeriu ser provável que a emoção haja

[19] Ver, e.g., N. Ochsner; M. D. Lieberman, The Emergence of Social Cognitive Neuroscience, *American Psychologist*, n. 56, p. 717-734; S.-J. Blakemore et. al., Social Cognitive Neuroscience, *Trends in Cognitive Science*, n. 8, p. 216-222.

[20] Ver, e.g., J. H. Barkow et al., *The Adaptive Mind*.

[21] Emotion and Phylogeny, *Japanese Journal of Physiology*, n. 49, p. 1-10.

22 *Good Natured.*
23 B. G. Trigger, *Artifacts and Ideas*, p. 133.

surgido com os répteis, não antes, por causa dos lagartos, e devido a certos mamíferos e aves, mas não peixes e sapos, que exibem sinais de emoção quando atingidos. E de Waal[22] conjeturou que a empatia emergiu com os ancestrais imediatos quer dos hominídeos, quer dos gorilas, porque todos eles sentem empatia, enquanto os macacos dificilmente a sentem. Se tais suposições se sustentarem, é provável que a emoção tenha surgido há cerca de 400 milhões de anos, e a empatia (e a crueldade a seu lado), apenas há cerca de 8 milhões de anos.

6. estudos sociais: do indivíduo à sociedade e da sociedade ao indivíduo

As ciências sociais lidam com problemas inversos de duas espécies principais: "inferir" (na realidade, supor) o comportamento individual a partir de feições sociais sistêmicas (tais como cultivo, estratificação e ditadura); e imaginar crenças, preferências e intenções a partir do comportamento individual ostensivo. Os dois problemas conectam-se do seguinte modo:

Feições coletivas → *Comportamento individual* → *Crença & Intenção*

Enquanto as feições sociais podem ser às vezes coletadas a partir de remanescentes arqueológicos ou de estatísticas sociais, a conduta individual requer observação direta ou conjetura; e, por sua vez, a atribuição de intenção exige um questionário ou conjetura – bem como experimentos, sempre que possível.

Mais uma vez, esses são apenas casos especiais de problemas da seguinte forma, que ocorrem em todas as ciências e tecnologias:

Observável → *Não-observável,*

Output → *Mecanismo e*

Efeito → *Causa.*

Existem pelo menos duas razões para a dificuldade, a ubiquidade e a importância de problemas dessa espécie. A primeira é que os cientistas sociais têm grande dificuldade em prover dados relacionados a feições coletivas, tais como disputa social, inflação e moralidade dominante. Em particular, "a arqueologia é a única disciplina que procura estudar o comportamento e o pensamento humanos sem ter contato direto com nenhum deles"[23].

A segunda razão para a dificuldade dos problemas em questão é que explicar um fato – estado, evento ou processo – é descrever como ele acontece, isto é, desvelar seu mecanismo; e os mecanismos são tipicamente inobserváveis (relembre o cap. v). Portanto, os problemas inversos não deveriam ser descartados em nome do dogma empirista (em particular, behaviorista), segundo o qual tudo quanto importa é comportamento observável. Ainda assim, seria tolice ignorar que problemas dessa espécie sejam difíceis, tanto assim que, na tentativa resolvê-los, tomamos, amiúde, equivocadamente, a ficção pelo fato – como quando tomamos o altruísmo pelo egoísmo esclarecido.

Como vimos no capítulo v, a física contém princípios poderosos e geralmente aceitos que permitem solucionar muitos problemas diretos e que podem então ser empregados como guias para resolver os correspondentes problemas inversos. Infelizmente, nenhum de tais guias está disponível nas ciências sociais, que ainda carecem de teorias ao mesmo tempo gerais, precisas e bem confirmadas. O cientista social precisa quase sempre arriscar hipóteses e edificar modelos teóricos (teorias específicas) a partir de esboços. Para iluminar o apuro do cientista social, vamos propor alguns exemplos elementares.

Primeiro exemplo: o país X tem pouquíssimos leitos hospitalares. Essa circunstância pode ser "interpretada" (atribuída hipoteticamente a) ou como negligência com o cuidado da saúde pública, ou como boa saúde da população. Segundo exemplo: não há revoltas camponesas no país Y. Esse não-fato pode ser "interpretado" como efeito ou da dura repressão, ou dos altos impostos e das corveias. Terceiro exemplo: apenas metade do eleitorado dá-se ao trabalho de votar no país Z. Esse fato pode ser "interpretado" como contentamento ou desengano com o sistema político. Somente pesquisas ulteriores, fazendo uso de indicadores adicionais, podem resolver as três ambiguidades.

A tendência do cientista social será provavelmente a de investigar, de um lado, ações individuais socialmente engastadas, tais como casamentos e roubos, e, de outro, sistemas sociais inteiros, como escolas ou negócios. Por contraste, o individualista metodologicamente doutrinário é obrigado a focalizar as experiências subjetivas dos atores, tais como as escolhas e decisões de um homem de negócios. E se for um hermeneuta, ele irá

24 Ver M. Bunge, *Finding Philosophy in Social Science; Social Science under Debate; The Sociology-Philosophy Connection.*

enfocar ou a empatia, como Dilthey, ou a intenção da suposição, como Weber. (Em ambos os casos, ele irá empenhar-se em uma "interpretação" psicológica ou em uma atribuição de estados mentais, e não em uma interpretação semântica ou no pareamento de símbolos com conceitos.) E se for um teórico da escolha racional, o estudioso há de centrar sua atenção nas (alegadas) probabilidades de eventos e nas utilidades subjetividades a que possam atender – na pressuposição de que todas as pessoas atuam de modo a maximizar suas esperadas utilidades.

Isto é, em todos os casos, o individualista há de psicologizar. Ele fará isso quer negue enfaticamente, como Comte, Durkheim, Weber ou Popper, que a psicologia é coisa relevante para a ciência social; quer ele invoque, como Menger, Simmel, Von Mises ou Boudon, que, sendo de senso comum, "abstrata" ou "racional" (*a priori*), mais do que experimental, é tudo, menos científica. Em ambos os casos, o individualista metodológico tenderá a exagerar a importância dos motivos individuais e das decisões às expensas dos recursos naturais, do trabalho e da estrutura social[24]. E ele não pode ser levado a sério, se adota ou planeja uma psicologia "abstrata" (ou popular), que é obrigada a ser simplista e, portanto, irrealista, por estar centrada em caricaturas, como os do *homo oeconomicus, homo loquens, homo aleator* ou *homo ludens*, ou mesmo em mitos ultrajantes, como o de que o comportamento dos judeus é caracterizado pelo ressentimento (Nietzsche e Weber).

O individualista metodológico pretende ser capaz de descobrir o que é em geral suposto como sendo coisa privada, ou seja, as esperanças e os receios, bem como as metas e as intenções dos tomadores de decisões. Em particular, se ele for um hermeneuta, o estudioso pretenderá ler tais feições subjetivas a partir do comportamento do ator: ele seria assim o proprietário privilegiado de uma faculdade especial, *Verstehen* (entendimento ou interpretação), desconhecida do cientista natural. Porém, como sabe o hermeneuta que ele "interpretou" corretamente os dados à mão, isto é, que acertou na verdadeira hipótese? Ele não sabe, porque lhe faltam critérios ou padrões precisos e objetivos para escolher entre "interpretações" (suposições) alternativas. Nem há qualquer chance de que jamais possa alcançar isso com tais critérios, porque o próprio conceito de um padrão objetivo e universal vai contra a natureza de qualquer filosofia centrada no sujeito.

As escolhas do hermeneuta são arbitrárias, porque ele confia nas suas intuições e, consequentemente, não as submete à prova. Entretanto, essa objeção não inquietará os hermeneutas, porque eles sustentam que as ciências culturais, ao contrário das naturais, não praticam o método científico que está centrado no requisito segundo o qual as hipóteses passam por alguns testes empíricos antes de serem declaradas verdadeiras em algum grau. Em suma, o hermeneuta nos pede que aceitemos sob palavra – o que é bastante natural para um intuicionista, mas não para um racionalista, que sabe que a intuição é um amigo não confiável.

O teórico da escolha racional, por sua parte, não se dá ao trabalho de supor os motivos particulares de seus atores; pretende que eles sejam os mesmos para todo mundo em todas as circunstâncias. De fato, ele decreta que todos os motivos são basicamente um só, ou seja, o de maximizar utilidades esperadas. Lá onde o hermeneuta cozinha *à la carte*, o teórico da escolha racional oferece um único *menu* turístico. (O filósofo da moral notará o paralelo entre o utilitarismo-ato e o utilitarismo-regra.)

Seja ele teórico da escolha racional ou hermeneuta, o individualista metodológico defronta-se com o problema de imaginar as crenças e as intenções que podem motivar as ações de sua personagem. No jargão psicológico, como vimos acima, ele tenta "ler" nas mentes de outras pessoas seu comportamento ou conduta. Em outras palavras, ele tem de inventar "teorias da mente". (Falando metodologicamente, ele transforma o problema inverso Comportamento → Intenção em uma família de problemas diretos do tipo Intenção → Comportamento). Mas, sem dúvida, a "leitura da mente" pode falhar e, muitas vezes, falha. Contudo, julgando a partir da segurança de seus pronunciamentos, o crente na leitura acurada da mente parece não compreender quão formidável e perigosa é essa tarefa. No entanto, gente casada sabe como diariamente surgem desentendimentos a partir da crença ingênua de que podem ler as intenções do parceiro a partir de gestos e palavras fortuitas. Em suma, a relação conduta-motivação é de um para muitos. Pretender que ela seja um para um é desafiar esmagadoras evidências empíricas adversas e simplificar demais uma enorme pilha de processos extremamente complexos.

7. imaginando mecanismos sociais

De todos os problemas inversos nos estudos sociais, os mais árduos são os de imaginar e checar os mecanismos subjacentes aos fatos sociais observados. Por exemplo, ninguém parece ter descoberto os mecanismos dos ciclos dos negócios. Em particular, os microeconomistas neoclássicos não possuem uma chave para isso, pois seu foco se dirige aos mercados livres em equilíbrio que operam em um vácuo político – uma tripla idealização. As duas razões adicionais pelas quais esses teóricos não conseguem achar o mecanismo em questão residem no fato de que suas teorias raras vezes, se jamais o fazem, envolvem o que os físicos denominam de "*a* variável independente", ou seja, o tempo, e que eles detêm somente variáveis observáveis. Essa limitação às variáveis observáveis é o motivo pelo qual Marx os chamou de "economistas vulgares".

O fracasso de Marx em descobrir o que ele chamava de "as leis do movimento" da economia capitalista não vem ao caso. Sua questão metodológica, de que tais leis devem existir sob os fenômenos (quantidades e preços), era correta. A lógica e a semântica explicam por que não pode haver salto direto à frente dos eventos singulares observáveis para leis gerais. A razão lógica é que o raciocínio válido (dedutivo) pode ir das generalidades para os particulares, não pelo caminho contrário (exceto no caso trivial Isso $\Rightarrow$ Algum). E a razão semântica é que os conceitos de alto nível que ocorrem nas leis de alto nível – tais como as do equilíbrio, eficiência, conhecimento e propensão marginal de economizar – não acontecem nos dados relevantes para elas. (Reveja cap. v, seção 2.)

O hermeneuta parece não compreender esse ponto metodológico elementar; ele acredita que pode pulsar a salvo, da conduta observável para os desejos ou intenções por trás dessa conduta. Por contraste, o teórico da escolha racional parece compreender essa questão, visto que pretende estar apto a deduzir o comportamento a partir da alegada lei universal acerca da maximização das utilidades esperadas. Em outras palavras, enquanto o hermeneuta pretende estar capacitado a descobrir causas a partir de seus efeitos, o teórico da escolha racional pretende conhecer *a priori* a mãe "suposta de todos os efeitos, ou seja, o autointeresse.

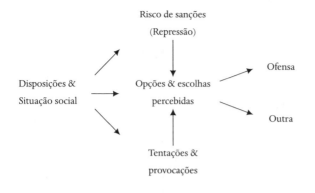

FIGURA 7.1: Fatores causais aproximados de atos não sujeitos a leis (modificados a partir de P.-O. H. Wikström e R. J. Sampson, Social Mechanisms of Community Influences on Crime and Pathways in Criminality, em B. B. Haley et al., *Causes of Conduct Disorder and Juvenile Delinquency*, p. 122).

Um dos muitos problemas com que se depara o teórico da escolha racional é que ele dá como certa a alegada lei. Entretanto, a "lei" em apreço não é universalmente verdadeira[25]. De fato, a maioria de nós não pode dar-se ao luxo do melhor: comumente somos forçados a nos encaminhar para um objetivo bem mais modesto – para "satisfazer"[26]. Ademais, a maioria de nós tende a sentir aversão ao risco e, assim, a querer evitar perdas mais do que visar grandes ganhos[27]. Consequentemente, as preferências reveladas raramente coincidem com as secretas. Pior ainda, às vezes, somos vítimas do autoengano; outras vezes, não sabemos o que queremos; e, poucas vezes, sabemos exatamente por quê agimos como agimos. O conhecimento do *self* é tão imperfeito que o antigo adágio grego "Conhece-te a ti mesmo" ainda é tópico. Assim, a vindicação tanto do teórico da escolha racional quanto o do hermeneuta, de que eles podem atingir o perfeito conhecimento das motivações mais íntimas de outras pessoas sem realizar experimentos psicológicos, é comparável ao conceito do psicanalista.

A alternativa para ambos, os hermeneutas e os adeptos da teoria da escolha racional, é o método científico. Um rápido estudo do problema familiar, no entanto mal compreendido, das causas da delinquência, deve ajudar a clarificar esse ponto; pode também servir de auxiliar para projetar políticas efetivas de prevenção ao crime. Nós necessitamos de dois modelos para dar conta das transgressões criminais: um para a conduta individual e outro para dar conta da criminalidade como uma feição regular de todo um grupo social, tais como os proverbiais habitantes

[25] Ver, e.g., R. M. Hogarth; M. W. Reder, *Rational Choice*.
[26] J. G. March; H. A. Simon, *Organizations*.
[27] D. Kahneman et al., *Judgment under Uncertainty*.

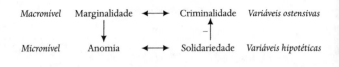

Figura 7.2
Fatores causais distais de atos ilegais (modificados a partir de M. Bunge, *Emergence and Convergence*, p. 209).

[28] M. Bunge, A Systematic Perspective on Crime, em P. O. Wickström; R. J. Sampson (eds), *Contexts and Mechanisms of Pathways in Crime*.

do centro decadente do mundo industrializado ou dos barracos das cidades do terceiro mundo. Em outras palavras, precisamos de um modelo para as causas imediatas do crime e de outro, diferente, para as suas causas periféricas – aquelas que impelem um indivíduo a cometer repetidos delitos ou até a adotar o crime como uma carreira. Eu adoto o modelo de Wikström para o primeiro caso. A Figura 7.1 exibe uma versão simplificada dele.

Esse modelo pode ser complementado por um que contenha as causas distais do crime. A ideia básica é que o comportamento criminoso é, em grande parte, resultado de marginalidade: econômica, política ou cultural. Dois traços salientes de marginalidade são o desemprego e a segregação física. Além disso, há duas microvariáveis que devem ser levadas em conta: a anomia – a contrapartida psicológica da marginalidade – e a solidariedade que compensa em certa medida a anomia. Eu admito que essas quatro variáveis encontram-se relacionadas tal como aparecem na Figura 7.2.

As flechas nesse diagrama simbolizam causação. Em todos os casos, exceto no último, um incremento em uma das variáveis causa um incremento na que lhe é dependente: por contraste, uma solidariedade mais forte faz decrescer tanto a anomia quanto a criminalidade. Ambos os modelos podem ser facilmente quantificados[28].

O que vale para as ciências sociais básicas também vale, com tanto mais razão, para as tecnologias sociais, da pedagogia e da lei até a ciência da administração e as assim chamadas ciências políticas. De fato, aqui nos defrontamos com questões práticas da seguinte espécie: dado o estado presente de um sistema social e um conjunto de *desiderata* (ou estado final desejável), descubra os melhores meios de forçar a transição: Estado inicial → Estado final. Entretanto, a tecnologia merece uma sessão à parte, não só porque é o motor da indústria e do governo, mas também porque a filosofia da tecnologia é até mais atrasada do que a filosofia da ciência.

8. engenharia reversa

A expressão "engenharia reversa" extravasou para a psicologia e outros campos. Entretanto, problemas tecnológicos, diretos ou inversos, são muito diferentes dos problemas em outras disciplinas. São tipicamente problemas de projetos ou de manutenção e não problemas para descobrir algo neles ou provar alguma conjetura. Há duas razões para essa diferença. Uma, é que a tecnologia lida com artefatos concretos tais como máquinas e organizações. (Até o software é, em última análise, concreto, visto que, por contraste com a matemática pura, ele guia uma sequência de estados de uma máquina.) A segunda razão é que, atualmente, o tecnólogo típico não é um inventor que trabalha por conta própria, mas um empregado ou um consultor. Seu empregador ou freguês, longe de lhe dar carta branca, exige a invenção ou a manutenção de um dispositivo executor de determinada tarefa; ele especifica apenas o desejado *output* e o orçamento.

De fato, a expectativa é que os tecnólogos inventem, aperfeiçoem ou mantenham artefatos de algum tipo, quer inanimados como estradas e computadores, quer vivos como cultivos e vacas, quer sociais como corporações ou departamentos governamentais. Os tecnólogos mais criativos inventam novos artefatos para ir ao encontro das necessidades ou criar necessidades. Pense em projetar uma ponte capaz de receber uma dada carga e sujeita a determinadas restrições orçamentárias; ou em projetar uma firma capaz de produzir ou vender certo bem ou serviço, assim como produzir certo retorno sobre um dado capital. Ambos são problemas inversos, eles possuem ou muitas soluções ou nenhuma, dependendo do estado da arte, dos recursos disponíveis e das metas do empregador.

Entretanto, o inventor da cibernética afirmou que os problemas da invenção podem ser tanto diretos como inversos[29]. Admito que, enquanto os primeiros são problemas de melhoria para um artefato ou processo existente, o segundo requer inovação radical. Um problema de aperfeiçoamento parece ser assim: Aperfeiçoe um artefato existente com um defeito conhecido no projeto ou na operação. Por contraste, um problema de invenção radical é um entre dois tipos: apresente um dispositivo radicalmente novo ou descubra um novo uso para um dado

[29] N. Wiener, *Invention: The Care and Feeding of Ideas*, p. 91 e s.

30 Para os conceitos de função que ocorrem na tecnologia e em outras partes, consulte M. Mahner; M. Bunge, Function and Functionalism, *Philosophy of Science*, n. 68, p. 75-94.

dispositivo. (Os exemplos do próprio Wiener eram o de inventar uma válvula para rádio-transmissão, e usá-lo em um dos primeiros computadores.) De um ponto de vista econômico, a diferença é a seguinte: enquanto os aperfeiçoamentos são amiúde impelidos pelo mercado, invenções radicalmente novas podem ajudar a criação de novos mercados.

Mais precisamente, um problema tecnológico de segundo tipo apresenta o seguinte aspecto: invente um dispositivo que há de satisfazer tais e tais especificações. Comumente, um problema dessa espécie é tanto mais difícil quanto mais ampla a especificação. Uma especificação ampla arrola apenas as funções ou tarefas essenciais que se espera que o artefato execute[30]. Essa especificação não estabelece nada acerca de materiais ou processos. Ora, em princípio, qualquer função tecnológica pode ser desempenhada por vários mecanismos alternativos (processos no referido sistema). Pense apenas na variedade de cronômetros, calculadoras, pontes, meios de transporte, mídias de comunicação, sistemas de assistência à saúde e firmas de negócios. Em outras palavras, a relação mecanismo-função é um para muitos, não um para um. Esse espaço de ação dá ao projetista alguma liberdade. Pela mesma razão, impõe compromissos e árduas escolhas.

De fato, tipicamente, apresenta-se ao tecnólogo a quem se solicitou resolver um problema inverso de invenção um par *input-output* e lhe é pedido que projete uma caixa capaz que irá transformar o desconhecido *input* no *output* desejado. Na engenharia elétrica, essa classe de problemas é tradicionalmente conhecida como "síntese de circuito". Trata-se do problema converso da análise de circuitos, um problema relativamente direto que é solucionado com o emprego da física padrão e da matemática a ele inerente. Por contraste, um problema inverso ou de síntese exige mais do que física: requer também imaginação tecnológica, improvisação e tentativa e erro.

Sem dúvida, todos os cientistas criativos são imaginativos. Por exemplo, eles tentam imaginar os constituintes de uma dada ou suposta coisa natural e um modo como tais componentes se mantêm juntos. O sonho do engenheiro é necessariamente diferente, porque a ele nada é dado, exceto uma especificação e talvez, também, uma caixa de possíveis componentes de um sistema. Sua tarefa é a de planejar um novo sistema com os componentes existentes ou, até, inventar novos constituintes, tais como circuitos nanotecnológicos e motores.

Tome, por exemplo, a química. A tarefa do químico analítico é determinar a composição química de uma dada porção de matéria. Esse é certamente um problema inverso, mas inteiramente diferente do problema do farmacologista ao projetar uma nova molécula com um dado efeito biológico, como o de baixar a alta pressão sanguínea. Outro exemplo claro é o seguinte: um físico pode calcular o campo eletromagnético irradiado por uma corrente elétrica de uma antena com certo formato. Por contraste, o engenheiro de rádio teve de inventar uma antena direcional (uma sequência de antenas) capaz de irradiar ondas de uma dada amplitude de banda para um dado lugar da Terra ou para o espaço exterior. O pesquisador biomédico enfrenta um problema similar: dado um organismo doente, projete uma terapia que ira melhorar a saúde do paciente. Aqui, mais uma vez, o problema é achar os meios mais adequados para atingir uma dada meta.

Poderiam os problemas de engenharia reversa ser confiados de modo apropriado a um computador programado? Dificilmente, porque máquinas não podem inventar novas ideias; elas podem apenas combinar ideias dadas ou, antes, seus garantes físicos, de acordo com regras dadas. Por exemplo, de meados dos anos de 1970 para frente, alguns programas de computador foram projetados, a começar pelo DENDRAL, que alcançam possíveis estruturas moleculares quando alimentados com certos dados empíricos, como uma composição química juntamente com certas restrições, tais como valências[31].

No entanto, Herbert Simon e outros entusiastas do computador têm pretendido que os futuros computadores hão de solucionar problemas e construir teorias de todos os tipos, talvez com a ajuda da lógica mítica da descoberta, anunciada primeiramente no século dezessete. Por exemplo, pretendeu-se recentemente que os assim chamados programas genéticos podem igualar-se aos novos circuitos eletrônicos[32].

Entretanto, a análise dessas realizações mostra que elas apresentam quatro limitações. Primeira, os programas em questão são muito menos valiosos para a ciência do que para a indústria, visto que não contribuem para a compreensão de coisa alguma.

[31] E. A. Feigenbaum; J. Lederberg, Mechanization of Inductive Inference in Organic Chemistry, em B. Kleinmutt (ed.), *Formal Representation of Human Judgement.*

[32] J. R. Koza et al., Evolving Inventions, *Scientific American*, 288, n. 2: 52-59.

Segunda, elas não dão conta de novidades radicais (não combinatoriais). Terceira, elas não podem ajustar-se a especificações tais como "Uma molécula que afetará o estado de ânimo" ou "Um computador que resolverá equações de diferenças finitas". Ainda assim, cabe ao farmacologista ou ao engenheiro conduzir testes de encomenda para determinar quais são as funções da nova coisa em questão. A quarta refere-se ao fato de que tudo o que os programas em apreço fazem é examinar ou reunir, quer ao acaso ou conforme a regra, um grande número de elementos dados, tais como resistores, indutores e capacitores. Eles não nos dizem quais são as configurações mais adequadas para certas metas. Do mesmo modo, uma calculadora pode nos informar, digamos, que dez convidados podem permanecer sentados junto a uma mesa em mais do que três milhões de modos; mas somente a anfitriã experimentada saberá como parear pessoas congeniais. Em suma, a química combinatória e a eletrônica combinatória são úteis, mas não iluminam. Somente a teoria pode iluminar.

Consideremos agora um exemplo extraído da tecnologia social. Em princípio, qualquer meta de política pública, tal como a contenção de um controle epidêmico ou populacional, pode ser alcançada por diferentes meios. Estes vão da quarentena à educação, aos desincentivos econômicos, à esterilização forçada e ao massacre. É um problema reverso de engenharia social, como é o intento do banco central no uso de meios fiscais para domar a inflação, incrementar a confiança do consumidor, diminuir o desemprego, ganhar uma eleição, financiar uma agressão militar ou o que quer que seja.

O caso do terrorismo é mais árduo do que os casos acima mencionados, porque é menos bem entendido, e aquilo que não é bem compreendido não pode ser efetivamente controlado e muito menos de maneira eficiente. Uma razão óbvia para o nosso conhecimento deficiente do terrorismo é que os terroristas são ardilosos e, quando apanhados, são, no melhor dos casos, estudados por psicólogos do governo. E estes tendem a desprezar o contexto político, que é macrossocial. Além disso, o terrorismo é usualmente tratado apenas por políticos obsedados com a próxima eleição e pelos militares, e os indivíduos de ambas as categorias conhecem apenas as táticas "olho por olho", a receita bíblica para uma espiral de vinganças sem fim.

Banalidades populares, tais como a de que as fontes do terrorismo são a pobreza e a ignorância, estão em desacordo com a evidência: a maioria dos terroristas é constituída de membros da classe média, com boa educação[33]. A moral prática é que elevar os padrões de vida e o nível educacional da população em que os terroristas são recrutados não constitui a solução. O terrorismo político não é apenas de multinível (micro e macrossocial), porém igualmente multifatorial: política, econômica e culturalmente. Portanto, seu entendimento demanda uma abordagem sistêmica. Em todo caso, são necessárias pesquisas bem mais sérias, e somente um esforço concertado por psicólogos sociais e politólogos poderia explicar os atentados suicidas e os ataques do tipo kamikaze.

[33] M. Sageman, *Understanding Terror Networks*.

Entrementes, sugiro uma combinação de dois mecanismos concorrentes, envolvendo os níveis micro (ou individual) e o macro (ou institucional) para explicar a sinistra combinação da autoimolação com o assassinato de inocentes em nome de uma causa perdida:

9. fazendo a ponte entre a teoria e o fato

O relato popular sobre o modo como as teorias científicas são contrastadas aos fatos é o seguinte: deduza consequências observáveis e as compare com os pertinentes resultados de observações. Isto é, proceda como segue:

Deduza consequências observáveis da teoria.
Obtenha dados empíricos.
Confronte previsão(ões) com dados.
Avalie a teoria.

Esse esquema, denominado *método hipotético-dedutivo*, é comum tanto aos empiristas (indutivistas), em particular aos positivistas lógicos e aos racionalistas (dedutivistas), em especial Popper e seus seguidores. Indubitavelmente, ele contém um importante grão de verdade. Mas também se apresenta severamente defeituoso, porque teorias não implicam observações sem outros acréscimos e, por conseguinte, não podem ser contrastadas diretamente com os dados empíricos relevantes. Alguns poucos exemplos devem bastar para marcar esse ponto.

A mecânica celeste não pode, por si própria, prever eclipses; a mecânica quântica não pode, por si própria, prever os comprimentos de onda da luz emitida pelos átomos; a psicologia permanece especulativa sem indicadores comportamentais e fisiológicos; e a economia não pode tampouco explicar nem prever qualquer coisa sem uma bateria de indicadores, tais como a produção de amônia, um indicador da produção agrícola. Em todos os casos, são necessárias muita assunção e informação adicionais.

Por exemplo, as equações newtonianas do movimento não implicam quaisquer feições do pêndulo simples. Para descrevê-lo, devemos começar modelando-o, por exemplo, como um ponto material pendente de um suporte rígido e sujeito à gravidade. Do mesmo modo, o cálculo de probabilidades é insuficiente para efetuar previsões probabilísticas; temos de adicionar-lhe uma hipótese randômica, como a do pareamento aleatório (relembre o cap. IV).

Em geral, o procedimento de teste efetivo é o seguinte: enriqueça a dada teoria com um modelo mais ou menos idealizado do objeto em estudo, seja ele planeta, molécula, célula ou organização social. Esse modelo é definido por um número de assunções subsidiárias, isto é, assunções não contidas na teoria em geral, embora compatíveis com ela – por exemplo, de que a superfície de um sólido é lisa, de que uma onda é plana, de que uma colônia bacteriana possui um suprimento infinito de alimento, de que um mercado é perfeitamente competitivo ou que apenas as partes diretamente envolvidas em um conflito internacional importam.

O próximo passo é relacionar alguns dos conceitos que ocorrem no modelo aos pertinentes indicadores observáveis de itens inobserváveis referidos pela teoria – ângulo de desvio de um ponteiro no caso de uma corrente elétrica, ossos e artefatos no caso de um sítio arqueológico, PIB no caso de uma economia nacional, e assim por diante.

INDICADO	INDICADOR
Gravidade	Período do pêndulo
Temperatura	Altura da coluna termométrica
Intensidade de corrente	Desvio do ponteiro do amperímetro
Acidez	pH
Atividade cerebral	Consumo de glicose
Pensamento	Expressão lingüística
Ódio	Contração da pupila
Primado da sociabilidade	Tempo de noivado
Bem-estar	Longevidade
Altura	Nutrição
Atividade econômica	PIB
Desigualdade de renda	Índice GINI
Participação política	Resultado de votação

◀ TABELA 7.1
Amostra de Indicadores

Um indicador é uma relação, preferencialmente funcional, entre uma propriedade inobservável U e uma observável O. Isto é, $U = f(O)$. Lendo O em um medidor ou em uma tabela estatística, podemos calcular U[34]. A função que faz a ponte entre o observável e o inobservável é hipotética e pode ser empírica ou teorética. Se empírica, é obrigatoriamente não confiável, por estar isolada do resto. Se teorética, a hipótese indicadora é parte da teoria do instrumento de mensuração – por exemplo, a teoria do galvanômetro. Mas em ambos os casos o fato indicador observável (como o desvio de um ponteiro) provavelmente será, em termos qualitativos, diferente do fato indicado (como a corrente elétrica). Ver Tabela 7.1.

[34] Ver M. Bunge, *Scientific Research; Philosophy of Physics.*

O terceiro e último passo no processo de testagem é estabelecer e ler a pertinente observação e o instrumento de mensuração – escalas, microscópio, espectroscópio, cromatógrafo, contador de Geiger-Müller, preços postados ou aquilo que estiver à mão. A típica operação de laboratório envolve instrumentos medidores com ponteiros e diais. Tais instrumentos traduzem fatos inobserváveis, como correntes elétricas em leituras observáveis de diais: eles incorporam hipóteses indicadoras. Isso ocorre quando o experimentador começa a olhar, a ouvir, a tocar e, talvez mesmo, até a cheirar e provar, a fim de obter dados observacionais autênticos que não poderiam possivelmente ser derivados somente da teoria.

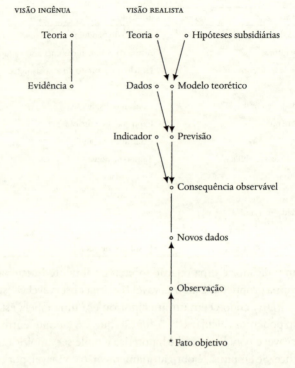

Figura 7.3 ▶ Duas explicações do confronto teoria-fato. (a) Ingênua: comparação direta; (b) Realista: comparação via hipóteses subsidiárias, hipóteses indicadoras, etc. Observe que a explicação ingênua não envolve fatos objetivos nem modelos, nem hipóteses indicadoras.

Em resumo, o procedimento efetivo da aferição da teoria é a seguinte sequência:

1. Teoria geral & Hipóteses subsidiárias ⇒ Modelo teorético
2. Modelo teorético & Indicador(es) ⇒ Predição(ões) testável(eis)
3. Novos dados empíricos obtidos por observação ou experimento
4. Confrontação de previsões com os achados empíricos
5. Avaliação do modelo teorético.

Tudo isso está representado graficamente no Figura 7.3.

10. observações conclusivas

O que podemos aprender das discussões deste capítulo e do anterior? A primeira coisa é que a própria existência da tristemente negligenciada categoria dos problemas inversos suscita alguns interessantes problemas lógicos, semânticos, epistemológicos, metodológicos e ontológicos. Infelizmente, os problemas lógicos e semânticos dificilmente têm atraído a atenção dos filósofos[35].

Em particular, as questões de ordem e equivalência de problemas deveriam ser mais esclarecidas. Por exemplo, o que vem (logicamente) antes, uma equação algébrica ou suas raízes? Na prática científica, em geral, a equação vem primeiro, visto que a gente começa supondo que um dado polinômio possui zeros e a gente prossegue procurando-os. Contudo, o teorema fundamental da álgebra permite caminhar em ambos os sentidos. Portanto, nesse caso excepcional, o problema inverso é logicamente equivalente ao direto. Além do mais, o conceito de dualidade (ou complementaridade) de problema aplica-se aqui melhor do que o par direto-inverso. Daí o problema geral: qual é a diferença entre dualidade de problema e inversão de problema? E sob quais condições é um deles mais redutível ao outro?

O problema epistemológico é o de clarificar a relação entre as distinções direto-inverso e observável-inobservável. Determinar a solução para um problema científico direto ou tecnológico resume-se em construir um mapeamento a partir dos inobserváveis, tais como forças ou intenções, para os dados, tais como posições ou peças de comportamento humano; e solucionar o problema inverso é encontrar o inverso desse mapeamento. Esse inverso existirá somente se o mapeamento em questão for um para um. Entretanto, isso não basta, uma vez que os dados empíricos conterão provavelmente erros que podem corresponder a uma ampla diferença no domínio do mapeamento. (Isto é, um simples erro empírico na mensuração do efeito pode sugerir a causa errada.) A fim de evitar semelhante instabilidade, o mapeamento dos inobserváveis deve ser contínuo, além de ser um para um[36].

Note quão estreitamente a discussão matemática sobre as condições de inversibilidade se ajusta à distinção epistemológica e como a distinção observável-inobservável, tão inocente na aparência, pode traduzir-se em fantasia matemática. As complicações em apreço constituem um caso particular da assim chamada indeterminação da teoria pelos dados, que intrigou indutivistas durante meio século. As mesmas complicações sugerem por que os projetos de "sistemas de descoberta automatizados", atualmente em andamento, podem produzir no máximo

[35] Ver, entretanto, M. Bunge, *Scientific Research*; N. Rescher, *Inquiry Dynamics*.
[36] E.g., R. G. Newton, *Inverse Schrödinger Scattering in Three Dimensions*.

FIGURA 7.4 Duas estratégias de pesquisa mutuamente duais e complementares, quando dois níveis de organização, micro e macro, estão envolvidos: (a) *top-down* e (b) *bottom-up*.

[37] P. Giza, Automated Discovery Systems and Scientific Realism, *Minds and Machines*, n. 12, p. 103-117.
[38] M. Bunge, *Finding Philosophy in Social Science*, p. 145.

redescobertas. Uma dessas é a dos quarks, que foi postulado primeiro em 1964 e redescoberto em 1990 pelo programa de computador GELL-MANN, quando alimentou um grande número de modelos teóricos[37]. Nenhuma razão para exultar: uma vez que se haja verificado que o criminoso está escondido na casa e se tenha obtido um pormenorizado conjunto de elementos para fazer seu retrato falado, é bem provável que a gente o "descubra" (reconheça) ao revisar a casa.

O problema metodológico é o seguinte: quando se está lidando com entidades de diferentes níveis de organização, qual estratégia de solução de problemas é mais conveniente, de *top-down* (análise) ou *bottom-up* (síntese)? A resposta é que comumente a gente começa a partir daquilo que se conhece melhor. Em outras palavras, a relação *explanandum-explanans* depende do estado do conhecimento. Enquanto em alguns casos o problema direto é do tipo Macro → Micro, em outros ele é do tipo inverso. Essas estratégias duais podem ser sumariadas como aparece na Figura 7.4[38].

As estratégias de *top-down* e de *bottom-up* devem finalmente ser combinadas. Por exemplo, se desejamos explicar um conhecido macrofato, devemos tentar reduzi-lo a microfatos; ao passo que, se microfatos são mais bem conhecidos, devemos então procurar agregá-los em macrofatos. Assim, na época presente, os neurônios são muito mais bem conhecidos do que os sistemas neuronais. Portanto, os neurocientistas teóricos cognitivos estarão mais bem orientados ao imaginar sistemas neuronais, circuitos ou redes neuronais capazes de desempenhar certas funções mentais conhecidas pela psicologia. Entretanto, seus colegas experimentalistas continuarão a observar e a alterar sistemas multineuronais, a fim descobrir que funções mentais (processos) eles "instanciam" (levam a cabo ou realizam).

Note que a distinção direto/inverso não é uma dicotomia, porque muitos problemas não são nem diretos, nem inversos. Entre esses encontramos os seguintes: os problemas de "achar" um novo problema; de tornar exata uma noção grosseira ou intuitiva; de interpretar em termos factuais um conceito matemático ou um símbolo; e de avaliar um item à luz de certos desideratos e regras.

Finalmente, nossa discussão sobre o confronto de uma teoria científica com a evidência empírica relevante envolveu um breve exame das hipóteses indicadoras "incorporadas" na própria construção e leitura dos instrumentos de mensuração. Constitui um triste comentário acerca do estado da filosofia da ciência o fato de que tais indicadores sejam raramente ou jamais mencionados e muito menos analisados na literatura filosófica: que a maior parte dos filósofos ainda acredita que teorias científicas impliquem dados observacionais e que estes constituam produto direto da percepção. Um mero olhar sobre um medidor elétrico caseiro deveria bastar para fazer explodir esse mito. Se críticos de arte olham para obras de arte, por que críticos de ciência não podem olhar para projetos científicos da vida real, em vez de confiar em informes de segunda mão?

Em suma, o velho problema da relação teoria-fato ainda necessita de muita investigação. Para ser bem-sucedida, essa pesquisa deve começar por reconhecer que ir dos fatos às teorias é um problema inverso, e que as teorias nunca são confrontadas diretamente com observações relevantes.

VIII

rumo à realidade através da ficção

À primeira vista, materialistas não toleram objetos abstratos, tais como teorias e mitos, porque são imateriais; e realistas não podem admiti-los, porque os objetos não estão logo ali. De fato, os nominalistas medievais, que eram ao mesmo tempo materialistas e realistas (no sentido moderno desse termo), admitiram somente uma espécie de entidade, o individual concreto – além de Deus e dos anjos. Em particular, Buridan fundia proposições com sentenças e as identificava com simples proferições ou inscrições, acreditando que elas eram apenas objetos físicos[1].

1 Consulte T. K. Scott, *Introduction to John Buridan's Sophisms on Meaning and Truth*.

Daí por que os nominalistas modernos usam a expressão "cálculo sentencial", em vez de "cálculo proposicional", e "linguagem", em vez de "teoria". Um problema similar, também rebatizado, é o das expressões linguísticas que, ao contrário das meras entidades físicas, veiculam – supõe-se – significados obviamente imateriais. Um segundo problema é que as sentenças são estudadas por linguísticas, que pressupõem a lógica, uma ciência eminentemente não física. Quanto ao que tange à redução da teoria à linguagem, trata-se de algo impossível, porque as teorias possuem propriedades não-linguísticas, tais como consistência e poder explanatório, assim como os textos têm propriedades não-lógicas, tais como persuasividade e estilo. Ademais, necessitamos do conceito de proposição para explicar a tradução como uma transformação linguística preservadora de significado. Sem dúvida, todo mundo usa tacitamente a convenção de que dois signos são mutuamente substituíveis apenas no caso em que designam construtos com o mesmo significado.

Em outras palavras, os símbolos são, por certo, objetos físicos, mas também mais do que isso, visto que representam outros objetos. E um construto não pode ser identificado com nenhum de seus símbolos, pois, por definição, um símbolo nomeia outra coisa e não a si próprio. Além disso, a vasta maioria dos objetos tem de permanecer sem nome: pense nos contínuos como o conjunto dos números reais e o conjunto dos pontos numa região do espaço-tempo. (A função que nomeia ou simboliza mapeia *designata* ou *denotata* em nomes ou símbolos, o que constitui um conjunto enumerável.)

Ademais, as sentenças possuem estrutura, como a ordem das palavras svo (sujeito, verbo, objeto), que são abstratas, e elas veiculam significados, que são igualmente itens transcendentais.

Com efeito, símbolos e outros objetos semióticos diferem dos objetos físicos pelo fato de que vêm juntamente com códigos convencionais explícitos ou tácitos ou regras de interpretação que lhes consignam significados. Daí por que não descobrimos o significado de um termo como *"ignis"* examinando qualquer dos modos em que ele pode ser inscrito ou pronunciado, a não ser consultando um léxico latino. E é também por isso que computadores, que processam símbolos, mas não seus *designata* ou *denotata*, não podem captar significados e muito menos criá-los[2].

Assim, o que devem materialistas e realistas, e *a fortiori* os hilorrealistas, fazer com respeito a objetos abstratos, em particular conceitos e proposições? Alguns nominalistas – como Quine – têm sustentado que há signos mas não conceitos, sentenças mas não proposições, e reações comportamentais a estímulos verbais mais do que significados. Contudo, essa doutrina deixa de explicar o fato elementar de que as sentenças "I love you", "Je t'aime" e "Eu te amo" são equivalentes porque designam a mesma proposição. Em outras palavras, uma tradução é fiel se e somente se ela preservar significados. Assim, o significado é basicamente uma propriedade de construtos e só derivativamente uma propriedade dos signos que designam conceitos ou proposições – caso em que seria melhor chamá-lo de "significação"[3]. Em suma, existem conceitos, proposições e sistemas de tais coisas – embora, por certo, como objetos abstratos e não físicos.

Os nominalistas temem que falar de conceitos, proposições e outros objetos abstratos implica uma concessão ao idealismo. O objetivo deste capítulo é aliviar esse medo, mostrando que não há nada de errado em admitir objetos abstratos, na medida em que não lhes sejam atribuídos existência independente. Mas, antes de fazê-lo, vejamos por que necessitamos de objetos abstratos.

1. a necessidade da abstração

Nos capítulos precedentes argumentamos em favor do realismo científico ou da tese segundo a qual há um mundo real e que pode ser conhecido, particularmente por meio da pesquisa científica. Entretanto, os modelos científicos de coisas concretas são de caráter mais simbólico do que icônico: são sistemas de propo-

[2] Ver, e.g., J. R. Searle, *Minds, Brains, and Programs, Behavioral and Brain Sciences,* n. 3, p. 417-424; M. Bunge, *Emergence and Convergence.*

[3] M. Bunge, *Treatise on Basic Philosophy*, v. 1 e 2; idem, Hay proposiciones?, em W. V. Quine, *Aspectos de la Filosofía.*

sições, não são retratos. Além disso, tais modelos são raramente, se jamais o são, completamente exatos, se não por outro motivo, pelo menos porque envolvem simplificações mais ou menos brutais, como a de pretender que uma superfície metálica seja lisa, um cristal não tenha impurezas, uma biopopulação tenha um único predador ou que o mercado esteja em equilíbrio. Esses modelos são todos eles ficções. Todavia, constituem estilizações mais do que fantasias desbragadas. Portanto, ao introduzi-los e usá-los para explicar existentes reais, não nos compromete com o ficcionismo, assim como defender o papel da experiência não nos torna necessariamente empiristas, tampouco o fato de se admitir o papel da intuição basta para qualificar alguém como intuicionista.

Em outros termos, tanto em ciência quanto em tecnologia usamos muitas vezes as palavras *como se*. Ou seja, fingimos que algo possui certa propriedade, mesmo sabendo que carece dela. Ao pretender alguma coisa do gênero, nós não mentimos e não assumimos de que a real natureza do item em questão é incognoscível. Efetuamos apenas uma assunção simplificadora, sabendo muito bem que pesquisas ou ações ulteriores podem desvendar fatores previamente desconsiderados, e assim forçar-nos a adotar uma assunção mais complicada. Por exemplo, podemos conceituar a superfície de um corpo sólido como perfeitamente lisa, mas estamos prontos a conceder que, na realidade, ela é áspera e porosa. Isto é, nós não perdoamos o ficcionismo ou o instrumentalismo – o terreno comum do convencionalismo e do pragmatismo, de acordo com os quais todos os construtos científicos são apenas ficções que nos permitem correlacionar e organizar experiências. O realista científico simplesmente admite, de modo tácito, que o conhecimento e trato eficiente de um item concreto devem provavelmente ser instantâneos.

O mesmo vale, com tanto mais razão, para os "mundos" da matemática, como a teoria dos conjuntos, a álgebra de Boole e a teoria das equações diferenciais. De fato, tais objetos não estão todos ali, prontos a serem apanhados como seixos: eles são produzidos e não achados. Ou seja, são artificiais, não naturais. Além disso, os objetos matemáticos são imperceptíveis e satisfazem puramente leis formais, não leis da natureza ou normas sociais. Por exemplo, é um teorema na teoria dos números e não um enunciado físico ou econômico o fato de não existir um número maior do que todos os outros.

Em outras palavras, os enunciados na matemática pura não são ontologicamente objetivos: eles não se referem ao mundo real. Mas, sem dúvida, tampouco são subjetivos: não informam sobre o estado de espírito do locutor. Assim, não são nem objetivos, nem subjetivos em sentido ontológico, muito embora sejam impessoais e associais. O mesmo é válido para mitos, histórias e similares. Todos os enunciados desse tipo são ficções. Isto é, pelo bem da análise, fingimos que seus referentes – conjuntos, fantasmas, deuses e o que quer você tenha – existam independentemente do sujeito. Mas nenhuma pessoa em sã consciência irá montar uma expedição para procurá-los na selva. Ainda assim, nenhuma pessoa realista pode negar o poder de algumas ficções, como as da matemática, para exatificar e unificar ideias, e as da ideologia, para mobilizar ou imobilizar pessoas. Você se lembra do mito das armas de destruição em massa do Iraque concebido na administração Bush em 2001? Platão e Nietzsche poderiam ter aprovado essa "nobre mentira" inventada para conduzir pelo nariz milhões de pessoas politicamente ingênuas.

À primeira vista, a admissão de ficções representa um sério golpe ao realismo científico, visto que as ficções, consideradas em si próprias – isto é, independentemente do modo como são construídas e utilizadas –, não são coisas nem do mundo externo, nem processos cerebrais. Será isso verdade? Qualquer que seja a resposta, devemos enfrentar a seguinte questão prática: qual das várias filosofias da matemática concorda melhor com a tese de que os objetos matemáticos são ficções, sem comprometer a tese de que somente objetos concretos (materiais) são reais ou a liberdade tão cara aos matemáticos criativos? Essas questões nos desafiam a esboçar uma filosofia da matemática, a fim de complementar nossa filosofia realista da ciência e tecnologia[4].

2. ficcionismo

Se os objetos matemáticos não são reais do mesmo modo que estrelas, pássaros e escolas, então o realismo científico não se aplica a eles e, portanto, não pode nos ajudar a entender a sua natureza.

[4] Ver pormenores em M. Bunge, *Treatise on Basic Philosophy*, v. 7.

[5] The Methodology of Positive Economics, *Essays in Positive Economics*.

Poderia o idealismo nos ajudar? Vejamos. O platonismo, protótipo do idealismo objetivo, pretende que as ideias sejam exatamente tão reais como as estrelas, os pássaros e as escolas, e, efetivamente, até mais reais do que estas últimas. O problema é que não há evidência para essa conjetura. Tampouco pode o platônico oferecer qualquer evidência desse gênero, uma vez que não existem pedreiras ou armazéns matemáticos; todos os objetos matemáticos são fabricados. Isso explica por que as descobertas matemáticas não são feitas no campo ou no laboratório. Fato que também contribui para explicar por que a matemática, como a literatura e o direito têm unicamente uns poucos milênios de antiguidade.

Ainda assim, não há dúvida de que os objetos da matemática são ideias mais do que entidades reais. Poderiam ser eles ficções, tal como as histórias de Esopo? Vejamos. A tese segundo a qual objetos matemáticos e talvez outras ideias igualmente são ficções é denominada *ficcionismo*. Mas, por certo, o ficcionismo, como todos os outros "ismos" filosóficos, apresenta-se em duas forças principais: a radical e a moderada.

O ficcionismo radical (ou ficcionalismo) é a doutrina de que *todo* discurso é fictício, de modo que não há verdade de qualquer espécie – matemática, factual ou outra. De acordo com ela, o máximo que podemos asseverar é que as nossas ideias funcionam *como se* fossem verdadeiras. Assim, ela é uma combinação de convencionalismo com pragmatismo. Como outras doutrinas epistemológicas, o ficcionismo possui antigas raízes. Uma delas é o velho ceticismo radical ou pirronismo ("Nada pode ser conhecido com certeza"). Outra é o nominalismo medieval, uma variedade do materialismo vulgar ("Não há conceitos; há apenas coisas e seus nomes"). Entretanto, o ficcionismo só floresceu no monumental livro de Vaihinger, *Die Philosophie des als ob*, de 1911, que deveu muito a Hume, Kant, Lange e Nietzsche. (De fato, Vaihinger é, em geral, considerado como um neokantiano.)

O ficcionismo tem tido poucos adeptos ortodoxos, mas deixou alguns vestígios na literatura, embora raramente sob o mesmo nome. Um desses vestígios é encontrado em Milton Friedman[5], o famoso monetarista e apologista do capitalismo não regulamentado. Ele sustentou que as assunções de uma teoria econômica não precisam ser verdadeiras; tudo o que nos deve preocupar é se suas consequências combinam com fatos relevantes. Mas, por certo, é possível deduzir proposições verdadeiras a partir de falsas, em particular, contradições. (Sem dúvida, uma contradição acarreta qualquer número de proposições.) Ademais, o objetivo de checar a verdade de uma consequência lógica é avaliar as verdadeiras vindicações de suas premissas.

Outro vestígio do ficcionismo é a concepção segundo a qual teorias e explicações históricas são metáforas mais do que representações de fatos reais[6]. Essa opinião é muito popular na turba pós-moderna. E uma variedade até mais popular de ficcionismo é o relativismo-construtivismo, de acordo com o qual "a ciência é uma forma de ficção ou discurso como qualquer outro, do qual um efeito é o 'efeito verdade', que (como todos os efeitos literários) surge a partir de características textuais"[7]. Se a verdade fosse apenas um efeito literário, dificilmente importaria saber se o ficcionismo é verdadeiro ou falso. Mas isso importa em toda a parte, particularmente na ciência e na tecnologia, e pela seguinte razão: se o ficcionismo fosse verdade, não haveria objetivo em checar teorias científicas e narrativas históricas para verificar a verdade. Nem seria possível projetar testes empíricos e artefatos com a ajuda de teorias científicas, a não ser que estas fossem, no mínimo, aproximadamente verdadeiras. Todos os laboratórios, museus, sítios arqueológicos e análogos poderiam ser fechados para o aplauso de todos os obscurantistas. Em suma, o ficcionismo é falso com respeito à ciência factual.

Ainda assim, aceito que o ficcionismo, embora visceralmente falso no tocante à ciência factual, é inteiramente verdadeiro no que concerne à pura matemática. Em outras palavras, concordo que os objetos matemáticos, como números, figuras, conjuntos, funções, categorias, grupos, matrizes, álgebras de Boole, espaços topológicos, espaços vetoriais, equações diferenciais, variedades e espaços funcionais constituem não apenas *entia rationis*, mas eles são *ficta*.

Consequentemente, o conceito de existência que ocorre em teoremas matemáticos de existência é radicalmente diferente do de existência real ou material. (Voltaremos ao assunto na seção 4.) Daí por que as provas matemáticas de existência – e todas as outras provas matemáticas igualmente – são procedimento puramente conceituais.

[6] E. g., M. Hesse, *Models and Analogies in Science*; P. Ricoeur, *La Métaphore vive*; H. White, *Tropics of Discourse*; D. M. McCloskey, *The Rhetoric of Economics*.

[7] B. Latour, *Why has Critique run out of Steam?*; B. Latour; S. Woolgar, *Laboratory Life*, p. 184.

8 *Nouveaux essays*, p. 394.

9 H. Grassmann, *Ausdehnungslehre*, em Einleitung, *Gesammelte mathematische und physikalische Werke*.

Em resumo, os matemáticos, como os pintores abstratos, escritores de literatura fantástica, pintores "abstratos" (ou, antes, não-icônicos) e criadores de desenhos animados lidam com ficções. Para colocar a questão em termos blasfemos: ontologicamente, o Pato Donald é igual à mais sofisticada equação diferencial não-linear, pois ambos existem exclusivamente em algumas mentes. Isso, em poucas palavras, é o tipo de ficcionismo matemático a ser esboçado e defendido no balanço deste capítulo.

Como se verá abaixo, o nosso ficcionismo, ao contrário do de Vaihinger, é da espécie moderada mais do que da radical. Isso é assim porque (a) ele não abrange a ciência factual; e (b) considera a matemática como uma ciência, não como um jogo, e muito menos uma fantasia arbitrária. Com efeito, ele distingue entre ficções matemáticas, de um lado, e mitos, contos de fada, especulações teológicas, pinturas abstratas, fantasias parapsicológicas e psicanalíticas, bem como teorias filosóficas de multimundos, de outro.

3. quatro espécies de verdade

Eu sigo Leibniz[8] distinguindo *propositions de raison*, como "$2 + 2 = 4$", das *propositions de fait*, tais como "O fogo queima". As primeiras referem-se exclusivamente a *entia rationis*, e elas podem ser provadas ou refutadas por meios puramente conceituais, ou seja, argumentos (dedução e crítica) ou contraexemplos. Por contraste, as *propositions de fait* referem-se, ao menos em parte, a entidades hipoteticamente reais (concretas). Em consequência, se testáveis em geral, elas são aferidas, seja pela verdade ou pela eficiência, com a ajuda de operações empíricas diretas ou indiretas, como observação, contagem, mensuração, experimento ou mera comprovação prática.

A distinção formal/factual exige que se distingam as verdades ou refutações formais das factuais[9]. Em particular, distinguimos teoremas matemáticos, de um lado, e dados e hipóteses científicas (e.g., biológicas) ou tecnológicas, de outro. A diferença entre os dois tipos de verdade é tão pronunciada que uma teoria factual, como a eletrodinâmica clássica, contém algumas fórmulas matematicamente verdadeiras – como as fórmulas para potenciais avançados – que não se ajustam aos fatos, isto é, que são factualmente falsas. Um exemplo mais simples é o da equação "p . q = const.", que relaciona preços a quantidades: o ramo dos valores negativos de p e q é excluído por não ter significado econômico. Ao lado disso, a maioria dos teoremas matemáticos deve ainda ser empregada na ciência factual ou na tecnologia.

Eu apenas introduzi por contrabando a distinção entre ciências formais e factuais. Nós definimos uma ciência formal como uma ciência exata que contém exclusivamente proposições formais ou *propositions de raison*. De outra parte, ao menos algumas proposições de uma ciência factual devem ser factuais: elas precisam descrever, explicar ou prever coisas ou processos pertencentes ao mundo real (natural ou social). A lógica, a semântica filosófica e a matemática são ciências formais. Por contraste, as ciências naturais, sociais e biossociais são factuais. Assim são todas as tecnologias, da engenharia à enfermagem até a ciência da administração e o direito.

A distinção formal / factual deixa fora todas as proposições e campos que não são nem formais, nem factuais – portanto, ela não é uma dicotomia. Entre elas, as ficções artísticas destacam-se. Quando lemos acerca das desventuras de Don Quixote, podemos fingir, e podemos, na realidade, sentir que ele existe juntamente com as invenções de sua própria imaginação doentia. E quando assistimos a uma representação de *Otelo*, podemos, por um momento, acreditar que de fato o Mouro mata Desdêmona. Quando refletimos criticamente sobre essas e outras obras de ficção, nós não as tomamos por relatos factuais – a não ser que, por certo, estejamos eventualmente loucos. Podemos agrupá-los sob o título de ficção artística.

Além disso, por vezes, podemos falar justificadamente acerca da verdade ou falsidade artísticas, como ao dizermos que Dom Quixote era generoso e que a suspeita de Otelo era falsa. A fim de estabelecer a verdade ou a falsidade de uma ficção artística, necessitamos apenas recorrer à obra de arte em questão. Isto é, a verdade artística, como a verdade matemática, é interna e, portanto, dependente do contexto. Em outros termos, ela vale somente em algum contexto e não precisa ter relação com o mundo externo.

Para um ateu, as assim chamadas verdades religiosas são paralelas: valem apenas no escrito sagrado. Isto é, exigem uma

10 Mathematics: Form and Function.

atitude deliberada de assentimento na ausência de qualquer clara evidência independente. Assim, a declaração de que Cristo era humano é blasfêmia em algumas teologias e dogma em outras. A única evidência aceita pelos crentes religiosos é um conjunto de textos reputadamente sagrados. Nenhum dado ou teoria proveniente da ciência ou da tecnologia é considerado pertinente ao dogma religioso. Em outras palavras, uma religião juntamente com sua teologia é um sistema fechado – ao contrário de uma ciência, que se sobrepõe parcialmente a outras ciências, assim como com a matemática e a filosofia.

Permita-me repetir um lugar-comum: a verdade matemática é essencialmente relativa ou dependente do contexto. Por exemplo, o teorema pitagórico vale para triângulos planos, mas não para os esféricos, e nem todas as álgebras são comutativas ou até associativas. De outro lado, afirmações factuais, como "Existem fótons" e "Respirar o ar fresco é saudável", são absolutas ou livres de contexto. Por contraste, as normas sociais são dependentes de contexto, porque são construções sociais.

Finalmente, admitamos que o problema da verdade, embora central na ciência factual e na filosofia, é periférico na matemática. Como Mac Lane[10] escreve, não é apropriado perguntar a respeito de uma peça de matemática se ela é verdadeira. As perguntas apropriadas são se uma peça de matemática é correta, "responsiva" (ou seja, se ela soluciona um problema ou leva adiante alguma linha de pesquisa), iluminadora, promissora ou relevante (para a ciência ou para algumas atividades humanas).

Em suma, distinguimos entre verdades e falsidades formais, factuais e artísticas. (Podemos até adicionar verdades morais, como "A discriminação racial é injusta" e "A pobreza é moralmente degradante", mas essas são irrelevantes para o nosso tempo presente; ver cap. x, seções 6 e 7.) Além disso, da discussão acima fica claro que, em nosso modo de ver, a matemática está mais perto da arte do que da ciência com respeito a seus objetos e suas relações com o mundo real, bem como no tocante ao papel da verdade. Entretanto, como será argumentado na seção 7, há importantes diferenças metodológicas entre a matemática e a arte.

4. a matemática é ontologicamente neutra

Dizer que a lógica e a matemática são ciências formais é dizer, emprestando a linguagem de Quine (embora contrariando sua pretensão), que elas não têm compromisso ontológico, ou seja, que elas não assumem a existência de quaisquer entidades reais. Em outros termos, a lógica e a matemática e, *a fortiori*, a metalógica e a metamatemática não versam sobre coisas concretas, mas sobre construtos – predicados, proposições e teorias. Por exemplo, a lógica predicativa trata de predicados e proposições; a teoria categorial estuda sistemas matemáticos abstratos; a teoria dos conjuntos aborda os conjuntos; a teoria dos números se dedica aos números inteiros; a trigonometria trata dos triângulos; a análise estuda as funções; a topologia e a geometria versam sobre o espaço, e assim por diante. (Advertência: Quine e outros desvirtuaram a palavra "ontologia" quando a igualam ao universo do discurso ou à classe de referência de um construto. Uma ontologia não é um conjunto de itens, porém uma teoria acerca do mundo.)

A tese segundo a qual a matemática versa sobre objetos matemáticos parece autoevidente; no entanto, ela não pode ser provada de um modo geral. O que podemos fazer é sustentá-la de duas maneiras: por considerações metodológicas e semânticas. A primeira possui dois estágios. O primeiro passo consiste em lembrar que todos os objetos matemáticos conhecidos são definidos (explícita ou implicitamente) em modos puramente conceituais, sem recurso a quaisquer meios factuais ou empíricos – exceto ocasionalmente como dispositivos heurísticos. O segundo passo é lembrar que as provas matemáticas (e refutações) também são processos estritamente conceituais que não fazem nenhuma referência a dados empíricos. A esse respeito, as provas com o apoio do computador não diferem das apoiadas no lápis.

No tocante à consideração semântica, ela consiste na identificação dos referentes dos construtos matemáticos, isto é, na determinação sobre o que elas versam. (Por exemplo, a teoria dos conjuntos trata de conjuntos não descritivos, enquanto a teoria dos números se refere aos números inteiros.) Essa tarefa requer uma teoria de referência, enquanto distinta de uma teoria das extensões. (Ao contrário desta última, a primeira não faz uso de

11 M. Bunge, *Treatise on Basic Philosophy*, v. I.

• O termo "construal", proveniente da psicologia social, refere-se à forma pela qual o indivíduo aprende, compreende e interpreta o munda a sua volta (N. da T.).

nenhum conceito de verdade. Por exemplo, o predicado "par e não-par" concerne a inteiros, enquanto sua extensão é vazia, pois ela não é verdadeira para nenhum número.)

Para provar as asserções acima, esboçarei agora a minha própria teoria axiomática de referência, que está expressa em termos da teoria elementar dos conjuntos[11]. Comecemos analisando o conceito geral de predicado, como aquele que ocorre na proposição "A América é povoada" ou Pa para abreviar. Eu aceito que P deve ser construído como a função que pareia o indivíduo a à proposição Pa. Esse *construal*** difere do de Frege, ou seja, o de um predicado como uma função de indivíduos para valores-verdade. Julgo isso um absurdo, porque gera o resultado pelo qual predicar a propriedade P acerca de um objeto a produz não a proposição Pa, porém seu valor-verdade.

Em outras palavras, ao contrário de Frege e seus seguidores, eu defino um predicado P como uma função de indivíduos ou n-plas de indivíduos para o conjunto S de enunciados contendo o predicado em questão. Em símbolos padrões, um predicado n-ário P deve ser analisado como uma função $P: A_1 \times A_2 \times \ldots \times A_n \to S$, cujo domínio deve ser igual ao produto cartesiano dos n conjuntos A_i de indivíduos envolvidos, tal que o valor de P em $<a_1, a_2, \ldots, a_n>$ nesse domínio é o enunciado em forma diminuta $Pa_1a_2 \ldots a_n$ em S. Por exemplo, o predicado unário "é primo" é uma função dos números naturais para o conjunto das proposições que contêm "é primo", isto é, $P: N \to S$. E o predicado binário "é maior do que", quando definido no mesmo conjunto numérico, é analisável como $>: N \times N \to T$, em que T é o conjunto das proposições que envolvem o símbolo ">".

Em seguida, defino duas funções de referência. $\mathscr{R}_p$ e $\mathscr{R}_s$, a primeira para os predicados e a segunda para os enunciados, por meio de um postulado para cada uma destas funções:

Axioma 1: A classe de referência de um predicado n-ário P é igual à união de conjuntos que ocorrem no domínio $A_1 \times A_2 \times \ldots \times A_n$ de P, isto é,

$$\mathscr{R}_p(P) = \cup A_i.$$

Axioma 2: (a) Os referentes de uma proposição atômica são os argumentos do(s) predicado(s) que ocorre(m) na proposição. Isto é, para cada fórmula diminuta $Pa_1a_2 \ldots a_n$ no conjunto S de enunciados,

$\mathcal{R}_\delta\ (Pa_1a_2 \ldots a_n) = \{a_1 \cdot a_2 \ldots a_n\}$.

(b) A classe de referência de um composto proposicional arbitrário (como uma negação, uma disjunção ou uma implicação) é igual à união das classes de referência de seus componentes. (Corolário: uma proposição e sua negação têm os mesmos referentes. A propósito, a insensibilidade da referência com respeito às diferenças entre conectivos lógicos é uma das diferenças entre referência e extensão – dois conceitos que são em geral mesclados na literatura filosófica.)

(c) A classe de referência de uma fórmula quantificada (ou seja, uma com o prefixo "algum" ou "todo") é igual à união das classes de referência dos predicados que ocorrem na fórmula.

Com a ajuda dessa teoria, é possível identificar os referentes de qualquer construto (predicado, proposição ou teoria). Por exemplo, visto que as operações lógicas (como as conjunções) e as relações (como as de implicação) relacionam predicados e proposições, elas versam sobre elas próprias e nada mais. A prova formal para a disjunção é do seguinte teor. A disjunção pode ser analisada como uma função de pares de proposições para proposições, isto é, w: $SUS \rightarrow S$. Ora, pelo Axioma 1 acima, $\mathcal{R}_\rho\ (\text{w}) = SUS = S$. Isto é, a disjunção refere-se a proposições arbitrárias – formais, factuais, morais, artísticas, religiosas ou a que você tiver. Em geral, a lógica refere-se a predicados arbitrários e suas combinações, ou seja, proposições, classificações e teorias. Obviamente, nossa teoria da referência versa sobre predicados e proposições arbitrários. Ela é, portanto, uma teoria formal, exatamente como a lógica. O mesmo se aplica às nossas teorias do sentido, do significado e, efetivamente, a toda a nossa inteira semântica filosófica[12].

Por certo, nenhuma teoria da referência pode provar que toda fórmula matemática singular se refere exclusivamente a construtos. Mas a nossa serve para testar qualquer vindicação concernente à classe de referência de qualquer predicado bem definido. Semelhante teste é necessário não só para provar que a matemática não versa sobre o mundo: ela é também crucial nas ciências factuais, quando seus objetos ou referentes são o tema de animadas controvérsias, tais como as provenientes da mecânica relativística e quântica, da biologia evolucionária e da microeconomia.

É verdade, Quine[13] pretendeu que a referência é "inescrutável". Donald Davidson[14] concordou e acrescentou que nenhuma

12 M. Bunge, *Treatise on Basic Philosophy*, v. 1.

13 *Ontological Relativity and Other Essays*.

14 *Inquiries into Truth and Interpretation*.

15 W. O. Quine, *Ontological Relativity and Other Essays*, p. 97
16 *Reality*, p. 123.
17 The Theory of Objects, em R. M. Chisholm (ed.), *Realism and the Background of Phenomenology*, , p. 83
18 D. Lewis, *Counterfactuals*, p. 86.
19 H. H. Field, *Science Without Numbers*.

teoria da referência é necessária. Mas isso apenas mostra que a semântica negativa deles não pode ser utilizada para determinar, digamos, a que a função Ψ na mecânica quântica se refere ou o que se "pensa" quando ela é empregada na psicologia cognitiva, isto é, se ela se refere a cérebros, almas ou computadores.

E o que dizer acerca da bem conhecida tese segundo a qual "Existência é o que a quantificação existencial expressa"[15]? Essa pretensão é falsa, como se entende recordando que, a não ser que o contexto seja indicado, expressões das formas "$\exists x P x$" e "$\exists x (x = a)$" são ambíguas, uma vez que elas não nos dizem se os x's em questão são reais ou imaginários, isto é, se estamos falando acerca de existência real ou ideal. Pior ainda, como observou Loptson[16], o ponto de vista de Quine implica que objetos abstratos são reais – o que contradiz a concepção padrão de abstração como irrealidade e, assim sendo, o oposto da concretude. Para evitar tais confusões e contradições, o mal denominado quantificador "existencial" deveria sempre ser completado indicando-se o conjunto sobre o qual a referida variável limitada tem seu âmbito. A notação padrão "$(\exists x)_D P x$", em que D nomeia o universo do discurso, servirá. (O quantificador limitado "existencial" pode ser assim definido: $(\exists x)_D P x =_{df} (\exists x)(x \in D \,\&\, Px)$.)

Uma pequena amostra da análise conceitual, usada para clarificar a ambiguidade da palavra "existência", "nos pouparia da falsa, mas influente, tese de Quine sobre o compromisso ontológico do quantificador "existencial", portanto da lógica e de tudo o que foi construído sobre esta última. Pela mesma razão, semelhante análise nos teria poupado do paradoxo de Meinong: "Há objetos a respeito dos quais é verdade que não há tais objetos"[17]. Muita coisa disso vale para a egrégia vindicação de que "há mais coisas do que as que efetivamente existem"[18]. O mesmo é verdade acerca da tentativa de reviver a tese nominalista segundo a qual não "há" entidades matemáticas[19]. Todas essas imprecisões e extravagâncias teriam sido evitadas distinguindo-se explicitamente as duas espécies de existência, a conceitual e a real.

Uma análise apropriada teria mostrado que, afora a matemática, a interpretação apropriada desse quantificador não é "existência", mas "algumidade". Mais precisamente, na matemática pura "$(\exists x)Px$" pode ser lido quer como "Alguns indivíduos são P's", quer como "Há Ps", com o entendimento de que tais indivíduos são conceituais, isto é, eles existem em algum universo matemático. Porém, salvo a matemática, é melhor evitar a ambiguidade e ler "(∃x)Px" como "Alguns indivíduos são Ps".

Em outras palavras, somente na matemática "há" importa na prática em "algum". Em contextos alternativos como, por exemplo, na física e na ontologia, quando falamos de existência talvez tenhamos de efetuar duas enunciações distintas: uma de existência real (ou de inexistência) e outra de algumidade[20].

Concluindo, a matemática pura, em particular a lógica, é ontologicamente neutra[21]. Além disso, ela é uma ficção gigantesca (embora não arbitrária). Isso explica por que a matemática pura (incluindo a lógica) é a linguagem universal da ciência, da tecnologia e até da filosofia, e porque ela é a mais portável e aproveitável de todas as ciências. (Tome nota, os fazedores de política científica e os burocratas relutam em financiar a pesquisa na área da matemática pura.) Isso também explica por que a validade ou a não-validade das ideias matemáticas independe de circunstâncias materiais como o estado do cérebro e o estado da nação. Entretanto, esse tema merece uma nova seção.

[20] Ver M. Bunge, *Treatise on Basic Philosophy*, v. 3, p. 155-156, para uma formalização do predicado de existência E_R e sua combinação com o quantificador de algumidade ∃. Semelhante combinação permite construir sentenças bem formadas, tais como 'Algumas das partículas imaginadas pelos físicos teóricos existem (realmente)' – que não podem ser construídas com a ajuda exclusiva de ∃. Em símbolos autoexplanatórios: $(∃ x)(Px \& E_R x)$.

[21] Mais em M. Bunge, *The Relations of Logic and Semantics to Ontology*, *Journal of Philosophical Logic*, n. 3, p. 195-210.

5. matemática, cérebros e sociedade

Como o ficcionismo matemático difere do platonismo? A diferença é que a filosofia platônica da matemática é parte e parcela da metafísica idealista objetiva, que postula a realidade das ideias em si próprias – isto é, a existência autônoma de ideias fora dos cérebros – e até sua prioridade e primazia ontológicas. Por contraste, o ficcionismo matemático não está incluído em qualquer ontologia, porque ele não considera os objetos matemáticos como reais, mas como ficções.

Ao introduzir ou desenvolver uma ideia matemática original, o matemático cria algo que não existia antes. E, enquanto ele guarda a ideia para si mesmo, ela permanece trancada em seu cérebro – pois, como diria um neurocientista cognitivo, uma ideia é um processo que ocorre no cérebro de alguém. Entretanto, um matemático não atribui à sua ideia quaisquer propriedades neurofisiológicas. Ele pretende que a ideia em apreço possui somente propriedades formais: por exemplo, que o teorema que acaba de provar vale mesmo quando ele está dormindo e que, se levado ao conhecimento de outros, continuará a valer muito depois de ele ter ido embora.

Isto é, por certo, uma ficção, visto que unicamente cérebros despertos podem fazer matemática (correta). Mas é uma ficção necessária, porque, embora provar seja um processo neurofisiológico, uma prova em si mesma, encarada como um objeto metamatemático abstrato, não contém quaisquer dados ou assunções neurofisiológicas. Em suma, muito embora teoremas sejam criações humanas, podemos pretender que sua forma, significado e validade sejam independentes de quaisquer circunstâncias humanas. Justificadamente, adotamos essa ficção porque as ideias matemáticas não versam sobre o mundo real: toda ideia matemática refere-se a alguma(s) outra(s) ideia(s). A matemática (inclusive a lógica) é *a* ciência autoconfiante, ainda que alguns matemáticos, como Arquimedes, Newton, Euler, Fourier, Von Neumann, Winer e Turing fossem ocasionalmente motivados pelos problemas da física ou da engenharia.

O que vale para cérebros vale também, *mutatis mutandis*, para sociedades. Embora seja inegável que não há atividade matemática (sustentável) em um vácuo social, mas somente em uma comunidade, é igualmente verdade que a matemática pura não apresenta nenhum conteúdo social. Se apresentasse algum, então as teorias matemáticas incluiriam predicados da ciência social, como "comodidade", "competição", "coercitividade social", "crime" e "conflito político". Além do mais, elas duplicariam como teorias da ciência social, talvez a ponto de tornar estas últimas redundantes.

A nossa tese da neutralidade factual (em particular social) da matemática está em desacordo com o holismo epistemológico e semântico de Quine, ele próprio um eco do dito de Hegel *Das Wahre is das Ganze* ("A verdade é o todo"). É certamente verdade que a matemática permeia, ao menos potencialmente, todo o conhecimento humano, que, por seu turno, é um sistema mais do que um mero conjunto. Entretanto, podem-se descobrir os correspondentes formais em cada disciplina e tratá-los separadamente. Daí por que matemáticos sem quaisquer qualificações especializadas extramatemáticas são amiúde consultados por pesquisadores nas mais variadas disciplinas.

A concepção neutra está também em desacordo com a sociologia construtivista-relativista social da ciência[22]. Essa escola sustenta que "a matemática é de ponta a ponta social". Isso seria assim não apenas porque toda pesquisa matemática é conduzida em uma comunidade acadêmica, e as fórmulas matemáticas são comunicáveis, mas também porque todas as fórmulas matemáticas teriam um conteúdo social.

Não é preciso dizer que nenhuma evidência jamais foi ofertada em favor dessa tese; ela constitui apenas uma opinião. Contudo, podemos aferi-la em cada caso particular com a ajuda da teoria da referência esboçada na seção 3. Tome, por exemplo, as duas fórmulas que definem (implicitamente) a função fatorial, ou seja, "$0! = 1$" e "$(n + 1)! = (n + 1) n!$". Obviamente, elas se referem aos números naturais: não há traço nelas de circunstâncias sociais cercando sua origem. As fórmulas em questão pertencem à análise combinatória, disciplina que estuda as permutações e combinações de objetos de qualquer espécie. Do mesmo modo, o teorema de Tales versa sobre triângulos euclidianos planos e não sobre a antiga Grécia. E as séries de Taylor versam sobre funções, e não sobre eventos que ocorreram no ano em que Brook Taylor as publicou – entre eles a morte de Luís XIV e a expulsão dos venezianos do Peloponeso. Por serem corretas, as fórmulas matemáticas acima e por nenhuma delas descrever quaisquer circunstâncias sociais, elas valerão enquanto restarem pessoas interessadas na matemática[23].

6. como efetivar compromissos ontológicos

A matemática pura, portanto, não versa sobre coisas concretas ou materiais, como cérebros ou sociedades, embora objetos matemáticos somente possam ser inventados por cérebros vivos em circunstância sociais favoráveis. A matemática versa exclusivamente sobre objetos conceituais ou ideais. Talvez se prefira dizer, como Platão foi o primeiro a compreender, que a matemática versa sobre objetos imutáveis ou intemporais, e não sobre eventos ou processos. A neutralidade ontológica da matemática explica por que essa disciplina é a linguagem universal da ciência,

[22] D. Bloor, *Knowledge and Social Imagery*; S. Restivo, *Mathematics in Society and History*; R. Collins, *The Sociology of Philosophies*.

[23] Para a crítica da sociologia relativista-construtivista social do conhecimento, ver R. Boudon; M. Clavelin, *Le Relativisme est-il irrésistible?*; M. Bunge, *The Socilogy-Philosophy Connection*; *Physicians Ignore Philosophy at their Risk and ours*, *Facta Philosophica*, n. 2, p. 149-160; J. R. Brown, *Who Rules in Science?*.

24 *From a Logical Point of View*, p. 12.

da tecnologia e até da filosofia – isto é, por que ela é portável de um campo intelectual para o próximo.

Ainda assim, olhando para qualquer trabalho na física teórica, na química, na biologia ou na ciência social, um matemático pode estar tentado a considerá-la uma peça de matemática. Há um grão de verdade nessa crença. Afinal de contas, equações de razões, equações de movimento, equações de campo e outras ainda são fórmulas matemáticas e são solucionadas com uso de técnicas matemáticas, como as de separação de variáveis, expansão de séries e integração numérica. Daí por que Pierre Duhem, um convencionalista, pretendeu, numa famosa manifestação, que o eletromagnetismo clássico fosse idêntico às equações de Maxwell. Trata-se da mesma razão por que muitos matemáticos costumavam sustentar que a mecânica racional é parte da matemática, e Gerard Debreu defendia também que sua teoria geral do equilíbrio era um capítulo da matemática.

Entretanto, essa é apenas uma verdade parcial, como se pode ver no caso de qualquer fórmula de lógica elementar. Assim, a fórmula: "Para todo x: se Px, então (Se Qx, então Rx)" não afirma nada acerca do mundo real ou até de objetos matemáticos: é uma concha vazia. A fim de "dizer" algo definido – verdadeiro, falso ou meia-verdade – a fórmula tem que ser interpretada. Uma possível interpretação é a seguinte: $Int (P) =$ é humano, $Int (Q) =$ pensa, $Int (R) =$ está vivo. Essas assunções semânticas convertem a fórmula acima em "Qualquer humano que pensa está vivo" – uma simples generalização do famoso *Cogito, ergo sum,* de Descartes. Qualquer mudança na interpretação produz uma fórmula com um conteúdo diferente. Assim, confirmamos uma conclusão esboçada na seção 4: de que Quine[24] estava equivocado ao declarar que "o *único* modo pelo qual podemos nos envolver em compromisso ontológico" é "por meio de nosso uso de valores-limite (i. é, quantificação)". Efetivamente, o *único* modo de efetuar um compromisso ontológico é enunciar uma interpretação factual dos signos (palavras ou símbolos) em questão.

Essa óbvia tese semântica aplica-se a tudo na matemática. De fato, uma fórmula matemática não se torna parte de uma ciência factual, a não ser quando enriquecida com conteúdo factual. Tal enriquecimento é obtido pareando-se a fórmula a uma ou mais *assunções semânticas* (ou regras correspondentes, como se costumava chamá-las). Essas assunções declaram que a fórmula se refere a tais e tais coisas concretas, e que pelo menos alguns dos símbolos que nela ocorrem denotam certas propriedades de tais coisas. Por exemplo, a equação "$\mathrm{d}^2x/\mathrm{d}t^2 + ax := 0$" é a equação do movimento de um oscilador linear na mecânica clássica, desde que x seja interpretado como o valor instantâneo da elongação, t como tempo e a como a razão da constante elástica para com a massa do oscilador. Os conceitos de oscilador linear, elongação, constante elástica, massa e tempo, que conferem uma interpretação física aos símbolos matemáticos, são extramatemáticos.

Em outros termos, para estabelecer uma ponte entre a matemática e o mundo real, devemos enriquecê-la com assunções semânticas (ou "regras de correspondência"). Assim, a contrapartida factual de um predicado é uma propriedade, como a da cardinalidade é a numerosidade, da continuidade é a maciez, que do gradiente é a inclinação e que o laplaciano é a inclinação da inclinação. Mas, por certo, há um bocado de construtos matemáticos sem contrapartes factuais: pense apenas na negação, na contradição, na tautologia, na implicação, no 0 e no ∞.

Em suma, a matemática não basta para descrever ou explicar o mundo real. Mas, por certo, é necessária para dar conta dele de uma maneira precisa e profunda. De fato, a matemática supre um ou dois componentes de qualquer teoria em ciência factual teórica avançada ou tecnologia, ou seja, o formalismo matemático. O outro componente é o conjunto de assunções semânticas ou "regras de correspondência" que "recobrem de carne" o esqueleto matemático.

Mais precisamente, uma teoria matemática ou modelo de um domínio de itens factuais constitui uma tríade: domínio-formalismo-interpretação ou M = <D, F, Int> para simplificar. Aqui, D denota o domínio factual ou a classe de referência; F, a união de alguns fragmentos de teorias da matemática pura, e Int é uma função parcial do formalismo F para o conjunto de potências de D que consigna alguns dos predicados e fórmulas em F a conjuntos de itens factuais em D. (Int é uma função parcial, porque nem todo item de F precisa ser interpretado em termos de fatos.) Um e mesmo formalismo F pode ser pareado a qualquer número de diferentes domínios factuais. (Pense, por exemplo, nos múltiplos usos da álgebra linear e do cálculo infinitesimal.) Um matemático pode aferir a correção formal de F, mas somente testes empíricos podem dizer se qualquer modelo teórico dado M combina com o domínio D, ou seja, é factualmente verdadeiro. Em outros termos, a verdade matemática dos teoremas de F não garante a verdade factual de M. (Por outro lado, qualquer defeito matemático importante garante a falsidade factual.)

No entanto, é fácil cair em armadilhas verbais, tomando literalmente tais expressões como "lógica dinâmica" e "teoria de sistemas dinâmicos", as quais sugerem ao incauto que certas teorias matemáticas lidam com o tempo e mudam depois de tudo – razão pela qual elas são dignas de serem estudadas e sustentadas pelos contribuintes de impostos. Contudo, atualmente aquelas teorias são precisamente tão intemporais como a teoria dos números e a geometria. O que acontece é que, quando aplicadas, alguns dos conceitos que ocorrem vêm a ser interpretados em termos factuais. (Por exemplo, a variável independente é rotineiramente interpretada como o tempo – um conceito eminentemente não matemático.) É assim que a lógica dinâmica é aplicável a programas de computador, e a teoria dos sistemas dinâmicos é aplicável a projetos de sistemas concretos de vários tipos – muito embora seja com frequência apenas uma desculpa para estudar sistemas de equações diferenciais ordinárias. Igualmente, a lógica elementar pode ser utilizada para analisar processos de raciocínio, tais como os argumentos que construímos na vida real, assumindo que os passos em uma sequência lógica combinam com a sequência temporal de nossos pensamentos reais.

Em suma, a matemática supre esqueletos formais e intemporais pré-fabricados, alguns dos quais são vistos pelos cientistas e tecnólogos como adequados para serem revestidos de carne (interpretados) de modos alternativos com o fito de mapear coisas concretas mutantes. Para mudar a metáfora: de um ponto de vista puramente utilitário, a matemática é um imenso depósito de roupas feitas de que cientistas, tecnólogos e humanistas podem servir-se. Quando nenhuma das roupas "existentes" ajusta-se, o usuário tem de fazer ele próprio o trabalho de alfaiate, tornando-se assim um matemático por um momento. Ptolomeu, Newton e Euler vêm à mente. O mesmo se dá com Einstein, Heisenberg e Dirac – embora somente até certo ponto, porque Einstein reinventou a geometria de Riemann, Heisenberg, a álgebra das matrizes e Dirac, seu famoso ou infame delta que motivou a criação da teoria das distribuições da matemática.

7. respondendo a algumas objeções

Dediquemo-nos agora a algumas das possíveis objeções ao ficcionismo matemático. Uma delas é que os matemáticos não inventam, mas descobrem – ou pelo menos é o que eles comumente dizem. Alguns deles talvez o façam por humildade, outros por serem ou platônicos, ou empiristas. Em qualquer caso, se isso fosse correto, ou o platonismo, ou o empirismo seria verdadeiro e, portanto, o ficcionismo, falso.

Compartilho o ponto de vista do senso comum de que há invenções, bem como descobertas na matemática. Isto é, um matemático original às vezes coloca e, outras vezes, acha. Ele coloca definições, assunções – em particular, definições axiomáticas – e generalizações; e ele descobre relações lógicas entre construtos previamente introduzidos. Em especial, "entidades" matemáticas, como categorias, álgebras, sistemas numéricos, variedades e espaços funcionais são inventados; não há minas matemáticas onde se possa achá-las prontas. Até teoremas são comumente primeiro conjeturados e depois provados ou não provados – às vezes, muito tempo depois, e por outras pessoas. Mas o processo de prova consiste em descobrir que o novo teorema procede de assunções previamente conhecidas – axiomas, lemas ou definições. (Entretanto, por vezes, tais descobertas obrigam a invenção de itens ulteriores, como as construções auxiliares da geometria elementar.)

Por exemplo, usando um teste de convergência, descobre-se que certa série infinita é divergente. Mas todos os testes de convergência foram inventados, e não descobertos. Do mesmo modo, expandindo-se uma função em série e integrando-a termo a termo, pode-se computar a integral da função (contanto que a série convirja uniformemente). Mas a dada função, o conceito de integral e muito mais tiveram de ser inventados antes que pudessem ser manipulados. A regra geral é: *Primeiro invente, depois*

25 Adaptadas de M. Bunge, *Treatise on Basic Philosophy*, v. 7, p. 39-40

descubra. E se a descoberta for negativa – por exemplo, que um punhado de assunções é inconsistente, que elas não implicam um alegado teorema ou que a série é divergente –, então altere algumas das assunções, isto é, revise o processo de invenção.

Uma vez que na matemática há invenções, bem como descoberta, o platonismo é falso. Mas a evidência em favor da invenção matemática não é suficiente para substanciar o ficcionismo. No entanto, necessitamos apenas recordar que estamos lidando com uma totalidade infinita, tais como uma reta ou um sistema hipotético-dedutivo, *como se* fosse um indivíduo e *como se* estivesse "ali" tudo em uma só peça – sem dizer, por certo, onde o "ali" fica. (Obviamente, os matemáticos estão no espaço-tempo, mas eles assumem que suas próprias criações encontram-se fora do espaço-tempo.)

Uma segunda objeção possível é a seguinte: se a matemática é uma obra de ficção, por que os bibliotecários não agrupam as obras matemáticas junto com os romances e, em particular, com a literatura fantástica? Em outras palavras, quais são, se é que há algumas, as diferenças entre ficções matemáticas e ficções artísticas? Por exemplo, como difere o teorema fundamental da álgebra da pretensão de que o Super-homem pode voar ou que o Mickey Mouse pode falar? Porque as ficções matemáticas são diferentes de todas as outras: elas são estritamente disciplinadas e podem ser utilizadas para se pensar acerca de qualquer objeto epistêmico. Mais precisamente, aceito que as diferenças cruciais entre as ficções matemáticas e todas as outras são as seguintes[25]:

1. Longe de serem totalmente livres invenções, os objetos matemáticos são coagidos por leis (axiomas, definições, teoremas); consequentemente, não podem conduzir-se "fora do caráter" – por exemplo, não pode haver uma coisa como um círculo triangular, enquanto, mesmo sendo delirante, D. Quixote é ocasionalmente lúcido.
2. Objetos matemáticos existem (idealmente) ou por postulado ou por prova, nunca por um *fiat* arbitrário.
3. Objetos matemáticos são ou teorias ou referentes de teorias, quer em fazimento ou plenamente desenvolvidos, enquanto que mitos, fábulas, histórias, poemas, sonatas, pinturas, histórias em quadrinhos e filmes são objetos não-teóricos.

4. Objetos matemáticos e teorias são plenamente racionais, não intuitivos, e muito menos irracionais (muito embora exista algo como intuição matemática).

5. Todos os enunciados matemáticos devem ser justificados de maneira racional – ou por suas premissas ou por seus frutos –, não por intuição, revelação ou experiência.

6. Longe de serem dogmas, as teorias matemáticas são baseadas em hipóteses que devem ser corrigidas ou abandonadas, se mostrarem que levam à contradição, à trivialidade ou à redundância.

7. Não há desgarrados na matemática: toda fórmula pertence a algum sistema (teoria), e teorias, por sua vez, estão ligadas umas às outras, formando supersistemas, ou então se demonstra que são modelos alternativos de uma e mesma teoria abstrata; assim, a lógica emprega métodos algébricos e a teoria dos números recorre à análise. Por outro lado, ficções artísticas ou mitológicas são autossuficientes: não necessitam pertencer a qualquer sistema coerente.

8. A matemática não é nem subjetiva como a arte, nem objetiva como a ciência factual. Ela é ontologicamente não comprometida; porém, o processo da invenção matemática é subjetivo, e o da prova (ou da refutação) é intersubjetivo. O que é real (concreto) acerca da matemática é que ela é produzida por matemáticos vivos, engastados em comunidades matemáticas.

9. Alguns objetos e teorias matemáticos encontram aplicação na ciência, na tecnologia e nas humanidades.

10. Objetos e teorias matemáticos, embora produzidos e consumidos na sociedade, são socialmente neutros, ao passo que os mitos e a arte são, por vezes, utilizados para sustentar ou solapar os poderes vigentes.

11. Por tratar de objetos intemporais, a matemática correta não envelhece, ainda que algo dela possa sair de moda.

12. A matemática é ciência. Isto é, seus praticantes empregam o método científico: Conhecimento de base → Solução candidata → Aferição → Reavaliação ou do problema, ou do conhecimento de base.

O fruto prático do precedente é que os bibliotecários têm boas razões para colocar a ficção matemática e a ficção literária em diferentes seções. No fim das contas e acima de tudo, a matemática é uma ciência – ou melhor, a velha Rainha das Ciências.

Uma terceira possível objeção ao ficcionismo é a seguinte: se a matemática é composta exclusivamente de objetos ficcionais e intemporais, como ela pode representar coisas e processos reais? A resposta encontra-se, por certo, no conceito de representação simbólica. Até a linguagem comum nos permite formar sentenças que designam proposições capazes de representar coisas e processos ordinários, ainda que tais sentenças não se assemelhem a seus *denotata*, como no caso dos livros e da palavra "livros". As relações semânticas envolvidas são as de designação ($\mathscr{D}$) e da referência ($\mathscr{R}$):

$$\text{Sentenças} \xrightarrow{\;\mathscr{D}\;} \text{Proposições factuais} \xrightarrow{\;\mathscr{R}\;} \text{Fatos}$$

A chave para a componente de referência do significado é, por certo, um sistema de convenções linguísticas (em particular, semânticas) e, na maioria, tácitas. No caso de teorias científicas, as componentes semânticas são não-convencionais e, portanto, irrefutáveis e mutáveis à vontade; ao invés, elas são hipotéticas. (Daí por que o nome "assunção semântica" é mais adequado do que o tradicional "regra de correspondência".) Assim, a assunção semântica na teoria de Einstein da gravitação, segunda a qual o valor do tensor métrico em um dado ponto no espaço-tempo representa a intensidade do campo gravitacional nesse ponto, não é uma convenção ou mesmo uma regra: é uma hipótese que pode ser submetida a teste experimental – e, além do mais, uma que não faz sentido em teorias da gravitação do tipo ação a distância. Entretanto, a questão da convenção merece uma seção separada.

8. convencionalismo e fisicalismo

O ficcionismo maduro, plenamente desenvolvido, é convencional: ele sustenta que todas as assunções são convenções e nenhuma delas é verdadeira. Por contraste, o ficcionismo moderado que estou advogando não é convencionalista, porque retém o conceito de verdade formal, bem como a distinção entre assunção e convenção (em particular, definição), que o convencionalismo rejeita.

Os matemáticos utilizam-se do conceito de verdade matemática, quando pretendem que certa fórmula (outra, que não um axioma) é verdadeira ou porque é satisfeita em algum modelo (ou exemplo), ou porque ela segue validamente de algum conjunto de assunções de acordo com as regras de inferência da lógica subjacente. Do mesmo modo, seu dual, ou seja, o conceito de falsidade matemática, quando se desaprova uma conjetura exibindo um contraexemplo. Em outras palavras, comumente a "teoremidade" é igual ou à "satisfazibilidade" ou à "provabilidade", nenhuma das quais é convencional. (O advérbio "comumente" é destinado a nos recordar da prova de Gödel, segundo a qual uma teoria axiomática formal pode conter fórmulas que não são passíveis de prova com os exclusivos recursos da teoria em apreço.)

O dual do conceito de verdade, ou seja, o de falsidade, é igualmente importante na matemática. Ele ocorre sempre que uma ideia matemática é criticada como defeituosa por alguma razão, e é central na teoria da aproximação e da análise numérica. Pense em aproximar uma série convergente infinita pela soma de seus primeiros poucos termos. (Em particular, pode-se construir enunciados verdadeiros acerca de erros quantitativos – por exemplo, que eles são limitados ou que eles se ajustam a alguma distribuição.) Os convencionalistas não encontram mais emprego para o conceito de erro do que para o de verdade.

E quanto aos axiomas de uma teoria matemática: pode-se dizer que eles são verdadeiros? Poder-se-ia estar tentado a pretender que eles são "verdadeiros por convenção". Porém, essa expressão parece-me um oxímoro, porque convenções, tais como as definições, são aferidas por sua boa formação e conveniência, e não pela verdade. Em todo caso, não há necessidade de atribuir valores-de-verdade aos axiomas de uma teoria matemática. (Por contraste, precisamos saber se os axiomas de uma teoria factual são verdadeiros ou falsos em alguma extensão.) Na prática, a mais importante peça de conhecimento acerca de um sistema de postulados é que ele implica os teoremas padrão e, preferivelmente, alguns novos e interessantes teoremas também. (A bem-dizer, seria igualmente importante estar apto a provar a consistência do sistema. Mas aqui, de novo, Gödel nos ensinou a ter alguma humildade.)

26 Para mais objeções ao convencionalismo de Carnap, cf. W. O. Quine, *Truth by Convention*, em H. Feigl; W. Sellars (eds.), *Readings in Philosophical Analysis*, p. 250-273; e ao convencionalismo de Godel, cf. F. Rodríguez-Consuegra, *Un Inédito de Gödel contra el Convencionalismo, Arbor*, v. CXLII, n. 558-560, p. 323-348.

27 *Materialism: An Affirmative History and Definition*, p. 146.

Como foi notado acima, uma segunda diferença entre ficcionismo matemático moderado e convencionalismo é que o primeiro mantém a diferença entre assunção e definição, enquanto o convencionalismo sustenta, segundo a famosa tese de Poincaré, que "os axiomas são definições disfarçadas". A falsidade dessa concepção é mais bem-vista à luz da teoria da definição e, em especial, à luz da tese de Peano, segundo a qual definições são identidades – e que a maioria das assunções matemáticas não o são. De fato, um axioma pode ser uma igualdade, tal como uma equação diferencial, mas não uma identidade, como "número $1 =$ ao sucessor de o". (Identidades são simétricas, enquanto igualdades não o são. Essa diferença é às vezes indicada pelos símbolos "$=$" (identidade) e "$:=$" (igualdade) respectivamente. Exemplos: "Para qualquer número real x: $(x+1)(x-1) = x^2$ "$- 1$" e "Para algum(ns) número(s) complexo(s) x: $ax^2 + bx + c := 0$" respectivamente.)

Uma versão particularmente rasa do convencionalismo matemático é a de Carnap, segundo a qual os enunciados matemáticos são "convenções linguísticas vazias". Efetivamente, as únicas convenções dessa espécie que ocorrem em textos matemáticos são as convenções notacionais, tais como "Que n designe um número natural arbitrário". As bem formadas enunciações matemáticas são ao mesmo tempo significativas e testáveis. De fato, elas se referem a objetos matemáticos definidos, como números, figuras, funções, espaços ou o que quer que você tenha, desde que possua conteúdo ou sentido preciso, mesmo quando seus referentes são abstratos ou não descritíveis. Se as fórmulas matemáticas (bem formadas) fossem despidas de significação, não haveria meio de checá-las e nenhum propósito em elaborá--las. Mas elas são aferidas de várias maneiras: definições para a não-circularidade, axiomas para a fertilidade, conjeturas para a teoremidade, e assim por diante[26]. Concluindo, o convencionalismo matemático não funciona. De todo modo, o ficcionismo matemático difere dele e não tem uso para ele.

Os materialistas vulgares, sejam eles fisicalistas ou nominalistas, particularmente se forem analfabetos em matemática, são levados a rejeitar o ficcionismo matemático por considerá-lo como uma variedade do idealismo. Por exemplo, Vitzthum[27], que favorece o materialismo mecanicista do século dezenove popularizado por Karl Vogt, Jacob Moleschott e Ludwig Büchner, vê as ficções como constituintes de um "antimundo". Ele pretende que meu ponto de vista seja "um perfeito vácuo, nada, uma miragem", e sustenta que eu deixo de enxergar "o idealista, a areia movediça do contramaterialista" para dentro da qual a doutrina conduz. Presumivelmente, os nominalistas reagiriam de maneira similar, pois eles rejeitam todos os conceitos: admitem apenas inscrições – razão pela qual preferem falar de numerais mais do que de números, e de sentenças mais do que de proposições.

Nem os fisicalistas, nem os nominalistas oferecem uma filosofia viável da matemática; os primeiros porque omitem o fato de que os objetos matemáticos não têm feições físicas, biológicas ou sociais. E o nominalismo é falso, se não por outro motivo, pelo menos porque não há nomes suficientes para designar até uma ínfima parte do "mundo" da matemática, como o dos números reais situados entre 0 e 0.001, que constitui uma infinidade não enumerável. Ademais, os construtos, ao contrário de seus símbolos, possuem estruturas formais.

Na realidade, o ficcionismo matemático é neutro no debate entre materialismo e idealismo. De fato, o ficcionismo matemático versa unicamente sobre objetos matemáticos; não faz asserções acerca da natureza do mundo. Até onde o ficcionismo matemático está em jogo, pode-se sustentar que o mundo é material, espiritual ou uma mistura, ou uma combinação de objetos materiais e ideais. Os materialistas rejeitarão o ficcionismo de pronto somente se confundirem materialismo com realismo.

Um materialista não deveria sentir-se incomodado com a tese de que os objetos matemáticos são ideais e, portanto, intemporais, como Platão foi o primeiro a observar, na medida em que ele subscreve a tese, compartilhada por matemáticos intuicionistas como Brouwer e Heyting, que a matemática é uma criação humana. Toda a tranquilização que o materialista necessita é que as ideias matemáticas não existem por si próprias em algum Reino Platônico de Ideias tanto imaterial quanto eterno. (Se assim o desejar, ele pode encarar qualquer construto como uma classe de equivalência de processos cerebrais que ocorrem em diferentes cérebros ou no mesmo cérebro em diferentes tempos)[28].

Ainda assim, é possível argumentar que a matemática versa "em última análise" sobre o mundo real, pois, no fim das contas, a aritmética originou-se na contagem de coisas concretas como

28 Ver M. Bunge, *Treatise on Basic Philosophy*, v. 5.

²⁹ *Mathematics and Plausible Reasoning.*

conchas e pessoas, e a geometria, no levantamento topográfico de terrenos e, em especial, na necessidade de lotear terras aos lavradores. Sem dúvida, tais foram as origens humildes dos pais da matemática. Mas o próprio da matemática não versa sobre operações empíricas como a contagem e a topografia. De fato, a matemática livrou-se de sua origem empírica há cerca de três milênios, quando os sumerianos propuseram as primeiras proposições e provas matemáticas gerais.

Um argumento cognato tanto para o materialismo vulgar quanto para o empirismo é que os matemáticos usam amiúde a analogia e a indução comum (incompleta) para encontrar padrões, como Polya[29] mostrou de modo persuasivo. É verdade, mas o resultado de qualquer raciocínio plausível desse tipo é uma conjetura que teve de ser provada (ou desaprovada) por meios puramente matemáticos – por exemplo, por *reductio ad absurdum* ou pelo emprego do princípio da indução completa, nenhum dos quais é sugerido pela experiência comum. Em resumo, a analogia e a indução por enumeração têm no máximo um valor heurístico: elas não provam nada, e acontece que provar é o principal e único trabalho privilegiado do matemático. Além disso, a indução incompleta e a analogia podem nos induzir ao erro, a menos que afiramos seus resultados.

Indubitavelmente, a ciência factual tem, por vezes, estimulado a matemática, colocando novos problemas. Por exemplo, a dinâmica encorajou e até requereu a invenção do cálculo infinitesimal e da teoria das equações diferenciais. A teoria da gravitação de Einstein incitou o desenvolvimento da geometria diferencial; e a mecânica quântica estimulou a análise funcional, a teoria dos grupos e a teoria das distribuições. Mas nada disso prova que a matemática verse sobre o mundo real, porque uma fórmula matemática pode receber interpretações factuais alternativas – ou nenhuma. Ademais, hoje em dia, a matemática é bem mais útil para a ciência e a tecnologia do que esta última é para a primeira. Na moderna linha de produção intelectual, a seta principal vai do abstrato para o concreto.

Finalmente, outra objeção familiar à autonomia da matemática é a ideia de que algumas teorias matemáticas são mais "naturais" do que outras por estarem próximas da experiência humana. Por exemplo, de acordo com o intuicionismo matemático, na

sua versão radical, nenhuma fórmula matemática é "significati- [30] M. Dummett, *Elements of Intuitionism.*
va", a não ser que ela esteja de alguma maneira relacionada aos
números naturais[30]. Porém, de fato, existem muitos campos não
numéricos, como o da lógica, da teoria das categorias, da teoria
dos conjuntos e de boa parte da álgebra abstrata e da topologia.
Além disso, os intuicionistas matemáticos têm ainda de produzir
uma teoria semântica adequada, elucidando a noção de significado e, assim, ajudando-nos a aferir as fórmulas no que tange à
sua qualidade significativa (no sentido delas). Portanto, falando
em termos estritos, o que elas dizem sobre a qualidade significativa é despido de significação.

Concluindo, a matemática é semântica e metodologicamente autossuficiente. Mas, ao mesmo tempo, ela alimenta tudo nas
ciências factuais e tecnologias, sendo ocasionalmente estimulada
por elas, tanto assim que a matemática está no centro do sistema
de conhecimento humano, o qual pode ser retratado como uma
roseta de pétalas que se superpõem parcialmente. Em outros termos, longe de ser independente do restante do conhecimento, a
matemática está no seu próprio centro. Mas isso não acarreta a
tese – consistentemente sustentada por Quine e, às vezes, também por Putnam e outros – de que não há diferenças importantes
entre a matemática e o resto, e de que, em princípio, a matemática poderia ser refutada pelo experimento. Como esposos, a matemática e a ciência não são nem idênticas, nem separadas.

Isso no tocante às ficções sérias: aquelas que constituem o
conhecimento e ajudam o avanço do conhecimento. Voltemo-
-nos agora ao *jeu d'esprit* filosófico em voga, ou seja, à metafísica dos multimundos.

9. ficções metafísicas: mundos paralelos

O folclore e a religião estão repletos de *impossibilia,* desde fantasmas patéticos até divindades apavorantes e diabos terrificantes.
Escritores de ficção, pintores, cartunistas e cineastas imaginaram
outros seres impossíveis, como as aves raciocinantes de Aristófa-
nes e mundos em que as leis da física e da biologia não valem. Os
metafísicos também criaram imaginativamente entidades impos-

31 Ver também M. Bunge, *Emergence and Convergence.*
32 *Essai sur la philosophie des sciences,* p. 198.
33 "Relative State" Formaulation of Quantum Mechanics, *Reviews of Modern Physics,* n. 29, p. 454-462.

síveis, como o demônio de Descartes e os universos paralelos de Kripke – embora nunca em detalhes tão minuciosos e deliciosos quanto os dos artistas como Hieronymus Bosch ou Maurits Escher, Anatole France ou Ítalo Calvino. Em particular, os filósofos contemporâneos que escreveram acerca de mundos possíveis têm sido deliberadamente vagos a seu respeito, talvez porque estivessem unicamente interessados em enunciados muito gerais. Entretanto, todos eles concordam em mostrar pequena curiosidade pelo único mundo que a ciência considera como possível, isto é, aquele que satisfaz as (conhecidas) leis da natureza ou da sociedade. Comecemos, portanto, por distinguir os dois conceitos de possibilidade em questão: o conceitual e o real[31].

Pressupõe-se com frequência que, enquanto as ciências dão conta apenas do real, artistas e metafísicos podem dar-se ao luxo de especular a respeito de possibilidades. A primeira parte dessa opinião é errônea, porque a lei científica cobre não só os reais como também os possíveis – coisas possíveis, eventos, processos e outros itens factuais. Assim, o grande físico Ampère[32] declarou que a mecânica se aplica não somente aos corpos terrestres e às máquinas, como outrossim "a todos os mundos possíveis". Todavia, estes são, por certo, exclusivamente aqueles que satisfazem as leis da mecânica. Por contraste, os mundos possíveis referidos pela metafísica e semântica dos multimundos são inteiramente diferentes dos da ciência e da tecnologia: os primeiros não precisam ser coagidos pelas leis naturais.

Surpreendentemente, uma das mais desbragadas fantasias acerca de mundos paralelos é o produto cerebral de um físico, Hugh Everett III[33], e de seu orientador de tese, John A. Wheeler. Trata-se da interpretação de multimundos da mecânica quântica. De acordo com ela, toda possibilidade calculada realiza-se em algum mundo físico. Assim, se um elétron pode ter três diferentes energias, cada qual com alguma probabilidade, você medirá um desses valores da energia, uma cópia de você mesmo em um mundo alternativo medirá o segundo valor e uma segunda cópia de você mesmo medirá o terceiro valor.

As mais óbvias objeções a essa engenhosa fantasia é o fato de que ela viola todas as leis de conservação e postula mundos inacessíveis, cada um dos quais é criado por um experimentador terreno ou do outro mundo. Não é de admirar que a interpretação dos multimundos seja, em geral, vista como um *jeu d'esprit* que não funciona. No entanto, ao mesmo tempo ele é tratado como uma peça de ciência séria, mais do que de pseudociência, porque é formulado em linguagem matemática e evita certas feições fantásticas da teoria padrão, como as do colapso (ou da redução) instantâneo(a) da função de estado na mensuração – que é o mesmo que preferir trasgos aos fantasmas que, segundo se diz, assombram os castelos escoceses, porque eles não arrastam cadeias ruidosas.

Outro desenvolvimento curioso surgiu recentemente da descoberta de que o universo é globalmente plano mais do que curvo. De acordo com a teoria einsteiniana da gravitação, esse resultado implica que o universo é espacialmente infinito[34]. Ora, em um universo infinito "governado" de ponta a ponta pelas mesmas leis, qualquer sistema material conhecido deve provavelmente, senão obrigatoriamente, ocorrer em infinitamente muitos lugares. Em outras palavras, deve haver um número infinito de cópias aproximadamente idênticas da parte conhecida do universo. Por exemplo, precisa haver alguém como você, embora talvez com um corte de cabelo diferente, lendo uma cópia quase idêntica deste mesmo livro. Este não é o lugar para se discutir os méritos dessa concepção. Mas uma coisa é clara: os alegados universos paralelos não podem ser outros senão as próprias regiões distantes *do* universo, ou seja, o nosso. Se a realidade fosse múltipla, mais do que uma, ela seria incognoscível.

Mas, por certo, os mundos de fantasia são bem mais atrativos para filósofos idealistas do que para os cientistas. Assim, o pai da fenomenologia e avô do existencialismo sustentou que o mundo real é apenas "um caso especial de vários mundos possíveis e vários não-mundos", dos quais todos são, por seu turno, nada, exceto "correlatos da consciência"[35]. A pluralidade de mundos segue, por certo, da assunção básica do idealismo subjetivo, segundo a qual o mundo é de algum modo secretado pelo sujeito. E nós, supostamente, sabemos que isto é assim por intuição, que, segundo Husserl[36], é infalível. Contudo, a voga corrente de mundos possíveis não brota da fenomenologia – a tal ponto é assim, que David Lewis[37], o mais famoso dos metafísicos contemporâneos dos mundos possíveis, chamou a si mesmo de materialista.

[34] Ver, e.g., M. Tegmark, Parallel Universes, em J. D. Barrow et al., *Science and Ultimate Reality*, p. 459-491.

[35] E.Husserl, *Cartesian Meditations*, p. 148.

[36] Idem, p. 145.

[37] *On the Plurality of Worlds*.

38 E. g., S. A. Kripke, *Naming and Necessity.*

39 Ver, e.g., S. Laurence; C. Macdonald, *Contemporary Readings in the Foundations of Metaphysics*; E. J. Lowe, *A Survey of Metaphysics*; M. J. Loux, D. W. Zimmerman, *The Oxford Handbook of Metaphysics.*

40 J. F. Ross, The Crash of Modal Metaphysics, *Review of Metaphysics*, n. 43, p. 251-279.

De acordo com a metafísica dos mundos possíveis[38], tudo nos universos conceituais, por mais fantásticos que sejam, é igualmente possível e, além disso, igualmente real, precisamente porque são concebíveis. A lógica modal perdoa essa fantasia porque ela não distingue entre possibilidade lógica e real, e porque seus operadores modais, o "possível" e o "necessário, operam sobre proposições, não sobre fatos. Por contraste, na ciência, na tecnologia e na vida cotidiana, a possibilidade e a necessidade são predicados exclusivos de itens factuais, como ao dizermos que é possível para os humanos serem vegetarianos, mas necessariamente, para os tigres, serem carnívoros. Uma vez que a lógica modal não distingue entre modalidades reais e conceituais, isso constitui apenas um jogo com falsos diamantes (possibilidades lógicas) em caixas de papelão (necessidades lógicas).

No entanto, enquanto estou escrevendo, a metafísica modal é a corrente principal da metafísica[39]. Ainda assim, essa teoria está exposta a certo número de objeções óbvias. Uma delas é que, a menos que estejamos preparados a falhar visceralmente na vida real, devemos estar aptos a distinguir entre possibilidades reais e sonhadas. Se qualquer coisa fosse realmente possível, então nada seria impossível, e assim o mundo "possível" estaria esvaziado – precisamente como a palavra "normal" na psicanálise, segundo a qual ninguém é normal. Uma segunda objeção é que, na ciência, o "realmente possível" é coextensivo à expressão "sujeito a leis", enquanto na matemática isso importa em ser "não-contraditório", na tecnologia, em ser "fazível", no direito, em ser "legal", e assim por diante. Uma vez que o conceito ontológico de legalidade e o conceito praxiológico de fazibilidade são alheios à lógica modal e às fantasias de multimundos, essa teoria é inútil para discutir as perspectivas do avanço científico, tecnológico ou social.

Ademais, a metafísica de multimundos não é proposta como uma ontologia séria, pois ela nada nos diz ou ao menos nada que seja interessante e correto acerca do ser ou do vir-a-ser, do espaço ou do tempo, da causação ou da chance, da vida ou da mente, da sociedade ou da história. Nem sequer ela poderá ser utilizada por peritos no campo do sobrenatural. De fato, ela tem sido ridicularizada por alguns deles, porque "distorce as noções de ser e de criação" e está "recheada com infinidades de coisas abstratas em que ninguém acredita seriamente que sejam reais"[40].

Pretende-se que as teorias em questão sejam apenas instrumentos para a semântica. De fato, supõe-se que elas permitam declarar, por exemplo, que as tautologias são verdadeiras em todos os mundos possíveis (isto é, independentemente do que acontece), enquanto os contrafactuais valem apenas em alguns deles. Lacemos um olhar sobre estes últimos. Uma sentença contrafactual (ou contrária-ao-fato) tem a forma "Se A fosse o caso, então B seria o caso". A ocorrência das palavras "fosse" e "seria" sugere que nem A, nem B são efetivamente o caso. Portanto, a sentença dada é inteiramente diferente da condicional "Se A é o caso, então B é o caso" ou "A $\Rightarrow$ B", para abreviar. Enquanto comumente esta última sentença possa ser verdadeira ou falsa em certo grau, a correspondente condicional subjuntiva não pode ser nem uma coisa, nem outra. Logo, ela fica além do alcance da lógica.

Todavia, os metafísicos modais inventaram um ardil para transformar uma sentença contrafactual em uma sentença declarativa a designar uma proposição. O ardil consiste em pretender que o não-fato em apreço ocorre em um mundo de sonho. Assim, é colocado que a sentença:

Se A fosse o caso, então B seria o caso. (1)

é equivalente (em algum sentido não específico de "equivalente") a

Se A é o caso, então B é o caso no mundo W. (2)

Por certo, esta não é uma equivalência *lógica*, porque a sentença (1) não representa uma proposição verdadeira ou mesmo falsa, visto que nenhuma delas nem afirma nem nega coisa alguma. Além do mais, afirmando-se (1), sugere-se que nem A, nem B ocorrem no mundo real; quando se assevera (2), é possível refugiar-se em um "mundo" irreal, assim como o insano escapa dos fatos concretos do mundo real, pretendendo ser Deus ou ao menos Napoleão Bonaparte. Em outros termos, se algo é ou impossível, ou falso no mundo real, inventa-se um "mundo" confuso (no entanto, até agora, não descrito), onde o impossível é possível, o falso, verdadeiro e o mau é bom.

Semelhante emigração do mundo real para o Mundo Maravilhoso é a essência de toda uma teoria semântica, denominada semântica de mundos possíveis, bem como de toda uma metafísica, ou seja, uma metafísica de mundos possíveis. Diz-se que essas teorias elucidam certo número de noções, tais como as de

[41] Ver, e.g., S. A. Kripke, *Naming and Necessity*; D. Lewis, *Counterfactuals* e *On the Plurality of Worlds*; E. J. Lowe, *A Survey of Metaphysics*; S. McCall, *A Model of the Universe*.

disposição, de sujeito a leis e de causação[41]. A vantagem de tais elucidações é que elas isentam o filósofo de tomar conhecimento de como esses importantes conceitos filosóficos são efetivamente utilizados na ciência e na tecnologia. Lancemos um olhar sobre algumas dessas bravas tentativas de enfrentar dragões filosóficos com a cômoda, embora irreal, espada ou, antes, bainha, da possibilidade conceitual.

Considere o seguinte exemplo batido: esta porção de cianureto ainda não matou ninguém, mas *seria* mortal para quem quer que *fosse* engoli-lo. Isto é, o cianureto é potencialmente letal: tem a propriedade "disposicional" de ser capaz de matar, assim como aquele monte de sal tem a disposição de dissolver-se na água ou aquele poderoso governo, de conquistar um país rico em petróleo. Para o filósofo da linguagem comum, é mais do que natural elucidar tais disposições em dois passos:

Isso é tóxico = Isso mataria qualquer pessoa que o ingerisse. (1)

Isso mataria qualquer pessoa que o ingerisse = Há um Mundo W tal que em W isso mataria qualquer pessoa que o ingerisse. (2)

O que foi que se ganhou? Nada, uma vez que nós já sabíamos que o mundo W em questão é o mundo real. Não temos a menor ideia de quaisquer "mundos" em que o cianureto seja não-tóxico, os fundamentalistas sejam tolerantes, os impérios não travem guerras, e assim por diante. Além disso, o que realmente precisamos saber é, antes, por que o cianureto é letal no único mundo existente? Os metafísicos não podem solucionar esse problema, mas os toxicólogos o podem: eles são capazes de desvelar as reações bioquímicas que matam um organismo envenenado com cianureto. O que eles fazem é analisar a disposição de "toxicidade" em termos de propriedades efetivas do sistema organismo-cianureto. Eles nos dizem que o cianureto é tóxico porque se liga fortemente à hemoglobina, privando assim o resto do organismo do oxigênio, o qual, por sua vez, é necessário à vida.

Os físicos elucidam de maneira parecida tais disposições como a elasticidade, a energia potencial, a solubilidade e a refratividade. Por exemplo, eles não declaram que o potencial gravitacional de um corpo suspenso até certa altura acima da superfície da Terra é a energia cinética que ele *poderia* adquirir se ele *fosse* solto. Ao invés, eles afirmam que o dito potencial gravitacional é igual ao peso efetivo do corpo vezes sua altura. Também nos dizem que, quando um corpo está caindo, essa energia potencial é transformada em energia cinética. Ademais, eles nos informam precisamente sobre o valor dessa última: eles podem calculá-la e medi-la. Ademais, os físicos nos acautelam que as fórmulas em apreço valem unicamente para pequenos corpos (idealizados como partículas pontuais) e pequenas alturas (se comparadas ao raio da Terra). Compare a precisão, a riqueza e a testabilidade desse pedaço de conhecimento com a pobreza da análise dos mundos possíveis. Retornaremos a esse tema no capítulo IX.

Isso não é para negar que necessitamos de ficções para fazer ciência realista; ao contrário, precisamos de muitas delas. As ficções científicas dizem respeito a entidades, propriedades ou experimentos. Por exemplo, a hipótese atômica era uma grande ficção do primeiro tipo (acerca de coisas) antes que qualquer evidência empírica em seu favor fosse apresentada dois milênios depois de ter sido imaginada. E a ficção científica mais comum de segundo tipo (acerca de propriedades) é aproximativa, tal como a assunção de que um dado sistema é fechado, de que a interação entre seus componentes é fraca ou de que suas leis são lineares. Weber chamou tais idealizações de "tipos ideais". Sua ocorrência obriga ao uso do conceito de verdade parcial. Por exemplo, a lei de Ohm é apenas parcialmente verdadeira em temperaturas baixas. Literalmente, o valor-verdade desse enunciado de lei decresce com a temperatura – um pensamento que provavelmente induz a um arrepio em quem quer que acredite que as proposições são objetos eternos ou, pelo menos, que nascem plenamente verdadeiras ou falsas.

Finalmente, certo número de entidades e experimentos imaginários (ou pensamentos) foi inventado com vários propósitos: dialéticos, heurísticos, críticos, didáticos ou retóricos. Por exemplo, Descartes imaginou um malicioso intento de demônio para enganá-lo. O demônio foi bem-sucedido em tudo exceto no tocante à existência do próprio Descartes: "Não há dúvida de que eu existo, se ele estiver me enganando". Maxwell ilustrou a segunda lei da termodinâmica imaginando um "ser" capaz de dirigir o tráfego molecular de um corpo frio para um corpo quente. Isso teria refutado a dita lei – mas ao custo de introduzir o sobrenatural. Popper[42] realizou uma análise magistral de alguns dos mais influentes experimentos mentais na história da física, desde os de

42 *The Logic of Scientific Discovery*, p. 442-452.

[43] M. Bunge, *Emergence and Convergence*.
[44] Idem, *Treatise on Basic Philosophy*, v. 3.

Galileu até Bohr. Ele enfatizou corretamente que os experimentos imaginários nada provam, embora possam ilustrar, desaprovar, sugerir ou "vender" hipóteses. Por exemplo, a imaginária engenhoca do relógio em uma caixa de Bohr possuía apenas o que Popper denominou um uso apologético. Além disso, ela induziu Bohr a postular uma fórmula falsa e amiúde citada, ou seja, a assim chamada quarta relação de indeterminação entre energia e tempo.

Os matemáticos e filósofos também necessitam de ficções. Por exemplo, para usar o procedimento de decisão com a tabela da verdade, pretende-se que os valores de verdade sejam intrínsecos e eternos, ao passo que, efetivamente, o valor de verdade de qualquer proposição acerca de fatos só emerge (ou submerge) a partir de testes[43]. E para introduzir o conceito geral de uma propriedade, devemos começar com o conceito de um indivíduo ou substrato substancial não descritivo, no qual podemos, subsequentemente, afixar rótulos como "massivo" e "habitado"[44]. Mas tais ficções não são ociosas, elas podem ser removidas quando não mais forem requeridas. O que não é o caso das ficções que ocorrem na metafísica especulativa.

10. observações conclusivas

Delineamos e defendemos uma versão do ficcionismo matemático. Essa é a nossa alternativa ao platonismo, ao nominalismo (formalismo), ao intuicionismo, ao convencionalismo e ao empirismo. De acordo com o ficcionismo moderado, todos os objetos matemáticos são ficções, razão pela qual não são nem empiricamente obrigatórios, nem logicamente necessários (ainda que sejam coagidos pela lógica). Esses construtos são ficções porque, embora sejam criações humanas, são deliberadamente apartados das circunstâncias físicas, pessoais e sociais. Pretendemos que esses objetos ideais intemporais existem em um "mundo" (sistema conceitual) próprio, juntamente com outras ficções, tais como mitos e fábulas – que, no entanto, não têm base ontológica. Ao afirmar a existência ideal de tais ficções, não nos distanciamos da realidade; apenas construímos proposições que não se referem ao mundo real. Até as crianças aprendem cedo sobre a diferença entre história e fato.

Nossa versão do ficcionismo não está confinada apenas à matemática. Ela é também moderada por estar em desacordo com o convencionalismo e encarar a matemática como uma ciência e não uma gramática e, muito menos, como um jogo ou um passatempo do mesmo nível que o xadrez. Ela difere do convencionalismo ao atribuir às convenções um papel antes modesto na matemática em comparação com hipóteses, provas e computações. E ela considera a matemática como uma atividade séria que enriquece nosso estoque de ideias e a coloca à disposição da ciência factual, da tecnologia e até da filosofia. Em particular, a matemática nos ajuda a afiar ideias de qualquer espécie, a descobrir estruturas e padrões, bem como a formular e a resolver problemas de todos os tipos e em todos os campos do conhecimento e também da ação racional. Pense no papel central que a matemática desempenha na engenharia moderna. Assim, longe de serem escapistas, as ficções matemáticas são necessárias para entender e controlar a realidade.

Se o ficcionismo matemático moderado for verdadeiro – isto é, se ele se ajusta à pesquisa matemática –, então o platonismo, o convencionalismo, o formalismo (nominalismo), o empirismo e o pragmatismo matemáticos são falsos, ainda que sejam as mais populares de todas as filosofias da matemática. O platonismo é falso ou, ao menos, não testável, porque as ficções são criações humanas, não objetos eternos autoexistentes. E o empirismo matemático é visceralmente falso, pois as ficções matemáticas vão muito além da experiência e nenhuma delas é testável por ela. O mesmo vale, *a fortiori*, para o pragmatismo matemático – filosofia da matemática tacitamente esposada por aqueles que exigem que a matemática e outras ciências básicas sejam receptivas ao mercado.

Quanto ao intuicionismo matemático, ele é inadequado, porque restringe severamente a invenção das ficções matemáticas sob duvidosas bases filosóficas, como o construtivismo e o culto pitagórico dos números naturais. (Advertência: Essa crítica concerne ao intuicionismo matemático e não à lógica ou à matemática intuicionista[45]). O nominalismo (ou formalismo) é falso também, se não por outro motivo, porque – como Frege salientou – ele rejeita conceitos e confunde signos com seus *designata*; por exemplo, numerais com números. (Nem sequer os autodenominados nominalistas ou formalistas podem ajudar no uso

[45] Ver M. Bunge, *Intuition and Science*.

46 *The Logic of Fiction.*

47 *Exploring Meinong's Jungle and Beyond.*

48 Ver S. Haack, *Deviant Logics*, para um soberbo apanhado.

49 M. Bunge, *Treatise on Basic Philosophy*, v. 7.

50 J. Lambek, Are the Traditional Philosophies of Mathematics Realy Incompatible? *Mathematical Intelligencer*, n. 16, p. 56-62.

de convenções notacionais, como "Que N designe o conjunto dos números naturais", que pareia conceitos com símbolos.) Finalmente, o convencionalismo é falso por uma razão diferente, ou seja, porque mistura assunção com definição e joga fora o conceito de verdade matemática. Esse conceito é necessário no mínimo em três circunstâncias: quando se afere um cálculo, quando se prova um teorema e se mostra que uma teoria abstrata é satisfeita por uma teoria (ou modelo) "concreta(o)".

Mais ainda, se a matemática (incluindo a lógica) é a mais exata e compreensiva das ficções, então não necessitamos de nenhuma lógica especial de ficções, tal como as de Woods[46] e a de Routley[47]. Em especial, as lógicas livres (isto é, as lógicas com domínios vazios), deliberadamente inventadas para lidar com ficções, resultam ser desnecessárias. Essa observação pode ser útil para curvar o crescimento inflacionário de lógicas desviantes, a vasta maioria das quais constitui mero passatempo acadêmico, "boas somente para obter promoções", como Hilbert poderia ter dito[48].

Como fica a santa trindade dos estudos fundamentais, ou seja, do logicismo, do formalismo e do intuicionismo? Pode-se argumentar que, ao contrário da sabedoria recebida, essas não são filosofias da matemática, porém estratégias fundamentais[49]. O ficcionismo matemático tem pouco a dizer a respeito de qualquer delas. De fato, em princípio, pode-se casar o ficcionismo matemático seja com o logicismo, com o formalismo ou com o intuicionismo moderado (pós-brouweriano). Alternativamente, é possível trancá-lo na combinação de todas as três estratégias, o que parece ser tacitamente favorecido, hoje em dia, pela maioria dos matemáticos na ativa[50].

O ficcionismo matemático moderado deveria exercer uma influência libertadora sobre o pesquisador matemático, lembrando-o de que ele saiu para descobrir um universo de ideias pré-fabricadas ou para explicar o mundo real, ou até para fechar-se nos números naturais. Suas tarefas são as de criar (inventar ou descobrir) conceitos, proposições, teorias ou métodos matemáticos e descobrir suas mútuas relações sujeitas unicamente a condições de consistência e fecundidade conceitual. Como disse Cantor, a liberdade é essencial à matemática.

Aceito que os principais deveres de um filósofo da matemática são os de defender a liberdade da criação matemática, das severas críticas filosóficas; ver para isso que as ficções matemáticas não sejam reificadas; usar algumas delas para elucidar, refinar ou sistematizar ideias filosóficas-chave – isto é, praticar alguma filosofia exata; e, sobretudo, edificar uma filosofia da matemática que case pesquisa matemática efetiva, bem como uma filosofia geral orientada para a ciência. E na qualidade de semanticistas e metafísicos, nosso dever é o de enfrentar os problemas conceituais e práticos do único mundo existente, que não pode ser atacado com êxito mediante o pedido de asilo a mundos da fantasia.

Em suma, inventamos ficções em todos os caminhos da vida, particularmente na arte, na matemática, na ciência e na tecnologia. Cabe considerar ainda que algumas ficções são disciplinadas e outras são selvagens. A ficção disciplinada subsiste pelas leis contidas em uma teoria exata. Ciência, tecnologia e filosofia séria usam apenas ficções disciplinadas, particularmente as ficções matemáticas, como os conceitos de conjunto, de relações de equivalência, de função e de consistência. O legítimo lugar para as ficções selvagens é a arte – ou a filosofia incontinente.

IX

os transcendentais
são deste mundo

ualquer coisa não encontrada na experiência é, em geral, chamada de "transcendental". Como as definições negativas, essa é também ambígua. De fato, de acordo com ela, intuições e ideias *a priori*, em conjunto com itens universais e teológicos, qualificam-se como transcendentais. Por exemplo, as filosofias idealistas de Platão, Leibniz, Hegel, Fichte, Bolzano e Husserl são transcendentais porque não se baseiam na experiência. Por contraste, as filosofias de Berkeley, Hume, Comte, Mill e Mach são não-transcendentais, devido a seu empirismo. E a filosofia de Kant é apenas semitranscendental, embora apriorística e intuicionista, e também semiempirista, por conta de seu fenomenalismo.

De um ponto de vista prático, itens transcendentais, ou *trancendentalia*, podem ser divididos em duas classes: os úteis e os inúteis. Assim, os conceitos de classe, tipo gênero ou espécie, são necessários em todas as trilhas da vida, enquanto o de universo paralelo possui, na melhor das hipóteses, uma função heurística. O presente capítulo lida com uma miscelânea de transcendentais de ambas as classes, particularmente com os conceitos de universais, espécies, mundo possível, disposição, espaço-tempo e liberdade. Nenhuma tentativa será feita para organizar essa coleção. O objetivo deste exercício é clarificar os conceitos em questão, sob o ângulo do hilorrealismo científico e, justamente por isso, esclarecer certo número de concepções equivocadas a seu respeito. O resultado líquido será que, enquanto alguns transcendentais são indispensáveis para explicar a realidade, outros somente bloqueiam a concepção dessa realidade.

1. universal

O termo "universal" designa um predicado geral do tipo "conceito" e "número", tanto quanto uma propriedade que ocorre frequentemente, como "material" e "vida". Idealistas, a partir de Platão, ignoraram a diferença predicado-propriedade; eles também postularam que os universais existem por si próprios e precedem os particulares, que eles consideram como meras "estanciações" (exemplos) dos primeiros. Essa visão, a do realismo idealista (ou platônica), ainda é popular. Por exemplo, ela é inerente às declarações contemporâneas de que sistemas cerebrais "instanciam", "medeiam" ou "coadjuvam" habilidades mentais, e de que estas últimas possuem "múltiplas realizações" (nos cérebros, nos computadores, nos fantasmas e nas deidades), como Fodor[1] e outros filósofos da mente têm pretendido.

Segundo o materialismo, em particular o nominalismo, todos os existentes reais são singulares. Como o pai putativo do nominalismo o formulou, "todas as coisas fora da alma são singulares"[2]. Daí por que nós só podemos experienciar particulares. Em outros termos, o mundo fenomenal, assim como o mundo físico, é composto exclusivamente de indivíduos. Os nominalistas (ou materialistas vulgares), de Ockham e Buridan até Quine e David Lewis, rejeitam absolutamente os universais não só como conceitos, mas também como feições de indivíduos materiais. Eles postulam que os únicos reais existentes são puramente individuais, isto é, entidades concretas despidas de outras propriedades além da habilidade de juntarem-se com outros individuais. Portanto, eles sonham com uma ciência sem propriedades[3]. Mas isso não seria ciência, porque a pesquisa científica é essencialmente a busca de leis, e sucede que as leis são relações invariantes entre as propriedades[4].

Além disso, os nominalistas igualam propriedades a classes de tais indivíduos. Assim, segundo Lewis: "Ter uma propriedade é ser um membro da classe... A propriedade de ser um asno, por exemplo, é a classe de *todos* os asnos"[5]. Em símbolos óbvios: $D = \{x \mid Dx\}$. Porém, essa definição é, por certo, circular. Quando formamos uma classe (natural) ou espécie, começamos por definir propriedades. No exemplo à mão, podemos colocar (em termos do conhecimento comum) D = Equídeo & Menor do que Cavalo árabe & Orelha comprida & Teimosia. Como os nominalistas vão dos indivíduos para as classes e para as propriedades, eles são obrigados a formar classes artificiais mais do que espécies naturais. Logo, é pouco provável que entendam expressões como "corpo", "campo", "espécies químicas", "bioespécies", "origem das espécies" ou "classe social". E uma vez que não aprovam nem predicados, nem proposições, os nominalistas não podem nos ajudar nas análises destes últimos.

Embora não possamos perceber os universais, não poderíamos, possivelmente, pensar ou falar sem eles. Por isso é que até o nominalista Ockham admitiu "universais por convenção", ou

1 The Mind-Body Problem, *Scientific American*, n. 244(1), p. 114-123.

2 W. Ockham, *Philosophical Writings*.

3 E.g., J. Henry Woodger, *Science without Properties*, *British Journal for the Philosophy of Science*, n. 2, p. 193-216.

4 Ver M. Bunge, *Scientific Research*.

5 New Work for a Theory of Universals, em S. Laurence; C. Macdonald (eds.), *Contemporary Readings in the Foundations of Metaphysics*, p. 164.

6 The Problems of Philosophy.
7 The Dialectical Biologist, p. 141.

seja, palavras que são universais porque podem ser predicadas por vários particulares. Como Russell[6] salientou, é impossível formar até a mais simples sentença sem empregar palavras que designem universais. Assim, a declaração egocêntrica trivial, "Eu quero isto", é constituída por palavras que designam universais. Na verdade, há tantos "eus" ou egos quantos são os seres humanos, cada um dos quais quer certo número de coisas. Do mesmo modo, "*it*" ("isto") é um branco ou índice a ser preenchido por diferentes itens em diferentes circunstâncias. Portanto, o nominalismo não vale nem sequer para as linguagens, embora tente substituir conceitos por seus nomes.

O nominalismo sai-se ainda pior na matemática e nas ciências factuais (empíricas), pois todas elas tentam subsumir particulares sob leis universais, que são os universais por excelência. Tais leis são generalizações universais ou enunciações que afirmam a existência ou a não-existência de indivíduos de uma dada espécie, tais como o "zero", o "buraco negro" e o "hominídeo". Além disso, nenhum enunciado de lei físico ou químico refere-se a observações, ao passo que todas essas são dependentes do observador e são expressas com a ajuda de predicados fenomenais. E os enunciados de lei básicos da física devem atender à exigência de serem os mesmos relativamente a todos os sistemas de referência (portanto, a todos os observadores, em particular) de certo tipo (isto é, inercial), ao passo que os resultados das observações de certas propriedades, tais como posições particulares, frequências e energias são dependentes dos sistemas de referência.

Portanto, o programa nominalista de reduzir universais a particulares ou de prescindir deles por completo não pode ser levado a cabo. Antes, pelo contrário, muitos conceitos e palavras particulares podem ser caracterizados em termos de conceitos ou palavras universais. Por exemplo, "minha filha" descreve um único indivíduo em termos de dois universais. Entretanto, estes últimos não são considerados como ideias existentes independentemente. A ciência moderna também rejeita a existência independente (*ante rem*) de universais. Contudo, os cientistas procuram pelo universal e pelo sujeito a leis no particular e no contingente. Como a famosa formulação de Levins e Lewontin coloca: "As coisas são similares: isso torna a ciência possível. As coisas são diferentes: isso torna a ciência necessária"[7].

O problema filosófico é, por certo, o da natureza dos universais e sua relação com os particulares. Serão as ideias universais autoexistentes ("realismo" platônico), propriedades partilhadas por muitos indivíduos (realismo científico) ou apenas sons ou inscrições (nominalismo)? No jargão escolástico, serão os universais *ante rem*, *in re* ou *post rem*? Esse problema provém da antiguidade e ainda continua conosco. Uma das soluções mais interessantes, no entanto menos conhecida, é o da escola jaína, cuja existência se mantém há dois milênios e meio. De acordo com os adeptos dessa escola, tudo tem um aspecto geral, bem como particular[8]. Por exemplo, uma vaca particular é caracterizada pela "vaquidade", que é partilhada com todas as outras vacas; mas ela tem também certas propriedades que lhe são peculiares. Em outras palavras, os universais habitam os indivíduos concretos.

Por volta da mesma época, Aristóteles defendeu o ponto de vista segundo o qual os universais, longe de serem *ante rem*, como seu mestre sustentara, são *in re*. Aproximadamente um milênio e meio mais tarde, Averróis expressou essencialmente a mesma concepção[9]. Nesse quadro, a ciência moderna vindicou a moderada posição de Aristóteles no concernente aos universais. De fato, trata-se de um postulado tácito da ciência moderna de que todas as propriedades são propriedades de alguma coisa ou de outra: não há propriedades em si mesmas nem entidades despidas de propriedades.

O mesmo problema torna a emergir no século dezenove em relação às ciências sociais: estarão elas confinadas a particulares (ideográficos) ou elas também tentarão descobrir padrões (nomotéticos)? Discutivelmente, as ciências sociais, assim como as naturais, são tanto nomotéticas quanto ideográficas[10]. Por exemplo, o historiador procura as feições comuns de todas as agressões militares – e as encontra no desejo de apropriar-se de algo, como território, recursos naturais, força de trabalho ou estradas de comércio. E os criminologistas procuram padrões por trás de casos particulares de violação da lei – por exemplo, o enfraquecimento dos laços sociais (teoria do controle social), anomia (teoria da tensão social), associação com delinquentes (teoria do aprendizado social), marginalidade (sistemismo) ou aquilo que você tiver.

De acordo com os realistas científicos, a palavra "universal" denota tanto (a) uma propriedade que, como mobilidade, vida

[8] M. Hiriyanna, *The Essentials of Indian Philosophy*, p. 65.

[9] G. Quadri, *La Philosophie Arabe dans l'Europe Médiévale*, p. 209-211.

[10] M. Bunge, *Finding Philosophy in Social Science*.

e ser seu, é possuída por vários itens; e (b) o(s) conceito(s) que representa(m) aquela propriedade. Isto é, pressupõe-se que os universais existam quer por meio de indivíduos concretos, quer por ideias abstratas – em nenhum dos casos em e por si próprios. No jargão hegeliano, há universais de duas espécies: abstratos e concretos. Os primeiros são *post rem*, os últimos, *in re*. Por exemplo, a consistência lógica é um universal abstrato, porque só se aplica a conjuntos de proposições e, em particular, a teorias. Por contraste, a desigualdade de renda é um universal concreto, porque é inerente a todas as sociedades estratificadas. Contudo, há várias medidas do grau dessa desigualdade, cada uma das quais é um universal abstrato. (Lembre-se da diferença entre propriedades e os predicados que as representam: capítulo I, seção 4.)

Essa concepção dos universais, em especial leis, está próxima da de Aristóteles, e é parte do hilorrealismo ou do realismo materialista. Não é de surpreender que essa concepção seja impopular entre os filósofos contemporâneos. Em especial, Popper, Quine, Goodman e Gellner autodenominam-se nominalistas, precisamente porque eles se opõem ao "realismo" platônico e concordam que apenas existam indivíduos – sem, entretanto, preocupar-se em esclarecer se se tratam de indivíduos abstratos ou concretos.

Como foi sugerido acima, até particulares podem ser vistos como instâncias de universais. Por exemplo, 7 é um número, Fido é um cão e ter trinta anos é um valor particular de idade. Em geral, funções subsumem particulares sob universais. Mais precisamente, uma propriedade particular pode ser considerada tal como um valor especial de uma propriedade geral representada por uma função matemática. Por exemplo, a energia, a mais universal de todas as propriedades não-conceituais, é classicamente representável como uma função entre coisas concretas e números. Até nomes próprios podem ser vistos como valores particulares da função nomeadora. Essa função mapeia pessoas em nomes; isto é, $\mathcal{N} : P \to N$, em que N designa o conjunto de nomes, completado com sobrenomes, patronímicos, matronímicos e toponímicos, para torná-los únicos. Aqui, os membros do conjunto N são particulares, enquanto $\mathcal{N}$ e P são universais.

(Mais precisamente, na física clássica, a energia de uma coisa concreta c relativa a um sistema de referência f, em um tempo t, e calculada ou medida em unidade u, pode ser escrita $E(c, f, t, u) = e$, em que e é um número real. Essa fórmula torna claro que a energia é uma propriedade representável por uma função e não uma coisa designada por um nome. No exemplo prévio, a função E mapeia o produto cartesiano $C \times F \times T \times U$ na reta real. Elimine c ou f, que são os portadores de energia, e nenhuma energia há de remanescer. Mas se você dispensar a energia, não restará física alguma.)

Na matemática, tanto as classes quanto os seus membros existem, embora apenas ficcionalmente (recorde o capítulo VIII). Por contraste, as classes químicas, biológicas e sociais existem somente como conceitos (ou ficções), enquanto seus membros são existentes materiais. Entretanto, longe de serem arbitrárias, as classes em apreço são as extensões de *universalia in re*, como a bivalência, o bipedalismo e a pobreza. Assim, a Espécie Humana ($\mathscr{H}$) é a classe de todos os indivíduos que possuem a propriedade complexa H de ser humano: $\mathscr{H} = \{ x \ / \ Hx \}$. Como saberemos que esses são *universalia in re* mais do que *ante rem* ou *post rem*? Porque eles são representáveis como predicados, cujos domínios contêm classes de coisas concretas. Equivalentemente: porque os predicados correspondentes se referem a entidades materiais. Isto é, a função H mapeia o conjunto M de itens materiais nos enunciados da forma "x é humano"[11].

A análise funcional acima da relação particular-universal ajuda a análise da tese segundo a qual não pode haver leis históricas porque a história não se repete. De fato, embora não haja dois eventos históricos idênticos, quaisquer dois eventos históricos possuem algo em comum – por exemplo, de que eles são basicamente ou econômicos, ou políticos, ou culturais, ou os três ao mesmo tempo. Por exemplo, conquanto as duas guerras mundiais fossem inteiramente diversas, ambas foram conflitos militares abarcando quase o mundo inteiro. Em outras palavras, embora tomado como um todo, cada evento histórico é único e, assim sendo, desafia a classificação em todos os aspectos e, quando analisado, cada evento é visto como partilhando de alguns traços com outros eventos: ele é uma combinação de universais concretos. O mesmo vale, *mutatis mutandis*, para todos os fatos. Cabe supor que até a vontade livre é sujeita à lei, como é sugerido pelo fato de que ela pode ser removida cirurgicamente

11 Ver M. Bunge, *Treatise on Basic Philosophy*, v. I, para este *construal* não fregeano de predicados.

12 Idem, Review of Popper, *Ciencia e Investigación*, n. 15, p. 216-220.

(lobotomia). Em outros termos, os cientistas assumem que todos os fatos estão sujeitos à lei. Isso explica por que nos deparamos com leis em todos os domínios – contanto que tentemos encontrá-las com bastante empenho.

Tendemos a tomar as leis como certas, quer na qualidade de padrões objetivos, quer na de representações conceituais destes últimos. Fazemos isso a ponto de adotar, no mínimo tacitamente, o princípio da legalidade, de acordo com o qual todos os fatos satisfazem algumas leis. Todavia, o estatuto ontológico das leis está longe de ser claro, em grande parte por causa da confusão idealista entre padrões objetivos e as fórmulas pelas quais procuramos representá-las. Tome, por exemplo, as leis químicas, isto é, as leis que "governam" a formação e a dissociação de moléculas. Será que essas leis existiam antes da emersão dos primeiros compostos químicos? Um platônico, como um "realista" medieval, responderia com a afirmativa: o primeiro composto químico era justamente uma instanciação de universal químico que governava literalmente o processo em questão. Por contraste, um nominalista sustentaria que as leis em apreço somente teriam aparecido *post rem*, na mente, por meio da abstração a partir do fenômeno. Isto é, ele pretenderia que a natureza é contingente e que os padrões residem apenas na mente. Por fim, é provável que um realista científico argumentasse que as leis químicas são inerentes aos processos químicos, de modo que elas emergiriam primeiro em conjunto com os primeiros compostos químicos, quando os planetas esfriaram suficientemente. Em geral, as leis naturais são padrões objetivos de ser e de vir-a-ser[12].

Para concluir esta seção: não podemos prescindir dos universais, mais do que podemos prescindir dos conceitos fenomenais. Necessitamos destes últimos para descrever a experiência e dos universais, para explicá-la. Somente um intelecto divino poderia dispensar as *qualia* e seus conceitos correspondentes; e apenas organismos inferiores podem passar sem os universais, tais como "alcançável" e "comestível". É de se presumir que um cachorro forme gradualmente o universal "refeição", à medida que encontre alimento em seu prato, e o universal "gente", à medida que encontre indivíduos humanos. Nenhum cão poderia sobreviver com uma dieta nominalista, pois ele seria incapaz de (a) generalizar experiências individuais; (b) aprender regras, como "Ladre para estranhos", aquiescência com quem coloca alimento no seu prato: e (c) distingue as diferentes propriedades de uma e mesma coisa, como "redondo", "macio", "rolável" e "saltante" aplicadas a uma bola. Além de possuir alguns conceitos universais, cãezinhos e todas as outras coisas têm universais *in re*. Por exemplo, eles e todos os outros organismos multicelulares satisfazem a lei logística do crescimento corporal.

Em suma, os universais são indispensáveis, porque se encontram tanto no mundo (como propriedades) quanto nas teorias (como predicados). Um mundo do nominalista composto de puros indivíduos (despidos de propriedades) é exatamente tão fictício como o Reino das Ideias de Platão. Nenhum dos dois ajuda a entender, digamos, que a flutuabilidade é uma propriedade de barcos, mas não de elétrons, e muito menos de números. Deixar de ver a universalidade inerente em cada particular é algo tão errôneo quanto deixar de identificar o que torna um indivíduo único. Em outras palavras, ao tentar entender coisas e ideias, não podemos prescindir do conceito de tipo ou espécie. Fato que nos leva à próxima seção.

2. tipo

Ao contrário de Platão, Aristóteles sustenta que somente os indivíduos podem ser reais e que todas as classes ou espécies estão na mente. Os nominalistas medievais, como Ockham e Buridan, foram mais longe: eles não tinham emprego nenhum para o conceito de espécie ou tipo natural, porque rejeitavam os universais e consideravam o cosmo como uma coleção de itens mutuamente independentes[13]. Consequentemente, para um nominalista todas as classificações, mesmo a tabela periódica, são puramente convencionais. Os pais da biologia evolucionária, de Bonnet e Buffon até Lamarck e Darwin, concordavam: para eles, na natureza existem apenas indivíduos, as espécies são construtos e as classificações são convencionais. Darwin, porém, contradisse a si próprio afirmando a um só tempo que as espécies são convencionais, mas as filogenias, que são relações entre espécies, são naturais. De fato, uma vez que humanos e macacos possuam antepassados comuns, todas as três classes em questão, embora

13 Ver, e.g., E. Gilson, *La Philosophie au Moyen Age.*

não sejam entidades materiais, devem, de algum modo, representar processos evolutivos reais.

Enquanto algumas classes são artificiais, outras são naturais, ou seja, representam comunalidades objetivas entre existentes. Por exemplo, não há nada de arbitrário no tocante à tabela periódica. E, embora as classificações, tanto a de Lineu quanto a cladística sejam naturais, a última é em geral considerada mais adequada do que a primeira. Não obstante, quer artificial ou natural, toda classe é um construto. Portanto, a expressão "origem das espécies" deve ser interpretada elipticamente, como abreviatura de "origem dos organismos pertencentes às novas espécies". Em outras palavras, a especiação, a emergência de novas espécies, é um processo real ao nível organísmico, e a extinção é paralela; porém, em ambos os casos, o que emerge ou submerge são indivíduos. O que aconteceu antes da especiação e após a extinção é que as espécies correspondentes são coleções vazias.

Os cientistas ignoram a interdição nominalista das espécies. Independentemente de sua fidelidade filosófica, a primeira coisa que um cientista faz é ouvir o conselho de Aristóteles: identifique o objeto de estudo em termos de espécie e especifique diferenças, como em um "predicado unário", "função contínua", "mamífero superior", "empresa de negócios" e "pais em desenvolvimento". Isto é, cientistas tomam como certo que todos os objetos que eles estudam agrupam-se em tipos ou espécies que são naturais, mais do que artificiais ou convencionais. Como pretende a medonha expressão, eles tentam "cortar o universo em suas juntas". Além disso, os cientistas formulam generalizações que envolvem o conceito de espécie como em "Cada qual com seu igual" e "Todos os metais são opacos".

O que vale para as coisas também vale para os fatos, tais como estados e mudanças de estado. Todo fato real é singular, mas, ao mesmo tempo, ele pertence a uma ou outra classe, ou seja, àquela que está "coberta" pela(s) lei(s) que ela abriga. Em resumo: fatos são particulares, mas não únicos, porque todos eles caem sob uma ou outra lei. Até a origem de nosso sistema solar, embora não repetível em detalhes, é, tão-somente, uma instância da classe "origem dos sistemas planetários", uma classe caracterizada por certas leis astrofísicas.

O principal problema filosófico acerca das espécies é: o que é uma espécie? Isto é, como ela é definida e que tipo de objeto ela é: conceitual, factual ou – como pensava Leibniz – semimental? Para responder a essas questões, comecemos por recordar como uma espécie é comumente definida. Dependendo da riqueza do nosso conhecimento de fundo, podemos recorrer a um de dois métodos de definição: por propriedade ou por relação de equivalência. No primeiro caso, escolhemos uma propriedade saliente, como o número atômico, que representamos por um predicado P. A seguir, determinamos a extensão de P, ou seja, a coleção de todos os P's ou membros do universo Ω de objetos que possuem a propriedade representada pelo predicado P:

$$S = \mathscr{E}(P) = \{x \in \Omega / Px\}.$$

O predicado P definido é, em geral, a conjunção de um número de predicados mais simples.

Quando um único predicado está em causa, obtém-se a noção, antes fraca, de um tipo, tal como a idade ou o rendimento de um grupo. O conceito bem mais forte de um tipo natural é definido em termos de leis: ele é a coleção de todas as coisas que possuam propriedades que se relacionam legalmente umas com as outras. Exemplo: "Campo eletromagnético = Tudo quanto satisfaça as equações de Maxwell ou sua generalização quanto-teórica". Em poucas palavras: um tipo é um tipo natural se todos os seus elementos encontram ao menos uma lei.

Entretanto, nem sempre conhecemos as leis relevantes, particularmente no começo de uma nova linha de pesquisa. Nesse caso, recorremos a meras similaridades, igualdades em certos aspectos ou equivalências, como as de ter o mesmo sexo, a mesma idade, a mesma ocupação e a mesma faixa de renda. Assim, afirmamos que, embora Nelson Mandela seja único, em um aspecto ele está na mesma liga de todos os outros lutadores pela liberdade. Esses indivíduos constituem a classe

$$\mathscr{F} = \{x \in H \, / \, x_{\sim_f} m\}$$

em que $_{\sim_f}$ designa "é equivalente com respeito a f" (lutador pela liberdade) e m abrevia "Nelson Mandela".

Os dois métodos de formação de classes refutam, entre outras coisas, as seguintes teses populares, por assim dizer. Uma é a opinião segundo a qual é impossível classificar coisas complexas, como pessoas, estados mentais e fatos sociais. Na realidade, é

FIGURA 9.1 ▶
Indivíduos concretos em 3 diferentes níveis: organismo, população, ecossistema. Indivíduos abstratos em 2 níveis: espécies e sistema de espécies.

[14] E. g., M. T. Ghiselin, A Radical Solution to the Species Problem, *Systematic Zoology*, n. 23, p. 536-544; D. L. Hull, Are Species Really Individuals?, *Systematic Zoology*, n. 25, p. 174-191.
[15] Ver M. Bunge, *Treatise on Basic Philosophy*, v. 4; e Biopopulations, not Species, Are Individuals and Evolve, *Behavioral and Brain Sciences*, n. 4, p. 284-285; M. Mahner; M. Bunge, *Foundations of Biophilosophy*.

perfeitamente possível proceder assim em alguns aspectos, embora não em todos.

Outra concepção errônea relacionada, correntemente popular entre filósofos, é que as bioespécies são indivíduos concretos no mesmo nível de seus constituintes, ou seja, organismos individuais[14]. A razão dada em geral é que as espécies, segundo se diz, evoluiriam. Mas, sem dúvida, as bioespécies, sendo conjuntos, não agregados, são imutáveis: apenas seus membros (organismos) e os agregados deles (populações) podem mudar, e de fato mudam. Ainda assim, uma espécie pode ser encarada como um indivíduo de ordem superior, ou sistema, se for tomada em conjunto com sua estrutura, que inclui a relação de descendência comum. Destarte, estipula-se que quaisquer dois membros a e b de S, por mais diferentes que sejam em seus pormenores, são equivalentes pelo fato de terem um ancestral comum. Isto é, enunciamos que $a \sim b =_{df} \exists c\,(Dac\ \&\ Dbc)$. Em seguida, construímos o sistema de espécies aparentadas $\mathscr{S} = <S, \sim>$. Assim, introduzimos dois conceitos, S e $\mathscr{S}$. Somente os membros de S e as populações de S são concretos. Os primeiros são sistemas de primeiro nível e, os últimos, sistemas de segundo nível. Por sua vez, toda a população é parte de alguma comunidade ou ecossistema. Ver figura 9.1.

Se as espécies fossem indivíduos concretos, seria possível reunir ou caçar, cozinhar e comer alguns deles mais do que alguns de seus membros. Bioespécies não são indivíduos, porém coleções; e, em qualquer instante dado, uma coleção é um conjunto próprio[15]. Prova: todas as bioespécies são definidas como conjuntos definidos por predicados. (Por exemplo, a definição padrão, embora defeituosa, usada na biologia, é a seguinte: "Bioespécies são grupos de organismos que potencialmente se cruzam, que estão em termos reprodutivos isolados de outros grupos similares".) O mesmo vale para espécies químicas, como o hidrogênio e o carbono, tanto quanto para as espécies sociais, como rural e urbano ou empregador e empregado. Em todos os casos, a relação espécie-indivíduo é a relação $\in$ (ser membro) que não deve ser tomada erroneamente pela relação todo-parte que prevalece, por exemplo, entre célula e órgão ou entre palavra e texto. Daí por que se podem reservar direitos de texto, mas não de palavras nem sequer de vocabulários inteiros; enquanto os primeiros têm dono, os outros pertencem a comunidades linguísticas.

[16] Ver, e. g., G. E. Hughes; M. J. Cresswell, *An Introduction to Modal Logic.*

3. possibilidade

A possibilidade é a mais escorregadia das categorias ontológicas, pois se situa entre o ser e o não-ser, entre o presente e o futuro, entre o dado e a conjetura. Não é de admirar que alguns filósofos tenham negado a possibilidade real (ou ontológica, ou objetiva). Por exemplo, Kant restringiu a possibilidade à experiência: há somente experiências possíveis; além do mais, isso é o que as coisas seriam – ou seja, maços de experiências possíveis. (Portanto, sem percipientes não há coisas.) Do mesmo modo, a lógica modal trata a "possibilidade" como um operador atuando sobre proposições, não sobre fatos[16]. E os metafísicos dos mundos possíveis analisam "p é possível" como "há um mundo em que p é verdade". Entretanto, eles não se dão ao trabalho de caracterizar tais "mundos" de maneira precisa. Como alguns desses "mundos" violam as leis conhecidas da natureza, a correspondente possibilidade conceitual pode realmente ser impossível. Vimos essas fantasias não científicas no capítulo VIII, seção 9, e vamos prosseguir no seu exame, aqui, mais adiante nas seções 4 e 5. Focalizemos agora o sério problema do conceito ou, antes, dos conceitos da possibilidade real.

Comecemos lembrando brevemente como o conceito de possibilidade real é utilizado nas ciências e na tecnologia. Para iniciar, a realidade da possibilidade torna-se inteiramente clara na representação do espaço-estado de coisas de qualquer tipo. De fato, considera-se que cada ponto em semelhante espaço abstrato representa um estado realmente possível (isto é, submetido à lei) da coisa em apreço, seja ela átomo, organismo, ecossistema, sistema social ou artefato (recorde o cap. I, seção I). Contudo,

[17] Mais a esse respeito em M. Bunge, *Treatise on Basic Philosophy*, v. 3; e *Emergence and Convergence*.

mesmo quando nenhuma representação desse tipo está disponível, as seguintes variedades de possibilidades reais são em geral admitidas fora da corrente principal da metafísica, que é predominantemente especulativa mais do que científica:

Possibilidade natural = Compatibilidade com as leis natureza.

Possibilidade social = Compatibilidade com as normas prevalentes em uma dada sociedade.

Possibilidade técnica = Factibilidade.

Possibilidade econômica = Lucratividade.

Possibilidade política = Acessibilidade à função pública.

Possibilidade moral = Não violação de nenhum direito básico de ninguém.

Possibilidade legal = Compatibilidade com os códigos legais vigentes.

Possibilidade epistemológica = Cognoscibilidade com os meios à mão.

Possibilidade alética = Plausibilidade à luz de conhecimento de fundo.

Possibilidade metodológica = Testabilidade.

Nenhum desses dez conceitos é elucidado pela lógica modal, porque todos eles envolvem conceitos não lógicos; daí a irrelevância da lógica modal na vida real, na ciência e na tecnologia. Pior ainda, misturar os vários conceitos de possibilidade no mesmo contexto envolve confusão e pode levar ao erro ou ao paradoxo. Por exemplo, "Você *pode* (fisicamente) matar-me, mas você *poderia* (moralmente) não me matar".

Formalizar a possibilidade factual e conceitual com o mesmo operador possibilidade (o símbolo diamante das lógicas modais) conduz a complicações. Uma solução seria introduzir dez diamantes com a mesma sintaxe, mas com semânticas diferentes. Entretanto, nesse caso, dever-se-ia introduzir também 45 pontes entre essas diferentes possibilidades, tais como "Tudo o que é dado pode ser feito (mas não inversamente)". Além disso, poder-se-ia então falar de dez diferentes "mundos" e de 45 pontes entre eles. Essa solução, porém, encostaria Ockham contra a parede. Por que não prescindir totalmente da lógica modal, uma vez que ela não pode resolver nenhum problema filosófico, porque é demasiado grosseira para distinguir entre espécies de possibilidades visceralmente diferentes?[17]

Resumindo, visto que admitimos a categoria da possibilidade real, temos de ampliar o conceito de realidade e, com ele, nossa mundivisão, a fim de incluir fatos possíveis em conjunto com fatos reais, que, por seu turno, podem ser quer necessários, quer contingentes. Ou seja, devemos adotar a seguinte partição[18]:

[18] M. Bunge e M. Mahner, *Ueber die Natur der Dinge*, p. 109.

[19] Ver, e.g., C. Lanczos, *The Variational Principles of Mechanics*.

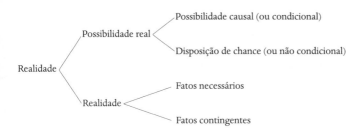

4. um excesso de mundos

Quase todo mundo concorda que há possibilidades e impossibilidades além de realidades. Por exemplo, é possível que você faça um novo amigo, mas é impossível que a sua saúde melhore se você continuar a fumar. Em um nível mais técnico, a mecânica quântica especifica que certas transições são possíveis e outras, "proibidas", e a termodinâmica prova a impossibilidade de engenhos de certo tipo.

Além de afirmar tais possibilidades e impossibilidades reais, os físicos recorrem a itens virtuais como pontos imaginários, deslocamentos virtuais e seus aparentados. De fato, na física, "virtual" significa possibilidade conceitual, enquanto oposta à possibilidade real (ou física). Essa distinção ocorre na própria formulação dos princípios do mais alto nível na física, ou seja, os variacionais. A forma de todos os princípios é "$\delta A = 0$", em que δ designa uma variação conceitual, como um deslocamento imaginário, e A nomeia uma propriedade física básica, tal como uma ação (ou energia vezes tempo). A fórmula enuncia que A é um extremo (máximo ou mínimo); ou, equivalentemente, que A é conservado sob as variações nas suas variáveis independentes (como as coordenadas e as velocidades); ou que a trajetória real da coisa de referência é aquela entre todas as trajetórias concebíveis, ao longo das quais A é um extremo, geralmente mínimo[19].

20 A. Meinong, The Theory of Objects, em R. Chisholm (ed.), *Realism and the Background of Phenomenology*, p. 76-117.
21 *Naming and Necessity*.
22 *Exploring Meinong's Jungle and Beyond*.
23 *Counterfactuals* e *On the Plurality of Worlds*.
24 Ver, e. g., S. Laurence; C. Macdonald, *Contemporary Readings in the Foundations of Metaphysics*; E. J. Lowe, *A Survey of Metaphysics*; M. J. Loux; D. W. Zimmerman, *The Oxford Handbook of Metaphysics*; J. Melia, *Modality*.

De que essa é a interpretação correta pode-se ver examinando o modo como δA é calculado. Com efeito, esse cálculo obedece a leis do cálculo de variações, um ramo da matemática pura em que nada jamais acontece. É interessante observar que a condição "δA = 0" implica as equações de movimento (ou as equações de campo), que descrevem as trajetórias reais (ou as propagações de campo). Isto é, um enunciado de probabilidade conceitual (embora seja um enunciado relativo à magnitude física) implica um enunciado de ocorrência efetiva.

Tudo isso é cardápio científico padrão, embora algo precipitado. O que dizer acerca de porcos voadores, de pessoas que se comunicam por telepatia ou de governo "do povo, pelo povo e para o povo"? Aqui é o ponto no qual os caminhos dos filósofos divergem. Pensadores orientados para a ciência encaram tais eventos como impossíveis, por violarem certas leis naturais ou sociais. Por contraste, os metafísicos modais, como Meinong[20], Kripke[21], Routley[22], David Lewis[23] e seus numerosos seguidores consideram-nos como possíveis e até necessários em mundos alternativos – de modo muito parecido à forma como os teólogos pretendem que a ventura, conquanto impossível neste mundo, será com certeza experimentada no próximo. A metafísica modal não é apenas uma extravagância ignorável; ele se tornou parte da corrente principal da filosofia[24]. Passamos os olhos por essa teoria no capítulo VIII, seção 9. Vamos agora examiná-la mais de perto.

Obviamente, a escolha entre as duas alternativas acima anotadas depende criticamente dos significados atribuídos às palavras "mundo", "possível" e "verdade". Em um amplo *construal* desses termos, as *possibilia* acima mencionadas são assim em algum sentido (lógica ou fisicamente) e em algum mundo ou outro, seja real ou imaginário. Por exemplo, na Cocagne, o país da abundância, todo mundo vive no luxo sem trabalhar. Certamente, isso é impossível no mundo real e, num sentido particular em que a expressão "possibilidade real" é empregada na ciência e na tecnologia, ou seja, como compatibilidade com as conhecidas leis da natureza. Mas toda a questão da filosofia especulativa é trabalhar com a exclusiva restrição da lógica.

Para marcar o contraste entre conceitual e possibilidade real, considere os modos como as hipóteses de existência são provadas (ou apenas confirmadas) e desaprovadas (ou apenas solapadas).

Na matemática, as provas de existência, se corretas, são definitivas. Assim, foi provado de uma vez por todas que não existe uma coisa como o maior número, e que há ínfinitos números primos. Por contraste, a existência real é comumente provada exibindo-se um espécime da entidade hipotetizada ou ao menos apresentando indicadores confiáveis dessas entidades – tais como as ondas cerebrais, no caso da atividade neural, e os fósseis, no caso de vertebrados extintos. Em algumas situações, uma teoria sugere a existência ou a não-existência de coisas reais ou eventos de certos tipos. Assim, o eletromagnetismo clássico sugeriu a existência de ondas eletromagnéticas muito antes de elas serem produzidas no laboratório; e, de acordo com a teoria da gravitação de Einstein, têm de existir ondas gravitacionais. A existência física pode ser sugerida pela teoria, mas só pode ser provada pelo experimento ou trabalho de campo.[25]

Caracteristicamente, os assim chamados metafísicos modais não estão interessados no mundo real que e os cientistas e tecnólogos estudam; o seu prazer é imaginar mundos onde quase nada é possível. Ainda assim, há um punhado de escolas diferentes, de metafísicos modais, algumas mais tolerantes do que outras, de imaginação desenfreada[25]. A ala radical dos metafísicos modais é constituída de pessoas que asseveram a existência real de múltiplos universos paralelos, inacessíveis de um para o outro. Paradoxalmente, eles se cognominam "realistas modais". De fato, são relativistas ontológicos e, como tais, irrealistas.

Por contraste, os pensadores da ala moderada contentam-se em afirmar que as "coisas poderiam ser diferentes em incontáveis modos", e eles as chamam, equivocadamente, de 'mundos possíveis'. Outros metafísicos, ainda, notadamente David Lewis, oscilam entre as duas alas. Assim, ele teria pretendido que um "mundo" no qual Hitler teria ganhado a guerra seria muito diferente do mundo que conhecemos hoje. Mas ele também escreveu acerca de um mundo "no" qual o calor é o extinto calórico mais do que o movimento molecular aleatório[26]. Um filósofo da exatidão veria o primeiro caso como um equívoco, ao passo que um cientista rejeitaria o segundo como extravagância ociosa.

Independentemente da ala a que pertençam, partem da semântica para a lógica modal proposta por Kripke há quatro décadas. A razão é que a única justificativa para falar de mundos possíveis

[25] Ver W. G. Lycan, Possible Worlds and Possibilia, em S. Laurence; C. Macdonald, op. cit., p. 83-95.

[26] D. Lewis, New Work for a Theory of Universals, em S. Laurence; C. Macdonald, op. cit., p. 163-197.

[27] Ver M. Bunge, *Treatise on Basic Philosophy*, v. 3.
[28] D. Lewis, *On the Plurality of Worlds*.
[29] *Nouveaux Essays*.

é a necessidade de equipar a lógica modal com uma semântica. Um filósofo realista teria pensado que a lógica modal não merece ser salva ao preço especulativo da adição de incontáveis e estéreis mundos quiméricos ao mundo real. Esse filósofo teria se perguntado por que alguém prantearia a perda de uma teoria que deixou de entregar as mercadorias que Clarence I. Lewis prometera há quase um século, ou seja, a elucidação simultânea das noções de possibilidade e de necessidade lógica, tanto *de re* e *de dicto*[27].

Em todo caso, a semântica modal propõe-se a explicar as modalidades de "possível" e "necessário", reduzindo-as aos conceitos de mundo, existência em um mundo e verdade. Assim, fica colocado que, para qualquer proposição p, "Possivelmente $p =_{df}$ significa que existe ao menos um mundo em que p é verdadeiro" e "Necessariamente $p =_{df}$ significa que p é verdadeiro em qualquer mundo". Assim, "todo mundo vive sem trabalhar" é considerado possível, porque alguém imaginou a Cocagne.

Uma formulação grosseiramente equivalente da mesma ideia é a teoria da contrapartida[28]. Ele declara que o indivíduo x tem possivelmente a propriedade P se e somente se x tiver uma "contrapartida" em um universo espaço-temporal isolado do nosso. Por exemplo, embora desconhecido para você, você pode ser um alquimista, se em um universo alternativo houver um indivíduo que se assemelhe muito de perto a você, exceto o fato de que ele se entrega à alquimia. Essas contrapartidas são reais, de acordo com alguns metafísicos modais, notadamente Lewis, ao passo que eles são abstratos ou "semiabstratos" de acordo com outros. (Confesso que a noção de semiabstração está acima de minha compreensão.)

A raiz histórica de todas essas elucidações está na importante e correta distinção de Leibniz[29] entre *vérités de raison* e *vérité de fait* e sua assertiva de que as primeiras, ao contrário das últimas, são verdades em todos os mundos possíveis. Essa famosa metáfora tem sentido literal na teodicéia de Leibniz. (Quando ponderava acerca da espécie de mundo que Ele deveria criar, Deus poderia escolher quaisquer leis da natureza que lhe aprouvessem, porém Ele não poderia ir contra a lógica; em particular, Ele não poderia contradizer a Si próprio sem correr o risco de incorrer no desdém de Leibniz.) Essa metáfora é pedagogicamente efetiva. Porém, se tomada literalmente, a elucidação dos mundos possíveis das modalidades fica aberta às seguintes objeções técnicas.

Para começar, essa explicação alegadamente sofisticada de modalidade é, de fato, grosseira, por não estar relacionada aos conceitos de possibilidade real (nômica) e necessidade utilizados na ciência, da física à genética de populações e à sociologia das redes. Em particular, o *construal* acima não estabelece contato com os conceitos científicos de disposição (tal como a solubilidade) e chance. Pior ainda, nenhum dos três *definientia* – os conceitos de mundo, existência e verdade – é mais claro do que o *definienda* correspondente. É uma explicação *obscurum per obscurius* tal como seria definir o número 1 como 0⁰ ou como a raiz quadrada da unidade imaginária.

É também objetável tornar a possibilidade de nosso mundo dependente da efetividade em um mundo paralelo. A razão é que, sendo o mundo fantástico inacessível a partir do nosso, ele não pode ser inspecionado, a fim de se aferir se, de fato, ele contém as desejadas "contrapartes". Portanto, nunca poderíamos afirmar se um indivíduo real tem ou não a possibilidade de uma dada propriedade. Assim, para determinar se em nosso mundo a substância X é solúvel em um líquido Y, o teórico da contrapartida não necessita efetuar quaisquer cálculos ou experimentos; tudo que ele precisa é imaginar um mundo em que Y efetivamente dissolve X. A teoria da contrapartida evoca a doutrina da predestinação: minha sorte neste mundo já está especificada no Registro Celestial conservado no Grande Além[30].

Aceito que os conceitos filosóficos básicos em questão – os de mundo, existência e verdade – são altamente problemáticos. Com efeito, cada um desses mundos, na realidade, designa todo um punhado de conceitos. Em especial, há "mundos" imaginários como os de Lewis Carroll, de Jorge Luis Borges e Isaac Asimov, bem como os da matemática, além dos "mundos" reais dos negócios e dos esportes. Consequentemente, há pelo menos dois tipos muito diferentes de existência, ou seja, material e conceitual (retome o capítulo I). Por conseguinte, há ao menos dois tipos de verdades, factual e formal – além da artística e moral. Os metafísicos modais omitem ou negam todas essas enormes diferenças.

Ademais, em quase todos os campos do conhecimento e da ação, a verdade vem gradualmente. De fato, em todos os caminhos da vida encontramos e usamos muito mais quase-verdades e quase-falsidades, mais do que verdades plenas e falsidades totais,

[30] Mais em T. Merricks, The End of Counterpart Theory, *Journal of Philosophy*, n. 100, p. 521-549.

respectivamente. Por exemplo, até as mensurações mais precisas são afetadas por erros ou discrepâncias da verdade; e mesmo as melhores teorias são aproximadamente verdades. O que obtemos, então, quando substituímos "aproximadamente verdade" ou "meia-verdade" por "verdade" nas definições acima de modalidades: meia-possibilidade e meia-necessidade ou então meios-mundos? O metafísico modal não suscita tais questões: ele se contenta com as grosseiras noções de verdade, mundo e existência. Aceito que essa imprecisão, inerente ao conhecimento comum e à linguagem cotidiana, é uma raiz dos vários sistemas de metafísica modal. Mais a esse respeito no que se segue.

5. a metafísica dos multimundos é inexata

A melhor maneira de verificar as pressuposições e as assunções básicas de qualquer teoria é organizá-la axiomaticamente, isto é, forçá-la a assumir o formato axioma-definição-teorema. Visto que a metafísica modal é inexata, sua axiomatização deveria ajudar a detectar com precisão as raízes de seus problemas. Vou, portanto, axiomatizar um fragmento da teoria de David Lewis, que é, hoje em dia, a mais amplamente discutida de todas as metafísicas modais.

Para começar, as noções primitivas (não definidas) dessa teoria sãos as de mundo e verdade, ambas efetivamente problemáticas. A lógica subjacente é a lógica modal. (Mas não nos é dito qual dos 256 possíveis sistemas de lógica modal.) A primeira assunção específica é a seguinte:

Axioma 9.1: Ser é ser um valor de uma variável limitada. (Equivalentemente: Existência = $\exists$)

Observação 1: Esta é, por certo, a famosa fórmula de Quine – uma peça típica de panlogismo, embora Quine se julgasse ele próprio um fisicalista (ou nominalista, ou materialista vulgar).

Observação 2: Embora, à primeira vista, o acima exposto seja uma convenção, ele é, na realidade, uma assunção, pois iguala dois modos radicalmente diferentes de existência, ou seja, o lógico e o físico, ou conceitual e material, ou abstrato e concreto respectivamente. De fato, o Axioma 9.1 implica informalmente o

Corolário 9.1: Não há diferença entre a existência real (ou material) e a existência lógica (ou imaginária). (Equivalentemente: o que quer que seja concebível existe *simpliciter* e inversamente.)

Corolário 9.2: Não há diferença entre fatos e proposições.

Essa identidade é, sem dúvida, sugerida pela linguagem comum, do sânscrito ao inglês, em que raras vezes a gente distingue entre "Isso aconteceu" (ou "Isso é um fato") e "A proposição de que isso aconteceu é verdadeira". Mas, por certo, a diferença entre fatos e proposições é básica em qualquer ontologia e epistemologia que se respeite a si própria. Nominalistas refinados, como Ockham, admitiam a diferença, uma vez que eles localizavam todas as ficções na mente.

Axioma 9.2: Há unicamente um conceito de possibilidade, e ele é exaustivamente elucidado por qualquer dos sistemas da lógica modal.

Corolário 9.3: Não há diferença entre possibilidade real e lógica. (Equivalentemente, o que quer que seja realmente possível é logicamente possível e inversamente.)

Corolário 9.4: O que quer que possa (concebivelmente) acontecer, acontece ao menos em um dos mundos possíveis.

Definição 9.1: O mundo possível é similar, em espécie, ao nosso.

Observação: Lewis nos pede para admitir que "sabemos que tipo de coisa nosso mundo efetivo (real) é", e prossegue para "explicar que outros mundos são mais coisas *desta* espécie, diferindo não em espécie, apenas no que se passa neles"[31]. Este é um protótipo de filosofia inexata e, como tal, convida a múltiplas "interpretações" arbitrárias.

Definição 9.2: O objeto x é real = Há ao menos um mundo que contém x.

Definição 9.3: Dois indivíduos são mundiparceiros, se e somente se estiverem relacionados espaço-temporalmente.

Definição 9.4: O mundo real é um dos meus mundiparceiros.

Teorema 9.1: Há infinitamente numerosos mundos possíveis.

Teorema 9.2: "O nosso mundo real é apenas um mundo entre outros"[32].

Prova: Pelo Axioma 9.1 e pela Definição 9.2, nem os possíveis mundos, nem seus constituintes estão sujeitos a quaisquer coerções, em particular leis.

[31] D. Lewis, Causation, *Journal of Philosophy*, n. 70, p. 85.
[32] Idem, ibidem.

Isso completa a minha construção do minissistema axiomático que encapsula a metafísica de Lewis. Existem duas maneiras de julgar essa teoria ou qualquer outra no que diz respeito a esse assunto. Uma delas é examinar os axiomas e as próprias definições; a outra é avaliar suas consequências lógicas. Se se verificar que a primeira ou a segunda são ou intestáveis ou falsas, então o sistema como um todo será inadmissível em uma ontologia orientada para a ciência.

Pareceria que o julgamento menos danoso sobre a metafísica de Lewis seria que ela não ajuda a explorar o mundo efetivo, porque ela nem sequer afirma quaisquer falsidades interessantes a respeito do referido mundo. A próxima avaliação negativa é que, pelo fato de o sistema nada dizer de específico acerca do mundo real, nenhuma evidência empírica pode ser aduzida a seu favor ou contra ela. De fato, o sistema de Lewis é pior do que ser trivialmente verdadeiro ou obviamente falso: ele é visceralmente irrelevante, porque é essencialmente vago. Para substanciar essa acusação, examinemos a reconstrução axiomática feita acima.

Para começar, o Axioma 9.1 é inadmissível em qualquer domínio, porque mistura dois modos radicalmente diferentes de ser: o lógico (ou conceitual) e o real (ou material). Mais precisamente, ele assevera que a existência material (ou real) é redutível à existência conceitual, que, por sua vez, é igual à "algumidade" (*someness*). Semelhante mescla é justificável unicamente em um sistema de idealismo objetivo, como o de Platão, Hegel ou Frege. Mas é insustentável em outra parte. Na lógica e na matemática, algo existe se for bem definido, quer explícita ou tacitamente. Por exemplo, uma equação define implicitamente números ou funções que a satisfazem; e um sistema consistente de postulados define tacitamente o(s) objeto(s) que descreve. Por contraste, a fim de provar a existência real de uma partícula ou campo hipotéticos, é preciso que estejam interagindo com alguma observação ou instrumento de medida: temos de mostrar que ele possui energia de alguma espécie. (Reveja capítulo I, seção 7.)

Por essas razões, dever-se-ia ler o quantificador "existencial" como "para alguns", mais do que "existe". (Recorde capítulo VIII, seção 4). Existência própria, a mais importante de todas as propriedades, não deve ser formalizada como um quantificador, porém como um predicado. Há uma boa razão para isso, ou seja, que a existência é a mais importante propriedade que algo pode ter. Se estiver em dúvida, pergunte a Hamlet.

Considere o intrigante enunciado, embora famoso, de Meinong: "Há objetos para os quais é verdade que tais objetos não existem"[33]. De acordo com van Inwagen[34], o que Meinong parece ter tido em mente é elucidar o segundo "existem" como um "quantificador" existencial, como o seguinte: $\text{E}xFx =_{df} \exists x$ (x tem ser & Fx). Lamentavelmente, Meinong deixou "tem ser" indefinido e van Inwagen não preencheu essa lacuna. Aceito que o conceito necessário para dissolver o paradoxo de Meinong é o do predicado existencial[35], explanado no capítulo I. Isto é, o problema é solúvel substituindo-se a primeira ocorrência de "existe" por "algo", e a segunda por "existe no mundo" (ou seus equivalentes "é material", "é mutável" ou "tem energia"). O resultado é "Alguns indivíduos não existem realmente" ou ($\exists x)\neg E_R x$, em que E_R é lido como "existe em R", sendo R o nome de uma coleção ("mundo") de objetos objetivamente reais (materiais).

O Axioma 9.2, acerca da possibilidade, é igualmente insustentável. Primeiro, falando estritamente, ele é falso, porque a lógica modal não envolve um único conceito de possibilidade, visto que há 256 sistemas possíveis de lógica modal. (Seria uma longa e enfadonha tarefa, pouco gratificante, descobrir o sentido ou o conteúdo comum a todas essas diferentes noções de possibilidade.) Segundo, todo mundo sabe que nem tudo que é pensável é realmente possível; e, como os historiadores da ciência e da tecnologia sabem, admitimos hoje muitas entidades e eventos que eram antes consideradas como impossíveis ou nem sequer eram pensáveis. Terceiro, e mais importante, a lógica modal não pode lidar com o conceito de possibilidade real (ou física), que os cientistas caracterizam como compatibilidade com as leis naturais ou as normas sociais, porque essa teoria não contém a noção de uma lei objetiva ou padrão. Se não por outro motivo, mas apenas por essa razão, as lógicas modais são visceralmente irrelevantes para a ciência. Daí por que não são nunca usadas na ciência, ao passo que o conceito exato de probabilidade é ubíquo.

O Corolário 9.4 reza que a diferença entre possibilidade e atualidade é relativa-ao-mundo. Esse resultado é mais do que intrigante: ele derrota a si próprio, pois mostra que o "possível"

---

[33] The Theory of Objects, op. cit.

[34] Existence, Ontological Commitment, and Fictional entities, em J. M. Loux; D. W. Zimmerman (eds.), op. cit., p. 141.

[35] M.Bunge, *Treatise on Basic Philosophy*, v. 3, p. 155-156.

na "metafísica dos mundos possíveis" é basicamente indistinguível do termo "efetivo".

Quanto à Definição 9.1 de um mundo possível, ela é pateticamente imprecisa, porque não especifica nem a natureza, nem as interrelações das entidades que talvez a habitem. Em particular, nem os mundos lewisianos, nem seus moradores são coagidos por quaisquer leis. Por exemplo, eles poderiam conter máquinas de movimento perpétuo do primeiro e segundo tipos, violando as duas primeiras leis da termodinâmica respectivamente. Isso coloca as metafísicas modais na mesma prateleira da literatura fantástica, do pensamento da Nova Era e da teologia.

De acordo com a Definição 9.2, a realidade seria relativa-ao--mundo. Isso não é assim na ciência, na qual apenas objetos concretos podem ser chamados de reais, e a realidade é absoluta, muito embora algumas propriedades e mudanças desta sejam dependentes do sistema de referência. Por exemplo, uma onda de luz emitida por um átomo é absolutamente real, conquanto o valor de seu comprimento de onda seja relativo ao sistema de referência: ele é dependente-da-velocidade (efeito Doppler). Além disso, há, às vezes, más combinações entre a realidade e suas percepções. Por exemplo, quando um ponto dado é estimulado em dois pontos adjacentes, isso é sentido como um único estímulo no meio. E quando um e mesmo evento político, tal como passar uma lei ou uma mudança de governo, será provavelmente "percebido" (avaliado) de maneira diferente por membros de diferentes partidos, porém o próprio evento é único. Em ambos os casos, embora o mundo seja um, ele será provavelmente "percebido" de modo algo diverso por diferentes sujeitos.

A Definição 9.3 é razoável, porém, pela mesma razão, ela não executa nenhum trabalho em um sistema destinado a levar em conta qualquer "mundo" antigo. É como decretar que dragões não serão tributados.

A Definição 9.4 do "mundo efetivo" sugere que a existência deste último depende de minha própria existência. Não fica claro se este é um caso de idealismo subjetivo *à la* Fichte ou Husserl ou, pelo menos, do operacionismo. Em todo caso, essa definição é inútil na ciência e na tecnologia.

Finalmente, o Teorema 9.1 incita duas observações. A primeira não deixa claro se o infinito em questão é real ou potencial:

CONCEITO-CHAVE	METAFÍSICA MODAL	ONTOLOGIA CIENTÍFICA
Mundo	Qualquer coleção antiga	Sistema de coisas ou construtos
Possibilidade	Conceito único: lógico	Dois conceitos: conceitual e real
Real	Pensável	Material = Mutável
Existência	Conceito único: ∃	Dois conceitos: material e conceitual
Verdade	Conceito único: vulgar	Pelo menos dois conceitos: factual e formal
Valores-verdade	o e 1	Todos os valores no intervalo real [o, 1]

◀ TABELA 9.1
Contraste entre a metafísica fantástica de Lewis e a metafísica científica

isto é, se os infinitamente numerosos mundos já se encontram "lá" (onde?) ou estão em formação (por qual mecanismo?), ou, então, se são apenas concebíveis (por quem?). A segunda afirma que o teorema é trivial, visto que onde "qualquer coisa serve", não há limite para o tipo ou número de mundos. De fato, o Teorema é tão trivial que é possível programar um computador que esboçará uma infinidade potencial de "mundos", que consiste de apenas dois pontos materiais a mover-se dentro de uma caixa, partindo com diferentes posições e velocidades.

Pode-se admitir que a construção racional proposta de um fragmento da metafísica modal de David Lewis provavelmente não há de satisfazer nenhum de seus admiradores, porque a minha prosa é bem menos elegante, mesmo se mais precisa do que a de Lewis. Espero, porém, que ela realize o que eu pretendia, ou seja, exibir suas raízes e o que há de podre no pesadelo metafísico sonhado por Lewis. A Tabela 9.1 sumaria as principais diferenças entre a metafísica de Lewis e a minha própria[36].

Essa tabela sugere que a metafísica modal está atolada em confusão, assim como está visceralmente em desacordo com a ciência. Ela redunda em uma ontologia *folk* mais lógica modal. O próprio Lewis[37] estipulou que a tarefa do filósofo é sistematizar suas opiniões pré-filosóficas (isto é, acríticas, não-científicas). Ainda assim, o metafísico modal pretenderá que sua teoria tem aplicação prática: ela permitiria dar sentido aos contrafactuais, que, por seu turno, poderiam ser usados para elucidar as noções-chave de causação e lei. Examinemos tais pretensões.

[36] M. Bunge, *Treatise on Basic Philosophy*, v. 3 e 4; *Four Concepts of Probability*, *Applied Mathematical Modelling*, n. 5, p. 306-312.
[37] Causation, *Journal of Philosophy*, n. 70, p. 88.

6. os contrafactuais

38 S. McCall, *A Model of the Universe*, p. 170.

Um contrafactual é uma sentença da forma "Se A fosse o caso, então B ocorreria". (Lembre-se do cap. VIII, seção 9.) Exemplo: "Se os porcos pudessem voar, nós poderíamos comer presunto magro". Fica tacitamente entendido que o antecedente desse condicional subjuntivo é falso. Todo mundo faz declarações contrafactuais, a saber, ao projetar planos, ao expressar pesares ou ao atribuir culpas, como em "Se você tivesse chegado a tempo, o acidente não teria acontecido". Mas somente alguns filósofos acreditam que os contrafactuais podem ser verdadeiros. E uns poucos dentre eles, começando com Chisholm e Goodman, procuraram as condições-verdade para contrafactuais. Ainda assim, as várias tentativas para solucionar esse problema se depararam com dificuldades insuperáveis, até ser anunciado que a solução fora encontrada.

Como McCall escreveu: "Durante anos, aqueles que estudavam os contrafactuais erravam no deserto até que, por fim, Stalnaker e Lewis nos mostraram a terra prometida. Era a terra da semântica dos mundos possíveis"[38]. A solução alegada condensa-se, no caso dos porcos voadores, no seguinte: se você deseja um presunto mais magro, viaje para o país dos porcos voadores. Lá, "nesse" país imaginário ou mundo, o condicional indicativo "Se os porcos voam, então os seus presuntos serão magros" é verdadeiro, porque, por estipulação, "lá" é onde os porcos voam.

Aceito que a solução mundo-possível ao problema do valor verdade dos contrafactuais não é apenas o de custo-ineficiente, mas repousa também no pressuposto de que tais sentenças podem ter um valor-verdade. Essa assunção é dúbia por várias razões. A primeira é que os contrafactuais são sentenças que não designam proposições sem ulteriores dificuldades. Nesse sentido, os contrafactuais estão na mesma liga que os desejos, as interrogações e os imperativos. Uma segunda razão pela qual os contrafactuais não são nem verdadeiros, nem falsos é que nenhum *datum* poderia servir para confirmar ou minar um contrafactual, visto que ele deixa de se referir a fatos reais. Uma terceira razão é que contrafactuais, ao contrário de condicionais comuns, nada implicam. Por exemplo, "Se porcos voassem, eles seriam magros", essa sentença como a conjunção das seguintes duas

334

sentenças indicativas: "Se porcos voam, então eles são magros" e "Porcos não voam". Mas o raciocínio válido para exatamente aqui, pois nada segue dessas premissas.

Ainda assim, pode-se aprender algo da análise dos contrafactuais pelo modo que acabamos de indicar, que levo à frente a fim de torná-la mais explícita[39]. Nos é dada a *expressão retórica*

> Se A fosse o caso, então B seria o caso. (1)

e traduza-a na *proposição*

> Se A, então B. & Não-A. (2)

Em seguida, checamos se a condicional em (2) é plausível ou não. Se a condicional for uma lei, uma norma, uma tendência robusta ou for compatível com qualquer delas, pode-se dizer que é *nômica*, do contrário *anômica*.

Um contrafactual nômico sugere apenas um não-fato, enquanto um anômico sugere a violação de uma lei, norma ou tendência – isto é, quer um milagre, quer a não-ocorrência de uma condição necessária para a validade da lei. Por esse motivo, pode-se considerar que os contrafactuais nômicos são *racionais* (embora não verdadeiros) e os anômicos são *não-racionais* (embora não falsos). Um contrafactual nômico pode ser dócil, submisso a ponto de ser ridículo; ou pode ter algum poder heurístico, como quando a assunção de que um evento realmente não ocorreu mostra quão importante ou então não importante ele era.

Um exemplo antigo dessa última observação é a avaliação que Heródoto faz da contribuição ateniense para rechaçar a invasão persa: o que sucederia se a frota ateniense não estivesse pronta? Weber[40] também utilizou contrafactuais para avaliar a importância de certos eventos. Um exemplo mais recente é a pesquisa de Robert Fogel sobre o papel das ferrovias na economia americana na época de ouro: o que teria acontecido sem elas? Sua interessante conclusão é que a economia americana teria atingido, *grosso modo*, o mesmo nível presente por meio do uso exclusivo de canais e estradas de rodagem[41]. Mas não há meio, por certo, de saber com segurança.

Embora não-racionais, alguns contrafactuais anômicos podem levar a descobertas. Por exemplo, "Se a segunda lei da termodinâmica não valesse, a vida poderia ter surgido espontaneamente" sugere remover a condição de sistema fechado. De fato, a mencionada lei não vale para sistemas abertos que, por

---

[39] M. Bunge, Problems and Games in the Current Philosophy of Science, *Proceedings of the XIV International Congress of Philosophy*, n. 1, p. 566-574.

[40] Kritische Studien auf dem Gebiet der Kulfurwissenschatlichen Logik, *Gesammelte Aufsätze zur Wissenschaftslehre*, p. 215-290.

[41] R. W. Fogel, *Railroads and America Economic Growth*.

42 Ver, e. g., J. Collins et al., *Causation and Counterfactuals.*

43 Scientific Metaphysics, *Collected Papers,* v. 6.

certo, são bem mais permissivos do que os sistemas fechados e, assim, mais propícios à novidade. Algo similar vale para as normas sociais, tais como as restrições legais. Por exemplo, "Não fosse por causa de tais normas, poderíamos apossar-nos desse pedaço de propriedade" sugere ou mudar a lei, ou violá-la. Em resumo, enquanto alguns contrafactuais são dóceis, outros são subversivos. (No entanto, ironicamente, os metafísicos dos multimundos dificilmente estariam interessados em mundos sociais alternativos: eles são politicamente assépticos.) E outros ainda, aqueles contrafactuais que envolvem mundos impossíveis, são jogos ociosos de salão.

Lamentavelmente, a distinção acima é perdida nos filósofos de multimundos que tentaram analisar a causação em termos contrafactuais[42]. Essa estratégia é compreensível em uma perspectiva subjetivista, porém errônea em uma realista, em que um elo causal constitui uma transferência objetiva de energia (relembre o cap. IV, seção 1). Daí por que cientistas e tecnólogos usam contrafactuais somente como dispositivos heurísticos, críticos ou retóricos, como quando um político declara que todo mundo estaria melhor se o imposto de renda fosse cortado ou aumentado. Nesses casos, assume-se uma análise causal (em geral, não lógica), de contrafactuais mais do que uma análise contrafactual das relações causais (em geral, não-lógicas). Proceder na maneira reversa é como pôr a carroça adiante dos bois. Voltaremos a esse tema na seção 7.

Em suma, os contrafactuais não são nem verdadeiros, nem falsos, visto que não podem ser submetidos à prova. Entretanto, algumas *questões* contrafactuais, como as envolvidas nos experimentos mentais, possuem poder heurístico. Porém, como esse poder depende da verdade dos enunciados-de-lei pertinentes, das normas ou das tendências, os contrafactuais não podem elucidar e, muito menos, validar hipóteses científicas. Esses pertencem ou à armação heurística em andaimes ou ao empacotamento retórico; razão pela qual o lugar deles, conquanto modesto, situa-se na epistemologia e não na ontologia. A ontologia séria lida unicamente com o mundo real, e assim o faz à luz das ciências desse mundo. Em outras palavras, a metafísica séria, em contraste à sua contraparte especulativa, é científica, ao modo como Peirce[43] a encarou.

7. disposição

Embora a fragilidade seja uma propriedade disposicional, ser quebrado é uma propriedade manifesta. Lojas de cristal não existiriam se não houvesse diferença entre propriedades disposicionais e não-disposicionais. Em geral, as feições das coisas concretas e seus predicados correspondentes têm tradicionalmente sido divididos em manifestos (tais como massa, idade e população) e disposicionais (tais como solubilidade, sociabilidade e capacidade de carga). Pode-se dizer que a propriedade de uma coisa é real ou manifesta, se a coisa a possui, e potencial ou disposicional, se ela emerge sob circunstâncias adequadas. A Tabela 9.2 apresenta uma amostra de propriedades familiares de ambas as espécies.

As disposições têm trazido à tona quebra-cabeças e asneiras filosóficas por mais de dois milênios. Por exemplo, Aristóteles e seus seguidores gostavam das disposições (ou "poderes") porque são centrais para a explicação simplista que davam à mudança como a transição da potência ao ato – como quando Michelangelo pretendeu ver formas ocultas em um bloco de mármore e extraí-las. Por contraste, os empiristas desconfiam das disposições porque elas são inobserváveis. De fato, pode-se observar a mudança e não a mutabilidade; a inclinação e não a elasticidade ou a plasticidade; a fala e não a habilidade linguística; as criações e não a criatividade; a morte e não a mortalidade; a produção e não a produtividade; a boa ação e não a boa vontade. De acordo com o empirismo, a fragilidade não é uma propriedade efetiva de uma vidraça, mas apenas um construto: dizemos que uma vidraça é frágil somente porque, se ela *fosse* atingida ou a *deixassem* cair, ela *ficaria* provavelmente despedaçada. Voltaremos a essa intrusão do perturbador condicional subjuntivo, que deparamos pela primeira vez na seção anterior.

Os cientistas consideram como certa a distinção manifesto/disposicional e tentaram relacionar as disposições umas com as outras, bem como as propriedades manifestas. Por exemplo, a fragilidade do vidro é explicada em termos do aumento das tensões internas; a solubilidade do sal de mesa é explicada pelo agudo enfraquecimento das ligações iônicas devido à elevada característica dielétrica da água, enquanto o açúcar se dissolve ligando-se com a água; a predisposição para a diabete e outras

TABELA 9.2 ►	MANIFESTA OU EFETIVA	DISPOSICIONAL OU POTENCIAL
Uma amostra de propriedades manifestas e disposicionais	Efetividade	Possibilidade real
	Frequência relativa	Probabilidade
	Massa	Peso
	Energia cinética	Energia potencial
	Refração	Refratividade
	Decaimento radiativo	Probabilidade de decaimento radiativo
	Doença	Predisposição para uma doença
	Performance	Competência (habilidade)
	Output intelectual	Inteligência
	Eleição	Eligibilidade
	Ação	Factibilidade
	Produção	Produtividade
	Boa ação	Boa vontade
	Divisão social	Mobilidade social
	Poupança	Propensão para a poupança
	Teste	Testabilidade
	Verdade	Plausibilidade, verossimilitude

doenças genéticas é explicada pela ocorrência de certos genes; a sociabilidade é explicada em termos da inabilidade de indivíduos para cuidar de si próprios; a controvérsia natureza/nutrição é resolvida pela formulação de que nascemos aptos e não acabados: nossas disposições intelectuais podem ou não ser efetivadas, dependendo das circunstâncias; a instabilidade política é explicada em termos de conflitos de interesse entre diferentes grupos – e assim por diante.

Considere, por exemplo, o desvio de um feixe de luz quando ele se choca contra um meio transparente como a água ou o quartzo. A refratividade de um corpo transparente é colocada no mesmo pé que sua massa e forma, muito embora isso se torne manifesto apenas quando a luz incide sobre esse meio transparente. A refração real, um processo, é descrita pela óptica, em particular pela lei Snell-Descartes. Essa lei relaciona o índice de refração n, uma propriedade disposicional de todo meio transparente, aos ângulos de incidência i e de refração r: "$n = sen\ i\ /\ sen\ r$". A óptica elementar trata o índice de refração n em termos da permissividade elétrica ε e da permeabilidade magnética μ do meio transparente:

a fórmula "$n^2 = \varepsilon\mu$" relaciona todas as três propriedades disposicionais em questão. (A permissividade elétrica é a propensão de um corpo para formar dipolos elétricos sob a ação de um campo elétrico. A permeabilidade magnética é paralela.) A explanação quanto-teórica da refração, embora ainda eletrodinâmica, é bem mais pormenorizada e acurada porque envolve a interação entre os fótons que entram e os elétrons que ficam fora nos átomos do cristal.

(Incidentalmente, cristais mais transparentes, incluindo o gelo, o quartzo e a calcita exibem birrefratibilidade. Isto é, um feixe de luz incidente sobre semelhante cristal divide-se em dois, de modo que o cristal tem dois índices de refração – duas disposições. Efetivamente, disposições múltiplas ocorrem em muitos campos. Por exemplo, o sexo das tartarugas do mar é determinado pela temperatura do ar. E cada um de nós assume personalidades diferentes e desempenha papéis diferentes em circunstâncias diferentes.)

É interessante observar que uma disposição em nível individual pode apresentar-se como uma propriedade manifesta de um agregado. Por exemplo, a probabilidade de um decaimento radioativo é uma propriedade de átomos individuais (ou melhor, de seus núcleos), enquanto o valor médio de uma meia-vida, como qualquer média, é uma propriedade manifesta de uma ampla coleção de átomos radioativos de uma mesma espécie. Igualmente, a predisposição genética para a longevidade é uma propriedade de organismos individuais, ao passo que a longevidade média (ou expectativa de vida ao nascimento) é uma propriedade estatística ou coletiva. Em geral, probabilidades reais são propriedades disposicionais de indivíduos, enquanto os parâmetros estatísticos como a média, a mediana, a variância e o desvio são propriedades manifestas de coleções.

Examinemos agora as explicações de disposicionais propostas por alguns filósofos influentes. Tome, por exemplo, o monóxido de carbono, ou co, bem conhecido por sua toxicidade. Um empirista ingênuo dirá provavelmente que co é tóxico como incontáveis fatalidades demonstram. Mas isso, por certo, apenas confirma a assertiva de que co é tóxico. De outro lado, um empirista sofisticado, particularmente se influenciado pela recente literatura acerca dos contrafactuais, poderia dizer que o co é tóxico porque, se *fosse* inalado, *iria* envenenar. Mais uma vez, isso importa em recorrer à experiência sem explicar coisa alguma. Um toxicólogo dirá algo diferente, ou seja, que o co é tóxico porque, quando inalado, ele se combina com a hemoglobina com uma ligação que é cerca de 200 vezes mais forte do que com o oxigênio, e evita, assim, o transporte do oxigênio para o cérebro e outros órgãos, que morrem em consequência.

Em geral, pode-se dizer que uma disposição ou uma propriedade disposicional é uma propriedade efetivamente possuída por uma coisa que, em condições ambientais apropriadas, gera outra propriedade. Comumente, a última propriedade é manifesta ou ostensiva, ao passo que a anterior não é. A forma lógica da análise científica de uma propriedade disposicional D é a seguinte:

A coisa x possui a propriedade disposicional $D =_{df} x$ que tem a propriedade efetiva A & Se a coisa x interage com outra coisa y, então x adquire a propriedade relacional P. Podemos reescrever essa frase do seguinte modo:

Definição 9.5: $\forall x[Dx =_{df} Ax \,\&\, \exists y \,\exists P \,(y \neq x \,\&\, y$ é uma coisa & P é uma propriedade & $Ixy \,\&\, Pxy)]$.

Essa análise mostra que uma disposição, potencialidade ou propensão é redutível a duas propriedades efetivas, uma (A) intrínseca e a outra (P) relacional, a primeira representada por um predicado unário e a última, por um predicado binário. Nenhuma referência a mundos paralelos é feita: como de costume na ciência e na tecnologia, é dado como certo que se está lidando com o único mundo que existe. Entretanto, a potencialidade ou a possibilidade não foram eliminadas em favor da efetividade, como seria se tivéssemos erradamente igualado D com A. A possibilidade foi apenas deslocada da coisa em apreço para a coisa-em-seu-meio. Por exemplo, o açúcar é solúvel na água se e somente se a água dissolver o açúcar. (Mais profundamente: a dissolução acontece porque o açúcar liga-se com a água – um caso bem claro de interação.) Igualmente, líderes ou partidos políticos democráticos são poderosos se puderem mobilizar um amplo setor da população – o que importa dizer que um amplo setor da população se agrupará em torno deles. (Mais a fundo: políticos democráticos estarão em condições de influenciar a opinião pública, na medida em que forem percebidos, correta ou equivocadamente, como defensores dos interesses de um grande setor da população.) Ademais, as disposições são consideradas como tão reais quanto as propriedades manifestas. Consequentemente, nada precisa ser dito acerca de mundos fantásticos.

A análise precedente aplica-se a disposições que podem ser denominadas *condicionais*, porque elas se efetivam unicamente sob circunstâncias adequadas. A teoria quântica introduz disposições *incondicionais* que se atualizam independentemente das condições ambientais. Assim, a probabilidade de que um átomo excitado, um núcleo atômico ou uma molécula venham a decair espontaneamente (sem qualquer estímulo externo) dentro da próxima unidade de tempo, é uma propriedade incondicional da coisa em questão no estado dado. As disposições quânticas condicionais são similares às clássicas, na medida em que se efetivam quando surgem condições ambientais adequadas. Porém, elas são não-clássicas, na medida em que envolvem valores vagos (ou distribuídos), bem como valores precisos das variáveis dinâmicas, tais como momento e energia. Einstein acreditava que essa feição dos *quantons*, ou seja, que suas propriedades dinâmicas só excepcionalmente possuem valores exatos, contradizia o realismo. Isso não é assim, porque o realismo não está comprometido com nenhuma feição particular das coisas, exceto com sua existência. Se certas propriedades físicas são manifestas ou disposicionais, exatas ou grosseiras, e assim por diante, cabe à ciência, e não à filosofia, determinar[44].

Lancemos um olhar mais de perto sobre essa questão. Comumente, um *quanton* ou um objeto quanto-mecânico está em uma superposição (soma) de dois ou mais (talvez infinitamente numerosos) estados correspondentes a valores ou autovalores exatos de energia. O mesmo vale para outras variáveis dinâmicas. Cada um dos valores exatos tem certo peso ou probabilidade. A interação com o ambiente (e.g., um dispositivo de medida) destruirá a superposição ou coerência: somente um dos possíveis valores exatos será efetivado. Em outras palavras, o *quanton* tem uma disposição condicional para adquirir um valor definido da energia, e o mesmo vale, em muitos aspectos, para as remanescentes variáveis dinâmicas, tais como o momento e o *spin*. Os teóricos quânticos sabem como calcular as probabilidades em questão, mas apenas uns poucos admitem que ainda não conhecemos os pormenores do mecanismo do chamado "colapso" ou projeção da função de estado[45].

Tudo isso no que concerne ao conceito de uma disposição. Espreitemos agora como os cientistas aferem propriedades

44 Mais a respeito em M. Bunge, The Einstein-Bohr Debate over Quantum Mechanics, *Lecture Notes in Physics*, n. 100, p. 204-219; e *Treatise on Basic Philosophy*, v. 7.

45 Idem, Twenty-five Centuries of Quantum Physics, *Science & Education*, n. 12, p. 445-466; Quantons are Quaint but Basic and Real, and the Quantum Theory Explains much but not Everything, *Science & Education*, n. 12, p. 587-597.

46 *The Logic of Modern Physics.*

47 *Testability and Meaning, Philosophy of Science,* n. 3, p. 419-471; n. 4, p. 1-40.

disposicionais – sob a assunção não empirista de que a significação precede o teste, e não o contrário. Para testar uma disposição, como a refratividade, necessitamos relacioná-la a uma propriedade manifesta, como a refração real. Mas nem toda propriedade manifesta servirá porque, embora algumas poucas propriedades manifestas sejam diretamente observáveis, a maioria delas não o é. (Por exemplo, a massa atômica, o metabolismo basal, a coesão familiar e o *output* econômico não são diretamente observáveis.) Em cada caso, devemos procurar uma propriedade observável adequada que possa ser confiavelmente tomada (ou indicada) como procurador da disposição correspondente. Isto é, necessitamos inventar e confirmar, no mínimo, uma hipótese indicadora da forma: $D = f(M)$, em que M é uma propriedade manifesta observável. No caso da refratividade, semelhante hipótese indicadora é a lei de Snell-Descartes mencionada há pouco. Em geral, usa-se o seguinte:

Critério 9.1: Uma coisa possui uma propriedade, manifesta ou disposicional, se a coisa dada ou uma coisa diferente conectada com ela apresenta uma propriedade observada relacionada à anterior por meio de uma lei.

Note a diferença entre a Definição 9.5 de uma disposição e o Critério 9.1, que coloca em paralelo as diferenças entre o teste de existência e a metodologia ontológica. Enquanto a definição nos diz algo acerca do objeto de interesse, o critério nos informa como aferir se o objeto de interesse possui efetivamente a propriedade elucidada pela definição. Por exemplo, a capacidade do papel de tornassol mudar de cor quando imerso em uma solução ácida pode ser usada para dizer se um líquido é ácido; e a constante dielétrica da medula é empregada para diagnosticar a leucemia (porque o valor dessa disposição dobra nos pacientes com leucemia).

A distinção entre definição e critério é tipicamente apagada pelo empirismo, em particular pelo operacionismo (ou operacionalismo), como foi descrito pela primeira vez por Bridgman[46]. O cerne dessa doutrina é a tese que lembra Berkeley: ser é ser mensurado. Um exemplo é a clássica explicação de Carnap[47] acerca da disposição, como a solubilidade, em termos de uma condicional subjuntiva referente às condições de teste. Assim, a coisa *b* é dita solúvel na água apenas no caso, se *b fosse* posto na água, *b seria* dissolvido.

Essa explicação empirista das disposições é bastante boa para a vida cotidiana, porém inútil na ciência. Primeiro, como todas as explicações operacionistas, ela mistura uma propriedade com o modo pelo qual esta é testada. Que isso é uma confusão entre ontologia e metodologia torna-se ainda mais evidente em casos familiares como o teste da tuberculina (B.C.G.): Atribui-se a tuberculose a sujeitos humanos se apresentarem uma reação positiva (inflamação) a uma injeção de tuberculina. Mas, por certo, tal inflamação é apenas um indicador de que o paciente foi invadido pelo bacilo de Koch. O teste de tuberculina não faz referência a esses germes. Do mesmo modo, a prova do papel de tornassol para a acidez não faz referência ao pH ou à concentração íons de hidrogênio.

Em segundo lugar, a explicação positivista de disposições envolve condicionais subjuntivos, que nada mais são do que itens logicamente claros. Na verdade, eles não são proposições, portanto não satisfazem o cálculo proposicional nem possuem valor-de-verdade (recorde-se da seção 6). Não é de admirar que semelhantes condicionais desempenhem um papel ambíguo e, portanto, não decisivo na argumentação. De um lado, convidam a considerar possibilidades, até aqui desprezadas, como na historiografia contrafactual ou na especulação que-se. De outro lado, os condicionais subjetivos oferecem excusas vulgares e não aferíveis, tais como "Se Hitler não tivesse sido maltratado por seu pai, ele não se teria tornado um assassino em massa".

Concluímos que não há nada de misterioso e muito menos de irreal acerca das disposições, contanto que sejam tratadas como possibilidades reais, ou seja, em termos de leis. Concluímos também que nada se ganha tentando elucidar conceitos problemáticos como os de disposição, em termos dos fora-da-lei lógicos e epistemológicos, tais como os contrafactuais. Que estes últimos permaneçam no lugar a que pertencem: na selva conceitual.

8. espaço e tempo

Costuma-se pensar em geral sobre o espaço como o Grande Contêiner, e sobre o tempo como o Rio Silencioso. Entretanto, quando se é pressionado, todo mundo parece concordar que essas denominações são apenas metáforas. Espaço e tempo não

48 *Philosophical Papers and Letters*, p. 1.083.
49 M. Bunge, *Treatise on Basic Philosophy*, v. 3.

são coisas concretas, visto que não possuem energia – a peculiaridade das coisas materiais (cap. 1, seção 1). Além disso, o espaço, não sendo tampouco algo material, não pode conter qualquer coisa; do mesmo modo, o tempo, não sendo fluido, não pode fluir. Daí por que não temos experiência direta do espaço e do tempo. Podemos certamente sentir coisas espaçadas, mas não o espaço; igualmente, podemos perceber eventos sucessivos, mas não o tempo. Leibniz[48] formulou isso em poucas palavras: espaço e tempo "são ordens [relações], não coisas".

Mais precisamente, de acordo com Leibniz, o espaço é a "ordem" de coexistentes, e o tempo, o de sucessivos. Portanto, o materialista científico adiciona, se não houvesse coisas não, haveria espaço e, se nada mudasse, não haveria tempo. Além disso, para ambos existirem deve haver ao menos dois itens distintos: duas coisas, no caso do espaço, e dois eventos, no caso do tempo. (Isso, no caso mais simples, pode ser descrito pelo espaço métrico trivial $<S, d>$, em que $S = \{a,b\}$ e $d(a,b) = 1$ se $a \neq b$, enquanto $d(a,b) = 0$ se $a = b$.)

Assim, matéria, espaço e tempo, embora conceitualmente distinguíveis, constituem, na realidade, um bloco único – o universo. Como veremos abaixo, a teoria da gravitação de Einstein confirma esse ponto de vista. Portanto, o espaço e o tempo "absolutos" (autoexistentes) de Newton são apenas ficções. Mas eles são ficções úteis, uma vez que permitem delinear coisas reais e suas mudanças contra uma rígida grade espaço-temporal que não se altera ao longo das mudanças das coisas – exceto nas vizinhanças de corpos massivos.

À primeira vista, a imaterialidade do espaço e do tempo desafia o materialismo; e a sua falta de realidade independente lança um repto ao realismo. Entretanto, aceito que uma teoria relacional (ou "adjetiva") adequada do espaço e do tempo, tal como a que foi proposta anteriormente[49], enfrenta esse desafio tanto ao materialismo quanto ao realismo. De fato, essa teoria, que se aludiu na antiguidade e que foi revivida por Leibniz e por mais alguns poucos, postula que o espaço-tempo é a estrutura básica da coleção de todas as coisas. O espaço está enraizado na separação entre coisas, e o tempo na separação entre eventos (relativamente ao mesmo sistema referencial). Assim, a espacialidade e a temporalidade são vicariamente tanto materiais quanto reais, como as propriedades dos objetos materiais que as geram; só que elas não possuem existências independentes. Mas, então, coisas e mudanças em suas propriedades tampouco têm existências independentes: elas são apenas coisas mutuamente espaçadas e mudanças sucessivas em coisas – uma excelente aproximação distante dos buracos negros[50].

Entretanto, os empiristas têm dificuldade de acomodar o espaço e o tempo em suas doutrinas. Porque o espaço e o tempo são imperceptíveis, e um empirista consistente deveria ou negar o espaço e o tempo, ou tentar construí-los a partir de termos experimentais. O primeiro movimento, efetivamente proposto por Sexto Empírico, seria demasiado extravagante até mesmo para a maioria dos filósofos – sendo a única exceção digna de nota o hegeliano John McTaggart[51].

Um segundo projeto empirista foi tentado várias vezes, notadamente por Whitehead[52] e Nicod[53], este último sob a supervisão de Bertrand Russell. Mas as teorias do espaço e tempo resultantes dessa abordagem empirista estão centradas no sujeito e, consequentemente, são inúteis na física e na engenharia. (Imagine o engenheiro ferroviário deixando-se guiar pelo achado psicológico de que, na percepção dos sujeitos, os trilhos paralelos se encontram no horizonte.) E essas teorias não são, tampouco, de interesse para a psicologia, porque não fazem nenhum uso de investigações experimentais na percepção da espacialidade e da temporalidade. E, por certo, a concepção de Kant, segundo a qual o espaço e o tempo são intuições mais do que feições do mundo real, não podem ser levadas a sério por ninguém que haja alguma vez medido distâncias ou períodos.

Atualmente distinguimos três diferentes conceitos de espaço:

1. Espaços *abstratos* de muitas espécies de dimensões, como o topológico, o projetivo, o cartesiano (tal como espaços de estado), o euclidiano e o riemmaniano. Esses são os objetos de outras tantas geometrias matemáticas. Experiências e medidas são irrelevantes para tais teorias.
2. Espaço e tempo *físicos* vistos como feições objetivas do mundo. Eles são objeto das geometrias físicas contidas em certas teorias físicas, especialmente na teoria da gravitação de Einstein. Ao contrário das geometrias matemáticas, espera-se das físicas que elas sejam validadas por mensurações precisas.

[50] No tocante à relevância dessas ideias para a física contemporânea, ver B. Greene, *The Fabric of the Cosmos.*

[51] Ver M. Jammer, *The Conceptual Development of Quantum Mechanics.*

[52] *An Inquiry Concerning the Principles of Natural Knowledge.*

[53] J. Nicod, *La Géométrie dans le Monde Sensible.*

54 In I. Kant, *Briefwechsel*, v. 1, p. 101-102.

3. Espaços *fenomenais* (ou experimentais), como os espaços visuais e auditivos dos humanos e de outros animais. Eles são estudados pela psicologia cognitiva, que verificou que os espaços visuais e auditivos humanos são não-euclidianos.

Os espaços abstratos não colocam quaisquer problemas filosóficos especiais além dos levantados por quaisquer outras abstrações matemáticas. Por contraste, os espaços físico e fenomenal (ou psicológico) e as correspondentes teorias suscitam perplexidades filosóficas. As mais antigas e mais importantes são as três seguintes. Primeira: que espécie de objeto são o espaço e o tempo: substância ou sistemas de relações? Segunda, estão elas relacionadas à matéria, e, se estiverem, como? Terceira, são o espaço e o tempo reais ou irreais, objetivos ou subjetivos? Todas essas questões foram tratadas acima. Nossa resposta foi, em poucas palavras, uma versão materialista da teoria relacional de Leibniz: espaço, tempo e matéria não existem por si próprios. O universo é composto de coisas espaçadas, e o tempo é o ritmo de suas mudanças. Assim, espaço e tempo são vicariamente materiais e reais (objetivos), tal como as mudanças. Essa concepção quase não é tão popular quanto a sua oposta, ou seja, a de Kant.

Quando Kant abandonou o sistema de Leibniz, tal como fora codificado por Christian Wolff, ele adotou uma concepção subjetivista do espaço e do tempo: ambas seriam precondições intuitivas da experiência que, por sua vez, comporiam o mundo. Assim, Espaço e tempo subjetivos → Experiência → O mundo. Em 1770, Johann Heinrich Lambert, famoso polímata, escreveu a Kant[54] que não se pode negar que os existentes reais mudam; e, uma vez que a mudança é real, também o tempo o é. Kant não lhe deu ouvidos. Onze anos mais tarde, ele repetiu a tese subjetivista em sua primeira *Crítica*.

A controvérsia sobre a realidade ou a objetividade do espaço e do tempo permaneceu não resolvida até 1915, quando Einstein inventou sua teoria da gravitação (a relatividade geral). De acordo com essa teoria, o espaço e o tempo estão fundidos (embora não confundidos) no espaço-tempo. E, por sua vez, as propriedades deste último estão determinadas pela distribuição de corpos e campos mais do que pela gravitação, de conformidade com a equação central desta teoria: "$G = kT$". Aqui, G designa o tensor geométrico e T, o tensor matéria. Se $T = 0$ em toda a parte, isto é, para um "universo" totalmente vazio, a física fica de lado, e "$G = 0$" descreve uma família de espaços puramente matemáticos. Em outros termos, "$T \neq 0$ em algum lugar" descreve o espaço-tempo-com-matéria real.

Assim, nem a matéria, nem o espaço-tempo existem por si próprios. Caso se prefira, tanto a matéria quanto o espaço-tempo são reais, embora não independentes um do outro. Essa é então a resposta contemporânea à questão milenar: se o espaço e o tempo são reais: eles são reais, embora não em si próprios, mas como feições da matéria (no amplo sentido do conjunto de coisas mutantes). Uma vez mais, a ciência respondeu a uma questão filosófica-chave.

[55] Autobiographical Notes, em P. A. Schilpp (ed.), *Albert Einstein: Philosopher-Scientist*, p. 49; Physics and Reality, *Out of my Later Years*, p. 60.

9. livre-arbítrio e liberdade

O livre-arbítrio é, por certo, a capacidade de se fazer o que se quer. Mais precisamente, é a capacidade de ter sentimentos e pensamentos, bem como de tomar decisões e empreender ações que, conquanto constrangidas por circunstâncias externas, não são causadas por elas. No jargão psicológico, o livre-arbítrio é comportamento (interno ou aberto) que não é compelido por estímulo. Um claro exemplo é a recusa de um prisioneiro, de um soldado ou de um sacerdote a obedecer a ordens com grave risco. Outro caso de livre-arbítrio é a criatividade: a invenção de ideias que vão além ou até contra o estímulo sensorial. Einstein[55] entendeu os conceitos teóricos exigidos para explicar a realidade como "livre criações da mente humana". Elas são livres no sentido de que são independentes das percepções sensoriais, mesmo quando, excepcionalmente, são desencadeadas por essas últimas. (Incidentalmente, essa foi uma das principais objeções de Einstein aos positivistas: o preconceito deles contra tais criações livres.)

O livre-arbítrio viola, por certo, o dogma central da teoria dos reflexos de Pavlov, a resposta-estímulo behaviorista de Watson-Skinner e a psicologia ecológica de Gibson. Pela mesma razão, o livre-arbítrio transgride a versão tacanha do determinismo causal, segundo o qual somente estímulos externos contam como causas. Mas ela é consistente com a causalidade *lato sensu*, visto que a implementação de qualquer decisão envolve liames causais como os que conectam eventos no córtex pré-frontal com eventos que ocorrem no sistema neuromuscular. Tampouco o livre--arbítrio é definível como causação superveniente. Tampouco o livre-arbítrio será definível como uma imprevisibilidade, que é uma categoria epistemológica e metodológica.

Teólogos e filósofos têm debatido durante dois milênios se o livre-arbítrio é real ou fictício. O problema é de grande importância teórica e prática, porque é sobre se os homens podem tomar iniciativas, libertar-se de algumas coerções ambientais e até revoltar-se contra os poderes terrenos e celestiais que existam. Alguns teólogos necessitam do livre-arbítrio para poderem legislar sobre o pecado e o mal, bem como para justificar os cruéis castigos a chover do alto; e os filósofos morais e legalistas precisam do livre-arbítrio para dar sentido à autonomia e à responsabilidade pessoal. Entretanto, independentemente dessas necessidades, a questão ontológica e científica é se o livre-arbítrio é realmente possível.

Os idealistas não têm problema para admitir o livre-arbítrio, porque assumem que a alma imaterial escapa às leis da natureza. Por contraste, os materialistas vulgares (fisicalistas, nominalistas) rejeitam a hipótese do livre-arbítrio, porque concebem os seres humanos como sistemas complexos que acatam as leis da física e da química, nenhuma das quais parece dar espaço a processos espontâneos ou autoiniciados. De outro lado, os materialistas emergentistas admitem a possibilidade do livre-arbítrio e a concomitante autoconsciência como resultados da evolução. De fato, a evolução envolve a emergência de novas espécies de coisas, que satisfazem leis ausentes dos níveis inferiores de organização. Por exemplo, neurônios podem descarregar e se associar espontaneamente não apenas em resposta a estímulos externos.

Como a volição é uma capacidade mental, e como tudo o que é mental acontece no cérebro, para descobrir se o livre-arbítrio é real, temos de deslocar o foco da teologia e da filosofia especulativa para o estudo do cérebro humano. Em particular, temos de olhar para o seu córtex pré-frontal que, como se sabe, desempenha as assim chamadas funções executivas. O primeiro cientista moderno a atacar o problema do livre-arbítrio e a declarar que ele pode ser solucionado pela neuropsicologia foi Donald O. Hebb[56]. Ele argumentou que as investigações anatômicas de Cajal, bem como os dados eletroencefalográficos mostraram que o cérebro é muito mais do que um relê entre receptores e efetores: ele está continuamente ativo, inclusive durante o sono, e que ele sempre adiciona algo ao sinal de *input*.

A pesquisa do próprio Hebb sobre privação sensorial confirmou aqueles estudos: mostrou que o estímulo externo distorce a atividade cerebral em curso, mas não é a sua única fonte. Podemos experienciar desejos e imagens e formar intenções e planos de maneira espontânea, isto é, na ausência de estímulo externo. Uma vez que "o livre-arbítrio é controle da conduta pelo pensamento"[57] e visto que nem todo pensamento ocorre em resposta a causas externas, o livre-arbítrio é fato biológico, e não ilusão. Sem dúvida, ele pode ser tanto atenuado como encarecido por circunstâncias educacionais e sociais, porém não mais do que por outras habilidades mentais e processos. O que nos leva ao nosso próximo tema: a possibilidade de liberdade.

A contrapartida social do livre-arbítrio é a liberdade. Essa é a feição de uma ordem social que habilita indivíduos a fazer o que querem. Entretanto, a liberdade é determinada, e o que se pode obter dela tem um custo. Não é somente porque, como disse Thomas Jefferson, o preço da liberdade é a eterna vigilância. É também devido ao fato de que nem todo mundo pode dar-se ao luxo de ser totalmente livre, nem deveria alguém sentir que seja assim, isto é, que pode fazer exatamente o que quer. De fato, até na mais livre das sociedades, indivíduos têm obrigações, particularmente aquelas que dizem respeito às liberdades de outras pessoas, e a de partilhar do fardo da manutenção da ordem social que as assegura. Além disso, em sociedades profundamente divididas, apenas os membros da minoria dominante dispõem dos recursos requeridos para desfrutar da segurança, do ar puro e da água, de bonitas paisagens e de acesso à cultura superior.

Ademais, a liberdade, como qualquer outro valor, é parte de um pacote ou sistema: nenhum valor pode ser compreendido isoladamente de todos os outros. Em especial, ninguém pode ser livre em uma comunidade de indivíduos visceralmente egoístas, sem vontade de dar uma mão quando necessário, e isso

56 *Essay on Mind.*
57 Idem, p. 139.

pela simples razão de que ninguém, nem sequer o autocrata, é autossuficiente e onipotente. Os revolucionários de 1789 formularam isso corretamente: *Liberté, égalité, fraternité*. Atrevo-me a acrescentar o termo *idoneité*, isto é, competência técnica, sem a qual mesmo as melhores intenções não chegarão provavelmente à concretização.

Infelizmente, todo mundo sabe que nenhuma das sociedades atualmente existentes realiza o ideal da Liberdade-Igualdade--Solidariedade-Competência. Provaria isso que devemos parar de sonhar com utopias? Dificilmente. Isso vai apenas provar que até agora temos sido incapazes de educar e mobilizar as pessoas para trabalhar (ou, antes, lutar) por esse ideal.

10· observações conclusivas

A palavra "transcendental" ganhou má reputação porque também designou muitas vezes itens sobrenaturais. Contudo, ela é um nome legítimo para tudo o que transcende (supera) a experiência. Assim, ela se aplica não apenas a divindades, mas também a ficções, elétrons, nações e coisas. Ademais, alguns itens transcendentais, como possibilidade, disposição e espaço-tempo são indispensáveis para explicar coisas concretas e suas mudanças. Eles são necessários porque têm contrapartidas reais. Por exemplo, as espécies biológicas são coleções, e não indivíduos concretos, porém não são conjuntos arbitrários ou convencionais; igualmente, embora os enunciados de lei sejam objetos abstratos, eles representam padrões reais. Em geral, os universais são *in re* mais do que *ante rem* ou *post rem*.

X

da caverna de platão à colina de galileu: o realismo vindicado

Embora o realismo filosófico seja praticado por todas as pessoas sãs, o antirrealismo irrompe de vez em quando, até em quadrantes tão inesperados como a mercadologia e a administração de empresas. Em particular, o realismo é uma das *bêtes noires* do pós-modernismo, esse trator do que é bom acerca da modernidade – em particular, a confiança na razão e na busca da verdade, do bem e do justo. Portanto, se desejarmos deter esse trator, precisamos defender o realismo filosófico, entre outras coisas.

O realismo filosófico que eu advogo é uma doutrina compreensiva. De fato, é um sistema com sete componentes: ontológico, epistemológico, semântico, metodológico, axiológico (ou teorético do valor), ético e prático. Eis uma formulação abreviada dos sete constituintes do *realismo filosófico integral* (R):

R Ontológico = O mundo exterior existe por si próprio.
R Epistemológico = O mundo externo pode ser conhecido.
R Semântico = Referência externa e verdade factual.
R Metodológico = Aferições da realidade e cientismo.
R Axiológico = Valores objetivos, bem como subjetivos.
R Ético = Fatos morais e verdades morais.
R Prático = Eficiência e responsabilidade.

Observe a ausência de dois realismos na listagem acima: o político e o estético. O primeiro, a *Realpolitik*, é um sinônimo da luta sem princípio pelo poder. É um cinismo e expediente político que leva ao barbarismo. No tocante ao realismo estético, trata-se de uma categoria tão ampla que abrange a melhor literatura, bem como as conservadoras ("acadêmicas") artes visuais. A confusão do realismo filosófico com o estético levou Lyotard[1], o inventor do termo "pós-moderno" a proclamar a "falta de realidade" da realidade – uma gema pós-moderna.

O realismo filosófico integral é um sistema (ou um "todo orgânico") mais do que um conjunto de opiniões desconexas. Assim, o realismo prático é a tese de que a ação deveria ser eficiente – bem como consistente com um *modicum* (uma pequena porção) de moralidade, se não por outro motivo, ao menos porque a ação imoral é, em última análise, autodestruidora. O realismo ético promove problemas morais endereçados à vida real com a ajuda do conhecimento científico ou tecnológico relevante. Uma axiologia é realista na medida em que lida tanto com valores objetivos quanto subjetivos, e justifica os primeiros por

[1] *The Postmodern Condition*, p. 77.

meio de um sólido conhecimento e argumentos convincentes. Uma metodologia é realista se adotar a estratégia que cientistas e tecnólogos efetivamente utilizam para estudar ou alterar a realidade. Uma teoria semântica é realista se contiver uma teoria de referência que permita determinar a que predicados e proposições se refere e adotar a visão correspondente da verdade factual. Uma epistemologia é realista se fizer contato com a psicologia cognitiva e mostrar que a exploração científica do universo pressupõe realismo ontológico e epistemológico. Finalmente, as ontologias realistas assumem a existência independentemente do universo (isto é, livre de sujeito).

A corrente inversa, da teoria à práxis, é igualmente forte. De fato, as ontologias realistas sustentam uma epistemologia que encoraja o estudo do mundo real, distingue propriedades primárias das secundárias e desencoraja especulações estéreis acerca da *impossibilia*, tais como espíritos desencarnados e mundos paralelos. Por sua vez, uma epistemologia realista elicia uma semântica que começa com teorias semânticas de referência e verdade factual. Semelhante semântica estimula uma metodologia centrada no método científico e, consequentemente, admite a dicotomia sujeito/objeto, incentivando uma explicação das propriedades secundárias em termos das propriedades primárias. A conjunção da metodologia realista, da semântica, da epistemologia e da ontologia sugere uma axiologia realista que considera a avaliação um processo que ocorre em um cérebro imerso em uma rede social. Por seu turno, tal axiologia convida o *construal* realista de normas morais como regras para enfrentar questões morais objetivas. E uma ética realista sugere uma filosofia prática que ajuda a enfrentar problemas práticos, quer de maneira eficiente, quer segundo princípios morais.

Vamos agora argumentar em favor de todos os sete ramos do realismo filosófico.

1. realismo ontológico: cérebro e história

O realismo ontológico é a tese segundo a qual o universo, ou a realidade, existe *in se et per se*, em si e por si própria. Somente

[2] Ver M. Bunge, *Foundations of Physics*.

uma minúscula parte da realidade, ou seja, o mundo social humano, emergiu, subsiste e muda por nossa causa e para nós – mas sua existência não depende do sujeito cognoscente. Em outras palavras, o sujeito, o conhecedor ou o explorador, é uma coisa real, cercada por coisas reais, a maioria das quais preexistiam a ele e não requeriam sua assistência para vir-a-ser. E, uma vez que tenham surgido, as invenções ou construções sociais são tão reais quanto as montanhas.

Vamos privilegiar quatro argumentos em apoio ao realismo ontológico: os da física, da biologia, da neurociência cognitiva e da história. O primeiro argumento é que todas as leis básicas da física, tais como a segunda lei do movimento de Newton, os tripletos de Maxwell e a equação de Schrödinger, são invariantes sob (certas) mudanças dos sistemas de referência, em particular, observadores. Somente os enunciados de lei derivados, como a lei de Galileu, da queda dos corpos e a lei do efeito Doppler podem ser dependentes do referencial. Porém, sistemas referenciais são sistemas físicos especiais e não necessariamente conduzidos[2].

O argumento da biologia é que todos os organismos, inclusive bactérias e filósofos subjetivistas, extraem alimento e energia de seu ambiente e são equipados com sensores de sinais externos. Daí por que organismos morrem se ficarem totalmente isolados de seu ambiente, e se defrontam com altos riscos quando seus sensores funcionam mal. Em resumo, nós somos realistas constitucionais, excetuados os professores efetivos de filosofia.

O terceiro argumento, proposto primeiro por Condillac, em 1754, com a ajuda de sua famosa estátua imaginária, resume-se no seguinte: o odor vem do fato de se cheirar alguma coisa externa ou de se rememorar tal experiência. Os outros quatro sentidos clássicos funcionam de maneira similar. (A propriocepção era desconhecida naquele tempo.)

O argumento de Condillac pode ser atualizado como segue: as funções mentais são processos cerebrais, alguns dos quais representam eventos externos. Por exemplo, o olfato é uma longa e complexa cadeia causal que pode ser sumariada assim: moléculas voláteis no ambiente do sujeito → Receptores químicos nos cílios dos neurônios sensório-olfativos → Bulbo olfativo → Córtex olfativo → Outras regiões cerebrais (em particular, os órgãos da emoção).

O primeiro e último elos da cadeia olfativa pode estar faltando: alucinações olfativas podem ocorrer e nós podemos não estar cônscios dos estímulos olfativos subliminais. Igualmente, o cego pode detectar sombras sem percebê-las conscientemente. Em suma, às vezes, o cérebro detecta estímulos externos, embora nem sempre de maneira consciente; e, outras vezes, o cérebro gera ilusões ou alucinações: ele ouve "vozes", sente dores fantasmas nos membros, tem experiências religiosas e fora do corpo, e assim por diante. Apenas um confronto com áspera realidade pode corrigir nossas representações equivocadas dessa realidade.

O cérebro não poderia existir sem o mundo que o circunda, do qual tira não apenas a nutrição, mas também o estímulo requerido para o seu desenvolvimento e funcionamento normais. O papel do ambiente e o desenvolvimento do cérebro normal foram mostrados experimentalmente por Hubel e Wiesel[3] em um famoso experimento que lhes proporcionou o prêmio Nobel. Esse experimento consistiu em fechar cirurgicamente um olho de um gatinho recém-nascido e remover os pontos doze semanas depois. O resultado foi que o gato nunca desenvolveu a visão de profundidade porque as faixas do córtex visual primário, correspondentes ao olho cego, foram invadidas por neurônios na mesma área estimulada pelo olho intacto. Em suma, o genoma não basta para o desenvolvimento normal: a estimulação pelo mundo externo é também necessária. Outro caso bem conhecido é de indivíduos que ficam cegos logo após o nascimento: sua audição melhora porque alguns dos neurônios anteriormente ligados à visão são mobilizados pela área auditiva.

Em resumo, os estímulos ambientais contribuem poderosamente para o desenvolvimento do cérebro. Quando tais estímulos são afastados, o cérebro cessa de desenvolver-se ou funcionar de maneira normal. De fato, os experimentos clássicos de Hebb sobre a privação sensória em humanos mostraram que, na ausência de estímulos externos, o sujeito alucina e perde o cálculo do tempo. Em outras palavras, ponha o mundo entre parênteses – o modo como Husserl recomenda para capturar as essências das coisas – e você provavelmente enlouquecerá. Assim, o mítico "cérebro em um tonel" de Hilary Putnam não ficaria apenas reduzido ao solipsismo, como estaria também inteiramente desarranjado.

[3] Receptive Fields, Binocular Vision, and Functional Arquitecture in the Cat's Visual Cortex, *Journal of Physiology*, n. 160, p. 106-154.

Por certo, não há dois indivíduos que vejam o mundo exatamente do mesmo modo, porque não há dois cérebros nem duas histórias de vida que sejam idênticas. Ainda assim, todas as pessoas, até as severamente autistas, concordam que há certas coisas a seu redor, como árvores, edifícios e outras pessoas que existem por si próprias. E eventos emocionalmente salientes e surpreendentes, como tiros de revólver e o espatifar-se de aviões, têm a probabilidade de serem percebidos corretamente por todo mundo ao alcance do ouvido. Além disso, na percepção de tais eventos, verificou-se que diferentes cérebros assinalam o fato sincronicamente. Assim, a objetividade ou, ao menos, a subjetividade concernente aos estímulos sensoriais parece ser fortemente ligada no cérebro. A maioria das diferenças individuais diz respeito a questões intelectuais e morais. Isso no tocante ao argumento a partir da neurociência cognitiva.

Finalmente, o argumento da história consiste em salientar que todas as ciências históricas, da cosmologia e geologia até a biologia evolucionária e a historiografia, tomam o passado como certo. Ademais, assumem que nenhum estudo do passado pode alterá-lo. É verdade. Cada geração de historiadores reescreve a historiografia. O mesmo vale para os estudiosos da evolução do universo e de seus constituintes, das moléculas às rochas, dos organismos aos sistemas sociais. As razões para o revisionismo histórico científico (não ideológico) são bem conhecidas: o registro histórico é incompleto; nova evidência foi desenterrada; novos métodos foram inventados; novas hipóteses foram sugeridas; ou filosofias inteiramente novas da história foram propostas. Em suma, os historiadores não podem modificar o passado; eles tentam apenas preencher lacunas ou corrigir equívocos em explicações prévias do que aconteceu.

Somente um construtivista social poderia afirmar que o passado (não apenas o estudo desse passado) é uma construção social – mas ele não se dá ao trabalho de oferecer qualquer evidência para essa bizarra pretensão, além da confusão entre o passado, a história e suas descrições e historiografias. (Por exemplo, após escrutinar as opiniões de certo número de historiadores americanos, Novick[4] concluiu que a objetividade histórica nada mais é senão "um nobre sonho"). Viajar ao passado é fisicamente impossível, e a história é irreversível. Se pudéssemos mexer com o passado, alteraríamos o presente sem mover um dedo – algo que nem os ocultistas se atreveriam a prometer.

[5] Ver, e. g., M. Bunge, *Treatise on Basic Philosophy*, v. 5 e 6.

2. realismo epistemológico: chutando e explorando

A epistemologia lida com a relação sujeito-objeto: espera-se que ela nos dê algumas generalidades sobre a cognição e seu objeto[5]. Na realidade, a epistemologia é múltipla, mais do que uma: há tantas epistemologias quantas são as ontologias: realista e irrealista, materialista e idealista, e assim por diante.

O realismo epistemológico pode ser comprimido em uma definição e seis teses. A definição é a seguinte: um item é real se ele existe independentemente do sujeito ou do conhecedor. Note que essa definição não pode ser duplicada como um critério de realidade, pois ela não nos diz como determinar se um objeto persiste enquanto deixamos de olhá-lo.

Comumente, para determinar se um dado item é real ou então invento de nossa imaginação, observamos se ele influencia algo mais ou se podemos atuar efetivamente sobre ele. Por exemplo, Boswell nos conta que Samuel Johnson pretendia ter provado a realidade de uma pedra chutando-a e sentindo dor no seu pé. Entretanto, Berkeley poderia haver replicado que o chute apenas provava que a pedra lá estava somente porque o Doutor Johnson a percebera. Chutar, portanto, não é decisivo, exceto para marcar gols no futebol.

Ademais, na maioria dos casos não podemos agir sobre uma coisa, a fim de verificar se ela existe realmente. Por exemplo, não podemos chutar o Sol, para não mencionar a Via Láctea ou o Universo como um todo. Ver o Sol é, certamente, uma chave poderosa, mas não uma que satisfizesse Berkeley. Aceitamos a evidência sensória porque não podemos nos ocultar do brilho do Sol e também porque podemos explicar o processo que termina em nossa percepção desse astro: Fótons emitidos pelo Sol → Retina → Nervo óptico → Córtex visual. Isto é, aceitamos uma sensação visual como evidência da existência independente de coisas externas visíveis porque podemos explicar a cadeia causal que vai do Sol ao cérebro. Em suma, chutar e observar uma reação é algo altamente sugestivo, porém não suficiente para certificar a realidade de uma entidade.

Tudo isso no que tange à definição e ao critério de realidade. Enunciemos agora as teses de nossa versão cienticista do realismo epistemológico.

1. *A realidade é escrutável*: Ou, melhor dizendo, é possível conhecer alguns fatos, embora, em geral, apenas parcial e gradualmente. O realismo não exige a verdade exata: o nosso conhecimento pode ser apenas grosseiro e esboçado. Além disso, a exatidão não é sempre mais valiosa do que o insight, a maleabilidade e a testabilidade. Assim, um modelo grosseiro, porém profundo (mecanísmico), é uma ferramenta exploratória melhor do que uma caixa negra altamente apurada, todavia rasa.

2. *O conhecimento indireto é o mais profundo*: Ele é alcançado por meio de teorias e de indicadores, mais do que por meio de mera percepção ou intuição instantânea. Esta tese se opõe ao realismo direto, isto é, à opinião empirista segundo a qual não necessitamos da razão para conseguir conhecer algo. Essa opinião não vale sequer para tomar conhecimento de assuntos cotidianos, visto que toda cognição depende da experiência passada, da expectativa, da atenção e da conjectura. Por exemplo, o paleontólogo vê fósseis espalhados entre rochas que provavelmente escapam ao olhar do leigo; o tempo "passa" mais devagar quando damos atenção a eventos externos, mais do que de outro modo; e compreender o comportamento de alguém implica "ler" sua mente, isto é, conjeturar alguns de seus pensamentos.

3. *Falibilismo*: Estamos condenados a errar às vezes – podemos empregar técnicas deficientes, efetuar falsas assunções, simplificar excessivamente ou eliciar falsos dados. O falibilismo é, por certo, o ingrediente cético do realismo epistemológico. Tal ingrediente, ausente do realismo ingênuo, é a marca do realismo crítico.

4. *Melhorismo*: Dada qualquer peça de conhecimento, é possível, em princípio, melhorá-la – torná-la mais compreensiva, acurada ou profunda. O melhorismo modera o impacto do falibilismo: impede-nos de cair na armadilha estéril do ceticismo

radical. E ele não é um artigo de fé: uma análise das assunções simplificadoras envolvidas na construção de qualquer hipótese e em projetar qualquer experimento sugere que, removendo quaisquer ficções desse tipo, resultados mais exatos deverão ser obtidos.

5. *Pluralismo moderado*: Em princípio, qualquer conjunto de fatos pode ser representado por hipóteses ou teorias alternativas. E, enquanto alguns construtos rivais são equivalentes em certos aspectos, outros diferem em precisão, generalidade ou profundidade.

6. *O conhecimento objetivo, amparado por sólida evidência e teoria sã, é de longe superior à corcova subjetiva.* Por exemplo, saber que o acusado em um caso de assassinato estava no exterior na época do crime, demole qualquer suspeita que sua ficha policial ou a cor de sua pele podem ter suscitado em um jurado.

Incidentalmente, a objetividade ou a impessoalidade podem não ser confundidas com a intersubjetividade ou o consenso acerca de uma matéria de conhecimento. A razão é que o consenso pode ser alcançado por meio da manipulação ou da coerção, independentemente da evidência ou do argumento. Na ciência e na tecnologia, a intersubjetividade ou mesmo o consenso é um bônus de objetividade e discussão racional. Tipicamente, a fenomenologia, a filosofia feminista, o bayesanismo, a pseudociência e o pós-modernismo substituem a objetividade quer pela subjetividade, quer pela intersubjetividade. Por exemplo, dois proeminentes teóricos bayesianos anunciam: "Não podemos determinar um papel real para a ideia de objetividade, exceto, talvez, como uma 'taquigrafia' possivelmente conveniente, porém, em termos potenciais, perigosamente desencaminhadora com respeito à comunalidade intersubjetiva das crenças"[6].

A objetividade difere tanto da neutralidade como da imparcialidade, enquanto valores – três conceitos que Max Weber[7] misturou em seu influente artigo que marcou posição. De fato, é possível ser objetivo e, no entanto, ao mesmo tempo ter certas preferências – por exemplo, pela verdade sobre a falsidade, pela democracia sobre a ditadura ou pela equidade sobre a injustiça. Do mesmo modo, a objetividade é compatível com a parcialidade. Como Rescher o formulou; "Ser objetivo na determinação

[6] J. M. Bernardo e A. F. M. Smith, *Bayesian Theory*, p. 237.

[7] Die "Objektivität" sozialwissenschaflicher und sozialpolitischer Erkenntnis, *Gesammelte Aufsätze zur Wissenschaftslehre*, p. 146-214.

8 N. Rescher, *Objectivity: The Obligations of Impersonal Reason*, p. 43.

de fatos não exige que se esteja preparado para acolhê-los como são e recusar-se a tentar mudar as condições das coisas que eles representam"[8]. O partidarismo deve ser evitado somente se interfere na probidade ou na busca da verdade, como quando o mantra do livre-comércio é cantado como a panaceia para o desenvolvimento nacional, muito embora as estatísticas relevantes mostrem que ele apenas favorece o econômica e politicamente poderoso.

O que pode ser denominado Argumento do Explorador é o seguinte: todo aquele que se empenha em explorar um território ou investigar uma coisa concreta, evento ou processo pressupõe que isso existe ou pode existir. Assim, os físicos que tentam descobrir os bósons de Higgs por meio dos aceleradores de partículas de alta energia assumem que seja realmente possível que tais partículas, postuladas por uma teoria, existam. Igualmente, o biólogo evolucionista que escava em busca de um fóssil intermediário em época entre dois fósseis conhecidos, pressupõe que o elo perdido pode existir. E o arqueólogo que procura restos humanos ou traços de labor próximos de uma ruína assume que o povo que os fez deve provavelmente ter existido. Todos os exploradores esperam confirmar seus pressentimentos: eles não são falsificacionistas *à la* Popper. Em particular, os mineiros cavam em busca de ouro e não para refutar as hipóteses de que não há ouro algum no canteiro que eles estaquearam.

O que irá pensar o explorador se malograr na busca do que está procurando? Ou que a coisa hipotetizada nunca existiu, ou que ela está em algum outro lugar, ou ainda que a destruíram ou roubaram. No primeiro caso, ele terá refutado suas hipóteses; mas, nos outros dois, pode alimentar a esperança de que alguém mais equipado com melhores instrumentos ou ideias mais verdadeiras irá confirmar suas hipóteses.

Em ambos os casos, o explorador assume que algumas das coisas supostas por ele ou tidas por ele como certas estão ali fora. Daí por que a arqueologia, a biologia evolucionária e a geologia não são ocupações de poltrona. No tocante à cosmologia, ela é certamente uma disciplina teórica, porém motivada e aferida por dados astronômicos, e estes, por seu turno, versam sobre objetos "celestes" que existem ou existiram de fato.

3. realismo semântico: referência e correspondência

Aceito que o realismo semântico é a concepção segundo a qual (a) algumas proposições referem-se a (são acerca de) fatos; e (b) algumas proposições factuais são verdadeiras em certa extensão. A tese (a) é rejeitada pelos textualistas, em particular os desconstrucionistas, como Derrida, de acordo com o qual todo símbolo refere-se a outros símbolos. E céticos radicais (pirronistas) rejeitam a tese (b). Todos os outros endossam ambas as teses. Mas nem todo mundo percebe que os conceitos-chave que as teses envolvem, os de referência e verdade, são altamente problemáticos.

A maior parte das teorias semânticas, em particular as semânticas dos mundos possíveis, deixa de elucidar o conceito de referência: elas não ajudam a determinar sobre o que um locutor está falando. Também confundem referência com extensão, como quando se diz que os epiciclos de Ptolomeu são "não-referenciais", enquanto as órbitas de Kepler são consideradas como "referenciais". Na realidade dos fatos ou, antes, da lógica, todas as proposições são referenciais, mesmo se forem indicidíveis ou se referirem a absolutamente nada. Assim, contos de fadas referem-se a invenções fantásticas. E as tautologias (verdades lógicas) referem-se a nada em geral. Como elas são isentas de conteúdo, não dependem de referência específica[9].

Note a diferença entre referência e representação[10]. Embora tautologias, convenções e enunciados na matemática pura tenham referentes, precisos ou não-descritos, eles não representam nada no mundo real. Assim, uma definição de velocidade refere-se a uma coisa movente, mas não representa nenhuma feição dessa coisa. Por outro lado, a afirmação de que as partículas não podem atingir a velocidade da luz representa uma propriedade de coisas dotadas de massa. Ver Tabela 10.1.

Minha teoria da referência[11] coloca que o referente de um simples enunciado, da forma "b é um P", é b; os referentes de uma proposição da forma "b e c são R-relacionados" são b e c; e a classe de referência de um enunciado molecular, tal como "p e q" e "se p, então q", é igual à união das classes de referência parciais. Essa teoria semântica permite-nos, em especial, identificar

[9] M. Bunge, The Relations of Logic and Semantics to Ontology, *Journal of Philosophical Logic* n. 3, p. 195-210.

[10] Idem, *Treatise on Basic Philosophy*, v. 1.

[11] Idem.

TABELA 10.1 ▶	ITENS CONCEITUAIS	MUNDO REAL
	Coisas modelares	Coisas
	Atributos	Propriedades
	Proposições singulares	Fatos
	Enunciados de lei	Padrões
	Convenções	–
	Lógica	–
	Ficções matemáticas	–
	Fantasias metafísicas	–
	Falsidades	–

Alguns objetos conceituais representam itens no mundo real de uma maneira mais ou menos fiel (verdadeira), enquanto outros referem, mas não representam. Outros ainda, como a teoria das cordas, encontram-se, por enquanto, neste momento, no limbo.

12 Idem, *Foundations of Physics*.

os referentes de teorias de referentes incertos, como a mecânica relativística e quântica. Pode-se demonstrar que tais teorias se referem exclusivamente a coisas físicas: que elas não fazem nenhuma referência a observadores[12].

(O modo de proceder é analisar os conceitos-chave nos postulados, como a equação de Schrödinger. Essa fórmula especifica o efeito da hamiltoniana ou do operador energia H sobre a função de estado Ψ. Por hipótese, H representa a energia da coisa ou das coisas em questão, como um próton e um elétron juntados por sua interação eletrostática no caso de um átomo de hidrogênio. Nem dispositivos experimentais, nem observadores são mencionados em H. Portanto, H refere-se exclusivamente a entidades microfísicas pressupostas na sua escritura. O mesmo vale para a função de estado. Qualquer outra coisa é contrabando filosófico.)

Em relação à verdade, a maioria dos filósofos concorda que ela só pode ser predicada por proposições, isto é, os objetos designados pelas sentenças. (Pode-se argumentar que diagramas e quadros podem também ser mais ou menos verdadeiros, mas não investigaremos essa possibilidade aqui.) Entretanto, os filósofos estão notoriamente divididos acerca dessa questão. Além do ceticismo radical ("Não há verdades") e do relativismo ("Todas as verdades são construções sociais locais ou tribais"), as principais concepções a respeito da verdade são as seguintes:

Teoria da redundância (ou deflacionária): O conceito de verdade é redundante. Isto é, enunciar p é o mesmo que asseverar a verdade de p.

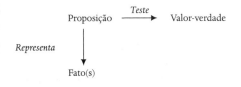

► FIGURA 10.1
Valores de verdade factuais derivam de testes de verdade. Portanto, proposições não testadas não possuem valores-verdade.

Teoria da coerência: Uma proposição é verdadeira em um corpo de proposições se e somente se ela for consistente com os restantes constituintes desse corpo. Em particular, uma proposição abstrata, como "A operação é associativa em *S*", é verdadeira em um sistema se e somente se ou (a) é satisfazível (ou tem um modelo ou exemplo), ou (b) é dedutível das assunções básicas (postulados) do sistema. Obviamente, o conceito de verdade como coerência aplica-se unicamente à matemática.

Teoria da correspondência: Uma proposição factual é verdadeira se e somente se ela corresponder aos (representar os) fatos a que se refere. Peirce formulou a questão assim: "A verdade consiste na existência de um fato real correspondente à proposição verdadeira"[13]. Mais precisamente, uma proposição factual é (factualmente) verdadeira se e somente se for confirmada empiricamente ou for implícita às proposições que passaram pelos testes empíricos. Tal conceito de verdade como correspondência aplica-se ao conhecimento comum, à ciência factual e à tecnologia.

Considera-se, em geral, que a teoria da correspondência pressupõe que toda proposição factual tem um valor de verdade preciso e, além do mais, é verdadeira ou falsa, saibamos ou não disso. Essa vindicação me parece irrealista, porque os valores de verdade factuais podem ser legitimamente atribuídos apenas por força de testes de verdade.

Se nenhum desses testes é executado, a proposição correspondente carece de um valor-verdade. Exemplos: (a) "Estava nevando em Montreal quando Cristo nasceu"; (b) "O último pensamento de Cristo foi que todos os seus discípulos deram o fora quando ele foi preso"; (c) "Alguns coríntios devem ter respondido à epístola que S. Paulo lhes dirigiu". Ver Figura 10.1.

Ao contrário das estrelas e das células, cujas propriedades são independentes-do-sujeito, proposições são construtos e não dados com propriedades objetivas: construímos, avaliamos e modificamos todas as proposições. Portanto, uma pitada de

[13] The Doctrine of Chances, *Writings of Charles Senders Peirce*, v. 3, p. 282.

[14] Ver M. Bunge, *Scientific Research*.

[15] Ver P. Horwich, *Truth*.

construtivismo justifica-se com respeito aos construtos, desde que não seja do tipo voluntarista.

Uma vez que as proposições são avaliadas à luz de testes mais ou menos rigorosos, seus valores-verdade, se é que há algum, podem mudar no curso da pesquisa, mais do que serem inatos e constantes[14]. Somente os platônicos, os realistas ingênuos e aqueles que confundem verdades com fatos têm o direito de pretender que as proposições são verdadeiras ou falsas desde o nascimento e assim permanecem para sempre.

Até aqui lidamos com proposições do conhecimento comum, da ciência factual e da tecnologia. E o que dizer sobre as proposições morais? Se concordarmos que existem fatos morais, tais como as guerras e, portanto, verdades morais, tais como "É erro travar guerras senão quando se é provocado", então podemos admitir a seguinte definição: uma proposição moral é verdadeira se (a) decorrer de princípios morais mais elevados, tais como "Goze a vida e ajude a viver"; e (b) sua implementação contribui para diminuir a miséria. (Os postulados morais satisfazem comumente a condição (a), porque cada proposição implica a si própria.)

Examinemos agora as três concepções de verdade acima esboçadas. De acordo com a "teoria" da redundância, dizer que p é verdadeiro não acrescenta nada a p. Por exemplo, é óbvio que *a neve é branca* é verdadeira se e somente se a neve for branca. A tese da redundância tem sido defendida por filósofos tão famosos como Frege, Wittgenstein, Ramsey, Ayer, Strawson e Quine, além de acadêmicos mais jovens[15].

A tese sobre a redundância acerca da verdade é falsa pelas seguintes razões: (a) ela não distingue entre uma vindicação de verdade, da forma "p é verdadeiro por causa de q", e uma pretensão sem fundamento; (b) ela deixa de distinguir entre diferentes tipos de verdade como a formal e a factual; (c) ela concerne unicamente a enunciados de baixo nível que podem ser diretamente confrontados com a realidade, como em "o gato está sobre o capacho", mas falha em relação a enunciados de alto nível, tais como as leis de Newton do movimento, que requerem deduções, hipóteses indicadoras e procedimentos empíricos sofisticados; (d) ela não traça diferenças entre formular um enunciado e justificá-lo; (e) ela não distingue entre formular um enunciado pelo bem do argumento (caso no qual não se lhe atribui um valor-verdade) e afirmá-lo ou como postulado, ou como teorema; (f) ela não abre espaço para verdades parciais, do tipo "A Terra é esférica", portanto para enunciados da forma "p é mais verdadeiro do que q", e muito menos para quaisquer dos procedimentos-padrão por aproximações sucessivas; e (g) ela não nos permite enunciar normas metodológicas como "Abstenha-se de atribuir valores-verdade a proposições não testadas" e "Prefira a mais verdadeira das hipóteses".

Concluindo, deveríamos manter a distinção entre um enunciado e os vários metaenunciados que podem ser efetuados a seu respeito, em particular aqueles da forma "O valor-verdade de p é tal e tal". Essa distinção é especialmente importante quando afirmamos equivocadamente uma falsidade ou negamos uma verdade, e torna-se uma questão de vida ou morte quando interpreta os resultados de testes médicos, como no caso de "falso negativo".

Segue-se em nossa lista a concepção de coerência (em geral, apelidada de "teoria"). Essa tese é obviamente correta em relação à lógica e à matemática, sobretudo sempre que a verdade possa ser equacionada sob a garantia de prova. A tese, porém, nos deixa em desamparo nos casos do conhecimento comum, da ciência factual, da tecnologia e das humanidades. Por exemplo, as teorias científicas, em sua grande maioria, embora presumivelmente consistentes, provaram estar em desacordo com os fatos – razão pela qual foram corrigidas ou rejeitadas. Isso mostra que não basta a consistência. Em qualquer domínio em que se lide com fatos, necessitamos do "acordo" com (ou da "adequação" aos) fatos pertinentes, além da consistência interna e externa, ou da compatibilidade com outras peças do conhecimento básico.

A "teoria" da correspondência da verdade refere-se unicamente a enunciados factuais, como os dados empíricos e as hipóteses científicas. Ela captura a intuição de que a verdade factual, ao contrário da verdade formal, consiste na adequação à realidade. Na vida cotidiana, na ciência e na tecnologia, asseveremos primeiro, tentativamente, com uma proposição e, depois, aferimo-la para obter a verdade; e, finalmente, com sorte, nós a declaramos verdade. Esse será o caso, se a proposição em apreço representa corretamente os fatos aos quais se refere. Entretanto, a "teoria"

16 Ver M. Bunge, *Emergence and Convergence.*

17 D. Davidson, *Inquiries into Truth and Interpretation*; S. Clough, *Beyond Epistemology.*

18 Críticas ulteriores em M. Bunge, *Scientific Research*; *Treatise on Basic Philosophy*, v. 1 e 2.

da correspondência possui as seguintes falhas: (a) é uma tese vaga mais do que uma teoria propriamente dita ou um sistema hipotético-dedutivo; (b) ela não nos diz a que proposições negativas e gerais ela corresponde; (c) ela não dá lugar a verdades parciais; e (d) ela deixa de fora a consistência externa (sistematicidade).

Ainda assim, todos os defeitos acima podem ser corrigidos, ao menos em princípio[16]. As correções resultam em um quarto e último candidato: a teoria sintética da verdade. Essa teoria em embrião pode ser comprimida em uma definição e em um critério de verdade factual. A definição é a seguinte: "A proposição p que afirma o fato f é verdadeira se e somente se f ocorrer". Essa definição é a assim chamada teoria da correspondência da verdade, tacitamente adotada por quase todo mundo. Por certo, ela é rejeitada pelos subjetivistas, porque eles negam a própria existência de fatos objetivos a serem representados no cérebro. Enfim, o critério de verdade factual é o seguinte: (a) p é compatível com (e excepcionalmente equivalente a) evidência relevante; e (b) p é consistente com o grosso do conhecimento básico pertinente.

Repare a distinção acima delineada entre a definição e o critério de verdade: a primeira nos fala o que é verdade e a segunda sugere como identificá-la. A diferença sublinha o uso de indicadores, como a frequência dos cliques de um contador Geiger como medida da intensidade de radiação e do nível de corticosterona como medida de estresse.

A falha no intento de distinguir entre verdade e evidência para isso é a fonte de algumas variedades de antirrealismo. Uma delas é a pretensão holística e pragmática de que não há ponte entre nossas teorias e o mundo que pretendem descrever, porque essas teorias descrevem apenas a evidência relevante[17].

Tal confusão entre referência e evidência importa em misturar estrelas com telescópios. A mesma mescla é também inerente à assim chamada teoria da verificação do significado, característica do Círculo de Viena e do operacionalismo, e que foi também recomendada por Davidson. Essa teoria é obviamente falsa: mensurações e experimentos podem nos informar se uma hipótese é verdadeira, não o que ela significa. Além disso, o significado precede o teste, se não por outro motivo, ao menos porque precisamos saber a que uma hipótese se refere, antes de projetar um teste para a sua verdade[18].

Uma variedade mais popular de antirrealismo derivada da falha em distinguir o conceito de verdade de seu critério reside na substituição neopositivista de "verdade" por "confirmado". Putnam[19] adotou essa doutrina e a rebatizou como "realismo interno". De acordo com ela, um verdadeiro pensamento "é um enunciado que um ser racional aceitaria com base em experiência suficiente". Por exemplo, todas as manhãs os Astecas confirmavam sua crença de que os sacrifícios humanos do dia anterior obrigavam os deuses a trazer de volta o Sol. Claramente, Putnam confundiu o conceito de verdade (factual) com o critério empírico de verdade.

O que foi apresentado até agora é o bastante para enunciar a nossa versão do realismo semântico. Proponho agora alguns argumentos em seu favor. O mais popular deles é este: deve haver algo lá fora se uma teoria a seu respeito resulta verdadeira. Tal argumento é particularmente persuasivo se a existência da coisa em questão foi prevista pela teoria em apreço, como nos casos de Netuno, das ondas eletromagnéticas, dos elétrons positivos, dos neutrinos e dos hominídeos e outros organismos extintos.

E se a evidência pertinente a uma teoria lhe for desfavorável? Isso pode acontecer, seja porque a teoria é falsa enquanto a evidência é sólida, seja porque a teoria é verdadeira enquanto a evidência não o é. Somente trabalho empírico ou teórico ulterior pode resolver a questão. Entretanto, pode ocorrer que a entidade postulada não exista. Isso representará uma tragédia para uma bela teoria, mas não para o realismo: a existência do universo é sempre pressuposta mais do que questionada.

Paradoxalmente, um sustentáculo até mais forte para o realismo semântico é o argumento proveniente do erro[20]. De fato, o próprio conceito de um erro científico, seja conceitual ou empírico, pressupõe a existência real da entidade ou da feição em apreço. Por exemplo, sabemos que os números para as taxas de desemprego são apenas aproximadamente verdadeiros, porque muitos desempregados ficam desanimados e param de ir às agências de trabalho em busca de colocação. Em outras palavras, há desempregados fora dessas agências que nunca foram computados. Em outras ocasiões, contamos duas vezes o que é, na realidade, uma única, como é o caso das imagens duplas criadas pelas lentes gravitacionais.

19 *Reason, Truth, and History*, p. 64.
20 M. Bunge, New Dialogues between Hylas and Philonous, *Philosophy and Phenomenological Research*, n. 15, p. 192-99.

21 W. O. Quine, *From a Logical Point of View*, p. 79.
22 *Objective Knowledge*.
23 *Philosophical Papers*.
24 *The Scientific Image*.
25 A Confutation of Convergent Realism, *Philosophy of Science*, n. 48, p. 19-49.
26 Mais sobre isso em E. Durkheim, *Les Régles de la méthode sociologique*; M. Weber, Die *"Objektivität" sozialwissenschaflicher und sozialpolitischer Erkenntnis*, op. cit.; V. I. Lênin, *Materialism and Empirio-Criticism*; A. Einstein, Physics and Reality, op. cit.; K. R. Popper, Three Views Concerning Human Knowledge, reed. em *Conjectures and Refutations*, p. 97-119; W. Sellars, *Science, Perception, and Reality*; J. J. C. Smart, *Between Science and Philosophy*; H. Keuth, *Realität und Wahrheit*; R. Trigg, *Reality at Risk*; W. H. Newton-Smith, *The Rationality of Science*; J. Agassi, Ontology and its Discontent, em P. Weingartner; G. Dorn (eds.), *Studies on Mario Bunge's Treatise*; D. Stove, *The Plato Cult and Other Philosophical Follies*; J. R. Brown, *Smoke and Mirrors*; H. Siegel, *Relativism Refuted*; L.-M. Vacher, *La Passion du réel*; I. Niiniluoto, *Critical Scientific Realism*; S. D. Hunt, *Controvesy in Marketing Theory*.

Assim, o realismo dá conta tanto do erro como de sua redução: ele explana o progresso científico e tecnológico como um produto de nosso esforço para melhorar a descrição e a explicação do mundo externo. É verdade que alguns filósofos irrealistas admitem a possibilidade de aperfeiçoar teorias científicas, mas também é provável que eles sustentem que "não há sentido... em investigar a absoluta correção de um esquema conceitual como um espelho da realidade"[21]. Entretanto, eles não se dão ao trabalho de elucidar como a "teoria aperfeiçoada" difere da 'teoria verdadeira. Pior ainda, eles não conseguem executar tal elucidação porque, carecendo o conceito de uma verdade objetiva, não podem empregar o do erro como discrepância entre teoria e realidade.

Alguns realistas, como Popper[22], atribuem grande importância ao progresso científico, mas declaram que o sucesso da ciência é miraculoso e, portanto, inexplicável. Putnam[23] argumentou corretamente que o sucesso da ciência seria miraculoso se suas teorias não fossem, no mínimo, aproximadamente verdadeiras. Porém, fenomenalistas como van Fraassen[24] e pragmatistas como Laudan[25] têm pretendido que não deveríamos falar de milagres ou até de verdade: sucesso seria suficiente. Mas o que a palavra "sucesso" quer dizer em ciência mais do que "verdade"? O Prêmio Nobel não é outorgado aos santos pela realização de milagres nem é concedido a engenheiros, a homens de negócio ou a políticos bem-sucedidos. Ele é dado somente a cientistas que "encontraram" (descobriram ou inventaram) algumas verdades importantes acerca de uma parcela ou de uma feição da realidade.

A ciência não prova nem poderia possivelmente provar o realismo, porque toda proposição científica, dado ou hipótese, refere-se unicamente a fatos de um tipo particular. A ciência faz mais pelo realismo do que confirmá-lo: ela o toma como certo. Em outras palavras, os cientistas (e os tecnólogos) praticam o realismo semântico, mesmo se ocasionalmente louvam uma filosofia antirrealista. Eles pressupõem tanto a existência independente do mundo quanto a possibilidade de produzir verdades objetivas a respeito de algo dele. O mesmo fazem os leigos quando tratam de seus negócios cotidianos, desconsiderando os subjetivistas, os convencionalistas, os pragmatistas e os relativistas-construtivistas, todos que negam a possibilidade da verdade objetiva[26].

Para apreciar o papel central da verdade na vida diária, imagine dois países: Analetéia, cujos habitantes negam a verdade, e Anapístia, cujos cidadãos negam a falsidade. (Os nomes de ambos os lugares têm raízes gregas: *alétheia* significa "verdade" e *apistía*, "falsidade".) Os anapistianos sustentam que "tudo serve", enquanto os analetianos mantêm que "nada serve". Os primeiros têm a mente demasiado aberta, isto é, são incautos, ao passo que os analetianos a possuem excessivamente fechada, isto é, são céticos radicais. Por certo, os naturais de ambos os países se contradizem quando sustentam que seus modos de ver são corretos, mas não o percebem. Tampouco podem debater uns com os outros: os analetianos, porque não possuem convicções; os anapistianos, porque não veem nada de errado em qualquer coisa que suas contrapartes possam vindicar.

Pior ainda, os analetianos não podem utilizar quaisquer verdades para moldar suas próprias vidas; e os anapistianos usam desavisadamente falsidades em abundância. Como consequência, a vida em ambos os países, como a dos primitivos de Hobbes, é desagradável, breve e bruta. Não há por que se preocupar, no entanto, porque no mundo real todos os analetianos e anapistianos são professores de faculdades que têm vidas seguras ensinando ceticismo radical, construtivismo ou relativismo, em vez de realizar trabalho duro, a fim de tentar e descobrir novas verdades.

4. realismo metodológico: checagem de realidade e cientismo

O realismo metodológico importa tanto na exigência de "checagens de realidade" (testes empíricos) quanto na adoção do cientismo. Uma checagem de realidade é, por certo, a confrontação de uma proposição, em particular uma hipótese, com os pertinentes dados empíricos e as pertinentes teorias. Note que isso não é um confronto direto de uma proposição com o fato a que ela se refere, porém com o dado a seu respeito. Considerando que uma proposição não pode ser comparada com um fato, ela pode, no entanto, ser contrastada com outra proposição. Ver Figura 10.2.

FIGURA 10.2

Uma hipótese factual refere-se a um fato que, quando sob observação, é algo diferente e é o referente de um dado ou peça de evidência.

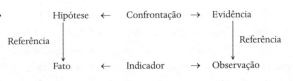

27 Condorcet: Selected Writings.
28 The Counter-Revolution of Science.
29 Para as definições-padrão de ambos os termos, ver, e. g., A. Lalande, Vocabulaire technique et critique de la philosophie; M. Bunge, Philosophical Dictionary.
30 D. O. Hebb, Essay on Mind.
31 Ver, e. g., M. Bunge, Emergence and Convergence.

Como para o cientismo, é a tese de que o método científico é a melhor estratégia para atingir as mais objetivas, mais acuradas e mais profundas verdades acerca de fatos de qualquer espécie, naturais ou sociais. Essa era a tese central da famosa oração pronunciada por Condorcet[27] em 1782 na Academia Francesa. Desde então, o cientismo tem sido um princípio-chave do positivismo e do realismo científico. De fato, ele é o principal osso na disputa entre os campos da prociência e da anticiência.

É verdade que na famosa vindicação de Hayek[28] o cientismo é algo inteiramente diferente, ou seja, a tentativa de parte de alguns cientistas sociais de macaquear os seus colegas das ciências naturais, ignorando a vida interior de seus referentes. Mas essa arbitrária redefinição implica confundir naturalismo ou materialismo reducionista (tal como praticado, e.g., pelos sociobiólogos) com o cientismo[29].

Os oponentes do cientismo sustentam que a subjetividade não pode ser estudada cientificamente. Isso não é verdade: a psicologia é o estudo científico da mente[30]. Os proponentes do cientismo admitem, por certo, a diferença tanto no assunto quanto nas técnicas especiais entre as ciências dos mundos interno e externo. Mas ele também sustenta que tais diferenças não constituem obstáculo ao uso do mesmo método *geral* em tudo que se relaciona às ciências, e isso pelas seguintes razões: todos os existentes são materiais, todos os investigadores possuem cérebros similares e todos eles têm como meta descobrir verdades objetivas acerca de padrões, bem como de particulares. Essa tese é, às vezes, denominada *monismo metodológico*.

Um mérito do monismo metodológico é que ele permite aos cientistas sociais utilizar algumas das técnicas e dos achados das ciências naturais – como é o caso quando os psicólogos sociais empregam a neurociência. Outro é o fato de que ele torna possíveis as ciências biossociais (demografia, antropologia, psicologia, linguística, etc.), enquanto a dicotomia natural/cultural, proveniente de Kant, passa por cima delas[31].

O argumento usual em favor do realismo metodológico é o sucesso do método científico. Este é, certamente, um argumento forte. Mas o que dizer dos malogros do empenho científico, particularmente na psicologia e nos estudos sociais? Poder-se-ia argumentar que qualquer fracasso particular apenas sugere que havia alguma falha na aplicação do método científico – por exemplo, que a amostra era ou muito pequena, ou não aleatória; que o projeto experimental omitiu certas variáveis ou que uma única linha de evidência foi usada quando a complexidade da questão requeria o emprego de múltiplas linhas. Contudo, tais escusas não irão, provavelmente, persuadir os cientistas céticos.

O cético a respeito do método científico poderia ser influenciado pelo argumento hermenêutico de que as ciências culturais (ou sociais), ao contrário das naturais, tentam "entender" fatos sociais em termos do comportamento "significativo" mais do que explicá-los. Lamentavelmente, os hermeneuticistas não elucidam sua noção escorregadia de significado, embora partindo do contexto suspeita-se que tenham em vista a "intenção" ou a "meta". Se for esse o caso, então a tese hermenêutica em questão é falsa, uma vez que a neurociência cognitiva estuda as intenções como processos que ocorrem no córtex pré-frontal; os psicólogos sociais e os sociólogos empregam o método científico para investigar o comportamento que visa metas; e os tecnólogos sociais, como cientistas do gerenciamento, os ativistas sociais e os legisladores intentam governar a conduta.

Tampouco é verdade que as ciências sociais sejam obrigadas a explicar o familiar pelo familiar, como sustentam os intuicionistas, os fenomenólogos, os etnometodologistas e os adeptos doutrinários da abordagem do *Verstehen* (compreender). O cientista social sério provavelmente irá além do conhecimento e do senso comum, e é obrigado assim a lançar dúvida sobre muita coisa da sabedoria convencional, assim como apresentar algumas hipóteses contraintuitivas.

Espero que os próximos exemplos sejam suficientes para escorar a tese de que os cientistas sociais descobriram algumas generalizações contraintuitivas: "Quanto mais semelhante, mais feroz é a competição" (lei ecológica), "As rebeliões ocorrem não quando a opressão chega ao auge, mas quando ela começa a esmorecer" (Aléxis de Tocqueville), "O comércio livre só favorece os poderosos", "O colonialismo termina empobrecendo as potências coloniais, assim como as colônias" (John Hobson), e "A disseminação da educação superior alonga as filas de desempregados" (Raymond Boudon).

Cada uma dessas hipóteses contraintuitivas pode ser apoiada não apenas pelas estatísticas, mas também se desenterrando o mecanismo pertinente. Por exemplo, quanto mais semelhantes dois grupos de organismos, mais necessidades eles hão de partilhar e, assim, mais próximos serão seus nichos. A contraintuitividade é, por certo, ainda mais pronunciada nas ciências naturais: pense apenas nos "paradoxos" (hipóteses contraintuitivas) da física relativista e quântica. Sustentar que a ciência não difere radicalmente do conhecimento corriqueiro, apenas porque ambos fazem uso da evidência empírica[32], não vem ao caso. O ponto em mira, quando alguém se engaja em pesquisa científica, é construir e checar teorias sobre itens factuais, itens inacessíveis ao senso comum. O conhecimento ordinário, mesmo quando enriquecido com evidência lógica e empírica, se iguala ao conhecimento comum.

Em resumo, espera-se que as hipóteses científicas sejam testáveis e, além do mais, submetidas a testes, se for do interesse. O cientismo, longe de ser uma ideologia – como Hayek e Habermas têm pretendido –, é nada menos do que o engenho epistêmico que tem conduzido tudo nas ciências desde o início dos anos de 1600.

5. o realismo axiológico: valores objetivos

A sabedoria convencional sobre os valores é que todos eles são subjetivos: que o valor reside apenas na mente do avaliador. Consequentemente, não existiriam verdadeiros juízos de valor objetivos. Essa é a opinião dos niilistas axiológicos, como Nietzsche; dos emotivistas, tais como Hume, e dos positivistas lógicos; e dos intuicionistas, como G. E. Moore e Max Scheler.

Por contraste, os realistas axiológicos sustentam que, embora alguns valores sejam efetivamente subjetivos, outros são objetivos porque estão radicados em necessidades biológicas ou sociais[33]. Por exemplo, enquanto a beleza pode muito bem estar no olho do contemplador, a segurança e a paz são bens sociais objetivos. Que o precedente não é um dogma mas uma verdade objetiva é algo sugerido pelo fato de que a insegurança e a guerra colocam a vida em risco e, portanto, arrastam para baixo todos os outros valores.

Em outras palavras, o realismo axiológico rejeita o ponto de vista dogmático segundo o qual os valores devem ser aceitos cegamente ou porque eles têm uma fonte sobrenatural, ou porque eles representam puramente uma questão de sentido ou intuição. Os realistas axiológicos não se sentem intimidados pela posição de G. E. Moore ao estigmatizar a tentativa de juntar o valor ao fato como algo que perpetra a "falácia naturalista". Antes, os realistas encaram a dicotomia fato/valor como uma falácia supernaturalista ou irracionalista.

Entretanto, o objetivismo do valor não implica o absolutismo do valor. Primeiro, um e mesmo item pode ser objetivamente valioso em alguns aspectos, porém não valioso em outros. Por exemplo, andar em boa bicicleta é saudável para o corpo, mas tenta ladrões; e dar esmolas pode fazer a pessoa sentir-se bem, mas adia a justiça social. Segundo, alguns valores têm de ser restringidos, a fim de assegurar outros. Por exemplo, nem todo conhecimento é valioso; assim, conhecer o sexo de um feto humano pode levar ao aborto de fetos do sexo feminino. Além disso, alguns valores estão destinados a entrar em conflito com outros. Por exemplo, a privacidade pede a limitação do direito de conhecer.

Os valores podem ser individuais ou sociais. Os valores individuais podem ser definidos em termos de necessidades e desejos individuais. Pode-se afirmar que tudo que contribua para atender a uma necessidade básica, como comida, abrigo ou companhia têm um valor primário. Um valor secundário é tudo aquilo que contribui para satisfazer um desejo legítimo – isto é, um valor cuja satisfação não impede a nenhuma outra pessoa de satisfazer suas necessidades básicas[34].

Os valores sociais, como segurança, coesão social, democracia, progresso e paz promovem o bem-estar individual e a coexistência social pacífica. Todavia, às vezes, conflitam com valores individuais. Por exemplo, a segurança pode entrar em choque com a liberdade. Entretanto, tais conflitos podem ser mais bem

[33] Ver M. Bunge, *Treatise on Basic Philosophy*, v. 8; Raymond Boudon, *The Origin of Values*.

[34] Para uma partição e uma quantificação mais fina, ver M. Bunge, *Treatise on Basic Philosophy*, v. 8.

35 E. g., D. Berlyne, *Studies in the New Experimental Aesthetics*; S. Zeki, *Inner Vision*.

36 Ver R. K. Merton, *Sociological Ambivalence and Other Essays*, p. 145-155.

solucionados por meio da negociação e do compromisso, mais do que pela coerção. Em todo caso, os valores sociais são exatamente tão objetivos e importantes quanto os valores objetivos individuais.

Finalmente, o cientismo sugere que valores, subjetivos ou objetivos, podem ser investigados, defendidos ou atacados com fundamentos científicos, em vez de serem entregues a ideólogos. Por exemplo, a apreciação artística tem sido investigada experimentalmente[35]; necessidades básicas têm sido investigadas por médicos e psicólogos sociais, entre outros; e espera-se que os cientistas políticos projetem metas políticas tendo em mira defender certos valores objetivos. Assim, a axiologia deveria ser considerada como que o cavaleiro da filosofia, da ciência e da tecnologia.

6. realismo ético I: fatos morais e verdades morais

Desde Hume, a maioria dos filósofos sempre adotou o subjetivismo ético ou o relativismo. Por consequência, eles têm sustentado que não há fatos morais e que, portanto, os enunciados morais não são nem verdadeiros, nem falsos. Isto é, a tradição ética é irrealista. Coloquemos à prova essa tradição em dois casos típicos: os do roubo e os do altruísmo. Aceito que as ações de ambos os tipos são morais porque afetam as pessoas nos fins aceitos. E, à primeira vista, as normas correspondentes "Não roube" e "Ajude o necessitado" não podem ser nem verdadeiras, nem falsas. No entanto, elas *são* verdadeiras se a norma moral "Tente ajudar os outros" for postulada.

Até aqui, tudo pode afigurar-se claro e simples. Mas não é bem assim, porque as normas em apreço possuem duais ou contranormas concernentes a circunstâncias mitigantes – como é a regra para todas as normas sociais[36]. Assim, costumeiramente postulamos que é errado mentir e roubar – exceto quando uma vida humana está em jogo. Do mesmo modo, estabelecemos limites ao altruísmo: normalmente não exigimos a ajuda aos outros ao risco de nossa própria vida.

Em ambos os casos, os fatos da questão estão colocados no contexto, e assim também estão os correspondentes princípios morais. Então, em uma perspectiva situacional ou sistêmica, mentir, roubar e ajudar outros sem esperar recompensa são fatos morais; e as normas e contranormas vinculadas a tais fatos são verdadeiras porque vão ao encontro do princípio moral maximal "Desfrute a vida e ajude outros a viverem vidas desfrutáveis"[37].

Em outros termos, as normas morais deveriam ser colocadas em contexto social, mais do que separadas dele, visto que elas têm de ser usadas na vida real. A concepção de que há fatos morais e, portanto, também verdades morais, é um requisito do realismo moral. Embora em desacordo com a corrente principal da ética, em especial com o kantismo, o emotivismo e o utilitarismo padrão (subjetivo), o realismo moral vem ganhando voga em anos recentes[38]. Contudo, em muitos casos, essa concepção foi apresentada como um subproduto da filosofia da linguagem ou, antes, da filosofia linguística. Portanto, é improvável que essa variedade de realismo moral atraia qualquer pensador que considere as palavras como convencionais.

Além do mais, alguns realistas morais, como Platt[39], são intuicionistas – portanto, distantes do racionalismo, bem como do empirismo; e outros, como Wiggins[40], escreveram sobre "o significado da vida". Mas ninguém que toma a ciência e a tecnologia a sério e as considera como *inputs* para a filosofia pode desculpar o intuicionismo; e os filósofos genuinamente analíticos desconfiam das meditações acerca do significado da vida. Outros realistas morais ainda, em particular Brink[41], professam o naturalismo ético e o utilitarismo objetivo. Entretanto, o naturalismo (ao contrário do materialismo emergentista) é insustentável, visto que as regras morais são sociais, portanto, em parte, artificiais, bem como as biológicas (ou as psicológicas). E o utilitarismo não explica o bem conhecido fato de que amiúde nos efetuamos sacrifícios sem esperar por recompensas. Por essas razões, esboçarei agora uma variante diferente do realismo moral (ou, antes, ético).

De acordo com a teoria da correspondência da verdade factual, a tese de que há verdades e falsidades morais pressupõe que existam fatos morais. Por sua vez, isso pressupõe que verdades morais são precisamente tão factuais como as verdades da física, da biologia e da história. Ora, a vasta maioria dos filósofos nega a existência de fatos morais[42]. Eles baseiam essa negação na

[37] M. Bunge, *Treatise on Basic Philosophy*, v. 8.

[38] Ver, e. g., S. Lovinbond, *Realism and Imagination In Ethics*; C. McGinn, *Ethics, Evil and Fiction*; M. Bunge, *Treatise on Basic Philosophy*, v. 8; W. Rottschaefer, *The Biology and Psychology of Moral Agency*.

[39] *Ways of Meaning*.

[40] Truth, Invention and the Meaning of Life, *Proceedings of the British Academy*, n. LXII, p. 331-378.

[41] *Moral Realism and the Foundations of Ethics*.

[42] G. Harman, *The Nature of Morality*; C. S. Nino, *Etica y Derechos Humanos*; e W. Rottschaefer, *The Biology and Psychology of Moral Agency* são exceções.

dicotomia fato-norma, em geral atribuída a Hume. Vamos dar uma espiada neste último.

Hume tinha certamente razão ao afirmar que o que deve ser não é o mesmo daquilo que é: que as normas não são da mesma espécie que as proposições factuais. Todavia, aceito que ele estava equivocado ao sustentar que a brecha valor/fato é intransponível. Ele estava errado porque nós nos movemos diariamente de um para o outro, ou seja, quando entramos em ação. Por exemplo, se eu digo a mim mesmo que tenho de pagar minha dívida a alguém, e vou pagá-la, eu cruzo o abismo entre o que se *deve* e o que se *é*. Do mesmo modo, quando percebo uma situação injusta e tento remediá-la, eu sigo o outro caminho.

Em outros termos, *é* e *deve* são indubitavelmente distintos: estão separados por uma brecha conceitual ou lógica. Mas, na prática, essa é apenas um buraco sobre o qual podemos saltar pela ação. Além disso, é um buraco que não apenas seres conscientes podem transpor. Ele pode ser também cruzado por qualquer artefato dotado de um dispositivo munido de *feedback* negativo capaz de conduzir o sistema de seu estado atual para o estado final julgado valioso pelo operador ou usuário.

Mais ainda, sugiro que todo fato a envolver direitos ou deveres, satisfeitos ou não, é um fato moral. Por exemplo, a pobreza é um fato moral, não apenas um fato social, porque envolve sofrimento desnecessário e degradação. Daí por que ela elicia emoções morais, como a compaixão e a vergonha. Desemprego involuntário é também um fato moral, porque viola o direito ao trabalho, a fonte de toda renda legítima indispensável para satisfazer necessidades básicas e desejos legítimos. Analogamente, a criação de emprego é um fato moral, não somente um fato econômico, porque satisfaz o direito ao trabalho. Outro caso de fato moral (ou, antes, imoral) é a queima de resíduos tóxicos, e isso porque viola o direito que todos nós temos a um ambiente limpo. Pela mesma razão, dragar uma massa de água para remover lixo tóxico é um fato moral. Em resumo, a vida na sociedade humana está carregada de fatos morais e, portanto, de problemas morais que podem ser enfrentados com a ajuda de verdades factuais e morais.

Como poderiam os fatos morais ser identificados ou individualizados? Uma opção é usar a seguinte definição: "Um fato f é moral = f coloca um problema a alguma pessoa em alguma cultura". Por sua vez, um problema moral é uma questão cujo exame e solução exigem, entre outras coisas, a invenção ou a aplicação de normas morais. E estas últimas, sem dúvida, colocam problemas éticos e metaéticos, cujas soluções podem levar a alterar algum preceito moral. Por sua vez, semelhante mudança pode exercer impacto sobre o comportamento individual e, portanto, sobre o problema moral original, por exemplo, contribuindo quer para solucioná-lo, quer para piorá-lo.

Os fatos morais e nossas reflexões morais, éticas e metaéticas a seu respeito constituem então componentes de um circuito fechado realimentador (*feedback loop*):

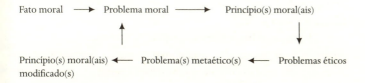

Ao fim, então, as verdades morais assemelham-se às verdades da ciência e da tecnologia. Porém é evidente que as duas diferem em um aspecto importante: ao contrário das últimas, as primeiras são contextuais, situacionais ou relativas. De fato, visto que as verdades morais concernem, em última análise, a direitos e deveres, e visto que estes são relativos a uma cultura e a seu código moral, as verdades morais são contextuais. Nesse sentido, e somente nesse, as verdades morais assemelham-se às verdades matemáticas, na medida em que valem em algumas teorias, mas não em outras.

Entretanto, essa dependência do contexto das regras morais não é absoluta: ela não envolve a relatividade total defendida pelos relativistas antropológicos e os construtivistas sociais. Isso é assim porque todos os códigos morais viáveis compartilham de certos princípios como os do respeito ao outro e a reciprocidade. Em outras palavras, alguns direitos e deveres são básicos, portanto transculturais e não negociáveis, enquanto outros são secundários e, portanto, locais e negociáveis. O direito a uma vida desfrutável e não danosa, e o dever de ajudar o necessitado, quando ninguém pode fazê-lo, são absolutos e universais, ao passo que os direitos de propriedade e os deveres religiosos não o são.

43 J. K. Rilling et al, A Neural Basis for Social Cooperation, *Neuron*, n. 35, p. 395-405.

Os teóricos da lei natural, quer seculares, como os antigos estóicos, quer religiosos, como Tomás de Aquino, negam, por certo, essa relatividade parcial das normas morais. De fato, sustentam que os direitos e os deveres morais são naturais e, portanto, universais e absolutos, isto é, livres de contexto. Mas como na realidade alguns códigos morais não admitem certos deveres e direitos santificados em códigos alternativos, o teórico da lei natural não pode sustentar que as proposições correspondentes sejam universalmente verdadeiras. E se, não obstante, ele insiste em sua vindicação, nesse caso ele pode manter que tais verdades morais correspondem a quaisquer fatos. Ao invés, ele tende a afirmar ou que elas são precisamente tão formais como os teoremas da matemática, ou ele é obrigado a adotar uma teoria não realista da verdade.

Dadas essas dificuldades, o teórico da lei natural procurará, talvez, refúgio na opinião tradicional de que as normas morais não são nem verdadeiras, nem falsas, mas apenas efetivas ou não efetivas, exatamente como prescrições médicas ou pratos preparados a partir de receitas. Mas se ele adotar essa posição intrumentalista (ou pragmatista), renunciará ao direito de chamar a si próprio de teórico da lei *natural*.

Em suma, os fatos morais são sociais e não naturais: eles pertencem ao tecido da sociedade e não da natureza. Além disso, esses fatos são artificiais, isto é, produzidos e não encontrados: não ocorrem na ausência de agentes morais. Por exemplo, ainda há pessoas entre nós, até professores de direito de Harvard, que justificam a tortura, a pena de morte e a agressão militar. Daí por que o naturalismo moral ou a concepção de que as morais estão em nossos genes é falsa. A moralidade é feita e aprendida, não é encontrada ou herdada. Por isso, ela pode ser aperfeiçoada ou degradada, assim como convertida em objeto de legislação.

Como quaisquer outros fatos sociais, os fatos morais podem ser "percebidos" (avaliados) de diferentes maneiras por diferentes pessoas ou pela mesma pessoa em diferentes circunstâncias. É interessante notar que todas essas "percepções" podem ser, em princípio, objetivadas: isto é, podem ser detectadas por observadores imparciais. Por exemplo, Rilling e colaboradores[43] verificaram que os centros cerebrais de recompensa (ou prazer) de sujeitos experimentais envolvidos no jogo do Dilema do

Prisioneiro "acendem" quando eles cooperam com o experimentador. Isto é, a pessoa sente-se bem em praticar bons atos – a não ser que ela tenha sido educada na dura escola da corrente principal da economia, para a qual o egoísmo é a suprema virtude. É parcialmente por isso que nós, com frequência, ajudamos os outros sem esperar reciprocidade.

Economistas experimentais descobriram há muito que transações comerciais em pequena escala envolvem um fator moral ignorado pela teoria macroeconômica padrão. Assim, Kahneman, Knetsch e Thaler escreveram: "Uma descrição realista de transacionistas deveria incluir os seguintes traços. (1) Eles se importam em ser tratados corretamente e tratar os outros corretamente. (2) Eles estão dispostos a resistir a firmas incorretas, mesmo a um custo positivo. (3) Eles possuem regras sistemáticas implícitas que especificam quais ações das firmas são consideradas incorretas"[44].

Outro achado empírico que refuta o dogma de que as pessoas atuam sempre, unicamente, em favor de seu melhor interesse, isto é, "racionalmente", é o seguinte. De um ponto de vista "racional" (egoísta), é óbvio que quem quer que puna algum outro não deveria esperar cooperação altruísta de parte da vítima, independentemente da correção da sanção. Entretanto, esse não é o caso: isto é, a correção pode constituir toda a diferença. De fato, os experimentos de Fehr e de Rockenbach[45] (sugerem que as sanções percebidas como corretas não causam dano ao altruísmo, enquanto as sanções que revelam intenções egoístas ou cobiçosas destroem a cooperação altruísta.

Em resumo, os filósofos utilitaristas, os economistas neoclássicos e os sociobiólogos têm estado equivocados ao desconsiderar o fator moral ou ao interpretar altruísmo como egoísmo esclarecido. Experiência e experimento mostram que decência comum, correção e lealdade importam em transações de toda espécie, mesmo em tratos comerciais entre estranhos. O mesmo acontece com a generosidade unilateral: a maioria de nós que despende tempo dando orientação a estranhos, gorjetas a garçons até no exterior, e contribui para caridades, prefere negociar com firmas que tratam corretamente seus empregados e boicotar firmas, produtos e países inteiros suspeitos de serem moralmente maculados. Aceito que todos esses fatos são fatos morais.

[44] D. Kahneman et al., Fairness and the Assumptions of Economics, Journal of Business, n. 59, p. 299.

[45] Detrimental Effectis of Sanctions on Human Altruism, Nature, n. 433, p. 137-140.

Se há fatos morais, então deverá haver verdades morais. Certamente, a maioria dos filósofos nem sequer considera a possibilidade de verdades morais corresponderem a fatos morais. Em alguns casos, a omissão dessa possibilidade se deve, em última análise, ao fato de que eles pensam os princípios ou as normas morais como imperativos do tipo "Não matarás". Embora um imperativo possa ou não ser pertinente, eficiente ou bom, ele não pode ser nem verdadeiro, nem falso, porque não afirma nem nega quaisquer questões de fato.

Essa objeção passa por cima do fato de que o envolvimento linguístico de uma ideia é superficial porque é convencional. Efetivamente, qualquer ideia de conhecimento comum pode ser expressa de diferentes modos em qualquer linguagem e, *a fortiori*, em diferentes linguagens. (O aditamento "comum" exclui ideias matemáticas, científicas e tecnológicas: essas requerem símbolos que, embora convencionais, são claramente universais.) Uma vez que existem vários milhares de línguas vivas, é possível dar milhares de traduções para qualquer enunciado não técnico.

Em particular, qualquer imperativo moral pode ser expresso por uma sentença no modo indicativo, sem maior perda de conteúdo ou valor prático, em especial, psicológico ou legal. Por exemplo, "Não matarás" pode ser traduzido por "Matar é mau", "O assassinato é o pior pecado", "É proibido matar", "Se você matar, espere ser punido" e assim por diante. As duas primeiras traduções designam uma proposição que vale (é verdadeira) em qualquer código moral que afirme o direito de todas as pessoas à vida, e falso em qualquer código que não admita tal direito. (Note que o princípio em questão vale tacitamente apenas para pessoas, não para embriões humanos ou para animais não humanos.) Quanto à contraparte legal do princípio moral em apreço, isto é, "É proibido matar", ele vale (é verdadeiro) nos códigos criminais que não igualam justiça com vingança.

Em suma, é possível proposicionalizar qualquer imperativo dado. Semelhante proposicionalização é necessária para determinar o valor-verdade (ou as condições da verdade) das máximas morais. Uma vez executada uma tradução de um imperativo em um indicativo, deve-se proceder a uma segunda tradução: uma, em termos de direitos e deveres ou, então, de virtudes e vícios, ou de boas, ou más consequências de uma ação.

Por exemplo, "Ajude teu vizinho" pode ser traduzida por "É bom ajudar teu vizinho" ou "Ajudar o nosso vizinho é bom". A verdade dessa máxima torna-se óbvia quando ela é expandida em "Se você leva em conta o interesse de seu vizinho ou deseja contar com ele em uma emergência, ou deseja estar em paz consigo próprio, você o ajudará". Igualmente, o preceito "Poupar é virtuoso, enquanto desperdiçar não o é" é verdade em um mundo que sofre de crescente escassez. (O fato de que quase todos os economistas recomendem aumentar o dispêndio durante as recessões, enquanto recomendam diminuí-lo durante os períodos de expansão, apenas sugere que eles são tão amorais quanto míopes.)

A regra metodológica que vale para as verdades morais vale também, por certo, para as falsidades morais. Por exemplo, a tese segundo a qual aquilo que é bom para "a economia" é bom para o indivíduo, é falsa porque "a economia" pode ser estimulada no curto prazo pelo dispêndio no supérfluo ou mesmo em produtos perniciosos, como carros esportivos e armas. Do mesmo modo, a máxima "o que é bom para o governo (ou para a companhia, para a Igreja ou para o Partido) é bom para todos", é falsa toda vez que o governo (ou a companhia, a igreja ou o partido) descuida do bem-estar da maioria.

Pois bem, se há falsidades morais, deve haver também mentiras morais, isto é, sentenças expressando o que o locutor sabe que são falsidades morais. Por exemplo, a afirmação de que existem raças humanas inferiores é não só cientificamente falsa, mas também uma falsidade moral: porque tem sido utilizada para justificar a exploração ou a opressão de certos grupos étnicos. E, embora a enunciação de uma falsidade moral possa constituir mero erro, a de uma mentira moral é quase sempre pecaminosa. A exceção é, por certo, a mentira branca ou piedosa proferida para evitar um sofrimento desnecessário.

7. o realismo ético II:
a testabilidade das normas morais

Se todas as normas morais, quer universais ou locais, concernem a fatos morais, então deve ser possível submetê-las a testes empíricos. Aceito que uma norma moral diferente da regra moral maximal é *justificável*, se e somente se (a) ela se adequar a um fato moral; (b) ser for consistente com o supremo postulado do código moral em questão; e (c) se for efetiva na promoção da conduta pró-social.

A norma moral maximal é a marca referencial contra a qual todos os outros componentes do código estão calibrados. E ela se justifica por sua lógica e consequências práticas. O mesmo, em grande parte, vale para os axiomas de uma teoria matemática ou científica: eles podem somente ser justificados por suas consequências.

Aceito que as normas morais podem ser aferidas em três modos diferentes, embora mutuamente complementares. O primeiro teste é o da coerência, isto é, da compatibilidade com os princípios de alto nível. O segundo é o da compatibilidade com o conhecimento relevante mais disponível (comum, científico ou tecnológico). O terceiro teste é o da contribuição ao bem-estar individual ou social. Permita-me explicar.

As normas morais, assim como as hipóteses científicas e técnicas, devem ser compatíveis com os princípios do mais alto nível, neste caso, máximas morais e metaéticas do sistema em questão. No caso do agatonismo, o princípio maximal é "Desfrute da vida e ajude os outros a viver uma vida desfrutável". Qualquer regra que facilite a implementação desse princípio será considerada moralmente correta, do contrário, incorreta. Exemplo da primeira: "Cuide de si próprio, de seu parente e de seu vizinho". Um exemplo do último tipo é qualquer regra conducente a uma discriminação negativa com base na idade, no sexo, na raça, na classe ou na religião. Por contraste, uma discriminação positiva, como na "ação afirmativa", é justificável quando ela corrige desequilíbrios não corretos.

O segundo de nossos textos é o da compatibilidade com o conhecimento mais disponível. Por exemplo, deveríamos descartar qualquer regra que ignore sentimentos morais positivos, tais como a compaixão, ou sentimentos morais negativos, como a vergonha e a inveja. O mesmo vale para qualquer regra que despreze o fato de que as regras morais são construções sociais e que sua implementação provavelmente irá afetar a ação individual e, portanto, o relacionamento humano. Por exemplo, uma regra que ordene sacrifícios humanos a uma divindade não é somente cruel; ela é também inconsistente com o conhecimento moderno acerca do mito e da convenção social.

O terceiro e o último de nossos testes é o da eficiência. Evidentemente, ele consiste em determinar se a dada norma facilita ou atrapalha a realização dos valores básicos subjacentes, como os da sobrevivência e do autogoverno, e as liberdades de amar e aprender. Nesse aspecto, as regras morais assemelham-se às regras da moderna tecnologia: ambas são baseadas em leis e ambas são aferidas por sua eficiência em alcançar certas metas.

Além do mais, a eficiência das regras morais, como a eficiência tecnológica, pode ser avaliada pelos cientistas e sociotecnólogos que estudam ou controlam a conduta humana. Uma regra moral é boa somente se for eficiente, além de se propor a contribuir para o bem-estar individual e social. Mas, a fim de ser eficiente, uma regra deve começar por ser viável, o que, por sua vez, pressupõe o realismo epistemológico. Por exemplo, "Se ameaçado, levite" não é uma regra viável.

Entretanto, mesmo se uma regra moral passasse por todos os três testes, ela deveria ser encarada como perfectível. Séculos de experiências científicas e tecnológicas, para não mencionar experiência social e crítica filosófica, deveriam nos dissuadir de caçar miragens infalibilistas, em particular, as de uma ética perene moldada por humanos perfeitos em uma sociedade perfeita. Deveríamos ter aprendido, a esta altura, que nenhum código moral e nenhuma teoria ética podem garantir uma conduta correta. Só nos é dada a esperança de melhorar com base nos códigos morais e nas teorias éticas existentes por meio da análise conceitual e comparação com dados empíricos. (Por exemplo, devemos rejeitar o positivismo moral, bem como o positivismo legal, por serem ambos relativistas e conformistas.) Tal falibilismo ético está longe da lei natural, do intuicionismo moral e das doutrinas éticas vinculadas a dogmas religiosos.

Ainda assim, a menos que acompanhado pelo melhorismo, o falibilismo é destrutivo. Sugiro que devemos e podemos buscar progresso moral e ético por meio de trabalho teórico e ação social voluntária, bem como institucional. A abolição da escravatura, da tortura e da pena de morte, assim como outras reformas progressivas do código penal, são exemplos de progresso moral efetivo.

46 The Laws of Science and the Laws of Ethics, em P. Frank, *Relativity: A Richer Truth*, p. VIII.

O melhorismo ético pode ser justificado como segue: primeiro, as morais desenvolvem-se em conjunto com a sociedade, e a filosofia moral desenvolve-se juntamente com o resto da filosofia e também com as ciências sociais e as tecnologias; segundo, se tentarmos, poderemos descobrir e corrigir desvios morais e equívocos éticos, embora, às vezes, isso demande alguma coragem intelectual e até cívica.

Considere, por exemplo, a divisa *Liberdade ou Morte*, proclamada desde tempos antigos por incontáveis lutadores pela liberdade, ideólogos e políticos nacionalistas. À primeira vista, todos os amigos da liberdade deveriam abraçá-la. Mas, em um exame mais de perto, percebe-se que o preceito em questão deveria ser opcional. Para começar, mesmo uma vida de escravo vale a pena ser vivida, especialmente se ela permitir alimentar alguma esperança de emancipação. Segundo, ninguém, nem sequer o Estado, tem o direito moral de forçar quem quer que seja a lutar até a morte por qualquer causa. Terceiro, o preço exigido por qualquer guerra sem quartel pode estar se elevando, não só por causa do número de baixas, mas também por tornar mais difícil a vida dos sobreviventes. O slogan acima se justifica apenas em dois casos: quando há sólidas evidências de que inimigo não dará alojamento e quando o preço da liberdade pessoal é a traição.

Qual é o status dos axiomas morais? Serão eles pensamentos desejáveis (*wishful thoughts*), mandamentos, convenções ou hipóteses testáveis? Nossa discussão precedente aponta para a concepção de Einstein: "Os axiomas éticos são encontrados e testados de maneira não muito diferente dos axiomas da ciência. *Die Wahrheit liegt in der Bewährung*. A verdade é aquilo que resiste ao teste da experiência"[46].

Quanto aos casos das normas morais e dos princípios éticos, os dados empíricos relevantes concernem ao bem-estar humano. Por essa razão, os indicadores biológicos e sociais, tais como a expectativa de vida, a taxa de mortalidade infantil, o número de anos escolares e a renda média disponível são mais importantes para as normas morais e os princípios éticos do que as discussões acadêmicas sobre miniproblemas ou pseudoproblemas morais, como os colocados pela blasfêmia, masturbação, homossexualidade, aborto, fertilização *in vitro*, mudança de sexo, casamento homossexual, clonagem ou suicídio. Tudo isso empalidece, comparando-se com a guerra, a miséria e a tirania[47].

[47] Ver C. H. Waddington, *The Ethical Animal.*

Pressupondo que tenhamos solucionado o problema da validação das regras morais, o que poderemos dizer sobre o problema da testagem de teorias éticas, isto é, de sistemas de ideias sobre a natureza, a raiz e a função das normas morais? Eu sustento que tais teorias são testáveis do mesmo modo que o são as teorias científicas e tecnológicas, isto é, por seu acordo com os fatos relevantes e sua compatibilidade com outras teorias. Permita-me explicar.

Aceito que qualquer teoria ética deveria satisfazer as seguintes condições:

1. Consistência interna: não-contradição.
2. Consistência externa: compatibilidade com o grosso do conhecimento científico e tecnológico acerca da natureza humana e suas instituições.
3. Capacidade de responder por códigos morais viáveis (vivíveis).
4. Utilidade em sugerir reformas sociais necessárias ao exercício do livre e esclarecido julgamento moral.
5. Utilidade da análise de conceitos e princípios éticos e morais.
6. Utilidade da identificação e do enfrentamento de problemas morais e do ajuste de conflitos morais.

A condição de consistência interna não se aplica às opiniões éticas transviadas, como o imoralismo de Maquiavel ou de Nietzsche. A condição da consistência externa desqualifica o emotivismo ético (como o de Hume e do Círculo de Viena) e o intuicionismo ético (como o de Moore e Scheler), uma vez que essas concepções desprezam os *inputs* empíricos e racionais de todas as deliberações morais. A mesma condição desqualifica o utilitarismo, porque ignora a realidade dos sentimentos morais, como a empatia e a vergonha, e faz uso de valores subjetivos e de probabilidades subjetivas. Ela também desqualifica todas as teorias éticas não-consequencialistas, em particular as de Calvino e Kant. A quarta condição desqualifica o naturalismo (ou o materialismo vulgar), pois ignora a raiz social e a eficiência social das morais. A quinta desqualifica todas as doutrinas morais associadas a filosofias hostis à análise lógica, tais como o intuicionismo, a

48 *Hacia una Moral sin Dogmas.*
49 The Laws of Science and the Laws of Ethics, op. cit.

fenomenologia, o existencialismo e o materialismo dialético. E a sexta desqualifica tudo o que concerne às doutrinas morais que são apenas invenções arbitrárias de intelectuais muito distantes da realidade social – o que, infelizmente, foi o caso da maioria dos filósofos da moral.

Vamos rematar nossa discussão sobre o realismo moral. A tese de que há fatos morais e verdades morais tem pelo menos três consequências. Primeira, se há fatos morais, então os princípios morais não são dogmas, porém hipóteses, como propuseram Ingenieros[48] e Einstein[49]. E, sendo hipóteses, devem ser confrontados com fatos relevantes e revistos, se não combinarem com eles. Entretanto, não se segue daí que os fatos morais sejam tão inevitáveis como os eventos astronômicos. Se tais fatos ocorrem ou não, depende de nós que somos agentes morais.

Segunda: se há fatos morais, então os juízos morais não são totalmente subjetivos e relativos. Antes, ao contrário, é possível avaliar tais juízos à luz da experiência, bem como discuti-los racionalmente. Além disso, é possível ajustar a ação às morais e inversamente. Em especial, é possível e desejável reformar a sociedade de modo a minimizar a frequência de fatos morais destrutivos como o crime, a guerra, a opressão e a exploração.

Terceira: se os princípios morais e éticos são hipóteses empiricamente testáveis, assim como guias para ação individual e coletiva, então é possível e desejável reconstruir códigos morais, bem como teorias éticas, de maneira racional. Em particular, é possível e desejável reconstruir a moralidade e sua teoria de tal maneira que as seguintes condições sejam satisfeitas:

1. *Realismo*: ajustamento às necessidades básicas e às aspirações legítimas de gente de carne e osso colocada em situações sociais concretas.
2. *Utilidade social*: capacidade de inspirar conduta pró-social e políticas sociais progressistas, bem como capacidade de desencorajar outras antissociais.
3. *Plasticidade social*: adaptabilidade a novas circunstâncias pessoais e sociais.
4. *Equidade*: eficiência na tarefa de diminuir as desigualdades sociais (muito embora sem impor a uniformidade).

5. *Compatibilidade* ou coerência com o melhor conhecimento disponível da natureza humana e da sociedade.

Em suma, há fatos morais e verdades morais. Os primeiros são partes do tecido da realidade, e as verdades morais se entretecem com outras verdades factuais. Em consequência, espera--se que os realistas morais assumam compromissos sociais, isto é, pratiquem a moralidade, além de ensiná-la.

[50] L. von Mises, *Human Action: A Treatise on Economics*; T. Kotarbinski, *Praxiology*; W. W. Gasparski, *A Philosophy of Practicality*, v. 53.

[51] Ver, e. g., G. Becker, *The Economic Approach to Human Behavior*.

8· o realismo prático: eficiência e responsabilidade

A praxiologia, ou a teoria da ação, é um ramo da filosofia prática relativa à ação humana deliberada. Em seu estreito *construal*, a praxiologia procura determinar as condições para a ação eficiente, independentemente de considerações morais[50].

Aceito que, uma vez que nossas ações podem afetar outras pessoas, deveríamos tentar prever suas consequências e assumir a responsabilidade por elas – um dever do qual os não-consequencialistas éticos se eximem. Não proceder assim é irrealista, porque implica deixar de fora importante componente do resultado das ações de alguém. A consequência óbvia para a praxiologia é que ela deveria incluir a responsabilidade e a explicabilidade juntamente com a eficácia. Em outras palavras, uma praxiologia realista pressupõe uma moralidade realista.

Mais ainda, é duvidoso que possa haver condições de eficiência geral. De fato, maximizando a razão *Output/Input* de qualquer artefato, seja físico, biológico ou social, exige o estudo da interface específica Ator/Objeto. Assim, não é a mesma coisa projetar ou construir um engenho eficiente, uma fábrica eficiente ou uma escola eficiente. Daí por que o estudo da eficiência é uma tarefa para engenheiros, cientistas do gerenciamento, ergonomistas e outros tecnólogos, mais do que uma tarefa de teóricos da ação.

A mais avançada e popular de todas as teorias da ação é a teoria da escolha racional. De acordo com ela, toda ação ou, no mínimo, toda ação racional é livremente empreendida e à luz do cálculo custo/benefício, obedecendo ao imperativo utilitário "Maximize suas esperadas vantagens!"[51]. Essa teoria, nascida na

[52] Ver A. S. Eichner, *Why Economics is not yet a Science*; M. Bunge, *Finding Philosophy in Social Science*.

[53] Ver M. Bunge, *Social Science under Debate*, para pormenores.

microeconomia neoclássica, derramou-se sobre outras áreas das ciências sociais e inclusive sobre a ética.

Lamentavelmente, a teoria da escolha racional é, em termos conceituais, difusa, porque nenhum dos dois conceitos-chave, o da probabilidade subjetiva (plausibilidade percebida) e da utilidade subjetiva (prazer), é matematicamente bem definida[52]. Ademais, a teoria é empiricamente sustentável, porque: (a) a maioria dos eventos na vida comum não são aleatórios, portanto não se lhes pode consignar propriamente probabilidades (recorde cap. 4); (b) a maioria dos problemas da vida diária é resolvida pelas seguintes regras já prontas, sem recorrer a cálculos sofisticados; (c) os atores da vida real raramente são livres e nunca são oniscientes; e (d) pessoas normais são coagidas pelas normas sociais e morais. Em consequência, a teoria da escolha racional não é um guia realista para a vida.

A fim de retornar ao escopo da praxiologia, aceito que os filósofos não estão equipados para projetar regras eficientes. O que os filósofos podem fazer é analisar o sistema de conceitos centrado na noção de ação, bem como ligar a praxiologia à ética. Aqui, delinearemos apenas algumas poucas de tais ideias, na medida em que elas se relacionem à exigência do realismo[53].

Sugiro que uma boa ação é aquela que satisfaz duas condições: a condição técnica da ótima eficiência e a condição moral de ser mais benéfica do que danosa. Como regra, o ótimo encontra-se a meio caminho entre o mínimo e o máximo. A razão é que as variáveis que descrevem o sistema estão inter-relacionadas, de modo que, quando uma delas aumenta, as outras são compelidas a decrescer. Em especial, não deveríamos visar à eficiência máxima, porque ela obrigará ao sacrifício de outros valores, como o bem-estar e a proteção ambiental. Mas, por certo, queremos limitar o desperdício geral.

Os utilitaristas desconsideram o aspecto moral da ação, mas, sem dúvida, esse aspecto é tomado em consideração por quem quer que respeite os direitos de outra pessoa. Ora, toda ação humana deve afetar outrem, como regra, positivamente em alguns aspectos e negativamente em outros. Portanto, antes de fazer algo de importante, deveríamos avaliar os custos e os benefícios da ação em apreço para nós próprios e para os outros. Por exemplo, antes de pregar as virtudes da globalização (ou do livre-comércio) deveríamos determinar como corrigir ou compensar os crescentes desequilíbrios que eles geram.

Projetos de máxima eficiência e sua implementação implicam realismo ontológico, epistemológico e semântico. Com efeito, uma abordagem irrealista da ação assegura o malogro prático decorrente de um projeto defeituoso, de uma execução incompetente ou de ambos. E a ação correta implica realismo moral, a concepção de que existem fatos e regras morais (e imorais). Na verdade, o antirrealismo moral, em particular o ponto de vista de que as morais são subjetivas, leva à omissão dos direitos do outro; portanto, o dano que a ação lhe pode causar – e ao ator, por reação.

Lancemos, por fim, um olhar sobre um aspecto da praxiologia: a filosofia política. Trata-se de um ramo da filosofia prática que estuda os méritos e deméritos das várias ordens históricas e possíveis ordens sociais, e os modos de aperfeiçoá-las ou solapá-las. Espera-se que uma filosofia política realista tenha duas raízes: uma praxiologia realista e uma ciência social realista. Ambas as raízes são necessárias para evitar fracassos custosos.

A ciência política ensina que a ação política só pode ser bem-sucedida se a sua estratégia subjacente for baseada em um estudo realista da política em questão: uma que, por meio de estatísticas, sondagens de opinião e debates públicos, exiba defeitos, aspirações e possibilidades. Ela também ensina que, embora a vasta maioria do povo favoreça a reforma, somente as elites optam pela revolução. Há duas razões para essa preferência das pessoas comuns pela evolução sobre a revolução. Uma é que a maioria das gentes deseja prosseguir com suas vidas, mais do que se devotar a uma causa arriscada. A outra razão é que toda ação social provavelmente terá consequências não antecipadas, algumas boas, outras prejudiciais – e pequenos erros são mais fáceis de reparar do que os grandes.

A reforma social, entretanto, não é a mesma coisa do que uma engenharia social, peça por peça. De fato, a sociologia sugere que as reformas sociais setoriais estão condenadas a falhar, porque a sociedade é constituída de muitos setores ou subsistemas interdependentes, mais do que por um só, tais como a economia, a forma de governo ou a cultura. Em outras palavras, apenas programas políticos sistêmicos (ou integrais) podem ser bem-sucedidos – e

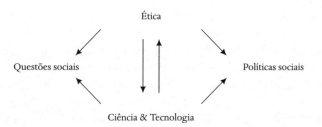

FIGURA 10.3
As questões sociais deveriam ser enfrentadas tanto à luz do conhecimento relevante da realidade social como de princípios morais.

[54] Mais a esse respeito em M. Bunge, idem.

isso desde que conquistem o apoio de amplos setores da sociedade, mais do que apelando para tão somente uma seita. Assim, as palavras de ordem corretas são: estude a realidade antes de tentar modificá-la e tente aperfeiçoar tudo de uma só vez – embora, de maneira gradual, mais do que abruptamente[54].

Em resumo, para melhorar uma realidade social medonha, evitando ao mesmo tempo tanto a utopia como a distopia, deveríamos projetar políticas e planos sociais baseados quer em estudos sociais realistas, quer em pares morais meios-metas. Ver figura 10.3.

9. o hilorrealismo científico

O realismo é essencial para a exploração empírica e transformação da realidade. A razão é que ninguém pode investigar o inescrutável ou alterar o inacessível. Pois bem, o realismo pode ser casado com o idealismo, como no caso de Platão; com o materialismo, como em Demócrito; ou com o idealismo, como em Aristóteles ou Descartes. (Para o materialismo, ver cap. 1, seção 6.) Que combinação é provavelmente a mais fértil?

Um idealista objetivo ou realista platônico é levado a fazer vindicações que, no melhor dos casos, não são testáveis e, no pior, são falsas, como a de que as leis da natureza precedem as coisas obedientes à lei (Heisenberg); que as plantas reais são apenas cópias imperfeitas da *Urpflanze* ideal ou da planta primeva (Goethe); que "no princípio era o Verbo" (São João); que "a palavra é a morada do ser" (Heidegger); ou que as ideias desencarnadas podem mover neurônios (Eccles).

Um dualista ou hilomorfista, como Aristóteles, faria apenas a metade das vindicações desse tipo e, assim, deixaria de satisfazer os mantenedores da outra metade. Somente um materialista consistente insistirá que apenas objetos materiais, isto é, coisas mutáveis, são objetivamente reais. Pela mesma razão, ele buscará universais, particularmente leis, *in re* mais do que *ante rem*.

O realismo então não é suficiente. De fato, como é possível professar o realismo, embora se admita a realidade de seres sobrenaturais ou a percepção extrassensorial, a existência independente de ideias, a "mente objetiva" de Dilthey (ou "mundo 3" de Popper) ou os universos paralelos? Todos esses nevoeiros idealistas queimam à luz forte do materialismo, que postula que não há ideias sem cérebros (lembre do cap. I, seção 6). Em suma, o realismo sem o materialismo é vulnerável.

O realismo só pode permanecer sóbrio, testável e efetivo, bem como aberto a novas ideias, desde que combinado com o materialismo e o cientismo. O materialismo sem o realismo e o cientismo é dogmático, porque somente a investigação da realidade pode corroborá-lo. Pior ainda, o materialismo vulgar pode ser detestável: pense na adoção conjunta feita por Nietzsche do materialismo vulgar (fisicalismo), do pragmatismo (em particular ficcionismo e vitalismo), do anticientismo e do imoralismo. Lembre-se também que, em parte por causa de seu niilismo epistemológico e ético, Nietzsche ajudou a desacreditar a racionalidade e pavimentou o caminho para o pós-modernismo e o fascismo[55].

Finalmente, o materialismo nem sequer combinado com o realismo basta para guiar a busca da verdade e desentocar a pseudociência. Pense na tentativa sociobiológica de explicar tudo o que é humano – até a política, o crime, as morais e a religião – exclusivamente em termos genéticos e evolucionários. Seguramente, tudo isso é tanto materialista quanto realista; mas não resiste aos testes empíricos: é pura fantasia. O cientismo, a tese de que a pesquisa científica é a melhor estratégia cognitiva, deve ser mesclado com o materialismo e o realismo, se quisermos manter a pseudociência em xeque. (Atenção: longe de envolver um reducionismo radical, o cientismo é compatível com o emergentismo[56]) Em suma, para que ajude a entender e controlar a realidade, o materialismo deve ser combinado com o realismo e o cientismo. Essa tríade pode ser denominada *hilorrealismo científico*.

[55] Ver, e. g., S. S. Wolin, *Politics and Vision: Continuity and Innovation in Western Political Thought*; L.-M. Vacher, *Le Crépuscule d'une idole*.

[56] Ver M. Bunge, *Emergence and Convergence*.

10· observações conclusivas

O realismo filosófico integral é um sistema que abrange todos os ramos da filosofia, exceto a lógica: ele recobre a ontologia, a semântica, a epistemologia, a metodologia, a teoria do valor, a ética e a teoria da ação. Aceito que ela é a filosofia que todo mundo pratica quando tenta solucionar problemas da vida cotidiana. Unicamente filósofos podem professar o antirrealismo, e isso somente enquanto estão escrevendo ou ensinando. Ver Tabela 10.2.

Os matemáticos não enfrentam a escolha entre realismo e antirrealismo porque não estudam a realidade: lidam somente com ficções. Por contraste, cientistas e tecnólogos comportam-se como realistas – mesmo se alguns deles apóiam filosofias antirrealistas –, porque sua tarefa é estudar ou projetar coisas reais. Igualmente, a investigação filosófica séria é realista: ela encara os fatos, ataca problemas genuínos e nos incita a ir além da aparência, da ficção ociosa e da ação automática. Somente o realismo filosófico nos encoraja a caçar a realidade, a fim de entendê-la ou controlá-la.

Todavia, o realismo não basta: para ser profundo e eficiente, ele precisa fundir-se com o cientismo. No momento em que o faz, o realismo atrai o materialismo. Isto é assim porque a ciência mostra que todos os constituintes da realidade são materiais, sendo as ideias tão só processos em cérebros altamente desenvolvidos. Assim, o cientismo implica – de algum modo – o realismo e o materialismo. Portanto, qualquer ataque a uma das duas componentes dessa tríade está condenado a estropiar as outras duas.

Além do mais, o cientismo sugere a possibilidade de construir uma filosofia científica prática. Esta incluiria um código moral e uma filosofia política destinada a pessoas reais em sociedades reais, mais do que a anjos em utopias. Isto é, semelhante código estaria destinado a indivíduos a defrontar-se com reais dilemas morais em sistemas sociais reais: pessoas com necessidades e aspirações, mas igualmente com direitos e deveres. Sugiro que cientistas e tecnólogos sociais encontram-se mais bem equipados para determinar quais necessidades são reais, quais aspirações são legítimas (compatíveis com o atendimento das necessidades

DISCIPLINA	ITEM	REALISMO	ANTIRREALISMO
Ontologia	Universo	Real e singular	Irreal ou plural
Epistemologia	Conhecimento	Possível	Impossível
Semântica	Verdades	Alguma	Nenhuma
Metodologia	Melhor estratégia	Método científico	Intuição
Axiologia	Valores	Algum	Nenhum ou mal
Ética	Morais	Ego-altruísmo	Egoísmo
Praxiologia	Ações	Correto	Nenhuma ou antissocial

◀ TABELA 10.2
Realismo filosófico integral vs. antirrealismo (niilismo) ou Galileu e Einstein vs. Nietzsche e Heidegger.

de outras pessoas), e quais tipos de organização social são benéficos a quase todo mundo, bem como viáveis e sustentáveis. Obviamente, esse projeto ultrapassa os limites do presente livro[57].

Em suma, defendemos não apenas o realismo, mas também o materialismo, o cientismo e o projeto de uma ética científica. Longe de constituírem um conjunto não estruturado, estas quatro teses formam um sistema coerente de projetos de pesquisa apresentados no diagrama abaixo:

[57] Para elementos prévios, ver M. Bunge, *Treatise on Basic Philosophy*, v. 8; e *Finding Philosophy in Social Science*.

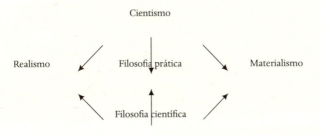

apêndice:
fato e padrão

[1] Tractatus Logico-Philosophicus.
[2] A World of States of Affair.
[3] An Inquiry Concerning the Principles of Natural Knowledge.
[4] Events as Property Exemplifications, em S. Laurence; C. Macdonald (eds.), Contemporary Readings in the Foundations of Metaphysics, p. 310-326.
[5] Essai sur la philosophie des sciences.
[6] E. Boutroux, De la contingence des lois de la Nature.

Há uma espantosa confusão na literatura filosófica contemporânea no tocante aos conceitos ontológicos básicos de coisa, sistema, propriedade, estado, evento, processo, fato e lei. Por exemplo, alguns lógicos – fazendo eco a Platão – afirmam que um fato é tudo o que torna uma proposição verdadeira. Wittgenstein[1] sustenta que o mundo é a totalidade de fatos e não de coisas – como se os fatos estivessem acima das coisas concretas. Do mesmo modo, David Armstrong[2] propôs encetar a ontologia com o conceito de um estado de coisas, como se este pudesse existir separadamente da coisa. Whitehead[3] definiu, numa celebre formulação, uma coisa como um feixe de eventos, como se um evento fosse algo diferente do que uma mudança em uma coisa concreta. Kim[4] definiu um evento como uma exemplificação de propriedade mais do que uma mudança em uma ou mais propriedades. E assim por diante. Não importa que os conceitos ontológicos só possam ser elucidados em uma teoria ontológica mais do que em conceito por conceito. E não importa o que as pessoas que estudam ou manipulam fatos, ou seja, os cientistas e os tecnólogos pensam o que seja "fato" e seus afins.

A situação relativa aos padrões, às regularidades ou leis é igualmente má. Por exemplo, pouquíssimos filósofos distinguem leis ou padrões objetivos de hipóteses que os representam – uma distinção familiar a todo físico, ao menos desde Ampère[5]. Daí por que, quando confrontados com um enunciado de lei que mostra ser apenas aproximadamente verdadeiro, alguns filósofos concluíram que a natureza é inexata[6]. E, por certo, os metafísicos dos multimundos sentem-se livres para imaginar "mundos" que satisfazem leis singulares ou até nenhuma lei – como se a metafísica fosse um ramo da literatura fantástica. (Recorde-se do capítulo IX, seção 6).

Pior ainda, "fatos científicos" em nossos dias – quer dizer, fatos estudados pela ciência – são amiúde denominados construções sociais ou convenções em paridade com os sinais de estrada e maneiras de sentar-se à mesa. De acordo com essa variedade coletivista de subjetivismo, não haveria nenhuma diferença entre fatos e dados, leis e regras ou até entre um cadeirão de nenês e retratos. Tudo isso, pretendem eles sem oferecer nenhuma evidência, deveria ser acumulado em uma única categoria, a da "construção social". Consequentemente, as noções de realidade, objetividade e verdade seriam redundantes. Os cientistas não estudariam fatos: eles os comporiam. Eles até se restringiriam a ficar batendo papo, "fazendo inscrições" e "negociando" com os colegas[7]. Essas extravagâncias têm sido tão ridicularizadas[8], que um dos principais transgressores[9] retratou-se recentemente.

Dadas as confusões acima mencionadas, pode ser apropriado reexaminar as ideias de fato, padrão e seus aparentados que são utilizados na literatura científica. Eles poderiam se mostrar úteis para compreender no que os cientistas, tecnólogos, homens de negócios e executores de políticas públicas estão metidos.

1. coisa, propriedade e predicado

O conceito mais básico ou geral de uma coisa é o de um simples indivíduo substancial. Isso é definido como qualquer coisa que pode unir-se a outro indivíduo para formar um terceiro indivíduo. Mais precisamente, estipulamos que x é um *simples indivíduo substancial* se e somente se x puder associar-se, unir-se ou concatenar-se com outros indivíduos, formando indivíduos ulteriores. De uma forma mais resumida: x pertence a uma coleção S, que tem a estrutura de um semigrupo[10].

Por certo, as coisas reais possuem outras propriedades, tais como energia, além da capacidade de unir-se a outros indivíduos. Uma coisa real é um indivíduo substancial dotado de todas as suas propriedades. Por sua vez, uma propriedade de uma coisa pode ser conceituada ou representada por um atributo ou predicado n-ário. E um predicado F pode ser analisado como uma função de certo domínio A para algum codomínio B ou $F: A \rightarrow B$, em que A pode ser o produto cartesiano de um número n de coleções[11]. Em particular, se F é um predicado qualitativo unário que representa uma propriedade intrínseca P de indivíduos substanciais, ou membros da coleção S, F pode ser analisado como a função:

$F: S \rightarrow$ *Proposições que contêm F.*

Assim, se b for um indivíduo substancial, isto é, se b estiver em S, então o valor de F em b será $F(b)$, que se lê "b está atribuído a F-dade". (Observe que essa análise da predicação difere da de Frege, que caracterizava os predicados como funções de indivíduos para valores-verdade.) Tudo que diz respeito às propriedades

[7] E. g., R. Rorty, *Philosophy and the Mirror of Nature*; B. Latour; S. Woolgar, *Laboratory Life.*

[8] E. g., por A. Sokal; J. Bricmont, *Fashionable Nonsense: Postmodern Intellectuals' Abuse of Science*; M. Bunge, *The Sociology-Philosophy Connection*; J. R. Brown, *Who Rules in Science?.*

[9] B. Latour, *Why Has Critique Run Out of Steam?*

[10] Para uma formalização mais pormenorizada e uma discussão desse conceito e de seus aparentados, ver M. Bunge, *Treatise on Basic Philosophy*, v. 3.

[11] Idem, v. 1.

apêndice: fato e padrão

397

12 Extraídos de M. Bunge, *States and Events*, em W. E. Hartnett (ed.), *Systems: Approaches, Theories, Applications*, p. 71-95.

qualitativas, tais como a coesão e a estabilidade são representáveis por esse tipo de predicados unários. Se G for um atributo binário que representa uma propriedade relacional Q de pares de coisas, tais como a separabilidade ou a interação, então

$$G: S \times S \to \text{Proposições que contêm } G.$$

Por exemplo, se b e c estiverem em S, G (b, c), será lido "G é predicado do par ordenado de indivíduos $<b, c>$". A generalização para predicados de ordem superior é óbvia.

Note que distinguimos tacitamente propriedades das funções, em particular predicados ou atributos. Essa distinção é desnecessária na lógica e na matemática, em que os dois conceitos coincidem, por que todos os objetos matemáticos são de uma única espécie, ou seja, construtos. Mas a distinção é indispensável em toda outra parte, pois uma e mesma propriedade de um indivíduo substancial pode, agora, ser conceituada como um dado atributo e, mais tarde, à luz de novos conhecimentos, como um atributo diferente. Recorde-se das mudanças históricas sofridas pelos conceitos (ou antes, pelas palavras) "energia" e "quantidade de movimento". Os realistas assumem que o mundo físico não tomou conhecimento de tais mudanças conceituais. Daí a necessidade de se distinguir atributos predicados às coisas de propriedades possuídas pelas coisas.

Outra razão para a distinção em apreço, e uma que necessariamente escapa aos irrealistas, é que nem todos os predicados representam propriedades de coisas reais. Em particular, os predicados negativos, tais como "descuidado", e predicados disjuntivos, como "conduzindo ou trabalhando", representam não-propriedades de coisas, muito embora possam ocorrer em nosso discurso acerca de coisas. (Predicados disjuntivos são legítimos desde que definam gêneros, isto é, sumas lógicas de espécies. Exemplos: Herbívoros ∪ Carnívoros = Unívoros, e Operários ∪ Funcionários = Trabalhadores.) Uma terceira razão para traçar a distinção predicado-propriedade é que, enquanto os predicados satisfazem algum sistema de lógica predicativa, e o conjunto de todas as propriedades é uma álgebra de Boole, as propriedades de coisas satisfazem leis naturais ou sociais. Mais sobre esse assunto, no que segue abaixo.

Os seguintes exemplos, bastante típicos[12], devem sugerir a rica variedade de funções representativas de propriedades com as quais nos devemos defrontar e irão preparar o terreno para uma definição geral.

Exemplo 1. Propriedade dicotômica global. Que $F: A \to B$ represente a estabilidade. Então,

A = Coleção de todos os sistemas concretos (físicos, químicos, biológicos, sociais e técnicos).

B = Conjunto de todas as proposições da forma "x é estável", em que x está em A.

Exemplo 2. Propriedade qualitativa global. Que $F: A \to B$ represente a estrutura social. Então $A = S \times T$, com

S = Conjunto de todas as sociedades humanas,

T = Conjunto de todos os instantes de tempo,

B = Família de todas as coleções de pessoas,

e, para s em S, e t em T, $F(s,t)$ = Família de todos os grupos sociais incluídos na sociedade s no tempo t.

Exemplo 3. Propriedade quantitativa global. Que $F: A \to B$ represente a carga elétrica de um corpo. Então $A = C \times T \times U_c$, em que

C = Coleção de todos os corpos,

T = Conjunto de todos os instantes,

U_c = Conjunto de todas as unidades de carga elétrica,

B = Conjunto R de todos os números reais,

de modo que "$F(c, t, u) = r$", para c em C, t em T, u em U_c, e r em R, abreviadamente "A carga elétrica do corpo c, no tempo t, que está expressa na unidade u é igual a r."

Exemplo 4. Propriedade estocástica quantitativa global. Que $F: A \to B$ represente a probabilidade de distribuição do momento de um quanton. No caso, $A = Q \times F \times T \times R^3$, em que

Q = Coleção de quantons (entidades quanto-mecânicas) de certa espécie,

F = Conjunto de todos os referenciais,

T = Conjunto de todos os instantes de tempo,

B = R = Reta real,

de modo que "$F(q, f, t, p) \, dp$" é expresso abreviadamente por "A probabilidade de que o quanton q relativo ao referencial f, no tempo t, possua um momento entre p e $p + dp$". (Em notação padrão, $F = |\varphi|^2$, em que φ é a transformada de Fourier da função de estado ψ.)

Exemplo 5. Propriedade quantitativa local. Que $F: A \to B$ represente o potencial gravitacional. Então $A = G \times F \times E^3 \times T \times U_e$, em que

G = Coleção de todos os campos gravitacionais,
F = Coleção de todos os referenciais,
E^3 = Espaço euclidiano tridimensional,
T = Conjunto de todos os instantes de tempo,
U_e = Conjunto de todas as unidades de energia,
$B = R$ = Reta real,
de modo que "$F(g, f, x, t, u) = r$" abreviadamente é expressa como "O potencial gravitacional (escalar) do campo g em G, relativo ao referencial f em F, no ponto x no espaço E^3 e no tempo t em T, expresso na unidade de energia u em U_e, é igual ao número real r". Mais ainda, a intensidade de campo é definida como gradiente do potencial de campo. Ambas as magnitudes representam a mesma coisa, ou seja, o campo. A escolha entre elas é uma questão de conveniência.

Exemplo 6. A população é uma propriedade biológica e sociológica conspícua. Ela pode ser conceituada como uma função de estado $P: S \times T \rightarrow N$ dos pares < comunidade s de organismos de uma espécie, instante t > para os números naturais. Todo valor $P(s, t) = n$, para n em N, representa uma possível propriedade individual de s em t, enquanto a própria função P representa uma propriedade geral ou uma propriedade de todos os membros da coleção S. (Em resumo: P é universal em S ou P é um universal de S.)

Em cada um dos casos acima, o predicado central F representa uma propriedade de entidades de alguma espécie ou uma *propriedade geral*, como a idade. E o valor de F para alguma entidade particular ou coisa é uma *propriedade individual*, ou propriedade possuída pelo indivíduo em questão, tal como ter trinta anos de idade. As propriedades individuais são denominadas 'tropos' na ontologia contemporânea.

2. estado e função de estado

Algumas propriedades ou, antes, funções representativas de propriedades, são de especial interesse para nós: são as que descrevem os estados em que uma coisa pode estar. Por exemplo, a massa, a tensão e as densidades de força em um sistema mecânico determinam suas propriedades dinâmicas. Elas são, portanto, chamadas de *variáveis de estado* ou, melhor ainda, *funções de estado*.

Por contraste, a estabilidade, embora sendo uma propriedade de sistemas, não é uma função de estado, porém uma espécie de resultado do jogo entre certas propriedades. Tampouco, t (tempo), f (sistema de referência) ou u (unidade de algum tipo) são funções de estado – nem, de fato, são funções de qualquer espécie. Eles são membros arbitrários de certos conjuntos e não são possuídos por qualquer coisa em particular. São, antes, "públicos", no sentido de que podem ser aplicados a um número de coisas. (Atenção: Em qualquer teoria relacional do tempo, t tem de ser um valor de uma função definida por pares de eventos.)

No Exemplo 2 acima, a função F_s: $\{s\} \times T \to B$ é uma função de estado para o sistema individual s. No Exemplo 3, a função F_{cu}: $\{c\} \times T \times \{u\} \to R$ é uma função de estado para c. No Exemplo 4, a função F_{qf}: $\{q\} \times \{f\} \times T \times R^3 \to R$ é uma função de estado para q relativo a f. E no Exemplo 5, a função F_{gfu}: $\{g\} \times \{f\} \times E^3 \times T \times \{u\} \to R$ é uma função de estado para g relativo a f.

As observações precedentes sugerem a seguinte caracterização preliminar. Uma função é uma *função de estado* para uma coisa de uma dada espécie, se e somente ela representa uma propriedade possuída pela coisa. O fato de essa representação ser fiel (verdadeira) não é essencial para qualificá-la como uma função de estado. O que é decisivo é que a função deve referir-se à coisa e ser interpretável como representando ou conceituando a pretendida propriedade. A razão é que nós temos de construir teorias antes de podermos colocá-las à prova, a fim de determinarmos se elas são razoavelmente verdadeiras.

Tampouco é necessário para uma função de estado que ela ocorra em uma teoria. Funções de estado são também úteis em investigações empíricas, a fim de apresentar o estado atual de um sistema e acompanhar o seu curso. Por exemplo, uma função de estado para uma nação poderia ser uma longa lista de valores relativos a indicadores ambientais, biológicos, econômicos, políticos e culturais, como a média pluviométrica, a expectativa de vida, o PIB, o resultado de eleições e a taxa de alfabetização. Mas, por certo, será melhor se tais valores empíricos puderem ser plugados em fórmulas teóricas, tais como enunciados de lei, pois, nesse caso, poder-se-á alimentar a esperança de explicar e prever os fatos em questão.

Toda teoria científica refere-se a coisas concretas de alguma espécie ou de algumas espécies. E cada uma de tais teorias, quer gerais, como a eletrodinâmica de Maxwell, quer específicas, como o modelo de antena circular, envolve um número finito de funções de estado para descrever seus referentes. Visto que algumas teorias científicas, como a teoria da gravitação de Einstein e a eletrodinâmica quântica, são verdadeiras em um grau notável, é razoável assumir que as coisas às quais elas dizem respeito possuem, de fato, apenas um número finito de propriedades gerais.

Consideremos agora o feixe de funções de estado para coisas de uma dada espécie K. Em princípio, elas têm pouco em comum, exceto no tocante à sua referência comum a coisas da espécie dada. Em particular, elas não necessitam sequer ser definidas sobre exatamente o mesmo domínio. (Por exemplo, uma delas pode ser definida sobre K, a outra sobre $K \times T$ e uma terceira sobre $K \times F \times T$.) Entretanto, um truque inofensivo irá consigná-las todas ao mesmo domínio. Assim, se $F_1: A \to B$, e $F_2: C \to D$, em que $A \neq C$ e $B \neq D$, podemos adotar as novas funções de estado:

$G_1 = A \times C \to B$, tal que $G_1(a, c) = F_1(a)$
$G_2 = A \times C \to D$, tal que $G_2(a, c) = F_2(c)$
para todo a em A e todo c em C.

Raramente, porém, precisamos recorrer a esse truque porque, na realidade, muitas funções de estado para coisas de uma dada espécie são definidas sobre um domínio comum. Pense, por exemplo, na coleção de funções representativas de propriedades (como densidade de massa, velocidade e potencial de campo) concernentes a um meio contínuo tal qual um fluido ou um campo: todos eles podem ser construídos como se partilhassem de um único domínio, ou seja, alguma variedade a quatro dimensões. Igualmente, o conjunto de variáveis dinâmicas ("observáveis") de uma coisa quanto-mecânica são operadores no espaço de Hilbert das coisas em questão. Ainda assim, seja este ou não o caso de fato em uma dada instância, o procedimento acima mencionado realizará o truque de arregimentar o domínio da função de estado para a coisa dada. Portanto, podemos adotar a

Definição 1. Seja $F_i: A \to V_i$, com i em N, uma função de estado para coisas de uma dada espécie. Então a função

$\mathscr{F} = <F_1, F_2, ..., F_n> : A \to V_1 \times V_2 \times ... \times V_n$,

tal que $<F_1, F_2, ..., F_n> (a) = <F_1(a), F_2(a), ..., F_n(a)>$, para a em A, é denominada *função de estado* (total) para as coisas da espécie em questão. (Se todos os V_i forem espaços vetoriais, então F é denominado um *vetor de estado*.)

Observe o cauteloso artigo indefinido na frase acima "um vetor de estado". A razão é que não existe uma coisa como *a* função de estado para coisas de um dado tipo. De fato, há tantas funções de estado como representações (ou modelos) da coisa, quantas são possíveis de serem concebidas, isto é, qualquer número delas. (Análogo: pode haver qualquer número de retratos e fotografias de uma e mesma pessoa.) Por exemplo, enquanto as teorias lagrangianas empregam coordenadas generalizadas e velocidades como variáveis de estado básicas (funções), teorias hamiltonianas utilizam-se de coordenadas generalizadas e momentos. Além do mais, uma e mesma representação é compatível com infinitamente numerosas escolhas de referenciais, cada um dos quais resultará em uma diferente função de estado. (Mais a esse respeito, a seguir.)

Esta é uma instância do princípio do realismo científico, segundo o qual qualquer coisa concreta pode ser representada de diferentes modos. Portanto, o antirrealista será incapaz de dar qualquer sentido às fórmulas que relacionam diferentes representações de um e mesmo fato – tais como as fórmulas das transformações de Lorentz que ocorrem na relatividade especial.

Como é que testamos a adequabilidade de uma dada função de estado? Em última análise, testando a adequação (a verdade factual) do modelo ou teoria como um todo, em particular, a de suas fórmulas-chave. Essas são as fórmulas que interrelacionam as várias funções de estado, ou seja, os enunciados de lei da teoria – a cujo respeito falaremos mais abaixo.

Ainda assim, pode haver formulações alternativas, embora basicamente equivalentes, de uma e mesma teoria. (Por exemplo, a maior parte das teorias de campo pode ser formulada usando-se ou forças de campo ou potenciais de campo, e esses últimos são mutuamente equivalentes módulo certas constantes arbitrárias ou funções.) No caso de teorias equivalentes, não há outro critério preferencial senão a conveniência computacional, facilidade de interpretação, poder heurístico e até pura beleza ou moda. (Todos esses critérios foram tacitamente adotados quando a mecânica ondulatória foi preferida à mecânica matricial.) Para colocá-lo de maneira negativa, leia-se: a escolha da função de estado não é determinada unicamente pelos dados experimentais, mas depende, em parte, de nosso conhecimento total, bem como de nossas capacidades e metas, e mesmo de nossas inclinações. Tal consideração desempenhará um importante papel em qualquer conversa sobre estados ou espaços de estado, cujo tema será abordado na próxima seção.

A não ser que eu tenha dado a impressão de que a escolha de funções de estado seja totalmente arbitrária e, portanto, estritamente, seja uma questão de gosto, quero me apressar a declarar que, qualquer que seja a função de estado que se escolha, espera-se que ela satisfaça os enunciados de lei incluídos na teoria – e isso está longe de ser uma questão de convenção. Tampouco é a escolha de enunciados de lei arbitrária: espera-se que tais enunciados sejam razoavelmente verdadeiros em relação ao fato. Em resumo: toda teoria científica contém algumas convenções, mas a escolha da teoria não é convencional. Mais a esse respeito na próxima seção.

O conceito de função de estado pode ser usado para elucidar a noção de um sistema concreto, qual um partido político, em contradição a um agregado, como um distrito eleitoral. De fato, uma análise de uma função de estado com respeito a uma entidade pode nos ajudar a descobrir se ele constitui ou não um sistema, isto é, se ela tem ou não partes que atuam umas sobre as outras e são, assim, mantidas juntas. Efetivamente, a função de estado de um agregado de coisas não interatuantes é determinada unicamente pelas funções de estado parciais. Tipicamente, a função de estado de um todo desse tipo é igual ou à soma, ou ao produto das funções de estado das partes. Não é assim no caso de um sistema propriamente: aqui, o estado de cada componente é determinado, ao menos parcialmente, pelos estados dos componentes remanescentes. Portanto, a função de estado total não é mais separável quer aditiva, quer multiplicativamente. As contribuições das partes tornam-se inextricavelmente emaranhadas. (Isso deveria bastar para pôr a pique o programa do individualismo metodológico em ciência social.) Um par de exemplos deve esclarecer esse ponto.

Pense em um sistema composto de uma população de raposas e uma população de coelhos que ocupam o mesmo território. A taxa de crescimento de cada população depende de quão numerosas são ambas as populações. (Cada uma delas varia sinusoidalmente, embora fora de fase, no curso do tempo.) As duas populações acham-se tão emaranhadas que a função de estado do todo não pode ser decomposta em duas funções parciais de estado. Um individualista metodológico não poderia sequer colocar esse problema ecológico familiar, porque ele não admite o próprio conceito de sistema. Se dependesse dele, as raposas morreriam de fome e os coelhos se multiplicariam sem limites.

Efetivamente, o individualismo metodológico não poderia mesmo abordar o problema da modelagem de um sistema que contenha dois elétrons bastante próximos para interagir de maneira apreciável, como é o caso dos elétrons em um átomo de hélio. Esse sistema é descrito por uma equação de Schrödinger (classicamente, por duas equações acopladas, de movimento) em conjunto com o princípio da exclusão de Pauli. Esse princípio não é derivável do anterior, e ele se aplica somente a sistemas inteiros de um certo tipo; ele seleciona aquelas funções de estado totais que são ímpares ou antissimétricas nas coordenadas dos elétrons. (Isto é, o enunciado de lei adicional é "$\Psi(x,y) = -\Psi(y,x)$", em que x e y são as coordenadas dos elétrons.) Esse princípio expressa uma propriedade sistêmica emergente, ou seja, uma propriedade que as componentes individuais não possuem, razão pela qual não podem ser representadas por funções de estado parciais. Portanto, a construção de uma função de estado para o sistema deve partir do ponto inicial mais do que da base das funções de estado dos elétrons individuais. A estratégia individualista fracassa de novo[13].

[13] Mais sobre o individualismo em M. Bunge, *Finding Philosophy in Social Science; Social Sciences under Debate; Emergence and Convergence.*

3. espaço de estado e evento

Estamos agora condições de elucidar as noções de estado e mudança de estado. Seja $\mathscr{F}: A \to V_1 \times V_2 \times \dots \times V_n$ uma função de estado para coisas de uma certa espécie. Cada valor de $\mathscr{F}(a)$ para a em A, representa um *estado* de uma coisa da espécie em questão. (Em particular, se $A = T =$ ao conjunto de todos os instantes de tempo, o valor de $\mathscr{F}(t)$, no instante t em T, dir--se-á que ele representa o *estado* da coisa em questão no tempo t. Note, entretanto, que o conceito de tempo não foi pressuposto: até aqui, t é apenas um simulacro.) Uma vez que $\mathscr{F}$ cruza o espaço S_K de estado sujeito à lei para coisas do tipo K, todo estado de tais coisas é um ponto em S_K. Note também que não há estado em si mesmo, não mais do que há propriedades em si mesmas – exceto, sem dúvida, em uma ontologia platônica. Isso não é dogma: é demonstrado pelo modo como as funções de estado são construídas. De fato, cada uma dessas funções representa, por hipótese, os estados de uma coisa concreta. Esse espaço deveria bastar para abandonar as ontologias que formam os estados (ou estados de negócio) como blocos de construção do universo.

A "vida" de ideias abstratas, tais como o conceito de conjunto, é totalmente rotineira, sem qualquer evento. Somente coisas concretas podem mudar. Ora, a mudança pode ser instantânea ou quase assim, como um salto quântico ou uma colisão de carros; ou pode levar algum tempo, como mudar de lugar e de estudo; no primeiro caso, fala-se de *eventos* e, no segundo, de *processos*. Mais ainda, como Aristóteles nos ensinou, uma mudança pode ser meramente quantitativa, como no caso do movimento, ou também qualitativa, como no caso de reunião, ou da ruptura de um sistema. Um clarão de luz, a dissociação de uma molécula, uma tempestade, o crescimento de um botão de flor, o aprendizado de um novo truque e uma mudança de governo são eventos. Na realidade, esses eventos particulares são processos, pois – ao contrário da colisão elástica de dois átomos – eles são complexos, isto é, eles podem ser analisados como correntes de eventos ou, melhor ainda, como sequências de estado.

Sendo mudanças de estado de coisas, os eventos são representados como pares de estado, e os processos como trajetórias em um espaço de estados de coisas em que ocorrem. Por contraste, a emergência de uma nova propriedade é representável como a construção de um novo eixo no espaço de estado, e a submersão de uma propriedade pela supressão de um eixo.

Por serem os estados relativos ao referencial e à representação (em particular, à escolha de funções de estado), suas mudanças ou, antes, suas conceituações, são relativas, no mesmo sentido. Portanto, pode-se muito bem construir um espaço de estado sobre o qual o ponto representativo é estacionário, e espaços de estado alternativos em que o ponto está se movendo. Cada conceituação de mudança, então, é relativa ao referencial e à representação. (Cuidado: todo observador é um possível referencial, porém o inverso não é verdade. Portanto, a relatividade em relação a um referencial não é o mesmo que a relatividade em relação a um sujeito ou subjetividade.)

Exemplo 7. Suponha uma coisa que, no respeitante ao interesse, pode estar em um de três estados – por exemplo, sobre, fora ou transiente, como no caso de um interruptor. Chamando esses estados de a, b e c, temos $S = \{a, b, c\}$. Forme agora todos os pares ordenados em $S \times S$:

$<a, a>$ A coisa permanece em estado a, isto é, o evento identidade em a.

$<a, b>$ A coisa salta do estado a para o estado b,

e assim por diante. Temos, destarte, ao todo, nove eventos elementares (não compostos) em $S \times S$:

$$e_1 = <a, a> = u_a, \qquad e_4 = <a, b>, \qquad e_7 = <b, a>$$
$$e_2 = <b, b> = u_b, \qquad e_5 = <b, c>, \qquad e_8 = <c, b>$$
$$e_3 = <c, c> = u_c, \qquad e_6 = <a, c>, \qquad e_9 = <c, a>$$

Isto é, $S \times S = \{u_a, u_b, u_c, e_4, e_5, e_6, e_7, e_8, e_9\}$, em que os u's são os eventos-identidade, que, efetivamente, são não-eventos. Suponha agora que todos esses eventos sejam regidos por leis, isto é, sejam realmente possíveis. Nesse caso muito particular, então, o espaço dos eventos é $E = S \times S$. (Em geral, E está propriamente incluído em S^2.) Uma representação padrão de espaços de eventos finitos como esse é um gráfico de Moore, familiar na ciência da computação.

Certos eventos podem compor-se para formar eventos mais complexos, outros não podem. Por exemplo, o evento $e_4 = <a, b>$ acima pode ser seguido pelo evento $e_5 = <b, c>$, mas não pelo $e_9 = <c, a>$. A composição dos eventos e_4 e e_5 resulta no evento líquido $e_6 = <a, c>$. Em outras palavras, o evento e_6 pode ser analisado como a composição dos eventos e_4 e e_5. Para simbolizar a composição de eventos, usamos o asterístico e escrevemos: $e_4 \star e_5 = e_6$, ou, explicitamente, $<a, b> \star <b, c> = <a, c>$. (Estados intermediários não aparecem na mudança líquida: eles são absorvidos.) Por outro lado, o "evento" complexo

$<b, c> \star <a, b>$, que é o inverso do primeiro, não pode ocorrer, permanecendo sempre indefinido. Em outras palavras, o sinal de $\star$ é uma operação parcial (não definida em toda parte) no espaço de eventos E. Mais precisamente, o $\star$ é uma operação tal que, para todo a, b, c, d em S,

$$<a, b> \star <c, d> = \begin{cases} <a, d> \text{ se e somente se } b = c \\ \\ \text{não definido se e somente se } b \neq c. \end{cases}$$

Se e e f forem dois eventos em E, então $e \star f = g$ é outro evento de E, que consiste do evento e seguido pelo evento f. Em geral, nem todas as transições de estado são possíveis. Por exemplo, a transição <morte, vida> é impossível. Além disso, se uma transição de estado é possível em geral, ela pode ocorrer em mais de uma maneira. Isto é, diferentes trajetórias em um espaço de estados podem ter os mesmos pontos finais. Em outros termos, dois processos diferentes, um ao longo da curva g, e outro ao longo de uma curva diferente g', podem resultar na mesma mudança líquida. As duas funções têm de ser regidas por lei, se formos permitir somente eventos regidos por lei, e descartar os não regidos por lei, como os milagres. Em outras palavras, g e g' devem ser compatíveis com as leis das coisas sob estudo. (Elas não precisam ser funções de lei. Em geral, serão leis *cum* circunstâncias, por exemplo, leis de campo juntamente com especificações de fontes de campo e de condições de contorno.) Tal fato sugere a introdução da:

Definição 2. Seja S um espaço de estados para coisas de alguma espécie, e sejam s e s' dois pontos de S. Então, um *evento regido por lei* (ou processo) com pontos finais s e s' será representável por uma tríade $<s, s', g>$, em que $g: S \to S$ é compatível com as leis em questão.

Para uma transformação particular g, podemos focalizar os pontos finais da mudança líquida, isto é, os estados inicial e final do processo. Os pares ordenados $<s, s'>$ em $S_g \times S_g$ constituem um espaço de eventos das coisas consideradas para a transformação g ou E_g para simplificar. Em geral, E_g é um subconjunto próprio de $S_g \times S_g$, porque g pode excluir certas mudanças concebíveis, porém fisicamente impossíveis.

4. processo

Um processo pode ser definido como uma sequência de eventos, por exemplo, $\pi = e_1 \star e_2 \star e_3 \star \ldots \star e_n$. Entretanto, essa definição só funciona para sistemas de estados finitos, tais como computadores digitais ou, antes, os modelos idealizados de computadores que ocorrem na ciência matemática dos computadores, que diferem dos modelos usados pelos engenheiros da computação. De fato, até a coisa física mais simples, como um elétron ou um fóton, pode estar em qualquer conjunto não-enumerável de estados, e pode sofrer mudanças contínuas, além de saltos quânticos. Essa é uma das muitas razões pelas quais a metáfora do cérebro como computador e suas funções mentais é tão rasa e desencaminhadora.

Uma definição mais realista de um processo, aplicável a todos os espaços de estado, é a seguinte: um processo é uma sequência de estados regidos por leis. Mais precisamente, adotaremos a

Definição 3. Seja $\mathscr{F}: A \to V$ uma função de estado para coisas de certa espécie, e S_L o conjunto dos estados regidos por lei em que essas coisas podem estar. Então, a sequência $\pi = \,< \mathscr{F}(a) \mid a \in A>$ de estados é um *processo* realmente possível que ocorre nas coisas em questão, se ele caminhar ao longo da trajetória $g: S_L \to S_L$ compatível com as leis das coisas da espécie em questão.

Se $A = T = $ Tempo, então $\pi = \,< \mathscr{F}(t) \mid t \in T>$ que é uma sequência temporalmente ordenada de estados. Revertendo o sinal de t, obtemos $\pi^- = \,< \mathscr{F}(-t) \mid t \in T >$, que á a imagem *invertida no tempo* de π. Seria errado interpretar π^- como representação de uma coisa mergulhada no passado ou envolvendo "o fluxo retroativo do tempo"[14]. A troca de $-t$ por t e, consequentemente, a substituição das velocidades positivas pelas negativas e, inversamente, é apenas uma operação de papel com lápis que não necessita representar um processo real. Quando uma referência a um processo real é visada, o que é aludido por 'inversão de tempo' ('*time reversal*') não é a uma operação com a máquina do tempo de Wells, mas somente a uma inversão de velocidades (e *spins*, se houver) das entidades em jogo[15].

É bem conhecido o fato de que as equações de Newton do movimento para partículas pontuais são T-invariantes, isto é, não se alteram quando se substitui $-t$ por t. Por contraste, as

[14] Ver M. Bunge, Review of Popper, *Ciencia e Investigación*, n. 15, p. 216-220, para uma crítica da interpretação literal dos diagramas de Feynman, que envolvem tais viagens fictícias para trás no tempo.

[15] Mais a esse respeito e ao que segue em M. Bunge, Physical time, *Philosophy of Science*, n. 35, p. 355-388.

equações de Fourier para o fluxo de calor em um corpo não são T-invariantes. As trajetórias das bolas de bilhar, ideais (perfeitamente elásticas), sobre uma mesa de sinuca ideal (isenta de atrito) são T-invariantes – contanto que as bolas não caiam em qualquer uma das caçapas da mesa. Em outras palavras, suas imagens invertidas no tempo são fisicamente possíveis. Por contraste, ovos mexidos não retornam à situação anterior, e partículas alfa não reentram nos núcleos que as emitiram. Há, então, leis e processos que são T-invariantes e outros que não são.

Um processo ou história é dito T-invariante ou reversível, se a imagem invertida no tempo for realmente possível. Do contrário, diz-se que ele é irreversível. Um enunciado de lei é T-invariante, se ele não se alterar com a substituição de $-t$ por t. A relação entre processos T-invariantes e enunciados de lei T-invariantes é a seguinte: Se um processo for T-invariante, então suas leis serão também T-invariantes. O inverso é falso, porquanto os dois tipos de T-invariâncias não são equivalentes – ao contrário da crença popular. Em outros termos, alguns processos irreversíveis, como a desintegração radiativa, podem ser descritos com a ajuda de enunciados de lei T-invariantes.

Há duas razões para a não equivalência de processos T-invariantes com leis T-invariantes. A primeira é que um processo ou história é, em geral, explicado por algumas consequências lógicas de enunciados de lei básicos envolvidos, e o primeiro pode carecer das propriedades de simetria do segundo. Por exemplo, as equações de Maxwell são T-invariantes, mas, enquanto a intensidade de campo elétrico não muda com a inversão no tempo, a indução magnética fica invertida. Um exemplo mais simples é o seguinte: uma oscilação sinusoidal não é T-invariante, muito embora resolva uma equação do movimento T-invariante.

A segunda razão para a não equivalência em apreço é que processos são descritos por consequências lógicas de enunciados de lei básicos, juntamente com restrições, com condições de contorno e equações constitutivas, qualquer uma das quais deve restringir ainda mais o conjunto de trajetórias ainda possíveis. Um exemplo simples é o de uma gotícula de chuva caindo no meio de um telhado escorregadio. O movimento inverso, resultante da inversão da velocidade, levaria a gotícula a ultrapassar o seu ponto de impacto, na direção do topo do telhado e ir além. Excluímos essa trajetória conceitualmente possível, adicionado a condição de continuidade da velocidade (não apenas a trajetória). Um análogo espacial é o seguinte: as equações de campo de Maxwell têm soluções que representam a entrada de ondas eletromagnéticas (convergentes), bem como a saída de ondas (divergentes). Uma vez que não foram observadas ondas convergentes, descartamos tais soluções, impondo uma condição adicional ao comportamento assintótico das soluções (*Ausstrahlungsbedingung* de Sommerfeld).

A moral dessa história é que, para julgar se um evento ou processo conceitualmente possível é de fato possível ou então impossível (miraculoso), temos de checar se ele satisfaz suas leis, juntamente com todas as pertinentes condições subsidiárias. Bastante interessante, é que estas últimas são, com frequência, reflexões tardias, incitadas por um resultado negativo da comparação da teoria com a realidade. Um antirrealista nunca descobriria tais condições subsidiárias, e insistiria em agir ao contrário das predições do fato. Sendo avesso a distinguir a teoria da realidade, seria levado a perdoar os milagres. O realismo, então, é uma condição necessária para praticar ciência genuína e evitar ciência falsa.

5. padrão objetivo e enunciado de lei

Os realistas distinguem padrões objetivos das proposições (e.g., equações) que os representam. Isso lhes permite explicar um típico empenho dos cientistas: o de tentar desvelar regularidades. A mesma distinção ajuda a explicar uma boa porção da história da ciência como uma história de sucessivas aproximações da representação mais verdadeira possível de padrões objetivos.

Supõe-se que padrões objetivos, sejam eles naturais, sociais ou mistos, são regularidades ou constâncias com amplos escopos, isto é, espécies inteiras de coisas concretas ou até gêneros de tais coisas. Cada padrão desse tipo pode ser conceituado em certo número de modos – de fato, em tantas quantas escolhas existirem de funções de estado. Tais conceituações são denominadas de *enunciados de lei*. Em resumo, distinguimos leis ou padrões

16 Idem, Review of Popper, op. cit.

(objetivos) de suas representações conceituais. E pressupomos que os padrões objetivos não mudam quando suas representações conceituais se alteram. Em particular, revoluções científicas podem impactar a sociedade, mas não mudam o universo.

Além das leis objetivas (padrões) e dos enunciados de lei, há princípios de nível superior, concernentes tanto aos padrões como aos enunciados de lei. Instâncias desses princípios constituem a exigência da covariância de Lorentz e o princípio filosófico segundo o qual todos os fatos satisfazem alguma lei[16]. Em suma, a palavra 'lei' denota três conceitos diferentes, que são identificados, cada qual, por um subscrito:

L_1 = Padrão objetivo.

L_2 = Enunciado de lei = Proposição que representa um L_1.

L_3 = Enunciado metanomológico = Proposição acerca de algum L_1 ou L_2.

Concentremos o nosso foco em L_2. Um enunciado de lei pode ser considerado como uma restrição a certas funções de estado para coisas de certa espécie. Tal restrição não é nem ocasional, nem arbitrária: ela deve pertencer a um sistema (teoria), e deve ter sido confirmada em um grau razoável com a ajuda de observações, mensurações ou experimentos. A primeira condição desqualifica generalizações empíricas, a segunda, fórmulas não testadas ou falsas.

Enunciados de lei podem assumir certo número de formas, dependendo não apenas das coisas a que se referem, mas também ao estado de conhecimento e, mesmo, à capacidade matemática e à meta do cientista que os propôs. Todos os exemplos abaixo são simples formas conspícuas de enunciados de leis;

Exemplo 8. $R_F = V$, em que R_F é o codomínio da função de estado F, e V é algum conjunto bem definido. Assim, nada pode viajar mais depressa do que a luz, e os preços e as quantidades de bens não podem ser negativos.

Exemplo 9. $\partial F_1/\partial t \geq 0$, em que t está em T, e T é um subconjunto da reta real que ocorre no domínio de F e representa o tempo.

Exemplo 10. $dF/dt = g(F, t)$, sendo g uma função específica de t.

Exemplo 11. $\int_{t1}^{t2} F(q, dq/dt, t)dt$ = extremo, com t_1 e t_2, ambos designando elementos de T.

Exemplo 12. $F_2(x, y) = \int du\, dv\, F_1(u\text{-}x, v\text{-}y)$, com $F_1, F_2: E^3 \times E^3 \to \mathbb{C}$.

Exemplo 13. $\partial^2 F_1/\partial x^2 = F_2$, com $F_1, F_2 : E^3 \to \mathbb{R}$.

As precedentes considerações sugerem que se adote a seguinte *Definição 4.* Seja $\mathscr{F}$ uma função de estado para coisas de certa espécie. Uma restrição aos possíveis valores das componentes de $\mathscr{F}$ ou uma relação entre duas ou mais dessas componentes é denominada um *enunciado de lei* se (1) ela estiver incluída em uma teoria factual consistente, e (2) se ela for satisfatoriamente confirmada (por ora). Se apenas a condição (2) for satisfeita, a restrição será chamada de *regularidade empírica*.

Consideremos agora a coleção L_K de enunciados de lei para coisas do tipo K. Denominando L um membro arbitrário da coleção, $L(x)$ pode ser considerado como valor que a predicada "função-lei" L assume em $x \in K$. Essa função tem a forma $L: K \to L_K$. Como em cada etapa da história da ciência conhecemos apenas um subconjunto finito de L_K, essa coleção é variável e não constitui um conjunto propriamente dito.

Por exemplo, na teoria elementar das redes elétricas, um circuito bateria-resistor, com um único *loop* e à temperatura ambiente (um indivíduo da classe K) satisfaz uma única lei, ou seja, a lei de Ohm. (Esse enunciado de lei não é verdadeiro para todos os condutores, e é apenas uma primeira aproximação para condutores a temperaturas muito baixas. Mais ainda, a lei particular para a resistência ôhmica de condutores de um dado tipo denomina-se *equação constitutiva*.) A lei de Ohm pode ser escrita como segue:

Para cada x em K: $L(x) = "e(x) = R(x).i(x)"$,

em que e, R e i representam a força eletromotriz, a resistência e a intensidade de corrente, respectivamente. Assim, nesse caso, a lei predicada L é a função $L: K \to L_k$, tal que, para cada x em K, $L(x)$ é igual à fórmula de Ohm. Essa maneira de escrever mostra claramente que *leis inter-relacionam propriedades, e são elas mesmas propriedades de coisas*. Isto é, elas são "possuídas" pelas coisas em vez de sobrepairá-las. Ou seja, as leis são *universalia in re* (recorde o cap. IX). Se for pedida uma evidência mais explícita para essa vindicação, a lei de Ohm poderá ser escrita com mais pormenores do seguinte modo:

$e, i, R: K \to \mathbb{R}$, e $L: K \to L_K$, tal que a condição acima (de Ohm) valha. Isso mostra também sobre o que versa a lei de Ohm, ou seja, sobre coisas físicas de certo tipo K. Fato que basta para refutar as concepções de que as leis físicas (ou outras) são subjetivas ou então construções sociais.

Ocasionalmente, lê-se a respeito de objetos naturais, como cérebros, organismos inteiros ou até moléculas que se comportariam de acordo com alguns algoritmos, como "algoritmos evolucionários" e algoritmos para "computar" movimento de membros, percepção ou até emoções. Esse idioma trai a ignorância quer da ciência, quer do algoritmo. Com efeito, os algoritmos são, por definição, regras para calcular algo como os quadrados ou as raízes quadradas de números. Por contraste, as leis naturais são cabalmente naturais: elas emergem junto com as coisas às quais devem ser inerentes. Daí por que a expressão 'algoritmo natural' é um oxímoro.

Isso basta no que diz respeito às regularidades sujeitas a leis ou regularidades naturais. Tratemos agora, brevemente, das normas ou regularidades artificiais, tais como as normas morais e legais. Propomos:

Definição 5. Uma *norma* ou *regra* é uma restrição feita pelo homem sobre valores possíveis das componentes de uma função de estado ou de uma relação feita-pelo-homem entre duas ou mais de tais componentes, compatíveis com o(s) enunciado(s) de lei satisfeito(s) pela função de estado.

Essa definição incorpora a ideia de que não importa quão estúpidos, brutais e poderosos possam ser os humanos, eles não podem violar as leis naturais. Em outras palavras, cada norma ou regra envolve, de um modo ou outro, as pertinentes leis naturais. Em particular, as normas eficientes para montar ou operar uma máquina ou uma organização social devem satisfazer as leis que as componentes de cada sistema possuem.

6. espaço de estado submetido a leis

O interesse em construir modelos matemáticos de coisas de certa espécie é o de representar de forma mais acurada possível os estados realmente possíveis (sujeitos a leis) das coisas em questão e, talvez, também, suas mudanças realmente possíveis (submetidas a leis) de estado. Portanto, cada um de tais modelos está centrado em um espaço de estados para as coisas a eles referidas.

Alguns poucos exemplos devem nos proporcionar uma percepção dessa questão.

Exemplo 14. Na teoria elementar do gás ideal, a função de estado é a tríade que consiste das funções pressão, volume e temperatura. O domínio e o codomínio de cada uma dessas funções são o conjunto dos corpos gasosos (ideais) e a reta real positiva, respectivamente. Portanto, o correspondente espaço de estados é uma caixa contida em $(\mathbb{R}^+)^3$.

Exemplo 15. Na genética de populações, são empregadas amiúde três funções de estado: o tamanho N de uma população, a frequência (ou, antes, a probabilidade) p da ocorrência de algum gene particular e o valor adaptativo v deste último. Cada uma delas é uma função com valores reais. Portanto, para um sistema composto de duas populações interatuantes, A e B, o espaço de estados é a região de $(\mathbb{R}^+)^6$ abarcada pelo vetor $<N_A(t), N_B(t), p_A(t), p_B(t), v_A(t), v_B(t)>$ no curso do tempo.

Exemplo 16. Em minha teoria da estrutura social[17], o estado instantâneo de uma comunidade pode ser construído como a distribuição de sua população entre os vários grupos sociais na comunidade. Portanto, a componente F_i da função de estado total pode ser considerada como a matriz coluna $\|N_{ij}\|$ para um i fixado, cujos elementos são as populações dos grupos sociais (mutuamente disjuntos) resultantes da partição da população total (em um dado tempo) pela i-ésima relação de equivalência com uma significância social, tal como a mesma ocupação ou o nível educacional similar.

Exemplo 17. Na cinética química, o estado instantâneo de um sistema químico é descrito pelos valores da concentração parcial de reagentes e produtos. Por conseguinte, o espaço de estados do sistema está contido em $(\mathbb{R}+)^n$, em que n é o número de componentes do sistema (reagentes, catalisadores e produtos da reação).

Exemplo 18. Na eletrostática, a função de estado é $F = <\rho, \varphi>$, em que ρ representa a densidade elétrica e φ, o potencial do campo elétrico. O domínio e o codomínio de ambas as funções são E^3 e $\mathbb{R}$, respectivamente. Portanto, o estado local do dado campo é o valor de F em $x \in E^3$, e o espaço inteiro de estados é o conjunto ordenado de pares $\{<\rho(x), \varphi^3(x)> \in \mathbb{R}^2 \mid x \in V\}$, em que V denota a região de E^3 ocupada pelo campo.

[17] M. Bunge, The Concept of Social Structure, em W. Leinfellner; W. Köhler (eds), *Developments in the Methodology of the Social Sciences,* p. 175-215.

Exemplo 19. Na mecânica quântica, o estado de uma coisa é representado por um raio no espaço de Hilbert associado à coisa em questão. Como uma coisa dessa espécie, de forma típica, não está atribuída a uma locação tipo-ponto, mas é suposta, ao invés, estar espalhada sobre alguma região espacial V em um espaço tridimensional, com uma distribuição de probabilidade definida, o estado da coisa é o conjunto de todos os valores assumidos por seu vetor de estado φ em V.

Antes de tentarmos extrair máximas gerais, enfatizemos um ponto do método antes assinalado. Podemos certamente pressupor que, conhecendo ou não, cada coisa isolada é, a cada instante, um estado definido relativo a algum referencial. (Que o estado possa ser uma superposição de autoestados é verdade, mas não interessa agora). No entanto, nossa *representação* de semelhante estado dependerá da função de estado escolhida para representar a coisa, e essa escolha depende, por sua vez, do estado de nosso conhecimento, bem como de nossas metas.

O que vale para cada estado singular vale *a fortiori* para o espaço inteiro de estados para uma coisa. Isto é, longe de ser algo fora daqui, como estrelas e pessoas, um espaço de estados para coisas de certa espécie permanece com um pé nas coisas a que se refere e o outro, em um referencial, e um terceiro, no teórico ou modelador. Para persuadir-se de que isso é assim, basta lançar mais um olhar no Exemplo 18, acima, em que um referencial em repouso, relativo à fonte que gera o campo era tacitamente assumido. Se, agora, o mesmo sistema de corpos carregados eletricamente for considerado relativamente a um referencial em movimento, um quadrivetor de densidade de corrente terá de substituir a densidade de carga singular e um potencial quadrivetor deverá substituir o potencial escalar singular. ("Observada" a partir de um referencial em movimento, uma carga é uma corrente cercada por um campo magnético.) Alternativamente – e é aí que entra a liberdade do cientista – o potencial quadrivetor pode ser substituído por um tensor antissimétrico que representa as componentes elétricas e magnéticas do campo relativamente ao novo referencial. (Incidentalmente, o problema de encontrar um vetor potencial adequado é de tipo inverso. Por exemplo, dado A, H é igual ao rotacional de A; mas não há regra para se encontrar A a partir de H.)

Tendo enfatizado o ingrediente convencional de cada representação dos estados em que uma coisa pode estar, acentuemos agora que toda representação assim possui também uma base objetiva – contanto que a representação tenha um grão de verdade. Para uma coisa, uma função de estado pode não assumir valores em seu codomínio inteiro, mas pode estar restrito a um subconjunto deste último, e isso em virtude de alguma lei. De fato, basta lembrar que os enunciados de lei são restrições a funções de estado (seção 5). Portanto, para cada componente de uma função de estado de coisas de alguma espécie, o foco de nossa preocupação será o alcance da função mais do que o seu inteiro codomínio.

Se considerarmos agora todas as componentes de uma função de estado de coisas de um dado tipo, e efetuarmos o produto cartesiano de seus respectivos codomínios (em consonância com a Definição 1), obteremos o *espaço de estado concebível* para essas coisas. Foi isso precisamente o que fizemos nos exemplos que iniciaram a presente seção.

Entretanto, essa restrição é insuficiente para identificar os estados realmente possíveis de uma coisa, como deveria tornar-se aparente a partir dos seguintes exemplos. A população total de organismos de uma dada espécie, em um dado território, é restringida não apenas pela capacidade que este último pode conter, mas também pelas taxas de natalidade e mortalidade, bem como por fatores adicionais como a exposição solar, o índice pluviométrico e as pragas. De novo, embora o codomínio da função velocidade para um corpo seja o intervalo inteiro [o, c), a velocidade de um elétron viajando em um meio transparente não chegará perto do limite superior c (a velocidade da luz no vácuo), pois o referido corpo está sujeito a outras leis, como as concernentes à radiação emitida pelo elétron que está se deslocando através de um meio transparente.

Em geral: somente aqueles valores das componentes de uma função de estado que são compatíveis com as leis, coerções, condições iniciais e de contorno serão realmente (e não apenas conceitualmente) possíveis. Em outros termos, porque os enunciados de lei impõem restrições às funções de estado e a seus valores, portanto aos espaços de estado, só os estados em certos conjuntos deste último são acessíveis às coisas em questão.

Denominaremos a região acessível de um espaço de estado, *de espaço de estado sujeito à lei* para as coisas em questão (na representação dada e relativa a um dado referencial). Dizer que uma coisa de certo tipo comporta-se legalmente importa dizer que o ponto que representa seus estados (instantâneos) não pode errar além dos limites do espaço de estado sujeito à lei escolhido para as coisas da espécie em apreço.

As observações precedentes podem ser assim sumariadas:

Definição 6. Seja $\mathcal{F} = <F_1, F_2, ..., F_n> : A \to V_1 \times V_2 \times ... \times V_n$ uma função de estado em um modelo teórico para coisas do tipo K, e chamemos L_K a (variável) coleção de enunciados de lei dos K's. Então, o subconjunto do codomínio $V_1 \times V_2 \times ... \times V_n$ de $\mathcal{F}$ restringido pelas condições (enunciados de lei, coerções, condições iniciais e de contorno) em L_K é chamado de *espaço de estado sujeito à lei* de tais coisas ou, para abreviar, S_L.

Exemplo 20. No Exemplo 18 acima, o espaço de estado concebível de um campo eletrostático era:

$S = \{<\rho(x), \phi(x)> \in \mathbb{R}^2 \mid x \in V\}$, em que V está incluído em E^3.

Uma vez que as duas componentes da função de estado $F = <\rho, \varphi>$ estão ligadas pelo enunciado de lei de Poisson "$\nabla^2\phi = 4\pi\rho$" e a condição de contorno segundo a qual o potencial se anula no infinito, o estado de espaços que obedece a leis para a coisa (campo eletrostático) é:

$S_L = \{<\rho(x), \phi(x)> \in \mathbb{R}^2 \mid x \in V \& [\nabla^2\phi(x) = 4\pi\rho(x)] \& \phi(\infty) = 0\}$,

um conjunto que é propriamente incluído em S.

O que vale para os espaços de estado de coisas naturais e sociais vale, também, para os espaços de estado de sistemas técnicos como máquinas, fábricas e exércitos. De fato, todos os artefatos satisfazem não apenas a leis, mas também a normas ou regras, que redundam em novas restrições às funções de estado para as coisas a elas concernentes. (Lembre da Definição 5 na seção 5.) Entretanto, os artefatos (inclusive organizações sociais formais) possuem propriedades (emergentes) que suas componentes naturais carecem – sendo essa a razão por que tomamos o cuidado de projetá-los, construí-los e usá-los. Portanto, o trabalho do tecnólogo, dos administradores e planejadores não se concentra em espaços de estados a encolher-se para coisas naturais. Ele envolve o estabelecimento de novos espaços de estado que não se encontram nas ciências naturais.

7. observações conclusivas

A categoria dos fatos é muito ampla: ela inclui uma propriedade dotada de um dado valor, uma coisa que se acha em um dado estado, uma mudança de estado, seja um evento pontual (ou uma transição instantânea de um estado para outro) ou um processo prolongado (ou uma sequência de estados) e um fato ajustado a um dado padrão. As coisas, por contraste, não são fatos: elas são suportes ou portadoras de fatos, como em "o carro partiu" e "aquele carro passou por aqui". O que quer que envolva uma coisa é um fato, e nada que deixe de envolver coisas concretas é um fato. Por exemplo, é um fato que esta é uma página impressa, mas não é um fato que duas vezes dois sejam igual a quatro. Todos os fatos são singulares: não há fatos gerais. Alguns fatos são compostos, mas não há nem fatos negativos, nem há fatos disjuntivos; a negação e a disjunção são *de dicto*, e não *de re*.

Um padrão, uma regularidade ou uma constância podem ser de uma das seguintes espécies. Eles podem ser objetivos, como a lei da gravidade, ou conceituais, como a lei associativa. Se forem objetivos, um padrão pode ser uma lei da natureza ou uma norma, costume ou convenção em vigor em algum grupo social. Um padrão conceitual pode ser ou puramente lógico ou matemático, tal como "p ou não-p"; ou pode representar um padrão objetivo – caso em que o chamamos de 'enunciado de lei'. É um princípio ontológico tácito da pesquisa científica que todas as coisas concretas se comportam de acordo com leis. Este, o princípio da legalidade, não pode ser provado, porém ele anima toda a pesquisa científica moderna, que, em larga extensão, é a busca de ou a aplicação de leis e normas[18].

A legalidade é amiúde confundida com a uniformidade. Efetivamente, esses são conceitos diferentes, embora relacionados, e por isso são princípios correspondentes. O princípio da legalidade declara que todo estado ou mudança de estado de uma coisa arbitrária satisfaz algumas leis. Por contraste, de acordo com o princípio da uniformidade, as leis são as mesmas através do espaço e em todos os tempos. Colocando isso negativamente, leríamos: nenhuma lei jamais emergiria ou desapareceria em qualquer lugar. Em uma versão mais forte, esse princípio afirma que os mesmos eventos voltam a ocorrer em toda parte, em

[18] Ver, e. g., M. Bunge, *Scientific Research.*

todos os tempos: que não há nada de novo 'sob o sol'. Esse forte uniformismo é falso. Foi refutado na ciência natural em meados do século XIX, com o surgimento da geologia e da biologia evolucionárias, mas continua ainda muito forte nas ciências sociais. Em particular, é inerente a todos os modelos de escolha-racional, pois estes assumem a constância tanto da natureza humana como das preferências pessoais.

Todo enunciado de lei versa acerca de coisas concretas de um ou outro tipo. Consiste em uma restrição aos possíveis valores das funções de estado das coisas em apreço ou das possíveis relações entre as componentes de tais funções de estado. O mesmo vale para normas ou regras. Visto que os valores de uma função de estado representam possíveis estados das coisas correspondentes, um enunciado de lei nos diz quais são os possíveis estados em que uma coisa pode estar e quais são as mudanças (eventos ou processos) que ela pode sofrer. Como toda coisa concreta está em um ou outro estado, engajado em um ou outro processo, e supondo-se que satisfaça um ou outro conjunto de leis (ou então normas), os conceitos de coisa, propriedade, estado, evento, processo, fato, lei e norma estão intimamente conectados um com o outro. No entanto, eles são costumeiramente tratados, se é que o são em geral, em separado um do outro. Pior ainda, a maioria das definições desses conceitos como propostos pelos filósofos acham-se em desacordo com os seus significados na ciência e na tecnologia, que é onde eles são usados todos os dias, ainda que, na maior parte, de maneira tácita e no modo mais preciso e consistente. Quando em Roma, procedamos como os romanos. Quando no território científico, falemos a linguagem da ciência.

bibliografia

AGASSI, Joseph. Ontology and its discontent. In: P. Weingartner and G. Dorn, eds., *Studies on Mario Bunge's Treatise*: 105-122. Amsterdam: Rodopi, 1990.

ALBERT, Hans. *Kritik der reinen Hermeneutik*. Tübingen: J. C. B. Morh (Paul Siebeck), 1994.

AMPÈRE, André-Marie. *Essai sur la philosophie des sciences*. Paris: Bachelier, 1834.

ANDERSON, Arthur S.; NIELSEN, François. Globalization an the great Uturn: Income inequality trends. In: 16 OECD countries. *American Journal of Sociology* 107.

ANDERSON, Roy M.; MAY, Robert M. *Infectious Diseases of Humans: Dynamics and Control*. Oxford: Oxford University Press, 1991.

ARMSTRONG, David M. *Universals and Scientific Realism*. Cambridge: Cambridge University Press, 1978.

_____. *A World of States of Affair*. Cambridge: Cambridge University Press, 1999.

ASHBY, W. Ross. *An Introduction to Cybernetics*. New York: John Wiley, 1963.

ATHEARN, Daniel. *Scientific Nihilism: On the Loss ad Recovery of Physical Explanation*. Albany NY: State University of New York Press, 1994.

ATRAN, Scott. Genesis of Suicide Terrorism. *Science*, n. 299, 2003.

AYER, Alfred Jules. *Logical Positivism*. Glencoe IL: The Free Press, 1959.

BACON, Francis. [1620]. The New Organon. In: *Philosophical Works*, John M. Robertson, ed. London: George Routledge, 1905.

BACON, George Edward. *X-Ray and Neutron Diffraction*. Oxford: Pergamon, 1966.

BARKOW, Jerome H.; COSMIDES, Leda; TOOBY, John (eds). *The Adaptive Mind: Evolutionary Psychology and the Generation of Culture*. Cambridge: MIT Press, 2002.

BARNES, Barry. *On the Conventional Character of Knowledge an Cognition*. In: Knorr-Cetina e Mulkay. (eds.), 1983.

BARRACLOUGH, Geoffrey. *Main Trends in History*. London: Holmes & Meier, 1979.

BARROW, John D.; DAVIES, Paul C. W.; HARPER, Charles L. (eds.). *Science and Ultimate Reality: Quantum Theory, Cosmology*. Cambridge: Cambridge University Press, 2004.

BATSON, Charles Daniel. *The Altruism Question: Toward a Social-Psychological Answer*. Hillsdale: Lawrence Erlbaum, 1991.

BECKER, Gary. *The Economic Approach to Human Behavior*. Chicago: University of Chicago Press, 1976.

BELLER, Mara. *Quantum Dialogue: The Making of a Revolution*. Chicago: The University of Chicago Press, 1999.

BERGER, Peter L.; LUCKMANN, Thomas. *The Social Construction of Reality*. Garden City NY: Doubleday, 1966.

BERKELEY, George. [1710]. Principles of Human Knowledge. In: *Works*, vol. I, ed. A Campbell Fraser. Oxford: Clarendon, 1901.

BERLYNE, David (ed.). *Studies in the New Experimental Aesthetics*. Washington: Hemisphere, 1974.

BERNARD, Claude. *Introduction à l'étude de la medicine experimentale*. Paris: Flammarion, 1952.

BERNARDO, José M.; SMITH, Adrian F. M. *Bayesian Theory*. Chichester: John Wiley, 1994.

BERNAYS, Paul. *Abhandlungen zur Philosophie der Mathematik*. Darmstadt Wissenschaftliche Buchgesellschaft, 1976.

BERRY, B. J. L.; KIM, H.; KIM, H.-M. Are Long-Waves Driven by Techno-Economic Transformations? *Technological Forecasting and Social Change*, n. 14, 1993.

BERRY, Donald. A.; STANGL, Dalene. K. *Bayesian Biostatistics*. New York: Marcel Dekker, 1996.

BIAGINI, Hugo E. (ed.). *El Movimiento Positivista Argentino*. Buenos Aires: Belgrano, 1985.

BLAKEMORE, Sarah-Jayne; WINSTON, Joel; FRITH, Uta. Social Cognitive Neuroscience: Where are we Heading?. *Trends in Cognitive Science*, n. 8.

BLANKE, Olaf; ORTIGUE, Stéphanie; LANDIS, Theodor; SEECK, Margitta. Simulating Illusory own-body Perceptions. *Nature*, n. 419, 2002.

BLITZ, David. *Emergent Evolution: Qualitative Novelty and the Levels of Reality*. Dordrecht-Boston: Kluwer, 1992.

BLOCK, Ned; FLANAGAN, Owen; GUZELDERE, Guven (eds.). *The Nature of Consciousness: Philosophical Debates*. Cambridge: MIT Press, 2002.

BLOOR, David. *Knowledge and Social Imagery*. London: Routledge & Kegan Paul, 1976.

BOHR, Niels. *Atomic Physics and Human Knowledge*. New York: John Wiley, 1958.

BOLTZMANN, Ludwig. [1905]. *Populare Schriften*. E. Broda (ed.), Braunschweig: Vieweg, 1979.

BOOLE, George [1854]. *An Investigation of the Laws of Thought*. New York: Dover,1952.

BORN, Max. *Natural Philosophy of Cause and Chance*. Oxford: Clarendon, 1949.

BOUDON, Raymond. *The Origin of Values*. New Brunswick: Transaction, 2001.

BOUDON, Raymond; CLAVELIN, Maurice. (eds.). *Le Relativisme est-il irrésistible?*. Paris: Presses Universitaires de France, 1994.

BOULDING, Kenneth E. General Systems as a point of view. In: MESAROVIC, Mihajlo D. (ed.). *Views on General Systems Theory*. New York: John Wiley, 1964.

BOUTROUX, Émile. [1874]. *De la Contingence des lois de la Nature*. Paris: Alcan, 1898.

BRAUDEL, Fernand. [1966]. *The Mediterranean and the Mediterranean World in the Age of Philip II*, 2 vs. New York: Harper Colophon, 1972.

BRIDGMAN, Percy W. *The Logic of Modern Physics*. New York: Macmillan, 1927.

BRINK, D. O. *Moral Realism and the Foundations of Ethics*. Cambridge-New York: Cambridge University Press, 1989.

BROWN, James Robert. *Smoke and Mirrors: How Science Reflects Reality*. London: Routledge, 1994.

_____. *Who Rules in Science?* Cambridge: Harvard University Press, 2001.

BROWN, Stephanie L.; NESSE, Randolph M.; VINOKUR, Amiram D.; SMITH, Dylan M. Providing Social Support May Be More Beneficial than Receiving it: Results from a Prospective Study of Mortality. *Psychological Science*, n. 14, 2003.

BRUSH, Stephen G. A History of Random Processes. I Brownian Movement form Brown to Perrin. Archive for *History of Exact Sciences*, n. 5, 1968.

BUNGE, Mario. What is chance? *Science and Society*, n. 15, 1951.

_____. New Dialogues between Hylas and Philonous. *Philosophy and Phenomenological Research*, n. 15, 1954.

_____. [1959] *Causality: The Place of the Causal Principle in Modern Science*. New York: Dover, 1979.

_____. [1950] Review of Popper. *Ciencia e Investigación*, n. 15, 1959.

_____. *Metascientific Queries*. Sprinfield IL: Charles C. Thomas, 1959.

_____. [1960]. The Place of Induction in Science. *Philosophy of Science*, n. 27. Repr. In: A. P. Iannone (ed.). *Through Time and Culture: Introductory Readings in Philosophy*. Englewood Cliffs: Prentice-Hall, 1994.

_____. The Weight of Simplicity in the Construction and Assaying of Scientific Thesis, *Philosophy of Science*, n. 28, 1961.

_____. *Intuition and Science*. Englewood Cliffs: Prentice Hall, 1962.

_____. A General Black-box Theory. *Philosophy of Science*, n. 30, 1963.

_____. *The Myth of Simplicity: Problems of Scientific Philosophy*. Englewood Cliffs: Prentice-Hall, 1963.

_____. Phenomenological Theories. In: BUNGE, Mario. (ed.). *The Critical Approach: Essays in Honor of Karl Popper*. New York: Free, 1964.

_____. [1967]. *Scientific Research, 2 v.* Berlin/Heidelberg/New York: Springer. Rev. ed.: *Philosophy of Science*, 2 v. New Brunswick: Transaction, 1998.

_____. *Foundations of Physics*. Berlin-Heidelberg/New York: Springer, 1967.

_____. Analogy in Quantum Mechanics: From Insight to Nonsense. *British Journal for the Philosophy of Science*, n. 18, 1967.

_____. Physical time: The Objective and Relational Theory. *Philosophy of Science*, n. 35, 1968.

_____. The Maturation of Science. In: LAKATOS, I.; MUSGRAVE, A. (eds.). *Problems in the Philosophy of Science*. Amsterdam: North-Holland, 1968.

_____. Problems and Games in the Current Philosophy of Science. *Proceedings of the xivth International Congress of Philosophy I*. Wien: Herder, 1968.

_____. The Methaphysics, Epistemology and Methodology of Levels. In: WHYTE, A. G Wilson; WILSON, D. (eds.). *Hierarchical Levels*. New York: American Elsevier. 1971.

_____. Review of Werner Heisenber's *Der Teil und das Ganze*. In: *Physics Today*, n. 24 (1), 1969.

_____. *Philosophy of Physics*. Dordrecht/Boston: Reidel, 1973.

_____. *Treatise on Basic Philosophy, v. 1. Sense and Reference*. Dordrecht/Boston: Reidel, 1974.

_____. *Treatise on Basic Philosophy, v. 2. Interpretation and Truth*. Dordrecht/Boston: Reidel, 1974.

_____. The Relations of Logic and Semantics to Ontology. *Journal of Philosophical Logic*, n. 3, 1974.

_____. The Concept of Social Structure. In: LEINFELLNER, W.; KÖHLER, W. (eds.). *Developments in the Methodology of the Social Sciences*. Dordrecht: Reidel, 1974.

_____. Hay proposiciones?. In: *Aspectos de la Filosofía de W. V. Quine*. Valencia: Teorema, 1975.

_____. *Treatise on Basic Philosophy*, v. 3. *The Furniture of the World*. Dordrecht/Boston: Reidel [Kluwer], 1977.

_____. A Model for Processes Combining Competition with Cooperation. *Applied Mathematical Modelling*, n. 1, 1976.

_____. States and Events. In: HARTNETT, W. E. (ed.). *Systems: Approaches, Theories*, Applications. Dordrecht: Reidel, 1977.

_____. Levels and Reduction. *American Journal of Physicology*, n. 233(3), 1977.

_____. *Treatise on Basic Philosophy*, v. 4. *A World of Systems*. Dordrecht/Boston: Reidel [Kluwer], 1979.

_____. A systems Concept of Society: Beyond Individualism and Holism. *Theory and Decision*, n. 10, 1979.

_____. The Einstein-Bohr Debate over Quantum Mechanics: Who Was Rigth about What? *Lecture Notes in Physics*, n. 100, 1979.

_____. Four Concepts of Probability. *Applied Mathematical Modelling*, n. 5, 1981.

_____. *Scientific Materialism*. Dordrecht-Boston-Lancaster: Reidel, 1981.

_____. Biopopulations, not Species, are individuals and Evolve. *Behavioral and Brain Sciences*, n. 4, 1981.

_____. The Revival of Causality. In: FLOISTAD, G. (ed.). *Contemporary Philosophy*, v. 2. The Hague: Martinus Nijhoff, 1982.

_____. *Treatise on Basic Philosophy*, v. 5. *Exploring the World*. Dordrecht-Boston: Reidel, 1983.

_____. *Treatise on Basic Philosophy*, v. 6. *Understanding the World*. Dordrecht-Boston: Reidel, 1983.

_____. *Treatise on Basic Philosophy*, v. 7, Parte I. *Formal and Physical Sciences*. Dordrecht-Boston: Reidel, 1985.

_____. *Treatise on Basic Philosophy*, v. 7. *Philosophy of Science and Tecnology*. Parte II: *Science, Social Science and Tecnology*. Dordrecht-Boston: Reidel [Kluwer], 1985.

_____. Two Faces and Three Masks of Probality. In: AGAZZI, E. (ed.). *Probability in the Sciences*. Dordrecht/Boston: Reidel, 1988.

_____. *Treatise on Basic Philosophy*, v. 8: *Ethics: The Good and The Right*. Dordrecht/Boston: Reidel, 1989.

_____. A Critical Examination of the New Sociology of Science. Parte I. *Philosophy of the Social Sciences*, n. 21, 1991.

_____. A Critical Examination of the New Sociology of Science. Parte II. *Philosophy of the Social Sciences*, n. 22, 1992.

_____. *Finding Philosophy in Social Science*. New Haven: Yale University Press, 1996.

_____. [1997]. Mechanism and Explanation. *Philosophy of the Social Sciences*, n. 27. Versão rev. In: BUNGE, M., 1999.

_____. *Social Sciences under Debate*. Toronto: University of Toronto Press, 1998.

_____. *The Sociology-Philosophy Connection*. New Brunswick NJ: Transation, 1999.

_____. Energy: Between Physics and Metaphisics. *Science and Education*, n. 9, 2000.

_____. Physicians Ignore Philosophy at their Risk – and ours. *Facta Philosophica*, n. 2, 2000.

_____. Philosophy from the Outside. *Philosophy of the Social Sciences*, n. 30, 2000.

_____. *Philosophy in Crisis: The Need for Reconstruction*. Amherst: Prometheus, 2001.

_____. *Emergence and Convergence: Qualitative Novelty and the Unity of Knowledge*. Toronto: University of Toronto Press, 2003.

_____. *Philosophical Dictionary*. Amherst: Prometheus, 2003.

_____. Velocity Operators and Time-Energy Relations in Relativistic Quantum Mechanics. *International Journal of Theoretical Physics*, n. 42, 2003.

_____. Twenty-five Centuries of Quantum Physics: From Pythagoras to us, and from Subjectivism to Realism. *Science & Education*, n. 12, 2003.

_____. Quantons are Quaint but Basic and Real, and the Quantum Theory Explains much but not Everything: Reply to my Commentators. *Science & Education*, n. 12, 2003.

_____. How does it work? The Search for Explanatory Mechanisms. *Philosophy of the Social Sciences*, n. 34, 2004.

_____. Clarifying Some Misunderstanding About Social Systems and their Mechanisms. *Philosophy of the Social Sciences*, n. 34, 2004.

_____. Did Weber Practice the Philosophy he Preached? In: MCFALLS, L. (ed.). *The Objectivist Ethic and the Spirit of Science*. Toronto: University of Toronto Press, 2005.

_____. A Systematic Perspective on Crime. In: WIKSTRÖM, Per-Olof; SAMPSON, Robert. J. (eds.). *Contents and Mechanisms of Pathways in Crime*. Cambridge: Cambridge University Press, 2005.

BUNGE, Mario; GARCÍA-SUCRE, Máximo. Differentiation, Participation, and Cohesion. *Quality and Quantily*, n. 10.

BUNGE, Mario; ARDILA, Rubén. *Philosophy of Psycology*. New York: Springer, 1987.

BUNGE, Mario; MAHNER, Martin. *Ueber die Natur der Dinge*. Stuttgart: S. Hirzel, 2004.

BURAWOY, Michael. Revisits: An Outline of a Theory of Reflexive Ethnography. *American Sociological Review*, n. 68, 2003.

CABANAC, Michel. Emotion and Phylogeny. *Japanese Journal of Physiology*, n. 49, 1999.

CARNAP, Rudolf. Testability and Meaning. *Philosophy of Science*, n. 3-4, 1936-7.

_____. *Logical Foundations of Probability*. Chicago: University of Chicago Press, 1950.

_____. Empiricism, Semantics, and Ontology. *Revue Internationale de Philosofie*, n. 10. Brüssels, 1950.

_____. [1928] *The Logical Structure of the World*. Berkeley/Los Angeles: University of California Press, 1967.

CARTWRIGHT, Nancy. *How the Laws of Physics Lie*. Oxford: Oxford University Press, 1983.

CENTRE INTERNATIONAL de Synthèse. *Notion de Structure et Structure de la Connaissance*. Paris: Albin Michel, 1957.

CHISHOLM, Roderick M. *Realism and the Background of Phenomenology*. Glencoe: Free, 1960

CHOMSKY, Noam. *Aspects of the Theory of Syntax*. Cambridge: MIT Press, 1965.

CHURCHLAND, Paul M. *A Neurocomputational Perspective*. Cambridge: MIT Press, 1989.

CLARCK, Austen. *Sensory Qualities*. Oxford: Clarendon, 1993.

CLOUGH, Sharyn. *Beyond Epistemology: A Pragmatist Approach to Feminist Science Studies*. Lanham: Rowman & Littlefield, 2003.

CLUTTON-BROCK, Tim. Breeding Together: Kin Selection and Mutualism in Cooperative Vertebrates. *Science*, n. 296, 2002.

COCKBURN, Andrew. Evolution on Helping Behavior in Cooperatively Breeding Birds. *Annual Review of Ecology and Systematics*, n. 29, 1998.

COLEMAN, James S. *Introduction to Mathematical Sociology*. Glencoe: Free, 1964.

COLLINS, Harry. Stages in the Empirical Programme of Relativism. *Social Studies of Science*, n. 11, 1981.

COLLINS, John; HALL, Ned; PAUL, L. A. (eds.). *Causation and Counterfactuals*. Cambridge: MIT Press, 2004.

COLLINS, Randall. *The Sociology of Philosophies: A Global Theory of Intellectual Change*. Cambridge: Belknap of Harvard University Press, 1998.

CONDORCET [Marie-Jean-Antoine-Nicolas, Caritat, Marquis de]. *Condorcet: Selected Writings*. BAKER, K. M (ed.). Indianapolis: Bobbs-Merrill, 1976.

CONEL, J. L. *The Post-Natal Development of the Human Cerebral Cortex*. Cambridge: Harvard University Press, 1939-1967.

COURNOT, Antoine-Autustin. *Expositions de la Théorie des Chances et des probabilities*. Paris: Hachette, 1843.

COVARRUBIAS, G. M. An Axiomatization of General Relativity. *International Journal of Theoretical Physics*, n. 32, 1993.

DAMÁSIO, Antonio. *Descartes' Error*. New York: Putnam, 1994.

DAVIDSON, Donald. *Mental Events*. In: *Essays on Action and Events*, 2. ed. Oxford: Clarendon, 1970.

_____. [1974]. *Inquiries into Truth and Interpretation*. Oxford: Clarendon, 1984.

DAWKINS, Richard. *The Selfish Gene*. New York: Oxford University Press, 1976.

DE FINETTI, Bruno. Does it Make Sense to Speak of 'good probability appraisers'? In: GOOD, I. J. (ed.). *The Scientist Speculates: An Anthology of Partly-Baked Ideas*. London: Heinemann, 1962.

_____. *Probability, Induction, and Statistics*. New York: John Wiley.

DEBREU, Gerard. The Mathematization of Economic Theory. *American Economic Review*, n. 81, 1991.

DESCARTES, René. [1634]. *Le Monde ou Traité de la Lumière*. In: *Oeuvres*. v. X, Ed. Adam, C & Tannery, P. Repr.: Paris: Vrin, 1974.

DEUTSCH, David. It from Qubit. In: BARROW, John D. et al. (eds.).

D'ESPAGNAT, Bernard. *A la Recherche du Réel*, 2. ed. Paris: Gauthier-Villars, 1981.

DIETZGEN, Joseph. [1887]. Excursions of a Socialist into the Domain of Epistemology. In: *Philosophical Essays*. Chicago: Charles H. Kerr, 1906.

DIJKSTERHUIS, Eduard Jan. [1959]. *The Mechanization of the World Picture from Pythagoras to Newton*. Princeton: Princeton University Press, 1986.

DRAGONETTI, Carmen; TOLA, Fernando. *On the Myth of the Opposition between Indian Thought and Western Philosophy*. Hildesheim: Georg Olms, 2004.

DUHEM, Pierre. ΣΩZEIN TA ΦAINOMENA: *Essai sur La notion de théorie physique de Platon a Galilée*. Offprint from the *Revew de Philosophie Chrétienne*. Paris: Hermann, 1908.

DUMMETT, Michael. *Elements of Intuitionism*. Oxford: Clarendon, 1977.

DU PASQUIER, L.-Gustave. *Le Calcul des Probabilités: Son Évolution Mathématique et Philosophique*. Paris: Librairie Scientifique J. Hermann, 1926.

DURKHEIM, Émile. [1901]. *Les Régles de la Méthode Sociologique*. 2. ed. Intr. de J.-M. Berthelot. Paris: Flammarion, 1988.

EARMAN, John. *Bayes or Bust?* Cambridge: MIT Press, 1992.

EDDY, Charles. Probabilistic Reasoning in Clinical Medicine: Problems and opportunities. In: Kahneman, Slovic and Tversky. (eds.), 1982.

EICHNER, Alfred S. (ed.). *Why Economics is not yet a Science*. Armonk: M. E Sharpe, 1983.

EINSTEIN, Albert. Autobiographical Notes. In: SCHILPP, Paul Arthur. (ed.). *Albert Einstein: Philosopher-Scientist*. Evanston: The Library of Living Philosophers, 1949.

_____. [1936]. Physics and Reality. In: *Out of my Later Years*. New York: Philosophical Library, 1950.

_____. The Laws of Science and the Laws of Ethics. Prefácio de P. Frank. In: *Relativity: A Richer Truth*. Boston: Beacon, 1950.

ELIAS, Norbert. [1939]. *The Civilizing Process: Sociogenetic and Psychogenetic Investigations*. Oxford: Blackwell, 2000.

ELSTER, John. *A Plea for Mechanisms*. In: Hedström and Swedberg. (eds.)., 1998.

ENGELS, Frederick. [1894]. *Anti-Düring*. Moscow: Foreign Languages, 1954.

EULER, Leonhard. [1768]. *Letters of Euler on Different Subjects in Natural Philosophy Addressed to a German Princess*. David Brewster (ed.), 2 v. New York/London: Harper, 1846.

EVERETT III, Hugh. "Relative State" Formulation of Quantum Mechanics. *Reviews of Modern Physics*, n. 29, 1957.

FEHR, Ernst; ROCKENBACH, Bettina. Detrimental Effectis of Sanctions on Human Altruism. *Nature*, n. 433, 2003.

FEINGENBAUM, E. A.; LEDERBERG, J. Mechanization of Inductive Inference in Organic Chemistry. In: KLEINMUTT (ed.). *Formal Representation of Human Judgment*. New York: John Wiley, 1958.

FEIGL, Herbert. Logical Empiricism. In: RUNES, Dagobert D. (ed.). *Twentieth Century Philosophy*. New York: Philosophical Library, 1943.

FELLER, William. *An Introduction to Probability Theory and its Applications*. v. 1, 3 ed. New York: John Wiley, 1968.

FENSHAM, Peter J. (ed.). *Defining an Identity: The Evolution of Science Education as a Field of Research*. Dordrecht: Kluwer, 2004.

FIELD, Hartry H. *Science Without Numbers*. Princeton: Princeton University Press, 1980.

FINE, Arthur. *The Shaky Game: Einstein, Realism, and the Quantum Theory*. Chicago: University of Chicago Press, 1986.

FISHER, Ronald A. *The Design of Experiments*. 6. ed. Edinburgh and London: Oliver and Boys, 1951.

FISKE, Donald W.; SHWEDER, Richard A. (eds.). *Metatheory in Social Science: Pluralism and Subjectivities*. Chicago: University of Chicago Press, 1986.

FLACH, Peter A.; KAKAS, Antonis C. (eds). *Abduction and Induction: Essays on their Relation and Integration*. Dordrecht/Boston: Kluwer Academic, 2000.

FLECK, Ludwik. [1935]. *Genesis and Development of a Scientific Fact*. Prefácio de T. S. Kuhn. Chicago: University of Chicago Press, 1979.

FODOR, Jerry. The Mind-Body Problem. *Scientific American*, n. 244(1), 1981.

FOGEL, Robert W. *Railroad and America Economic Growth: Essays in Econometric History*. Baltimore: Johns Hollns University Press, 1994.

FRANK, Philipp. *Philosophy of Science*. Englewood Cliffs: Prentice-Hall, 1957.

FRANKFORT, H.; WILSON, J. A.; JACOBSEN, T. [1946]. *Before Philosophy: The Intellectual Adventure of Ancient Man*. London: Penguin, 1949.

FRÉCHET, Maurice. Les Définitions Courantes de la Probabilité. *Les Mathématiques et Le Concret*. Paris: Presses Universitaires de France, 1946.

FRIEDMAN, Milton. The Methodology of Positive Economics. *Essays in Positive Economics*. Chicago: University of Chicago Press, 1953.

FRISH, Uriel; MATARRESE, Sabino; MOHAYAEE, Roya; SOBOLEVSKI, Andrei. A Reconstruction of the Initial Conditions of the Universe by Optimal Mass Transportation. *Nature*, n. 417, 2002.

GALE, David. *The Theory of Linear Economic Models*. New York: McGraw Hill, 1960.

GALILEO, Galilei. [1623]. Il Saggiatore. *Opere*. Ferdinando Flora. Milano/Napoli: Riccardo Ricciardi, 1953.

GASPARSKI, Wojciech W. *A Philosophy of Practicality. Acta Philosophica Fennica*, v. 53, 1993.

GAZZANIGA, Michael S. (ed.). *The New Cognitive Neurosciences*. 3. ed. Cambridge: MIT Press, 2004.

GERGEN, Kenneth J. Psychological Science in a Postmodern Context. *American Psychologist*, n. 56, 2001.

GHISELIN, Michael T. A Radical Solution to the Species Problem. *Systematic Zoology*, n. 23, 1974.

GIDDENS, Anthony. *The Constitution of Society: Outline of the Theory of Structuration*. Cambridge: Polity, 1984.

GIGERENZER, Gerd; SWIJTINI, Zeno; PORTER, Theodore; DAST, Lorraine; BEATTY, John; KRÜGER, Lorenz. *The Empire of Chance: How Probability Changed Science and Everyday Life*. Cambridge: Cambridge University Press, 1989.

GILLIES, Donald. *Philosophical Theories of Probability*. London: Routledge, 2000.

GILSON, Etienne. *La Philosophie au Moyen Age*. Paris: Payot, 1947.

GIZA, Piotr. Automated Discovery systems and Scientific Realism. *Minds and Machines*, n. 12, 2002.

GLENNAN, Stuart. Rethinking Mechanistic Explanation. *Philosophy of Science*, Supplement to v. 69, n. 3, 2002.

GOOD, Irving John. Corroboration, Explanation, Evolving Probability, Simplicity, and a Sharpened Razor. *British Journal for the Philosophy of Science*, n. 19, 1967.

GOODMAN, Nelson. *The Structure of Appearance*. Cambridge: Harvard University Press, 1951.

_____. *Fact, Fiction, and Forecast*. London: Athlone, 1954.

_____. *Ways of Worldmaking*. Indianapolis: Hackett, 1978.

_____. *On Starmaking*. In: McCormick, 1996.

GOPNIK, Alison; MELTZOFF, Andrew N.; HUHL, Patricia K. *The Scientist in the Crib: Minds, Brains, and how Children Learn*. New York: William Morrow, 1999.

GOULD, Stephen Jay. *The Structure of Evolutionary Theory*. Cambridge: Belknap of Harvard University Press, 2002.

GRASSMANN, Hermann. [1844]. *Ausdehnungslehre*. In: *Gesammelte Mathematische und Physikalische Werke*. v. I, parte I. Repr.: Bronx: Chelsea, 1969.

GREENE, Brian. *The Fabric of the Cosmos*. New York: Alfred A. Knopf, 2004.

GREGORY, Richard L.; GOMBRICH, Ernest H. (eds.). *Illusion in Nature and Art*. London: Duckworth, 1973.

GRIFFIN, Donald R. *Animal Minds: Beyond Recognition and Consciousness*. Chicago: University of Chicago Press, 2001.

GROSS, Paul R.; LEVIN, Norman. *Higher Superstition: The Academic Left and its Quarrel with Science*. Baltimore: Johns Hopkins University Press, 1994.

HAACK, Susan. *Deviant Logics*. Cambridge: Cambridge University Press, 1974.

_____. *Defending Science – Within Reason: Between Scientism and Cynicism*. Amherst: Prometheus, 2003.

HABERMAS, Jürgen. *Toward a Rational Society*. Boston: Beacon, 1970.

HACKING, Ian. *The Taming of Chance*. Cambridge: Cambridge University Press, 1990.

HADAMARD, Jacques. *Lectures on Cauchy's Problem in Linear Partial Differential Equations*. New York: Dover, 1952.

HALL, Richard L. Constructive Inversion of Energy Trajectories in Quantum Mechanics. *Journal of Mathematical Physics*, n. 40, 1999.

HAMMERSTEIN, Peter. (ed.) *Genetic and Cultural Evolution of Cooperation*. Cambridge: MIT Press, 2003.

HARMAN, Gilbert. The Inference to the best Explanation. *The Philosophical Review*, n. 74, 1965.

_____. *Thought*. Princeton: Princeton University Press, 1973.

_____. *The Nature of Morality*. New York: Oxford University Press, 1977.

HARRIS, Marvin. *Cultural Materialism*. New York: Random House, 1979.

HAYEK, Friedrich A. *The Counter-Revolution of Science: Studies on the Abuse of Reason*. Glencoe: Free, 1955.

HEBB, Donald O. *Essay on Mind*. Hillsdale: Lawrence Erlbaum, 1980.

HEDSTRÖM, Peter; SWEDBERG, Richard. (eds.). *Social Mechanisms: An Analytical Approach to Social Theory*. Cambridge: Cambridge University Press, 1998.

HEGEL, Georg Wilhelm Friedrich. [1830]. *Enzyklopädie der Philosophischen Wissenschaften im Grundrisse*. Hamburg: Felix Meiner, 1969.

HEIDEGGER, Martin. [1953]. *Einführung in die Metaphysik*. Tübingen: Max Niemeyer, 1987.

HEILBRON, J. L. *The Dilemmas of an Upright Man*. Berkeley: University of California Press, 1986.

HEISENBERG, Werner. *Wandlungen in den Grundlagen der Naturwissenschaften*. 7. ed. Zurique: Hirzel, 1947.

_____. *Physics and Philosophy*. New York: Harper & Brothers, 1958.

HELMHOLTZ, Hermann von. *Popular Lectures on Scientific Subjects*. London: Longmans, Green and Co., 1873.

HESSE, Mary. *Models and Analogies in Science*. Notre Dame, In: University of Notre Dame Press, 1966.

HILBERT, David. [1901]. Mathematische Probleme. In: *Gesammelte Abhandlungen III*. Berlin: Julius Springer, 1935.

HIRIYANNA, Mysore. *The Essentials of Indian Philosophy*. London: George Allen & Unwin, 1951.

HOBSON, John A. [1902]. *Imperialism: A Study*. London: Allen & Unwin, 1938.

HOGARTH, Robin M.; REDER, Melvin W. *Rational Choice: The Contrast between Economics and Psychology*. Chicago: University of Chicago Press, 1987.

HOLBACH, Paul-Henry Thiry. [1733]. *Système Social*. 3 vols. Repr.: Hildesheim-New York: Georg Olms, 1969.

HORWICH, Paul. *Truth*. Oxford: Basil Blackwell, 1990.

HOWSON, Colin; URBACH, Peter. *Scientific Reasoning: The Bayesian Approach*. La Salle: Open Court, 1989.

HUBEL, David H.; WIESEL, Thorsten N. Receptive Fields, Binocular Vision, and Functional Arquitecture in the Cat's Visual Cortex. *Journal of Physicology*, n. 160, 1962.

HUGHES, G. E.; CRESSWELL, M. J. *An Introduction to Modal Logic*. London: Methuen, 1968.

HULL, David L. Are Species Really Individuals? *Systematic Zoology*, n. 25, 1976.

HUME, David. [1734]. *A Treatise of Human Nature*. L. A. Selby-Bigge (ed.). Oxford: Clarendon, 1888.

_____. [1748]. *Enquiry concerning Human Understanding*. 2. ed. Oxford: Clarendon, 1902.

HUMPHREYS, Paul. Why Propensities Cannot be Probabilities. *Philosophical Review*, n. 94, 1985.

HUNT, Shelby D. *Controvesy in Marketing Theory: For Reason, Realism Truth, and Objectivity*. Armonk: M. E. Sharpe, 2003.

HUSSERL, Edmund. [1929]. Phenomenology. In: *Encyclopaedia Britannica*. 14. ed. Repr. em Chisholm, ed. 1960.

_____. [1913]. *Ideas: General Introduction to Pure Phenomenology*. London: Allen & Unwin.

_____. [1931]. *Cartesian Meditations: An Introduction to Phenomenology*. The Hague: Martinus Nijihoff, 1960.

_____. [1936]. *The Crisis of European Sciences and Transcendental Phenomenology: An Introduction to Phenomenological Philosophy*. Evanston: Northwestern University Press, 1970.

INGENIEROS, José. *Hacia una Moral sin Dogmas*. Buenos Aires: L. J. Rosso, 1917.

JACOB, François. *The Logic of Life*. New York: Vintage, 1976.

JAMES, Patrick. *International Relations and Scientific Progress: Structural Realism Reconsidered*. Columbus: Ohio State University Press, 1966.

JAMMER, Max. The Conceptual Development of Quantum Mechanics. New York: McGraw-Hill, 1966.

JEFFREYS, Harold. *Scientific Inference*. 3. ed. Cambridge: Cambridge University Press, 1975.

KAHNEMAN, Daniel; KNETSCH, Jack L.; THALER, Richard H. Fairness and the Assumptions of Economics. *Journal of Business*, n. 59, 1986.

KAHNEMAN, Daniel; SLOVIC, Paul; TVERSKY, Amos. *Judgment under Uncertainty: Heuristics and Biases*. Cambridge: Cambridge University Press, 1982.

KAILA, Eino. *Reality and Experience: Four Philosophical Essays*. Dordrecht and Boston: Reidel, 1979.

KANDEL, Eric R.; SCHWARTZ, James H.; JESSELL, Thomas M. (eds.). *Principles of Neural Science*. New York: McGraw-Hill, 2000.

KANT, Immanuel. *Briefwechsel*, 3 vols. H. E. Fisher (ed.). München: George Müller, 1913.

_____. [1783]. *Prolegomena to any Future Metaphysics*. In: *Theoritical Philosophy after 1781, The Cambridge Edition of the Works of Immanuel Kant*, 2002.

_____. [1787]. *Kritik der reinen Vernunft*. 2. ed. Hamburgo: Felix Meiner, 1952.

KAPLAN, Edward H.; BARNETT, Arnold. A new Approach to Estimating the Probability of Winning the Presidency. *Operations Research*, n. 51, 2002.

KARY, Michael; MAHNER, Martin. How Would you Know if you Synthesized a Thinking Thing?. *Minds and Machines*, n. 12, 2002.

KASARDA, John; JANOWITZ, Morris. Community Attachment in Mass Society. *American Sociological Review*, n. 39, 1974.

KEUTH, Herbert. *Realität und Wahrheit*. Tübingen: J. C. B. Mohr (Paul Sibeck), 1978.

KEYNES, John Maynard. [1921]. *A Treatise on Probability*. London: Macmillan, 1957.

_____. *The General Theory of Employment, Interest and Money*. In: *Collected Writing*. Vol. VII. London: Macmillan and Cambridge University Press, 1973.

KIM, Jaegwon. [1976]. Events as Property Exemplifications. In: LAURENCE and MACDONALDS. (eds.), 1998.

KIRCHHOFF, Gustav Robert. *Vorlesungen über Mathematische Physik: Mechanik*. Leipzig: Teubner, 1883.

KITCHER, Philip; SALMON, Wesley. (eds.) *Scientific Explanation*. Minneapolis: University of Minnesota Press, 1989.

KNORR-CETINA, Karen D. *The Manufacture of Knowledge: An Essay on the Constructivist and Contextual Nature of Science*. Oxford: Pergamon, [s.d].

_____. The Etnographic Study of Scientific Work: Towards a Constructivist Interpretation of Science. In: KNORR-CETINA, K; MULKAY, M. (eds.), 1983.

KNORR-CETINA, Karen; MULKAY, Michael (eds.). *Science Observed: Perspective on the Social Study of Science*. London: Sage, 1983.

KOLMOGOROFF, A. N. [1933]. *Foundations of the Theory of Probability*. New York: Chelsea, 1956.

KOTARBINSKI, Tadeusz. *Praxiology: An Introduction to the Sciences of Efficient Action*. Oxford: Pergamon, [s.d].

KOZA, John R.; KEANE, Martin A.; STREETER, Matthew J. Evolving Inventions. *Scientific American*, v. 288, n. 2, 2003.

KRAFT, Julius. *Von Husserl zu Heidegger: Kritic der Phänomenologischen Philosophie*, 2. ed. Frankfurt am Main: Oeffentliches Leben, 1957.

KRAFT, Victor. *The Origin of Neo-Positivism*. New York: Philosophical Library, 1953.

KRESHEVSKY, I. "Hypotheses" versus "Chance" in the pre-solution period in sensory Discrimination Learning. University of California Publications in Psychology, v. 6, n. 3, 1932.

KRIPKE, Saul A. *Naming and Necessity*. Cambridge: Harvard University Press, 1980.

KULP, Christopher B. (ed.). *Realism/Antirealism and Epistemology*. Lanham: Rowman & Littlefield, 1997.

KURTZ, Paul. (ed.) *Skeptical Odysseys*. Amherst: Prometheus, 2001.

LAKATOS, Imre. *Mathematics, Science and Epistemology*. Cambridge: Cambridge University Press, 1978.

LALANDE, André. (ed.) *Vocabulaire Technique et Critique de la Philosophie*. 3 vols. Paris: Félix Alcan, 1938.

LAMBEK, Joachim. Are the Traditional Philosophies of Mathematics Realy Incompatible? *Mathematical Intelligencer*, n. 16, 1994.

LAMBERT, Johann Heinrich. [1764]. *Neues Organon*, 2 vols. Repr. Em *Philosophische Schriften*, vols. I e II. Hildesheim: Georg Olms, 1965.

LANCZOS, Cornelius. *The Variational Principles of Mechanics*. Toronto: University of Toronto Press, 1949.

LASZLO, Ervin. *Introduction to Systems Philosophy*. New York: Gordon and Breach, 1972.

LATOUR, Bruno. *Why Has Critique Run Out of Steam?* Disponível em: <www.sndmp.fr/`latour/articles/article/089.html>, 2004.

LATOUR, Bruno; WOOLGAR, Steven. *Laboratory Life: The Construction of Scientific Facts*. Princeton NJ: Princeton University Press, 1986.

LAUDAN, Larry. A Confutation of Convergent Realism. *Philosophy of Science*, n. 48, 1981.

LAURENCE, Stephen; MACDONALD, Cynthia (eds.). *Contemporary Readings in the Foundations of Metaphysics*. Oxford: Blackwell, 1998.

LAZARSFELD, P. F.; OBERSCHALL, A. R. Max Weber and Empirical Social Research. *American Sociological Review*, n. 30, 1965.

LEDOUX, Joseph. *Synaptic Self.* New York: Penguin, 2003.

LEIBNIZ, Gottfried Wilhelm. [1703]. *Nouveaux Essays*. Paris: Flammarion, [s.d.].

_____. *Philosophical Papers and Letters*, L. H. Loemker. (ed.). 2 vols. Chicago: University of Chicago Press, 1956.

LENIN, Vladimir Ilich. [1908]. *Materialism and Empirio-Criticism*. Moscow: Foreign Languages, 1947.

LEVINS, Richard; LEWONTIN, Richard. *The Dialectical Biologist*. Cambridge: Harvard University Press, 1985.

LEWIS, David. Causation. *Journal of Philosophy*, n. 70, 1973.

_____. *On the Plurality of Worlds*. Oxford: Blackwell, 1986.

_____. New Work for a Theory of Universals. In: LAURENCE, S.; MACDONALD, C. (eds.), 1998.

_____. [1973]. *Counterfactuals*, ed. revista. Oxford: Blackwell, 2001.

_____. [1990]. What Experience Teaches. In: BLOCK; FLANAGAN & GÜZELDERE (eds.), 2002.

LINDLEY, D. V. Bayesian Statistics. In: HARPER, W. L. ; HOOKER, C. A. (eds.). *Foundations of Probability Theory, Statistical Inference, and Statistical Theories of Science*, vol. II: *Foundations and Philosophy Statistical Inference*. Dordrecht/Boston: Reidel, 1976.

LIPSET, S. M. Political Sociology. In: MERTON, Robert K.; BROOM, Leonard; COTTRELL JR., Leonard S. (eds.). *Sociology Today: Problems and Prospects*. New York: Basic, 1959.

LOCKE, John. [1690]. *An Essay Concerning Human Understanding*. London: George Routledge, [s.d.].

LOPTSON, Peter. *Reality: Fundamental Topics in Metaphysics*. Toronto: University of Toronto Press, 2001.

LOUX, Michael J.; ZIMMERMAN, Dean W. (eds.). *The Oxford Handbook of Metaphysics*. Oxford: Oxford University Press, 2003.

LOVINBOND, Sabina. *Realism and Imagination In Ethics*. Minneapolis: University of Minnesota Press, 1983.

LOWE, E. Jonathan. *A Survey of Metaphysics*. Oxford: Oxford University Press, 2002.

LUHMANN, Niklas. *Soziale Systeme. Grundrisse einer Allgemeinen Theorie*. Frankfurt: Suhrkamp, 1984.

LURIA, Alexander Romanovich. *The Making of Mind: A Personal Account of Soviet Psychology*. Cambridge: Harvard University Press, 1979.

LYCAN, William G. Possible Worlds and Possibilia. In: LAURENCE, MACDONALD. (eds.), 1998.

LYOTARD, Jean-François. *The Postmodern Condition*. Minneapolis: Minnesota Press, 1980.

MAC LANE, Saunders. *Mathematics Form and Function*. New York: Springer, 1986.

MACH, Ernst. *Populär-wissenschaftliche Vorlesungen*. Leipzig: Joahann Ambrosius Barth, 1910.

_____. [1900]. *The Analysis of Sensations and the Relation of the Physical to the Phisical*. Chicago: Open Court, 1914.

_____. [1893]. *The Science of Mechanics*. La Salle: Open Court, 1942.

MACHAMER, Peter; DARDEN, Lindley; CRAVER, Carl F. Thinking about Mechanisms. *Philosophy of Science*, n. 67, 2000.

MACHAMER, Peter; GRUSH, Rick; MCLAUGHLIN, Peters (eds.). *Theory and Method in the Neurosciences*. Pittsburgh: University of Pittsburgh Press, 2001.

MAHNER, Martin. (ed.). *Scientific Realism: Selected Essays of Mario Bunge*. Amherst: Prometheus, 2001.

MAHNER, Martin; BUNGE, Mario. *Foundations of Biophilosophy*. New York, Spring, 1997.

_____. Function and Functionalism: A Synthetic Perspective. *Philosophy of Science*, n. 68, 2001.

MARCH, James G.; SIMON, Herbert A. *Organizations*. New York: John Wiley, 1958.

MARSICANO, Giovanni et al. The Endogenous Cannabioid System Controls Extinction of Aversive Memories. *Nature*, n. 418, 2002.

MASSEY, Douglas. A Brief History of Human Society: The Origin and Role of Emotion in Social Life. *American Sociological Review*, n. 67, 2002.

MATTHEWS, Michael. (ed.). *Constructivism in Science Education: A Philosophical Examination*. Dordrecht: Kluwer Academic, 1998.

MAURIN, J. *Simulation Déterministe du Hasard*. Paris: Masson, 1975.

MCCALL, Storrs. *A Model of the Universe: Space-Time, Probability, and Decision*. Oxford: Claredon, 1994.

MCCLOSKEY, Donald M. *The Rhetoric of Economics*. Madison: University of Wisconsin Press, 1985.

MCCORMICK, Peter J. (ed.). *Starmaking: Realism, Anti-Realism, and Irrealism.* Cambridge: MIT Press, 1996.

MCGINN, Colin. *Ethics, Evil and Fiction.* Oxford: Oxford University Press, 1985.

MEINONG, Alexius. [1904]. The Theory of Objects. In: R. M Chisholm (ed.). *Realism and the Background of Phenomenology.* Glencoe: Free, 1960.

MELIA, Joseph. *Modality.* Montreal & Kingston: McGill-Queen's University Press, 2003.

MELLOR, D. H. *Matters of Metaphysics.* Cambridge: Cambridge Press, 1991.

MERRICKS, Trenton. The end of Counterpart Theory. *Journal of Philosophy,* n. 100, 2003.

MERTON, Robert K. The Unanticipated Consequences of Purposive Social Action. *Social Ambivalence and Other Essays.* New York: Free, 1976.

_____. *Social Theory and Social Structure.* 3. ed. New York: Free, 1968.

_____. *The Sociology of Science: Theoretical and Empirical Investigations.* Chicago: University of Chicago Press, 1973.

_____. *Sociological Ambivalence and other Essays.* New York: Free Press, 1976.

MERTON, Robert K; ROBERT K.; BARBER, Elinor. *The Travels and Adventure of Serendipity.* Princeton NJ: Princeton University Press, 2004.

MEYERSON, Émile. *De l'explication dans les sciences.* 2 vols. Paris: Payot, 1921.

MILLS, C. Wright. *The Sociological Imagination.* New York: Oxford University Press, 1959.

MONOD, Jacques. *Le Hasard et la Nécessité.* Paris: Ed. du Seuil, 1970.

MUELLER-VOLLMER, Kurt. (ed.). *The Hermeneutics Reader.* New York: Continuum, 1989.

MURPHY, Edmond A. *The Logic of Medicine.* 2 ed. Baltimore: Johns Hopkins, 1997.

NATORP, Paul. *Die Logische Grundlagen der Exakten Wissenschaften.* Leipzig: B. G. Teubner, 1912.

NEWTON, Isaac. [1687] *Principles of Natural Philosophy.* Ed. F. Cajori. Berkeley: University of California Press, 1947.

NEWTON, Roger G. *Inverse Schrödinger Scattering in Three Dimensions.* New York: Springer, 1989.

NEWTON-SMITH, W. H. *The Rationality of Science.* London: Routledge & Kegan Paul, 1981.

NICOD, Jean. [1923]. *La Géométrie dans le Monde Sensible.* Prefácio de Bertrand Russell. Paris: Presses Universitaires de France, 1962.

NIINILUOTO, Ilkka. *Critical Scientific Realism.* Oxford: Oxford University Press, 1999.

NINO, Carlos S. *Etica y Derechos Humanos.* Buenos Aires: Paidos, 1985.

NOVICK, Peter. *The Noble Dream: The "objectivity Question" and the Rise of the American Historical Prefession.* Cambridge: Cambridge University Press, 1988.

OCHSNER, Kevin; LIEBERMAN, Matthew D. The Emergence of Social Cognitive Neuroscience. *American Psychologist,* n. 56, 2001.

OCKHAM, William. 1957 [1320s.]. *Philosophical Writings.* P. Boehner (ed.). Edinburgh: Nelson

ODLING-SMEE, F. John; LALAND, Kevin N.; FELDMAN, Marcus W. *Niche Construction.* Princeton: Princeton University Press, 2003.

OSTWALD, Wilhelm. *Vorlesungen über Naturphilosophie*. Leipzig: Veit, 1902.

PAPPUS [DE ALEXANDRIA]. [320 a.d.]. Collection, The Treasury of Analysis. In: Ivor Thomas (ed.). *Greek Mathematics*, vol. II. London/Cambridge: William Heinemann/Harvard University Press, 1941.

PARSONS, Talcott. *The Social System*. New York: Free, 1951.

PAULI, Wolfgang. *Ausätze und Vorträge über Physik und Erkenntnistheorie*. Braunschweig: Friedr. Vieweg, 1961.

PEIRCE, Charles S. *Collected Papers*, vol. V. Charles Hartshorne and Paul Weiss (eds.). Cambridge: Harvard University Press, 1934.

_____. [1898]. *Scientific Metaphysics*. In: *Collected Papers*, vol. VI, Charles Hartshorne and Paul Weiss (eds.). Cambridge: Harvard University Press, 1935.

_____. [1878]. The Doctrine of Chances. In: *Writings of Charles Sanders Peirce*, n. 3. Bloomington: Indiana University Press, 1986.

PÉREZ-BERGLIAFFA, S. E.; ROMERO, G. E.; VUCETICH, H. Axiomatic Foundations of Nonrelativistic Quantum Mechanics: A Realistic Approach. *International Journal of Theoretical Physics*, n. 32, 1993.

_____. Axiomatic Foundations of Quantum Mechanics Revisited: The Case for Systems. *International Journal of Theoretical Physics*, n. 35, 1996.

PICKEL, Andreas. Between Social Science and Social technology. *Philosophy of the Social Science*, n. 31, 2001.

PLANCK, Max. *Where is Science going?*. Prefácio de Albert Einstein. James Murphy (ed.). London: George Allen & Unwin, 1933.

PLATT, John R. Strong Inference. *Science*, n. 146, 1964.

PLATT, Mark. (ed.). *Ways of Meaning: An Introduction to a Philosophy of Language*. London/Boston: Routledge & Kegan Paul, 1979.

POINCARÉ, Henri. *Science et Méthode*. Paris: Flammarion, 1908.

POLYA, George. *Mathematics and Plausible Reasoning*, 2 vols., Princeton: Princeton University Press, 1854.

_____. [1945]. *How to Solve it*. 2. ed. Garden City: Doubleday Anchor, 1957.

POLYA, George; SZEGÖ, Gábor. *Aufgaben und Lehrstäze aus der Analysis*, I, II. Berlin: Spring, 1925.

POPPER, Karl R. Determinism in Quantum Physics and in Classical Physics. *British Journal for the Philosophy of Science*, n. 1, 1950.

_____. A Note on Berkeley as Precursor of Mach. *British Journal for the Philosophy of Science*, n. 4, 1953.

_____. Three Views Concerning Human Knowledge. Repr. in: *Conjectures and Refutations*, 1956.

_____. The Propensity Interpretation of the Calculus of Probability and the Quantum Theory. In: KÖRNER S. (ed.). *Observation and Interpretation*. London: Butterworth Scientific, 1957.

_____. The Propensity Interpretation of the Probability. *British Journal for the Philosophy of Science*, n. 10, 1959.

_____. [1935]. *The Logic of Scientific Discovery*. London: Hutchinson, 1959.

_____. *Conjectures and Refutations: The Growth of Scientific Knowledge*. New York: Basic, 1963.

_____. *Objetive Knowledge: An Evolutionary Approach*. Oxford: Oxford University Press, 1972.

_____. Autobiography. In: SHILPP, P. A. (ed.). *The Philosophy of Karl Popper*, 2 v. La Salle: Open Court, 1974.

PORTER, Theodore M. *The Rise of Statistical Thinking: 1820-1900*. Princeton: Princeton University Press, 1986.

PREMACK, David; WOODRUFF, Guy. Does the Chimpanzee Have a Theory of Mind? *Behavioral and Brain Sciences*, n. 1, 1978.

PRESS, S. James. *Bayesian Statistics: Principles, Models, and Applications*. New York: John Wiley, 1989.

PRESTON, Stephanie D.; Waal, Frans B. M de. Empathy: Its Ultimate and Proximate bases. *Behavioral and Brain Sciences*, n. 25, 2002.

PRILEPKO, Aleksey I.; ORLOVSKY, Dmitry G.; VASIN, Igor A. *Methods for Solving Inverse Problems in Mathematical Physics*. New York: Marcel Dekker, 2000.

PUTNAM, H. *Philosophical Papers*, vol. 1: *Mathematics, Matter and Method*. Cambridge: Cambridge University Press, 1975.

_____. *Reason, Truth, and History*. Cambridge: Cambridge University Press, 1981.

_____. *Realism with a Human Face*. Cambridge: Harvard University Press, 1990.

_____. The Dewey Lectures. *Journal of Philosophy*, n. 91, 1994.

QUADRI, Goffredo. *La Philosophie Arabe dans l'Europe Médiévale*. Paris: Payot, 1947.

QUINE, Williard Van Orman. [1936]. "Truth by Convention". In: H. Feigl and W. Sellars (eds.). *Readings in Philosophical Analysis*. New York: Appleton-Century-Crofts, 1949.

_____. *From a Logical Point of View*. 1953. Cambridge: Harvard University Press, 1953.

_____. *Ontological Relativity and Other Essays*. New York: Columbia University Press, 1969.

RAFFAELLI, David. How extinction Patterns Affect Ecosystems. *Science*, n. 306, 2004.

RATNER, Carl. *Cultural Psychology and Qualitative Methodology: Theoretical and Empirical Considerations*. New York: Plenum, 1997.

REICHENBACH, Hans. *Philosophic Foundations of Quantum Mechanics*. Berkeley/ Los Angeles: University of California Press, 1944.

_____. *The Theory of Probability*. Berkeley/Los Angeles: University of California Press, 1949.

_____. *The Rise of Scientific Philosophy*. Berkeley/Los Angeles: University of California Press, 1951.

RESCHER, Nicholas. *Scientific Realism: A Critical Reappraisal*. Dordrecht Reidel, 1978.

_____. *Objectivity: The Obligations of Impersonal Reason*. Notre Dame: Notre Dame University Press, 1997.

_____. *Inquiry Dynamics*. New Brunswick: Transaction, 2000.

_____. *Imagining Irreality: A Study of Unreal Possibilities*. Chicago: Open Court, 2003.

RESTIVO, Sal. *Mathematics in Society and History*. Dordrecht/Boston/London: Kluwer, 1992.

REVONSUO, Antti. On the Nature of Explanation in the Neurosciences. In: MACHAMER; GRUSH & MCLAUGHLIN (eds.), 2001.

RICOEUR, Paul. *La Métaphore Vive*. Paris: Seuil, 1975.

RILLING, James K.; GUTMAN, David A.; ZEH, Thorsten R.; et al. A Neural Basis for Social Cooperation. *Neuron*, n. 35, 2002.

RODRÍGUEZ-CONSUEGRA, Francisco. Un Inédito de Gödel contra el convencionalismo: Historia, análisis, contexto y traducción. *Arbor*, v. CXLII, n. 558-560, 1992.

RORTY, Richard. *Philosophy and the Mirror of Nature*. Princeton: Princeton University Press, 1979.

ROSENFELD, Léon. L'évidence de la Complémentarité. In: GEORGE, André (ed.). *Louis de Broglie: Physicien et Penseur*. Paris: Albin Michel, 1953.

ROSS, James. F. The Crash of Modal Metaphysics. *Review of Metaphisics*, n. 43, 1989.

ROTTSCHAEFER, William. *The Biology and Psychology of Moral Agency*. Cambridge: Cambridge University Press, 1998.

ROUGHGARDEN, Jonathan. *Theory of Population Genetics and Evolutionary Ecology: An Introduction*. New York/London: Macmillan/Collier Macmillan, 1979.

ROUTLEY, Richard. *Exploring Meinong's Jungle and Beyond*. Interim Edition. Canberra: Australian National University, 1980.

RUGG, Michael D. (ed.). *Cognitive Neuroscience*. Hove East Sussex: Psychology, 1997.

RUSSELL, Bertrand. *The Problems of Philosophy*. London: William & Norgate, 1912.

SAGEMAN, Marc. *Understanding Terror Networks*. Philadelphia: University of Pennsylvania Press, 2004.

SAMPSON, Robert J. Local Friendship Ties and Community Attachment in Mass Society: A Multilevel Systemic Model. *American Sociological Review*, n. 539, 1988.

SAVAGE, Leornard J. [1954]. *The Foundation of Statistics*. New York: John Wiley. Repr.: New York: Dover, 1972.

SCHELLING, Thomas C. *Micromotives and Macrobehavior*. New York: W. W. Norton, 1978.

SCHLICK, Moritz. [1925]. *General Theory of Knowledge*. Transl. A. E. Blumberg and H. Feigl. New York/Wien: Springer, 1974.

_____. [1932/33]. Positivism and Realism. In: AYER, A. J. (ed.).

SCHRÖDINGER, Erwin. Die Gegenwärtige Situation in der Quantenmechanik. *Die Naturwissenschaften*, n. 23, 1935.

SCHÖNWANDT, Walter L. *Planung in der Krise? Theoretische Orientierungen für Architektur, Stadt-und Raumplanung*. Stuttgart: W. Kohlhammer, 2002.

SCHUMPETER, Joseph A. *Capitalism, Socialism and Democracy*, 3. ed. New York: Harper & Row, 1950.

SCOTT, Theodore K. *Introduction to John Burindan's Sophisms on Meaning and Truth*. New York: Appleton-Century-Crofts, 1966.

SEARLE, John R. Minds, Brains, and Programs. *Behavioral and Brain Sciences*, n. 3, 1980.

_____. *The Construction of Social Reality*. New York: Free, 1995.

_____. *The Mystery of Consciousness*. New York: New York Review of Books, 1997.

SELLARS, Wilfrid. *Science, Perception, and Reality*. London: Routledge & Kegan Paul, 1961.

SELLARS, Roy Wood. *Evolutionary Naturalism*. Chicago: Open Court, 1922.

SHORTER, Edward. *A History of Psychiatry*. New York: John Wiley & Sons, 1997.

SIEGEL, Harvey. *Relativism Refuted*. Dordrecht: Reidel, 1987.

SIMMEL, Georg. [1977]. *The Problems of the Philosophy of History*. New York: Free, 1982.

SKLAR, Lawrence. *Physics and Chance*. Cambridge: Cambridge University Press, 1993.

SMART, John J. C. *Between Science and Philosophy*. New York: Random, 1968.

SOBER, Elliott; WILSON, David Sloan. *Unto Others: The Evolution and Psychology of Unselfish Behavior*. Cambridge: Harvard University Press, 1953.

SOKAL, Alan; BRICMONT, Jean. *Fashionable Nonsense: Postmodern Intellectuals' Abuse of Science*. New York: Picador USA, 1998.

SPENCER, Herbert. [1900] *First Principles*, 6. ed. London: Watts, 1937.

SQUIRE, Larry R.; Kosslyn, Stephen M (eds.). *Findings and Current Opinion in Cognitive Neurosciense*. Cambridge: MIT Press, 1998.

STOVE, David. *The Plato Cult and Other Philosophical Follies*. Oxford: Basil Blackwell, 1991.

SZTOMPKA, Piotr. *Sociological Dilemmas: Toward a Dialectic Paradigm*. New York: Academic, 1979.

SUPPES, Patrick. *A Probabilistic Theory of Causality*. Acta Philosophica Fennica *XXIV*. Amsterdam: North-Holland, 1970.

SUSKIND, Ron. Without a doubt. *The New York Times Magazine*, October 17, 2004.

TATON, René. *Causalités et Accidents de la Découverte Scientifique*. Paris: Masson, 1955.

TEGMARK, Max. Parallel Universes. In: John D. Barrow, Paul C. W. Davies, and Charles L. Harper (eds.), 2004.

TELLER, Paul. *An Interpretive Introduction to Quantum Field Theory*. Princeton: Princeton University Press, 1995.

THAGARD, Paul. The Best Explanation: Criteria for Theory Choice. *Journal of Philosophy*, n. 75, 1978.

THOMAS, Ivor. (ed.). *Selections Ilustrating the History of Greek Mathematics*, vol. II: *From Aristarchus to Pappus*. London/ Cambridge: Heinemann/ Harvard University Press, 1941.

TILLEY, Christopher. *Metaphor and Material Culture*. Oxford: Blackwell, 1999.

TILLY, Charles. *Durable Inequality*. Berkeley/Los Angeles: University of California Press, 1998.

_____. Mechanisms in Political Processes. *Annual Reviews of Political Science*, n. 4, 2001.

TOCQUEVILLE, Alexis de. *Selected Letters on Politics and Society*. Roger Boesche (ed.). Berkeley: University of California Press, 1985.

TORRETTI, Roberto. *Manuel Kant: Estudio sobre los Fundamentos de la filosofía crítica*. Santiago: Ediciones de La Universidad de Chile, 1967.

TRIGG, Roger. *Reality at Risk: A Defence of Realism in Philosophy and the Sciences*. Brigton: Harvester, 1980.

TRIGGER, Bruce G. *Understanding Early Civilizations: A Comparative Study*. Cambridge: Cambridge University Press, 2003.

_____. *Artifacts and Ideas*. New Brunswick: Transaction Publishers, 2003.

UHLMANN, Gunther. *Inside Out: Inverse Problems and Applications*. Cambridge: Cambridge University Press, 2003.

VAIHINGER, Hans. *Die Philosophie des als ob*, 4. ed. Leipzig: Meiner, 1920.

VAN FRAASSEN, Bas C. *The Scientific Image*. Oxford: Oxford University Press, 1980.

VAN INWAGEN, Peter. Existence, Ontological Commitment, and Fictional entities. In: LOUX; ZIMMERMAN (eds.), 2003.

VACHER, Laurent-Michel. *La Passion du Réel*. Montréal: Liber, 1991.

_____. *Le Crépuscule d'une idole: Nietzsche et la Pensée Fasciste*. Montréal: Liber, 2004.

VENN, John. [1866]. *The Logic of Chance*. New York: Chelsea, 1962.

VILLE, Jean. *Étude Critique de la Notion de Collectif*. Paris: Gauthier-Villars, 1995.

VITZTHUM, Richard C. *Materialism: An Affirmative History and Definition*. Amherst: Prometheus, 1995.

VOLCHAN, Sérgio B. What is a Random Sequence? *American Mathematical Monthly*, n. 109. London: The Falmer Press, 2002.

VON GLASERSFELD, Ernst. *Radical Constructivism: A Way of Knowing and Learning*. London: Falmer, 1995

VON MISES, Ludwig. [1949]. *Human Action: A Treatise on Economics*. Chicago: Henry Regnery, 1966.

VON MISES, Richard. *Probability, Statistics, and Truth*. London: Allen and Unwin, 1926.

WAAL, Frans B. M. de. *Good Natured: The Origin of Right and Wrong in Humans and other Animals*. Cambridge: Harvard University Press, 1996.

WADDINGTON, Conrad Hall. *The Ethical Animal*. London: Allen and Unwin, 1960.

WEBER, Max. [1904]. Die "Objektivität" Sozialwissenschaflicher und Sozialpolitischer Erkenntnis. In: WEBER, 1988.

_____. [1906] Kritische Studien auf dem Gebiet der Kulfurwissenschatlichen Logik. In: WEBER, 1988.

_____. *Gesammelte Aufsätze zur Wissenschaftslehre*. Tübingen: J. C. Mohr (Paul Siebeck), 1988.

WEINBERG, Steven. *Dreams of a Final Theory*. New York. Random, 1992.

WEIZSÄCKER, Carl-F. von. *Zum Weltbild der Physik*, 5. ed. Stuttgartt: Hirzel, 1951.

WEST, Stuart A.; PEN, Ido; GRIFFIN, Ashleigh S. Cooperation and Competition Between Relatives. *Science*, n. 296, 2002.

WHEELER, John A. *At Home in the Universe*. New York: Springer, 1969.

WHEWELL, William. [1847]. *The Philosophy of the Inductive Sciences*, 2 vols. 2. ed. London: John W. Parker. Repr.: London: Frank Cass, 1967.

WHITE, Hayden. *Tropics of Discourse*. Baltimore: Johns University, 1978.

WHITEHEAD, Alfred North. *An Inquiry Concerning the Principles of Natural Knowledge*. Cambridge: Cambridge University Press, 1929.

WHITEN, Andrew. The Machiavellian Mindreader. In: Machiavellian Intelligence II: Extensions and Evaluations. Cambridge: Cambridge University Press, 1997.

WIKSTRÖM, Per-Olof H.; SAMPSON, Robert J. Social Mechanisms of Community Influences on Crime and Pathways in Criminality. In: LAHEY Benjamin B.; MOFFITT Terrie E. & CASPI Avshalom (eds.). *Causes of Conduct Disorder and Juvenile Delinquency*. New York: Guilford, 2003.

WIENER, Norbert. *Invention: The Care and Feeding of Ideas*. Cambridge: MIT Press, 1994.

WIGGINS, David. Truth, Invention and the Meaning of Life. *Proceedings of the British Academy* LXII, 1976.

WILKINS, Adam S. *The Evolution of Developmental Pathways*. Sunderland: Sinauer, 2002.

WITTGENSTEIN, Ludwig. *Tractatus Logico-Philosophicus*. London: Routledge & Kegan Paul, 1992.

_____. *Remarks on the Foundations of Mathematics*. Oxford: Blackwell, 1978.

WOLIN, Sheldon S. *Politics and Vision: Continuity and Innovation in Western Political Thought*. Princeton: Princeton University Press, 2004.

WOOLGAR, Steve. *Science: The Very Idea*. Chichester: Ellis Horwood, 1988.

WOLPERT, Lewis. *The Unnatural Nature of Science*. London: Faber and Faber, 1992.

WOODBURY, Keith A. *Inverse Engineering Handbook*. Boca Raton: CRC, 2003a.

_____. Sequential Function Specification Method Using Future Times for Function Estimation. In: WOODBURY, 2003.

WOODGER, Joseph Henry. Science without Properties. *British Journal for the Philosophy of Science*, n. 2:, 1952.

WOODS, John. *The Logic of Fiction*. The Hague: Mouton, 1974.

WULFF, H. R. *Rational Diagnosis and Treatment*, 2. ed. Oxford: Blackwell, 1981.

YAGLOM, A. M; YAGLOM, I. M. *Probability and Information*. Dordrecht/Boston: D. Reidel, 1983.

YAMAZAKI, Kazuo. 100 Years Werner Heisenberg-Works and Impact. In: PAPENFUSS, D.; LÜST, D &, SCHLEICH, W. P. (eds.). *100 Years Werner Heisenberg: Works and Impact*. Weinheim: Wiley-VCH, 2002.

ZAKHARIEV, Boris N.; CHABANOV, Vladimir M. New Situation in Quantum Mechanics (Wonderful Potentials from the Inverse Problem). *Inverse Problems*, n. 139, 1997.

ZEKI, Semir. *Inner Vision: An Exploration of Art and the Brain*. Oxford: Oxford University Press, 1999.

ZIMMER, Carl. *Soul Made Flesh: The Discovery of the Brain and how it Changed the World*. New York: Free, 2004.

índice onomástico

Agassi, Joseph 189, 368
Agostinho, Santo 78
Alembert, Jean Le Rond d' 228
Ampère, André-Marie 151, 396
Anderson, Arthur S. 182
Anderson, Roy M. 183
Aquino, Tomás de 198, 378
Ardila, Rubén 208
Aristarco de Samos 227-228
Aristóteles 39, 74, 76, 143, 144, 313, 314, 317, 318, 337, 390
Armstrong, David M. 43, 47, 151, 396
Ashby, W. Ross 186
Atran, Scott 183n
Averróis 313
Ayer, Alfred Jules 80n

Bacon, Francis 240, 241
Barber, Elinor 145n
Barkow, Jerome H. 249n
Barnes, Barry 106n
Barnett, Arnold 166n
Barraclough, Geoffrey 92n
Bateson, C.D. 120n
Bauch, Bruno 94
Becker, Gary S. 387n
Bellarmino, Cardeal 100
Beller, Mara 113n
Bergson, H. 60
Berkeley, George 18, 21, 66, 76-82 passim
Berlyne, David 374n
Bernard, Claude 137n
Bernardo, José M. 359n
Bernays, Paul 221
Bernoulli, Daniel 146, 159, 228
Bernoulli, Jacques 159
Berry, B.J.L. 192n
Berry, Donald A. 172
Berzelius, Jöns Jacob 208
Blakemore, Sarah-Jayne 249n
Blanke, Olaf 50n, 180n
Blitz, David 58
Bloor, David 285n
Bohm, David 110, 147
Bohr, Niels 69, 80n, 108, 110, 304
Boltzmann, Ludwig 57
Bolzano, Bernard 56
Boole, George 137
Born, Max 108

Boudon, Raymond 252, 372
Boulding, Kenneth E. 185
Bourdieu, Pierre 107
Boutroux, Émile 150, 396n
Braithwaite, Richard Bevan 204
Braudel, Fernand 185
Bridgman, Percy W. 80, 111-112, 113, 342
Brink, D.O. 375
Brown, James Robert 107n, 285n, 397n
Brown, Robert 147
Brown, Stephanie L. 120n
Brush, Stephen G. 147n
Buda 66, 69
Burawoy, Michael 126n
Buridan, Johannes 270, 371
Bush, George W. 106, 202

Cabanac, Michel 249
Cajal, Santiago Ramón y 399
Calvino, João 385
Cantor, Georg 306
Carnap, Rudolf 27, 95, 96, 100-102, 105, 128, 161, 166, 169, 296, 342
Cassirer, Ernst 95
Chabanov, Vladimir M. 231n
Chisholm, Roderick M. 334
Chomsky, Noam 126
Churchland, Paul M. 122n
Clark, Austen 73
Clough, Sharyn 366n
Clutton-Brock, Tim 120n
Cockburn, Andrew 120n
Cohen, Hemann 95
Collins, Harry M. 106n
Collins, Randall 81n, 285n
Comte, Augusto 95
Condillac, Étienne Bonnot de 354
Condorcet, Marquês de 370
Conel, J.L. 128
Copérnico, Nicolau 26, 99
Cournot, Antoine-Augustin 150, 154n, 158n
Covarrubias, Guillermo, M. 227n
Cresswell, M.J. 321
Crick, Francis 215
Crisipo 144

Dalton, John 228
Damásio, Antonio 120, 179, 208, 317
Darden, Lindley 211

Darwin, Charles 97
Davidson, Donald 102, 281, 366
Dawkins, Richard 120, 202
Debreu, Gerard 26, 286
De Finetti, Bruno 106, 169
De Morgan, Augustus 159
Dennett, Daniel 116
Denida, Jacques 18, 361
Descartes, René 18, 33, 75, 83, 208, 286, 303
D'Espagnat, Bernard 26
Deutsch, David 39
De Waal, Frans B. M. 120n, 247n, 250
Dewey, John 27, 131
Dietzgen, Joseph 35
Dijksterhuis, Eduard Jan 75
Dilthey, Wilhelm 56, 91, 94, 95, 104, 118, 252
Dirac, Paul Antoine Marie 289
Dobzhansky, Theodosius 179
Dragonetti, Carmen 158n
Duhem, Pierre 107, 209, 227n, 286
Dumett, Michael 297
Du Pasquier, L.-Gustave 158
Durkheim, Émile 32, 92, 126, 368n

Earman, John 169
Eble, G.T. 149n
Eccles, John C. 198, 390
Eddington, Arthur 21
Eddy, Charles 171
Einstein, Albert 46, 110, 227, 288, 289, 299, 341, 346, 347, 368n, 384, 386
Elias, Norbert 86, 190
Elster, Jon 198-199
Engels, Friedrich 35, 62, 208
Epícuro 146, 148
Euler, Leonhard 134, 288
Everett, Hugh, III 148, 298

Faraday, Michael 52
Fehr, Ernst 379
Feigenbaum, E.A. 259n
Feigl, Herbert 98n
Feller, William 155n, 163n
Fensham, Peter J. 130n
Feyerabend, Paul K. 67, 94
Feynman, Richard 36
Fichte, Johann Gottlieb 95, 332
Field, Hartry H. 282n
Fine, Arthur 113n

Fisher, Ronald A. 170n
Fleck, Ludwik 106
Fodor, Jerry A. 311
Fogel, Robert W. 335
Ford, Henry 185
Foucault, Michel 224
Frank, Philipp 98
Frankfort, H. 84n
Frayn, Michael 67
Fréchet, Maurice 158n
Frederico Guilherme II 89
Frege, Gottlob 280, 305, 330, 397
Friedman, Milton 274

Gale, David 232n
Galilei, Galileu 74, 75, 100
García-Sucre, Máximo 207n
Gasparski, Wojciech W. 387n
Gellner, Ernest 314
Gergen, Kenneth J. 96
Ghiselin, Michael T. 320n
Gibson, J.J. 347
Giddens, Anthony 186
Gigerenzer, Gerd 146n
Gillies, Donald 161n
Gilson, Étienne 224n
Giza, Piotr 266n
Glennan, Stuart 187
Gödel, Kurt 293, 294n
Goethe, Johann Wolfgang 390
Goffman, Erving 124
Good, Irving John 159n, 160n
Goodman, Nelson 25, 26, 66, 314, 334
Gopnik, Alison 127
Gould, Stephen Jay 145, 149n
Granovetter, Mark 205
Grassmann, Hermann 276n
Greene, Brian 345n
Griffin, Donald 120n
Gross, Paul R. 107n

Haack, Susan 306n, 372n
Habermas, Jürgen 61
Hacking, Ian 169
Hadamard, Jacques 225
Haeckel, Ernst 96
Hall, Richard L. 231n
Hamlet 66, 331
Harman, Gilbert 243, 375n

Harris, Marvin 92n
Harvey, William 208
Hayek, Friedrich A. 370
Hebb, Donald O. 116, 208, 349, 355, 370n
Hegel, Georg Wilhelm Friedrich 41, 54, 71, 72, 94, 95, 314, 330
Heidegger, Martin 18, 27, 96
Heilbron, J.L. 24n
Heisenberg, Werner 80n, 108-110, 159, 288, 289, 390
Helmholtz, Hermann von 118
Hempel, Carl G. 204
Henri, Victor 147
Heródoto 335
Hesse, Mary 275n
Hilbert, David 226
Hipócrates 172
Hiriyanna, Mysore 313n
Hobbes, Thomas 206, 369
Hobson, John A. 206, 369
Hogarth, Robin M. 255n
Holbach, Paul-Henry Thiry, Barão de 185
Horwich, Paul 364n
Howson, Colin 171, 172
Hubel, David H. 129, 355
Hughes, G.E. 321n
Hull, David L. 320n
Hume, David 18, 20, 21, 82-85, 96, 136, 238, 241, 374, 385
Humphreys, Paul 153
Hunt, Shelby D. 368n
Huntington, Edward 226
Husserl, Edmund 40, 60, 78, 118n, 133n, 224, 299, 332, 355

Ingenieros, José 386

Jacob, François 144n
James, William 74
Jeans, James 21
Jefferson, Thomas 349
Jeffreys, Harold 159n
Johnson, Samuel 357
Jordan, Pasqual 229
Jung, Carl Gustav 145

Kahneman, Daniel 166, 255n, 379
Kaila, Eino 70n

Kant, Immanuel 18, 21, 28n, 49, 68, 69, 86, 87-90, 94-97, 98, 99, 321, 345, 346
Kaplan, Edward H. 164n
Kary, Michael 208n
Kasarda, John 207n
Keuth, Herbert 368n
Keynes, John Maynard 140, 159, 185n
Kim, Jaegwon 396
Kirchhoff, Gustav Robert 209
Knetsch, Jack L. 379
Knorr-Cetina, Karen D. 46n
Kolmogoroff, Alexander N. 227
Kotarbisnki, Tadeusz 387n
Koza, John R. 259n
Kraft, Julius 105n
Kraft, Victor 98n
Kreshevsky, I. 127
Kripke, Saul A. 242, 300n, 324
Kuhn, Thomas S. 65, 94
Kurtz, Paul 184n

Laing, Ronald 124
Lakatos, Imre 225
Lalande, André 370n
Lambek, Joachim 306
Lambert, Johann Heinrich 28, 346
Lanczos, Cornelius 323n
Lange, Friedrich 94
Laplace, Pierre Simon 159, 161
Lashley, Karl 127
Laszlo, Ervin 190n
Latour, Bruno 81n, 106n, 397n
Laudan, Larry 368
Lazarsfeld, Paul F. 62n
Lederberg, J. 259n
Leibniz, Gottfried Wilhelm 56, 58, 76, 276, 319, 326, 344, 346
Lênin, Vladimir Ilich 35, 99, 118, 368n
Leonardo da Vinci 118
Leontief, Wassily 185
Levi-Montalcini, Rita 79
Levin, Norman 107n
Levins, Richard 312
Lewis, Clarence I. 326
Lewis, David 26, 83, 122n, 136, 142n, 282n, 299, 311, 324-334
Lewontin, Richard 312
Lieberman, Matthew D. 249
Lindley, D.V. 169

Lipset, Seymour Martin 182n
Locke, John 75-77
Loptson, Peter 282
Lovinbond, Sabina 275n
Lowe, E. Jonathan 300n, 302n, 324n
Lucrécio 147
Luhmann, Niklas 186
Luria, Alexander Romanovich 129
Lycan, William G. 325n
Lyotard, Jean-François 352

Mac Lane, Saunders 278
Mach, Ernst 69, 95, 96, 106, 147
Machamer, Peter 200n, 211n
Mahner, Martin 180n, 196n, 208n, 258n
Mandela, Nelson 319
Maquiavel 385
March, James G. 255n
Marsicano, Giovanni 180n
Marx, Karl 35, 62, 208
Massey, Douglas 121n
Mathews, Michael 131n
Maxwell, James Clerk 52, 303
May, Robert M. 183n
McCall, Storrs 302n, 334n
McCloskey, Donald M. 275n
McGinn, Colin 375
McTaggart, John 345
Medawar, Peter 202
Meinong, Alexius 282, 324, 331
Melia, Joseph 324n
Mellor, D.H. 151n
Menger, Karl 98
Merricks, Trenton 327n
Merton, Robert K. 81n, 125n, 130, 181, 196, 199, 374n
Michelangelo 337
Mill, John Stuart 95, 98, 99, 210
Monod, Jacques 149
Montessori, Maria 131
Moore, G.E. 372, 373
Murphy, Edmond A. 171n

Nagel, Ernest 204
Nagel, Thomas 116
Natorp, Paul 95
Neurath, Otto 98
Newton, Isaac 20, 52, 76, 117, 118, 238
Newton, Roger G. 265n

Newton-Smith, W.H. 368n
Nicod, Jean 345
Nielsen, François 182n
Nietzsche, Friedrich 94, 385
Niiniluoto, Ilkka 368n
Nino, Carlos 375
Novick, Peter 356

Oberschall, Anthony R. 62n
Ochsner, Kevin 249n
Ockham, William 311, 317
Odling-Smee, F. John 149n, 180n, 202n
Ostwald, Wilhelm 209

Pappus 224
Parsons, Talcott 186
Pasteur, Louis 145
Pauli, Wolfgang 108
Pavlov, Ivan 347
Peano, Giuseppe 294
Pearson, Karl 107
Peirce, Charles Sanders 150, 158n, 173, 202, 224, 243, 336
Pérez-Bergliaffa, Santiago E. 109n, 227n
Perrin, Jean 147
Piaget, Jean 81, 82, 137
Planck, Max 24, 25, 59, 110
Platão 27, 34, 39, 56, 58, 285, 317, 330
Platt, John R. 243
Platt, Mark 375
Poincaré, Henri 146, 158n, 294
Polya, George 215, 296
Popper, Karl R. 99, 142, 151, 154n, 155, 158n, 166, 171, 172n, 174, 225, 236, 303, 304, 314, 360
Porter, Theodore M. 146n
Portes, Alejandro 205
Premack, David 247n
Press, S. James 168n
Preston, Stephanie D. 247n
Prilepko, Aleksey 222
Protágoras de Abdera 66, 69
Ptolomeu 227, 228
Putnam, Hilary 27, 66, 297, 355, 367, 368

Quadri, Goffredo 313n
Quine, W.V. 40, 56, 279, 281, 282, 284, 286, 294n, 297, 314, 328, 368n

Raffaelli, David 170n

447   índice onomástico

Ramsey, Frank P. 364
Ranke, Leopold von 62
Ratner, Carl 118n
Reichenbach, Hans 95, 99, 112, 113, 166
Renouvier, Charles 71
Rescher, Nicholas 60, 265n, 359, 360n
Restivo, Sal 285n
Revonsuo, Antti 200
Ricardo, David 62
Rickert, Heinrich 56
Ricoeur, Paul 275n
Rilling, James K. 120n, 202n, 378
Rockenbach, Bettina 379
Rodriguez-Consuegra, Francisco 379
Rorty, Richard 27n, 116, 397n
Rosenfeld, Léon 111
Ross, James F. 300n
Rottschaeffer, William 375n
Roughgarden, Jonathan 180n
Routley, Richard 306, 324
Rømer, Olaf 112
Russell, Bertrand 56, 312, 345

Sageman, Marc 261n
Saki 84
Sampson, Robert J. 255n
São João 390
Savage, Leonard J. 159n
Scheler, Max 372
Schelling, Friedrich Wilhelm 95
Schelling, Thomas C. 196
Schlick, Moritz 95, 96n
Schopenhauer, Arthur 94
Schonwandt, Walter L. 193n
Schrodinger, Erwin 110
Schumpeter, Joseph A. 188
Schutz, Alfred 94
Scott, Theodore K. 270n
Searle, John R. 42, 139, 208
Sellars, Roy Wood 68n
Sellars, Wilfrid 368n
Shannon, Claude 153, 163
Shorter, Edward 123
Siegel, Harvey 368n
Simon, Herbert A. 259
Sklar, Lawrence 161n
Skinner, Burrhus F. 118, 347
Smart, John J.C. 368n
Smith, Adam 62

Smith, Adrian F.M. 359n
Smoluchowski, Marian 147
Sokal, Alan 107n, 397n
Spencer, Herbert 96
Spinoza, Benedict 68
Stangl, Dalene K. 172
Stove, David 368n
Suppes, Patrick 142n
Suskind, Ron 106n
Swift, Jonathan 84
Szasz, Thomas 124
Szent-György, Albert 132
Sztompka, Piotr 190n

Tarski, Alfred 226
Taton, René 145n
Taylor, Charles 19
Tegmark, Max 229n
Teller, Paul 113n
Thagard, Paul 174n, 244
Thaler, Richard M. 379
Tilley, Christopher 211n
Tilly, Charles 206n
Tocqueville, Alexis de 62, 92n, 208
Tola, Fernando 158n
Tolmam, Edward C. 127
Torretti, Roberto 87
Trigg, Roger 368n
Trigger, Bruce G. 92n, 116, 123n, 250n
Tucídides 62

Uhlmann, Gunther 225n
Urbach, Peter 171, 172

Vacher, Laurent-Michel 368n, 391n
Vaihinger, Hans 94, 274
van Fraassen, Bas C. 25, 102, 114, 368
van Inwagen, Peter 331
Venn, John 159, 160
Ville, Jean 160n
Vitzthum. Richard C. 294
Volchan, Sérgio 154n
von Glasersfeld, Ernst R. 130
von Mises, Ludwig 181, 387n
von Mises, Richard 98, 160
von Weizsäcker, Curl F. 108
Vrba, Elizabeth I 245
Vucetich, Héctor 22

Waddington, Conrad Hall 385n
Watson, James 230
Watson, John 118, 347
Weber, Max 61, 62, 87, 104, 252, 303, 335, 359, 368n
Weinberg, Stevan 54
West, Stuart A. 202n
Wheeler, John A. 39, 298
Whewell, William 243
White, Hayden 275n
Whitehead, Alfred North 345, 396
Whiten, Andrew 247
Wienar, Norbert 144, 257n, 258
Wiesel, Thorsten N. 129, 355
Wiggins, David 375
Wikström, Per-Olof 255, 256
Wilkins, Adams 180n
Willis, Thomas 76

Wittgenstein, Ludwig 27, 32, 46, 47, 96, 221, 396
Wolff, Christian 86, 346
Wolin, Sheldon S. 391n
Wolpert, Lewis 130
Woodbury, Keith A. 225n, 235n
Woodger, Joseph Henry 311n
Woodruff, Guy 247n
Woods, John 306
Woolgar, Steven 81, 106n, 107, 397n
Wulff, H.R. 171

Yaglom, A.M. 164n
Yaglom, I.M. 164n
Yamazaki, Kazuo 159n

Zakhariev, Boris N. 231n
Zeki, Semir 124n, 374n
Zimmer, Carl 76n

índice remissivo

Abdução 202, 224, 242-243.
Ver também Suposição
Abstração 271-273, 283
Acidente 144-146.
Ver também Chance
Ação 139-140
Administração, ciência da 200
Agatonismo 382
Aids 124, 173
Aleatoriedade 154, 236-237.
Ver também Chance
Algoritmo 208, 233-234, 414
Algumidade 282-283
AltruísmoN120-121, 201, 379
Ambiente de um sistema 187
Analogia 197, 210, 243
Análise 41, 45
Antipsiquiatria 124
Antirrealismo 94-134.
Ver também Construtivismo, Idealismo, Irrealismo, Fenomenalismo, Fenomenologia, Positivismo, Subjetivismo
Aparência 18-20, 25, 48, 50.
Ver também Fenômeno
Aprendizagem 130,204
Aproximação 59, 60, 230
Aproximacionismo 60
Apriorismo 72, 97
Arqueologia 250
Artefato 418
Astronomia 227-228
Atomismo 21, 147, 228
Autoengano 126
Axiologia 372-374
Axioma 293-294
Axiomatização 109, 227, 328

Bayes, teorema de 167-168;
bayesianismo 26, 29, 158-174
Bebês 68, 126-129
Bell, desigualdades de 52
Bicondicional 138
Bioestatística 172-173
Biologia 198, 244-246;
desenvolvimental evolucionária 180;
evolucionária 244-246, 317
Bit 39, 54
Browniano, movimento 147
Budismo 134

Caixa preta 186, 200, 201, 233
Caixa translúcida 201
Capitalismo 188
Carbono, datação pelo 232
Causa, eficiente 136-144;
final 137, 144
Causação 136-144;
análise contrafactual da 336;
como transferência de energia 140;
critério de 143;
teoria probabilística da 142
Causal, princípio 141
Causalidade 136, 348
CESM, modelo de um sistema 187
Ceticismo 19, 76, 85
Ciência 59-60;
biossocial 370;
cultural 94;
factual 277;
formal 277;
política 389;
social 104, 250-257, 313
Cientismo 59, 370, 391
Chance 137-138, 144-148.
Ver também Acidente, Aleatoriedade, Desordem, Probabilidade
Chutar 57, 357
Classicismo, na física quântica 110
Classe 315.
Ver também Espécie, Tipo
Cobertura de lei, modelo de 29, 204
Ver também Subsunção
Cognição 51
Coesão social 205-207
Coisa 32-34, 56, 70;
em si 49-50, 99 – ver também *Noumenon*;
para nós 49-50 – ver também Fenômeno
Como se 272, 290.
Ver também Ficcionismo
Composição de um sistema 187
Compromisso ontológico 285-288
Computacionalismo 208-209
Computador 208, 259-260, 271
Condicional 304-305
Conhecedor 48-51.
Ver também Sujeito
Conhecimento 51-54;
por descrição 122;
por familiaridade 122

Consistência externa 244, 366, 384
Construto 33, 270 -271, 279.
  Ver também Proposição, Teoria
Construção social 123, 124
Construtivismo, ontológico 76-81, 106, 356-357,
  396 – ver também Subjetivismo;
  pedagógico 82, 130-131;
  psicológico 82;
  social 81-82
Contingência. Ver Acidente
Contrafactual 301-304;
  análise da causação 142-144, 336;
  história 142-143, 335; questão 336
Contrailuminismo 186
Contraintuitivo 130, 371-372
Contranorma 374-375
Contrapartida, teoria da 148, 326-327
Contrarrevolução científica 76-90.
  Ver também Berkeley, Hume, Kant
Convenção 404
Convencionalismo 229, 274, 292-294
Cooperação 201-202
Copenhagen, interpretação de 26, 68, 80, 97
Correlação estatística 183
Correspondência da verdade, teoria da 365-366
Crença 166-167
Criminalidade 255-256
Critério 143

Dados 46
Dedução 243
Definição 292
Democracia 182, 192
Denotação. Ver Referência
Descoberta 215, 289-290
Descritivismo 90, 208-210.
  Ver também Positivismo
Desinteresse 61
Designação 292
Desordem 145-146, 156-157.
  Ver também Chance
Determinismo 136, 151, 161
Diagnóstico, médico 246
Difração 229-230
Disposição 302, 337-343;
  condicional 341;
  incondicional 341
Doxástica 167
Drake, fórmula de 160

Dualismo 35

Ecologia 149, 170
Economia 26, 140
Economia do pensamento 98
Efeito 139
Eficiência 383, 387
Emergência 38, 121, 141, 179, 318, 348
Emoção 124
Emotivismo ético 385
Empirismo, clássico 63, 79, 97, 345;
  lógico 97;
  racional 64.
  Ver também Positivismo, lógico
Energia 35-36, 139-140, 314-315
Energismo 38
Engenharia reversa 257-261
Engenharia social 389
Entropia, da informação teórica 163-164
Epidemiologia 183
Epistemologia 27, 63, 97, 353, 357-360
Époché 78
Erro 60, 150, 367-368
Escolha aleatória 155
Escolha racional, teoria da 254, 388
Espaço 87, 343-350
Especiação 180, 318
Espécie 317-321.
  Ver também Tipo
Espectroscopia 216
Espontaneidade 141, 147-148, 348
Estado 41,400-407;
  de coisas 43, 396;
  de funções 400-405;
  espaço de 43-45, 139, 405-418
Estatística 146, 160-161;
  mecânica 156, 161, 199
Estrutura de um sistema 186
Estruturalismo 152
Ética 374-387
Evento 41, 136-140, 405-408
Evidência 81, 114-115, 366
Evolução, biológica 149-150, 178, 193, 317;
  social 193 – ver também História
Exatificação 160
Existência 56-57, 282-283;
  critério de 56;
  formal 56-57, 282, 330-331;
  hipótese de 324-325;

matemática 275;
predicado de 57; real 57, 79, 87-88, 282, 330
Experiência extracorpórea 50
Experimento 111-113, 127-128, 148;
  crucial 240-241
Explanação 233;
  causal 137;
  mecanísmica 204-207;
  subsunção 204-207.
  Ver também Cobertura de lei, modelo de
Explorador, argumento do 360
Extensão de um predicado 315,319
Extinção 318

Fato 19, 40-43, 318, 396-420;
  moral 375-379
Fato-aparência-ficção (tríade) 19-20
Falibilismo 60,358
Falsificacionismo 360
Feedback loop 144, 377
Fenomenalismo 18, 28, 71-72, 228-229
Fenômeno 64, 67-69.
  Ver também Aparência
Fenomenologia 28, 78, 104-105,133
Feynman, diagramas de 409 n.14
Ficção 30, 33, 271-307;
  artística 277;
  científica 303-304;
  domesticada 33 – ver também Matemática;
  matemática 280-297;
  metafísica 297-303;
  selvagem 33 – ver também Multimundos, metafísicos
Ficcionismo 272-276
Física 35-36, 70, 178, 230-231
Fisicalismo.
  Ver Materialismo, vulgar
Flutuação 148
Formal/factual, distinção 276-277, 287-288
Formalismo, em uma teoria 287-289
Frequentismo 161
Função 196-198, 258,314
Funcionalismo 186, 196-198
Fundamentais 306

Geisteswissenschaft 94.
  Ver também Ciência, cultural, social
Genética 199, 246
Globalização 182

Glossocentrismo 96.
  Ver também Hermenêutica, Wittgenstein
Gravitação, teoria da 52, 100, 277

Heisenberg, incertezas de 109
Hermenêutica 18, 91, 94-95, 102-103, 251, 252-253, 371
Hinduísmo 66
História 115, 139, 244, 316, 356
Holismo 190-191
Homo clausus 87, 190
Hume, problema de 29, 238
Hilomorfismo 55
Hilorrealismo 21, 55, 63;
  científico 390-391
Hipótese 173, 242-243
Hipotético-dedutível, método 261-264;
  sistema – ver Teoria

Idealismo, filosófico 274,310-311;
  objetivo 21, 56, 283 – ver também Platão, platonismo;
  subjetivo 21, 299 – ver também Subjetivismo
Identidade 122, 294.
  Ver também Igualdade
Ideologia 61-62
Igualdade 294.
  Ver também Identidade
Ilusão 50
Ilusionismo 66
Imaginação 132
Imparcialidade 61
Imperativo 380
Imperialismo 182
Imunologia 183
Incerteza objetiva 163-164;
  relações de – ver Heisenberg, incertezas de
Indeterminação da teoria pelos dados 265
Indeterminismo 151
Indicador 30, 80, 114-115, 262-267, 342
Individualismo, metodológico 87, 103, 252, 404-405
Indivíduo 397
Indução 20, 29, 172, 214, 215, 222-224, 240-242
Indutivismo 240-241
Inferência, horizontal 223;
  para a melhor explanação 243;
  vertical 224
Informação 141;
  teoria da 153

Informacionismo 39.
Ver também Computacionalismo
Inteligência (espionagem) 97
Interfenômeno 112-113
Interpretação, psicológica 102, 125-126,252 – ver
também Mente, teoria da, *Verstehen*;
semântica 286-287
Intersubjetividade 359
Intuição 253
Intuicionismo, axiológico 372-373;
ético 374-375;
filosófico 60, 191;
matemático 296-297
Invariância 354, 400-410
Invenção 150, 215, 245, 257-261
Inversibilidade 232-235, 265-266
Irrealismo 63.
Ver também Antirrealismo
Islã 192

Jogo 146, 155, 162-163

Legalidade 83, 200, 316, 409, 419
Lei 38-39, 87-88, 198-201, 241, 311-312, 315-319, 332;
enunciado de 47, 312, 354, 411-414
Lei natural, teoria da 378
Liberdade 349-350
Ligação 156
Linguística 122, 126-127, 270
Livre-arbítrio 347-250
Livre-comércio 181
Lógica, dedutiva 96, 282, 288;
desviante 306;
dinâmica 288;
indutiva 173-174, 214;
livre 306;
modal 45, 300, 321, 322

Macropropriedade 201
Matemática 202-203, 219-227, 271-307
Matéria 34-35, 191
Material 33-35, 56, 191
Materialismo 54-55;
ermegentista 55;
histórico 91-92;
sistêmico 185;
vulgar 54, 294 – ver também Fisicalismo
Mecânica 84-85;
concepção de mundo 76-77, 83-84

Mecanismo 28-29, 178-211, 187, 246,247;
causal 194-195;
essencial 193-194;
estocástico 151-153, 194-195;
latente 196-197;
manifesto 196-197;
paralelo 193;
social 122, 194, 254-256
Mecanísmico 140
Medicina 191, 246-247
Melhorismo 60, 358-359
Mensuração 1151-152;
instrumento de 111, 263
Mensuramento 109-112,263
Mental, experimento 303-304
Mente, teoria da 203, 215, 247-248
Mercado 181
Mereologia 48
Meta 194
Metafísica.
Ver Ontologia
Método científico 291 ,371
Microeconomia 181-182, 254
Micropropriedade 201
Milagre 83, 84, 368
Modelo probabilístico 153,
teoria do 152;
teórico 261-262, 287-288
Monismo, metodológico 370;
ontológico – ver Idealismo, Materialismo
Multimundos, interpretação da mecânica quân-
tica 148-149;
metafísicos 297-304;
semânticos 301
Mundo 47-48, 104;
construindo o 102-107 – ver também Subjeti-
vismo;
paralelo 148, 242, 297-304, 321-333
Mundo possível, metafísico 298-304, 324-336;
semântico 301-304, 361
Mutabilidade 34, 35, 54-55, 191.
Ver também Energia, Material

Não-referencial 361
Naturalismo 375.
Ver também Materialismo
Necessidade nômica 242
Negativismo 151
Neodeterminismo 158

índice remissivo

455

Neokantianismo 86-87, 94-95
Neurociência cognitiva 245, 248-249, 266
Nicho, construção de 149
Niilismo 134
Nível de organização 147
Nomeação 270, 314
Nominalismo 270, 294, 295, 311-317
Nonsense 72
Norma 199, 374-380, 381-383
Noumenon 68.
  Ver também Coisa, em si
Novidade. Ver Emergência

Objetividade 61-62, 359-360
Objetivismo. Ver Realismo
Objeto ideal 56
Observação 108
Observável 114-115
Ondas longas 192
Ontologia 27, 63, 98, 300, 336, 353
Operacionismo 69, 80

Padrão. Ver Lei
Palavra 311-312
Particular 313
Pauli, princípio de 405
Percepção, psicológica 118, 121-125;
  social 121-125
Pesquisa 199, 214
Pirronismo 274, 361
Planejamento 232
Platão, caverna de 71;
  platonismo 274, 283, 289, 290, 305, 317, 390.
  Ver também Idealismo, objetivo
Plausibilidade 173-174
Pós-modernismo 352
Positivismo 59, 228- 229;
  clássico 95;
  lógico 95-102
Possibilidade 298-304, 321-336;
  conceitual 321-324;
  real 45, 321
Pragmatismo 274, 305
Praxiologia 387-389
Predicado 50-51, 279-281, 311, 397-398.
  Ver também Propriedade
Previsão 233
Probabilidade 28, 151-174;
  condicional 142, 153, 167;

de causa 236;
de proposição 160-163, 165-166;
inversa 236-237;
objetiva 151-155; prévia 169;
subjetiva – ver Bayes, bayesianismo
Problema 214-238;
  de Hume 238;
  de Newton 214, 238;
  direto ou progressivo 220;
  insolúvel 235;
  inverso ou regressivo 29, 214-238, 264-265;
  mal colocado 225 – ver também inverso;
  para descobrir 224;
  para provar 224
Processo 41, 409-411
Projeto experimental 170
Propensão 155
Proposição 220
Proposicionalização 380
Propriedade 34-40, 50-51, 311-315, 397-400;
  absoluta – ver invariante;
  acidental 37;
  aglomerado ou feixe 39;
  básica 133;
  condicional 341;
  derivada 133;
  disposicional 337 – ver também Disposição;
  essencial 37;
  geral 400;
  individual 400;
  invariante 37;
  manifesta 337;
  fenomenal 67;
  precisa 110, 341;
  primária 37, 69-70,75,133;
  real 337;
  secundária 37,69-70,75, 133 – ver também Quale;
  vago 110, 341
Prova 284
Pseudociência 391
Psicanálise 184
Psicologia 118-119, 165;
  cultural 118;
  evolucionária 249;
  popular 252
Psiquiatria 124

Quale, qualia 18, 67, 72-73, 115-117.
  Ver também Propriedade, secundária

Quanta 107-113
Quantificador existencial 56, 282
Quântica, mecânica 53, 109-113, 136, 148, 157, 298;
química 195
Quanton 210-211
Química 178, 195, 259

Raciocínio plausível 296. Ver também Abdução, Analogia, Indução
Racionalismo 63
Randomização 146
Reação química 179, 195
Realidade, local 53; teste de 69, 396
Realismo 19; axiológico 59, 372-374;
científico 58-59;
crítico 59;
epistemológico 58, 357-360;
ingênuo 59; integral 352;
interno 367;
metodológico 59, 369-372;
ontológico 58, 353-357;
platônico – ver Idealismo, objetivo;
prático 59, 387-390;
semântico 58, 361-369
Realpolitik 352
Redução 121-122, 266
Reducionismo 68.
Ver também Nível de organização
Referência 41,144-115, 161, 279-283;
classe de 280-281, 361;
sistema de 37, 100, 332, 357
Reforma social 389
Regra 221
Relação de equivalência 319
Relatividade 407
Relativismo 27, 377;
construtivista 18, 27, 94, 275, 285, 368
Religião 85, 89, 123, 277-278
Representação semântica 292, 403
Retroanálise 233
Revolução Científica 73-75, 146
Risco 170
Romantismo 77

Say, lei de 91
Seleção por parentesco 120,202
Semântica 301
Semigrupo 397
Sensação 99, 118, 228

Sentido 294
Sentença 270-271, 334.
Ver também Proposição
Separabilidade sujeito/objeto 51-53
Serendipidade 145
Significado, psicológico 94, 371 – ver também Meta;
semântico 270-271, 297 – ver também Referência, Sentido
Símbolo 270
Simplicidade 220
Sinal 140
Síndrome 247
Sistema 47-48, 181, 185-191;
hipotético-dedutível – ver Teoria;
social 103, 184-189, 200
Sistematicidade conceitual 241
Sistemismo 185-191
Sujeito 48-53.
Ver também Conhecedor
Subjetivismo 66, 106
Subsunção 199-200.
Ver também Cobertura de lei, modelo de
Superveniente. Ver Emergência
Suposição 201-203.
Ver também Abdução, Inferência para a melhor explanação, Mente, teoria da

Tecnologia 61, 183-184, 220, 257-261;
social 256
Tempo 37,343-350;
inversão de 409-410
Teologia 218, 326-327
Teoria 30, 101, 127-128, 251,270;
confrontação com dados 261-267;
ética 384-385
Termodinâmica 157, 228-229
Terrorismo 97, 182-183, 188-189, 260-261
Thomaz, teorema de 124-125
Tipo 317-321.
Ver também Espécie
Transcedental 310-350
Tropo 40, 400
Tychismo 150

Uniformismo 419-420
Universal 36, 310-317
Universo 46-47, 299
Utilitarismo 385

Valor 61-62;
  individual 372-373;
  social 372-373;
  teoria – ver Axiologia
Valor / fato, brecha 376
Variacional, princípio 323-324
Variância 163
Vênus 121
Verdade, artística 277;
  critério de 366-367;
  factual 275,276-277;
  formal 276-277,293;
  moral 278;

  parcial 165;
  teorias das 362-369;
  valor 334
Verificação do significado, teoria da 80
Vérité fait 326.
  Ver também, Verdade, factual
Vérité raison 326.
  Ver também Verdade, formal
Verstehen 94, 103, 248, 252.
  Ver também Interpretação, psicológica
Verzul 119
Virtual 323

filosofia da ciência
na perspectiva

DEBATES

Problemas da Física Moderna. Max Born e outros (D009)
Teoria e Realidade. Mario Bunge (D072)
A Prova de Gödel. Ernest Nagel e James R. Newman (D075)
A Estrutura das Revoluções Científicas. Thomas S. Kuhn (D115)
Física e Filosofia. Mario Bunge (D165)

BIG-BANG

O Breve Lapso entre o Ovo e a Galinha, Mariano Sigman
A Criação Científica. Abraham Moles (E003)
Arteciência. Roland de Azeredo Campos
Ctrl+Art+Del Distúrbios em Arte e Tecnologia. Fábio Oliveira Nunes
Caçando a Realidade: A Luta pelo Realismo. Mario Bunge
Diálogos sobre o Conhecimento. Paul K. Feyerabend
Dicionário de Filosofia. Mario Bunge
Em Torno da Mente. Ana Carolina Guedes Pereira
A Mente Segundo Dennett. João de Fernandes Teixeira
MetaMat! Em Busca do Ômega. Gregory Chaitin
O Mundo e o Homem. José Goldemberg
Prematuridade na Descoberta Científica. Ernest B. Hook
Uma Nova Física. André Koch Torres Assis
O Tempo das Redes. Fábio Duarte, Carlos Quandt, Queila Souza (orgs.)
O Universo Vermelho. Halton Arp

SEM COLEÇÃO

Mario Schenberg: Entre-Vistas. Gita K. Guinsburg e José L. Goldfarb (org.)